走进非洲

Zoujin Feizhou

袁南生 ◎ 著

中国社会科学出版社

图书在版编目(CIP)数据

走进非洲 / 袁南生著 . —北京：中国社会科学出版社，2011.1

ISBN 978 - 7 - 5004 - 6985 - 8

Ⅰ.①走… Ⅱ.①袁 Ⅲ.①非洲—概况 Ⅳ.①K94

中国版本图书馆 CIP 数据核字（2011）第 001585 号

策划编辑　王　茵
责任校对　刘　娟
封面设计　回归线视觉传达
技术编辑　王炳图

出版发行	中国社会科学出版社			
社　　址	北京鼓楼西大街甲 158 号	邮　编	100720	
电　　话	010—84029450（邮购）			
网　　址	http://www.csspw.cn			
经　　销	新华书店			
印　　刷	北京君升印刷有限公司	装　订	广增装订厂	
版　　次	2011 年 1 月第 1 版	印　次	2011 年 1 月第 1 次印刷	
开　　本	710×1000　1/16			
印　　张	24.25	插　页	20	
字　　数	450 千字			
定　　价	49.00 元			

凡购买中国社会科学出版社图书，如有质量问题请与本社发行部联系调换

版权所有　侵权必究

目 录

前言：走进非洲四忌 ·· (1)
    忌用有色镜看非洲，把非洲看扁了 ································· (1)
    忌用哈哈镜看黑人，把黑人看歪了 ································· (4)
    忌用放大镜看自己，把自己看高了 ································· (6)
    忌用老花镜看西方，把西方看老了 ································· (8)

第一篇　走进非洲百姓

第一章　南部非洲黑人的独特心态 ·· (11)
    对工作的悠哉心态 ·· (11)
    对食物的老虎心态 ·· (12)
    对恩怨的超脱心态 ·· (13)
    对财富的分享心态 ·· (15)
    对生活的乐观心态 ·· (17)
    对自然的依恋心态 ·· (18)
    对性事的随缘心态 ·· (20)
    对死亡的淡然心态 ·· (20)

第二章　感受非洲黑人的亲情 ··· (24)
    温馨之情 ·· (24)
    恩爱之情 ·· (27)
    责任之情 ·· (29)

第三章　与酋长交朋友 ·· (31)
    邀请酋长做客 ·· (32)
    走进酋长王国 ·· (32)
    安排酋长访华 ·· (35)
    预言酋长未来 ·· (36)

第四章　黑人令人赞叹的几种能力 ······································ (38)

	与生俱来的歌舞能力	(38)
	酷爱运动的竞技能力	(44)
	长于语言的谈吐能力	(47)
第五章	非洲人眼里的中国人	(51)
	对中国人的敬佩	(51)
	对中国人的疑问	(53)
	对中国人的期待	(56)

第二篇　走进非洲社会

第六章	非洲黑人的婚俗	(61)
	婚姻不必讲辈分	(61)
	初夜不予新郎过	(62)
	多妻现象很普遍	(62)
	国王年年忙选妃	(66)
	包办婚姻仍存在	(68)
	童婚问题很严重	(71)
	一妻两夫很和谐	(74)
	彩礼嫁妆很特别	(74)
	姑娘美容为出嫁	(76)
	婚礼多样有特色	(77)
第七章	解读非洲酋长制度	(81)
	酋长制度的历史性	(81)
	酋长地位的传统性	(83)
	酋长现象的国际性	(84)
	酋长人选的多样性	(86)
	酋长作用的基础性	(88)
	酋长生活的现代性	(90)
	酋长角色的矛盾性	(91)
第八章	感受通货膨胀（上）	(94)
	人人都是亿万富翁	(94)
	购物不能货比三家	(97)
	官价市价相差万里	(99)
	以货易货卷土重来	(101)

第九章	感受通货膨胀（下）	(102)
	官司白打	(102)
	干活白干	(103)
	寄卖白卖	(104)
	保险白保	(105)
	储蓄白储	(105)
第十章	直击非洲艾滋病	(108)
	震惊：艾滋病毒肆虐整个非洲	(108)
	忧虑：不少当地人如此对待艾滋病	(112)
	长叹：艾滋病造就了最大的弱势群体	(114)
	宽慰：抗击艾滋病的努力始终在加强	(116)
第十一章	走进艾滋病人之中	(119)
	走进艾滋病关爱中心	(119)
	走进艾滋病人的家中	(121)
	请艾滋病孤儿到我家中做客	(122)
	为艾滋病人、孤儿等建立关爱机制	(123)
第十二章	非洲的酒店	(125)
	一夜成名的树顶酒店	(125)
	感受土著的茅屋酒店	(127)
	贴近动物的公园酒店	(129)
	名扬世界的西式酒店	(130)
	寿过百岁的古老酒店	(133)
第十三章	不是黄金、胜似黄金的津烟	(135)
	最好的烟叶	(135)
	最大的烟草拍卖行	(138)
	最大的津烟单一买家	(142)

第三篇　走近非洲名人

第十四章	穆加贝总统的世界之最	(145)
	个人生活上的世界之最	(145)
	革命历史上的世界之最	(148)
	大选历史上的世界之最	(152)
第十五章	与穆加贝总统交往的难忘经历	(154)

打破常规递交国书 …………………………………………… (154)
　　提醒总统遵守时间 …………………………………………… (155)
　　建议总统推迟寿庆 …………………………………………… (156)
　　特意定做湘绣礼品 …………………………………………… (158)
　　总统设宴为我送行 …………………………………………… (159)

第十六章　亲历津巴布韦总理遭遇车祸事件 ………………………… (161)
　　一个突如其来的电话 ………………………………………… (161)
　　一个震惊世界的意外 ………………………………………… (162)
　　一份雪中送炭的捐赠 ………………………………………… (164)
　　一个稳定全国的表态 ………………………………………… (166)
　　一次史无前例的追悼 ………………………………………… (167)
　　一个有点意外的判决 ………………………………………… (170)

第十七章　与奥运冠军考文垂二三事 …………………………………… (171)
　　祝贺考文垂 …………………………………………………… (171)
　　迎接考文垂 …………………………………………………… (175)
　　宴请考文垂 …………………………………………………… (176)
　　祝福考文垂 …………………………………………………… (178)

第四篇　走进非洲文化

第十八章　感受非洲的图腾崇拜 ………………………………………… (179)
　　现实中的图腾崇拜 …………………………………………… (179)
　　艺术中的图腾崇拜 …………………………………………… (183)
　　理论中的图腾崇拜 …………………………………………… (186)

第十九章　非洲黑人的性行为和性文化 ………………………………… (190)
　　性爱：非洲黑人的第一需要 ………………………………… (190)
　　女人：非洲男人的最爱 ……………………………………… (191)
　　随缘：非洲女人的性取向 …………………………………… (192)
　　割礼：男人应尽的义务 ……………………………………… (194)
　　割阴：女人面临的梦魇 ……………………………………… (196)
　　陪睡："驱除恶魔"的把戏 …………………………………… (199)
　　性福：非洲性旅游的基点 …………………………………… (200)
　　同性恋：非洲到处存在 ……………………………………… (202)

第二十章　非洲的饮食文化 ……………………………………………… (205)

几乎人人手抓饭 …………………………………………………… (205)
　　大米白面非主食 …………………………………………………… (207)
　　鱼翅燕窝非所爱 …………………………………………………… (208)
　　野味品种非常多 …………………………………………………… (211)
第二十一章　石雕艺术的王国津巴布韦 ……………………………… (214)
　　扎根群众的大众艺术 ……………………………………………… (214)
　　艺术为本的专业艺术 ……………………………………………… (216)
　　给人启迪的纯粹艺术 ……………………………………………… (218)
　　轰动世界的独特艺术 ……………………………………………… (220)
第二十二章　驰名世界的非洲木雕艺术 ……………………………… (224)
　　别具一格的木雕原料 ……………………………………………… (224)
　　别有用途的木雕作品 ……………………………………………… (225)
　　别有特色的木雕文化 ……………………………………………… (226)
　　别具功底的木雕巧匠 ……………………………………………… (230)
　　别有风情的木雕市场 ……………………………………………… (231)

第五篇　走进非洲华人

第二十三章　非洲的华人 ……………………………………………… (233)
　　华人的血泪 ………………………………………………………… (233)
　　华人的贡献 ………………………………………………………… (235)
　　华人的骄傲 ………………………………………………………… (237)
　　华人的社团 ………………………………………………………… (240)
　　华人的无奈 ………………………………………………………… (244)
第二十四章　见证佛教传到非洲 ……………………………………… (248)
　　千年一悟：非洲有了和尚 ………………………………………… (248)
　　千年一叹：非洲有了佛庙 ………………………………………… (250)
　　千年一绝：非洲有了法师 ………………………………………… (251)
　　千年一遇：非洲有了施主 ………………………………………… (254)
　　千年一乐：非洲有了佛缘 ………………………………………… (256)

第六篇　走进非洲奇观

第二十五章　世界上最大的瀑布——维多利亚大瀑布 ……………… (259)

维多利亚大瀑布的盖世之美 …………………………………… (259)
　　　谁"发现"了维多利亚大瀑布 …………………………………… (263)
　　　维多利亚大瀑布是从哪里来的？ ………………………………… (266)

第二十六章　大津巴布韦：南部非洲的世界文化遗产 …………… (269)
　　　遗产之谜 …………………………………………………………… (269)
　　　立论之虚 …………………………………………………………… (271)
　　　偏见之谬 …………………………………………………………… (272)
　　　国鸟之贵 …………………………………………………………… (274)

第二十七章　走进开普敦 ……………………………………………… (277)
　　　海角之城 …………………………………………………………… (278)
　　　傍山之城 …………………………………………………………… (282)
　　　临港之城 …………………………………………………………… (286)
　　　生态之城 …………………………………………………………… (288)
　　　母亲之城 …………………………………………………………… (293)
　　　交汇之城 …………………………………………………………… (295)

第二十八章　非洲高尔夫球运动的魅力 ……………………………… (299)
　　　赏心悦目的好地方 ………………………………………………… (299)
　　　竞技斗奇的好擂台 ………………………………………………… (302)
　　　交友联谊的好出处 ………………………………………………… (303)
　　　纵横捭阖的好抓手 ………………………………………………… (305)

第二十九章　走进非洲的动物世界 …………………………………… (308)
　　　五大兽的故乡 ……………………………………………………… (308)
　　　旅游者的天堂 ……………………………………………………… (314)
　　　狩猎者的乐园 ……………………………………………………… (320)
　　　走私者的战场 ……………………………………………………… (323)

第三十章　津巴布韦特色识趣 ………………………………………… (327)
　　　鸟语花不香 ………………………………………………………… (327)
　　　水清山不秀 ………………………………………………………… (329)
　　　风调雨不顺 ………………………………………………………… (331)
　　　人杰地不灵 ………………………………………………………… (332)
　　　物阜民不丰 ………………………………………………………… (333)

第七篇　走进非洲历史

第三十一章　寻找非洲殖民遗迹 ……………………………………… (335)

寻找贩奴遗迹 …………………………………………（335）
　　寻找奴役遗迹 …………………………………………（338）
　　寻找建设遗迹 …………………………………………（342）
　　寻找文化遗迹 …………………………………………（345）

第三十二章　感受罗德斯殖民帝国的影响 ………………（348）
　　一座陵墓，见证了当年的威风 ………………………（348）
　　一片土地，见证了惊天的掠夺 ………………………（351）
　　一个品牌，见证了资本的贪婪 ………………………（355）
　　一个名字，见证了巧妙的渗透 ………………………（359）

结语　为推进中非、中津友好投棋布子 …………………（361）
　　一步实棋：落实峰会精神 ……………………………（361）
　　一步新棋：办好孔子学院 ……………………………（363）
　　一步良棋：发起关爱行动 ……………………………（364）
　　一步难棋：应对种种危机 ……………………………（366）

作者后记 ……………………………………………………（369）

前　言

走进非洲四忌

南非国家森林公园一角

纳米比亚第一大道

维多利亚海港的黄昏

天性快乐的祖鲁人

处处盛开紫薇花

人与象

兽王雄师

前言：走进非洲四忌

1937年，丹麦女作家凯伦·布利克森出版了《走出非洲》，该书描绘的如诗如画般的肯尼亚风光、原始淳朴的非洲民风以及白人种植园主刻骨铭心的爱情故事，打动了世界各地的读者。根据这部自传体小说改编的同名电影还在1985年获得奥斯卡最佳故事片奖。如今，肯尼亚首都内罗毕有不少街道、医院等建筑以"凯伦"命名，凯伦博物馆成了当地著名的景点和文化活动场所。

2007年年底的一天，我走进了凯伦在内罗毕的故居。在所有与非洲有关的书籍和影片中，许多人至今最推崇的还是《走出非洲》。当一曲缠绵悱恻的音乐随着银幕画卷的展开在我们心中悠悠奏响，那段交织着生与死、欢乐与忧愁的深情往事就娓娓地呈现在我们面前。因为《走出非洲》，我们记住了凯伦，也重新认识了非洲。原来，非洲并非只有人们常联想到的"炎热"、"贫穷"、"疾病"、"灾荒"和"战争"，那里也有水天一色、设施优良的港口、四通八达的高速公路、丰富而原始的野生动物保护区、纯美憩静的葡萄酒乡，以及感彻心扉的爱情。非洲代表着原始，代表着久远，代表着神秘，代表着朴素。非洲意味着没那么多虚伪，没那么多做作，没那么多狡诈，没那么多心累。因而，在那片辽阔的土地上，狂野性感的动物、节奏热烈的土风舞、原始豪迈的羽毛装饰、单纯质朴的人际交往等等，越来越令人向往。

非洲在国际舞台上地位明显提升，世界主要力量加大了在非角逐和对非投入。自中非合作论坛北京峰会以来，中非交往和合作大幅攀升，想到非洲旅游的、淘金的、采风的等等，越来越多。于是，一个如何走进非洲的问题摆到了我们眼前。从走出非洲到走进非洲，反映了非洲的发展和时代的进步。

如何走进非洲呢？笔者从对非交往实践中深切感受到，走进非洲务必注意四忌。

忌用有色镜看非洲，把非洲看扁了

提到非洲，一些国人脑子里的印象就是六个字："脏"、"乱"、"差"、"热"、"穷"、"病"，这种印象并不准确。有这种印象，就好比是戴着有色眼镜

非洲姑娘

看非洲,就很容易看不起非洲,如果看不起非洲,怎么可能与非洲人打好交道?

长期以来,西欧人把非洲看成是自己的后院,对非投入最多、援助最大,非洲是欧洲人旅游最热门的地方,非居民中外来移民最多的是欧洲人,混血儿主要是黑人与白人的后代,相比之下,华人融入非洲当地者的比例比白人、印巴人等要少得多,与黑人通婚者极少。为什么会出现这种情况?这同有人戴着有色眼镜看非洲,对非了解不够,对如何同非打交道重视、研究不够有密切关系。

同非洲打交道,首先要准确把握非洲的本质特征,特别是要弄清楚我哪些地方比不上非洲,哪些地方离不开非洲。我觉得以下四点非常重要:

一是非洲是人类的诞生地。1995年9月,美国古人类学家李·伯格和南非地理学家大卫·罗伯茨,发现了11.7万年前人类祖先脚印的化石,这是迄今为止所发现的最早的人类祖先的足迹。越来越多的遗传学证据都支持包括中国在内的世界范围内的现代人都起源于非洲。1998年中国科学家褚嘉祐等人利用30个常染色体微卫星位点分析了南北人群和汉民族与少数民族的遗传结构,微卫星标记多态性和进化树聚类分析都支持现代中国人来源于非洲,并经由东南亚进入中国大陆。上海复旦大学现代人类学研究中心的金力教授通过DNA分析得出结论:现代中国人起源于非洲!当西方殖民者的故乡还处在冰封阶段时,非洲就已出现沸腾的生活。尼罗河流域是世界古代文明的摇篮之一,埃及金字塔举世闻名。世界上有250多种农作物起源于黑非洲。非洲东海岸自古以来就贸易繁盛,早在纪元前就有盐铁交易。15世纪上半叶,非东海岸派使者远渡重洋到中国访问。非洲不像一些西方学者所描绘的那样只是"狮子出没的地方",而是在远古时代就有高度的文明。非洲为世界文明发展作出了重大贡献。

二是非洲是世界上原生态保留最多、最集中,天工造化最奇特的地方。非洲自然增长率世界第一,空气最新鲜,云彩最美丽,动物最多,植物种类最丰

津巴布韦的平衡石

富。试想一想，博茨瓦纳人均10个人1头大象，那是怎样的一种享受！肯尼亚几百万只火烈鸟在纳库鲁湖里繁衍生息，几百万头角马每年在肯尼亚、坦桑尼亚等之间定期集体迁徙，那是何等的壮观！在津巴布韦打高尔夫球，球场上猴子、羚羊、野猪、狒狒等野生动物看着你打球，那是何等的惬意！南部非洲四季开花，终年不冷不热，那是何等的舒适！世界上落差最大的瀑布——维多利亚瀑布、最大的河流——尼罗河、最大的裂谷——东非大裂谷、最大的沙漠——撒哈拉沙漠等，都在非洲，所有这些都是人世间罕见的奇特景观。

三是非洲拥有经济发展不可缺少的资源。世界上最重要的50种矿产非洲都不缺少，其中至少有17种矿储量世界第一。非洲的铂、锰、铬、钌、铱等矿藏占世界总储量80%以上，磷酸盐、钯、黄金、钻石、锗、钴和钒等矿藏占一半以上，铀、钽、铯、铝矾土、氟石、锆、石墨和铪等矿藏也占30%以上。被称为"不毛之地"的撒哈拉沙漠是巨大的能源宝库，地下蕴藏着大量石油，其周围的尼日利亚等都是重要的石油出口国，仅利比亚日平均采油量高达150万桶。南非是世界上最大黄金生产和出口国之一，迄今已生产4万多吨黄金，占人类历史上黄金总产量的五分之二。赞比亚铜蕴藏量达9亿多吨，约占世界蕴藏量的15%，年平均产铜约36万吨。去年我国自非进口的前十类商品全部为资源性产品，其中从非进口原油5297.5万吨，占我原油进口总量的32.5%。对比非洲，国人是否还会盲目抱有"地大物博"的心态？

四是发展中国家是我国外交基础，非洲是基础的基础。非洲50多个国家，其政治态度和投票倾向哪个大国都不可小觑。在恢复我国在联合国合法席位、支持中国加入世贸组织和中国申办奥运会等重大问题上，非洲绝大多数国家都给予我国有力支持。我国发展离不开与非洲的密切合作。

忌用哈哈镜看黑人，把黑人看歪了

所谓用偏光镜看黑人，就是不平等地看待黑人，对黑人不是重视，而是轻视；不是平视，而是俯视；不是敬视，而是歧视。有人称黑人为"黑鬼"、"黑工"、"黑子"，严重伤害了他们的自尊心。黑人对这类称呼很在意，有的公开抱怨，有的还提出抗议。个别人瞧不起黑人的一个重要原因是对黑人不了解，特别是对我们应该向黑人学习的地方不了解。如果对黑人不了解，怎么走进非洲跟黑人打好交道，交好朋友？了解黑人的特长、习性、特别是了解黑人哪些方面值得我们学习，对于走进非洲与黑人真交朋友，交真朋友，非常重要。

走进非洲，要了解黑人的天赋能力。黑人天生具有较强的语言能力。非洲一个高中生，就已能说流利的英语、法语或葡萄牙语，甚至会几种欧洲语言。一般黑人除了能说本民族语言，还会一两种欧洲语言。津巴布韦农机部

干净整洁的黑人厨房

长马蒂博士能说15种语言,但其专业是农机。黑人具有歌舞天才,几乎人人都是歌唱家、舞蹈家。黑人是天生的运动健将,其爆发力、弹跳力、冲刺力、持久力远非他洲一般人可及,国际许多篮球、足球、拳击巨星都是黑人就说明这一点。

走进非洲,要了解黑人的性格习俗。以津巴布韦人为代表的南部非洲黑人为例,黑人许多好的习惯值得我们学习,例如:黑人讲究整洁卫生,厕所、厨房出奇的干净,不随地吐痰,不乱扔垃圾,不乱贴广告,勤洗勤熨衣服,该穿短袖穿短袖,长袖衣服不卷袖,不少黑人来上班时西装革履,上班时换上工作服,下班时在单位洗个澡,然后又西装革履回家;讲究文明礼貌,不吵架,即使是生人也打招呼,不光膀子上街,如果晚上要娱乐到很晚,一般事先跟左邻右舍打招呼;讲究遵守秩序,自觉排队不加塞,基本没有野蛮超车;讲究克制忍耐,天大的困难,一般也能随遇而安;讲究尊老爱幼、女士优先,黑人以长辈为尊,津巴布韦65岁以上老人、5岁以下儿童公立医院医疗免费。讲究动物保护,把狗、猫当成家庭成员,狮子、犀牛、河马、大象等分别是黑人家族的图腾崇拜对象,如果这家图腾是牛,他们就不吃牛肉,不少黑人不吃这肉、那肉,原因就在这里。黑人对我们有人在公共场合大声喧哗,在饭店吃饭来回敬酒,上车下车争先恐后,一点小事就脸红脖子粗等看不惯。对我们有人吃狗肉、吃动物下水有反感,对我们有人随地吐痰,乱扔垃圾,边走边吃,衣服邋遢瞧不起,经常私下议论我们有人不讲卫生。一些华商把国内一些不好的做法带到国外,例如,当地执法人员上门,总是塞钱塞物。其实,在当地只要没违法,执法人员再上门,也不需多交分文。久而久之,当地执法人员有事没事总上华商的门,因为他们知道来了总有收获。

走进非洲,要了解黑人的价值取向,尊重他们与我们在价值观等方面的差异。黑人虽然不如我们富裕,但自我感觉良好,幸福指数很高,宗教和精神生活丰富,不

津巴布韦民间乐团

要以为我们较黑人富裕就可赢得黑人尊重。黑人不断呈现西倾趋势,西式民主制度进一步在非扎根,这方面与我们共同语言在减少,不少黑人认为他们经济上不如我们,但在尊崇、坚持普世价值方面做得比我们好。因此,要使黑人更好地了解我们,我们必须用他们听得懂的语言,防止他们误以为我们是在"宣传",在"灌输",在把我们的价值观强加给他们。

忌用放大镜看自己,把自己看高了

忌用放大镜看自己,就是在走进非洲的过程中,不可把中国在非影响看得过大,把中国作用看得过重,把中国形象看得过高。当然,不少非洲国家视中国为发展中国家在国际舞台上代言人,老一代及当前领导人中,大多对中国较为信任,非民众对中国亲近感较强,双方对许多国际问题看法一致,中国与非打交道确有西方不可比拟的不少优势。但是,我们必须准确把握中国在非洲人心目中是什么形象,准确把握中国在非影响力,切不可把中非关系看成是先生与学生的关系,更不可把中国对非援助和支持看成是"施恩"与"受恩"的关系。因为,这样不符合事实,而且如果这样看问题,与非洲人打交道时难免趾高气扬,颐指气使,难免流露出大国沙文主义的情绪。笔者曾看到,有人对非洲人说:我们来这里不仅为你们输血,更帮助你们学会造血;不仅送你们鱼,更教会你们如何捕鱼。这种援助思路没错,但这样讲难免有居高临下之嫌,难免有负面影响。

走进非洲,要用与时俱进的眼光看待中非传统友谊。传统友谊是中国与非洲打交道的良好基础,但光靠传统友谊不能保住老朋友,发展新朋友。不错,

维多利亚海港的黄昏

在非洲人民争取民族独立时期，中国坚定站在非洲人民一边，全力支持非各国人民反帝反殖、争取民族独立的正义斗争，并在道义和物质上给予支持，为他们争取民族解放和独立做出了贡献。在恢复中国在联合国合法席位、支持中国加入世贸组织和中国申办奥运会等重大问题上，非绝大多数国家都给予中国有力支持。同时，也要看到，以前中国对非来说，是民族解放运动的支持者和经济建设的援助者，双方是同志和战友关系，有共同的语言和利益。但现在中国身份多了，承包者、推销者、合作者、投资者和竞争者，这些行为建立在合作和互惠关系基础上，核心是利益关系，既然是利益关系，就难免有矛盾，甚至有冲突。中国政治行为易与西方区别，而中国经济行为，特别是作为承包者、推销者、合作者、投资者的行为在非洲人看来恐难与西方区别。现在，一些非洲人以实用主义态度处理对中国的关系，与他们打交道必须适应这一新情况。

走进非洲，要用自我解剖的眼光看待中国自身不足。例如，当年白人来非时，既倾销廉价优质的物质产品，也推销影响久远的精神产品，哪里有白人商贾，哪里就有传教士，市场开拓到哪里，哪里就有教堂、学校、医院等，白人不仅改变了黑人的物质世界，而且改变了其精神世界。相比之下，中国出口产品良莠不齐，损害了非洲一些消费者的利益；中国一些商人经商时，在反哺当地社会发展，作出慈善努力方面确需加大力度；中国在制度影响、思维方式、价值观念、语言文化等方面对非影响力远远低于中国经济影响力，中国在非经济活动多，文化活动少；对非经济投资多，文化投资少；非洲使用中国产品的多，熟悉中国文化的少。与非洲打交道，交朋友，要在声气相投、灵犀相通方面多下工夫，只有这样才会有共同语言，才会有朋友和哥们。要改变过度关注与官员关系，对非知识界、舆论界工作和对民间往来重视不足的倾向，在赢得人心上下工夫。

走进非洲，要用实事求是的眼光看待中国对非援助的影响和作用。中国在并不富裕的情况下，努力帮助非洲兴建各类经济和社会基础设施，被非人民誉为"自由之路"的坦赞铁路是中国最大援非工程。自1963年向阿尔及利亚派出第一支医疗队以来，中国已向非43个国家派遣了医务人员。长期以来，中国在力所能及的情况下帮助非洲建设了800个成套项目，涉及工厂、医院、学校、电站、体育场等设施。胡锦涛在中非合作论坛北京峰会宣布的八项举措将对非援助提到一个新的水平。中国外援使我们赢得了大量朋友，对于巩固和扩大中非传统友谊奠定了扎实基础，但不可以认为中国对非进行了援助，中非就是天然朋友，因其他国家也进行了援助。中国本身是发展中国家，虽然我们援助尽了最大努力，但对非援助总量还不能与西方相比。

忌用老花镜看西方，把西方看老了

中国走进非洲同西方有什么关系？这是因为非洲曾是西方殖民地，中非都曾受西方侵略，19世纪80年代后，西方列强把成千上万的中国人强迫运到非洲修铁路、开矿山，西非达喀尔铁路、刚果铁路、南非的兰德金矿等都渗透着大批华工的血汗。相同的不幸遭遇把中非人民紧紧连在一起。是因为中国与非打交道时，非洲人会拿西方人作参照，会拿非洲与西方关系来比对中非关系，看看中国人与西方人对他们有什么不同？是因为西方人一直把非看成是自家后院，对中非关系必然施加影响，中非关系的西方因素会越来越多。忌用老花镜看西方，就是既注意现在西方大国与老殖民主义者之间的历史联系，也不可把他们混为一谈，把现在的西欧国家仍然看成是殖民帝国。

不能因为西方曾在非殖民就误以为非洲必然更亲中国，就自然而然愿意与中国交朋友，中非就是"天然朋友"。不错，自15世纪西方殖民者侵入非洲后，400多年的殖民统治给非洲人民带来了深重灾难。西方殖民者将2000多万非洲黑人贩运到美洲当奴隶。这些奴隶受到非人虐待，绝大部分活不到15年就死亡。西方列强还用武力抢占非土地和资源，进而完全瓜分非洲，建立起野蛮的殖民统治。第一次世界大战前，除埃塞俄比亚和利比里亚之外的非洲所有国家均沦为殖民地。殖民者杀戮和掠夺的罪行罄竹难书。西欧大国背负历史包袱，发展

天性快乐的祖鲁人

对非关系成本比中国要高，社会责任也更大。同时，要辨证看待西方殖民的历史和影响。马克思在《不列颠在印度统治的未来结果》一文中提出殖民主义有"双重使命"，即破坏性使命和建设性使命。笔者来津巴布韦后，有人不止一次告诉我：英国在津修了公路、铁路、机场、水库，建了大学、银行和股市等。殖民者的暴行随着岁月流逝而影响渐远，其建设"成就"却仍然存在，这对当地人的思维定式难免有影响。与非洲打交道，要意识到西方在非负面影响与时间推移成反比例。

不能因为中国有对非交往优势就低估西方在非特定优势。西方在非经营数百年，相对中国来说，具有多种优势：一是地缘优势，欧非是近邻，中非却远隔千山万水；二是人脉优势，西方与非洲人之间有千丝万缕的联系，西方许多志愿者深入穷乡僻壤，联系了成千上万的当地人家，笔者亲眼看见不少白人慈善人士，终身献给当地慈善事业，照顾孤儿和艾滋病患者，一些人为此终身未婚；三是语言文化优势，英、法、葡语成为非洲官方语言，基督教在不少非洲国家成为主流宗教，西方传统节日在非洲大行其道，圣诞节比非国家独立日影响还大；非教育体系、教材是西式的，公路、铁路等交通设施标准完全是西方标准；药典等沿用的是西方规范；城市规划设计、建筑规范师从西方；西方文化培训中心数十个，西方文化已深入非洲生产生活；四是舆论霸权优势，BBC、CNN等成为非洲知识阶层获取新闻主渠道；非洲舆论权基本由西方掌握；西方采用"官民并用，政经并举"方式，利用舆论霸权推波助澜，使非政治理念、执政模式日趋"西化"；五是在资金、技术、业务渠道、在非人员平均素质等方面拥有相对优势。欧盟不仅

头和脚

是对非最大援助方,而且是最大贸易伙伴、最大投资来源地。与非洲打交道,要意识到西方影响在非洲整体上仍大于中国影响。

不能认为非洲人成了别人的朋友就不能成为我们的朋友。20世纪民族独立运动期间,世界处在社会主义和资本主义两大阵营尖锐对立的冷战时期,我们的朋友很可能是西方资本主义的敌人。现在世界进入和平与发展新时期,没有世界大战,没有世界革命,没有共同敌国,因而,我们的朋友很可能同时也是别人的朋友。我们不能因为有的非洲人和别人打交道我们就拒绝与他打交道。

中国人在走进非洲方面并不落后,迄今发现的最早的非洲地图就是中国人制作的。据南非媒体2002年12月13日报道,当地时间11月12日,一幅可上溯至1389年的非洲大陆最古老地图在南非开普敦城展出,尤为让人惊奇的是,这是一幅由中国人用丝绸织成的巨型地图,面积大约有17平方米,清晰地显示出非洲的轮廓线,甚至详细地标着位于非洲南端的好望角。地图制作年代显然比西方探险家和地图绘制者最早抵达非洲的时间还要早上100年。这幅跟岩画地图大小尺寸一样的丝绸地图,是由南非国会举办的题为"透视非洲"的展览会中的主展品。展览主办者希望通过这幅地图,能够挑战西方人发现非洲并理所当然拥有非洲殖民地的印象。

第一篇

走进非洲百姓

非洲人喜爱的独木舟

开怀大笑的南非总统祖马

非洲小学生

津巴布韦人为维多利亚大瀑布而自豪

津巴布韦国花——凤凰花

津巴布韦的怪石

欢乐的穷人

乡村少年

悠闲的黑人

第一篇

走进非洲百姓

第一章　南部非洲黑人的独特心态

2006年底，我出任第九任中国驻津巴布韦特命全权大使，在使津2年半的时间里，广泛接触津巴布韦的方方面面，期间，又先后到过南非、肯尼亚、博茨瓦纳等国，亲身感受南部非洲的风土人情和文化习惯，对南部非洲黑人的独特心态有了切身的感受。

对工作的悠哉心态

南部非洲的黑人干什么事都是悠哉悠哉，对他们来说，没有值得着急的事情。2007年10月，津巴布韦执政党民盟高中级干部代表团应中联部邀请访华，我在他们出发前的两天在官邸宴请他们。代表团的团长是前副总统的女儿、政治局委员穆增达，副团长是政治局委员、马龙德拉省省长齐古度。中联部负责接待的部门一个接一个的电话，要求津方提供团长简历、团内高级官员情况等，但津方却始终不着急。团长穆增达到达官邸后，我对她说："请告诉我代表团谁是

光天化日之下睡觉的黑人

副团长?"她摇了摇头。我又问:"到中国去要访问哪些地方你知道吗?"她又摇了摇头。"那么这个团里团员多少、是哪些人你知道吗?"她还是笑着摇了摇头。负责代表团访华具体事务的是民盟中央外事局的一位女干部,我佩服她的是,代表团后天要出发了,她竟然还没有把代表团访华的行程、团员名单等报告团长。那天晚上,宴会完毕后,穆增达说,今天我们大家基本上到齐了,大家第一次互相见面,我们借使馆这个地方开一个碰头会吧。

对当地人来说,没有什么值得着急的事情。一切都慢慢来。2007年3月21日,奎鲁市举行津巴布韦国家庆祝穆加贝总统83岁寿辰庆典,学生、市民等上万人9点进入会场,使团收到的通知是10点到达会场,11点庆典开始,下午1点完毕,然后招待使节们用饭。从首都到达奎鲁市要3个小时,我8点就往那边赶,但是寿星穆加贝自己12点才到,原定下午1点结束的庆典,拖到下午近4点才完毕。我也不吃午饭了,马上驱车往首都赶,到达使馆时已是晚上8点!

对南部非洲黑人来说,发展不是硬道理,工作不是硬任务,休息好、娱乐好才是硬道理。当地人常常在赞叹中国发展速度很快的同时,话中有话的表示没有必要像中国人那样拼命干活。当地人过年过节,一般不愿意加班,商店也不开门。一到重大节日,高官和大腕们常常倾巢而出,到国外度假去了。当地法律规定盖房子砌墙时,一个泥瓦工每天砌砖不得超过250块,砌一块砖要用尺反复测量,当地重的是质量,而不是速度,悠哉心态在盖房子上典型地反映出来。看到中国人盖房子速度那么快,他们虽然表示惊叹,但决不会去学。

对食物的老虎心态

老虎饿了才会想起去寻找食物,今天就管今天饱,明天饿了明天再说。如果捕捉到一头野牛,老虎吃掉1条腿就饱了,老虎不会看管好剩下的牛肉留到明天再吃,而是扬长而去,明天再去寻找新的猎物。南部非洲人正是这种老虎心态,相比之下,亚洲人,特别是中国人是蚂蚁心态,蚂蚁不管洞里有没有存粮,一天到晚都在寻找食物往洞里搬。南部非洲的黑人有吃的时候会一醉方休,明天有没有的吃明天再说。不少当地黑人发工资后往往海吃海喝,工资往往用不到头。因此,当地不少中资企业半个月发一次工资,甚至一个礼拜发一次工资。蚂蚁心态以忧患心理为基础,总是居安思危;老虎心态以乐观心理为基础,总是悠哉自得,所以看不到几个当地黑人为饿肚子愁容满面的。

南部非洲的黑人吃东西的风格也像老虎,精雕细刻的食物他们并不喜欢,鱼翅、鲍鱼、燕窝,他们并不欣赏,而是偏爱大块儿肉类,特别是牛肉、羊肉和鸡肉。虽然有东西吃时喜欢海吃海喝,但对吃什么并非不讲究。小的动物乌龟、甲鱼、泥蛙等不吃，对动物的下水，包括肠肚都不吃，鸡头鸡脚也不吃，这些东西在当地都被加工成了狗饲料。但喜欢鳄鱼、羚羊、野猪、鸵鸟等野味。

对恩怨的超脱心态

中国建材集团在津巴布韦投资开办了华津水泥厂，厂董事长房永斌给我说这样一件事：厂副总经理和厂销售经理都是当地黑人。有一次，销售经理用一张假发票搞走了厂里一车水泥，被副总经理发现了，后者将前者举报，使前者被判徒刑。因在监狱表现好，前者不久就被释放了。前者到厂里来看望老同事，见到了副总经理。董事长以为两人见面会分外脸红，担心发生意外。想不到两人一见面却紧紧地拥抱在一起，左边一下右边一下亲个不

欢乐的穷人

停，嘴里不停地问：你父母好吗？妻子好吗？家里都好吗？一边说想死你了，一边泪流满面。好像后者举报前者这件事从来没有发生过。

南部非洲人不仅不把恩恩怨怨放在心上，对敌人、对罪犯也特别宽容。南非开国总统曼德拉曾被白人种族主义政权监禁27年，两个看守对他态度特别恶劣，千方百计折磨他。曼德拉当总统后，这两位看守担心报复，十分害怕。想不到曼德拉不仅不报复，反而安排这两人出席他的就职典礼，以此推动种族和解。当选总统后，回答记者关于他在5年总统任期内的主要任务是什么这个问题时，他严肃地回答："我的主要任务是转变所有南非人的思想，使他们树立一种新的民族特性、忠诚和统一的意识，即使这意味着要宽恕过去的许多罪恶。"前总统德克勒克是曼德拉的政敌，但曼德拉公开表示：我从来不会去打击德克勒克先生。因为如果他处于弱势，我们的协商进程只会变得脆弱。要与敌人和解，必须与敌人共事，并将他视为您的伙伴。前司法部长科比·库齐对长期囚禁曼德拉负有直接责任，但曼德拉不计前嫌，允许他出任参议院议长。前南非国防军司令乔治·梅林长期站在黑人的对立面，曼德拉当选总统后，和他通电

话长达40分钟,让他继续当武装部队总指挥。

津巴布韦人民长期处于以史密斯为首的罗得西亚白人种族主义政权的残酷剥削和压迫之下,从20世纪60年代初开始,津人民在穆加贝领导下,为反对白人种族主义政权进行了长期的斗争,5万多黑人牺牲在战场上。穆加贝本人也坐了10年牢。然而,津独立后,史密斯居住在首都哈拉雷,除1982年12月遭短暂拘留,新政权并没有找他算账。史密斯1986年严厉谴责黑人多数管治,穆加贝对他的反应只是在第二年免去他的议员资格。史密斯退出政坛后,专注于抨击穆加贝的政府,不仅在新闻媒体上常常批评穆加贝,而且在他先后出版的《大出卖》(The Great Betrayal)和《难堪的收成》(Bitter Harvest)这两本自传中,对穆加贝极尽妖魔化。尽管如此,史密斯仍坚持留在津巴布韦,其长年居于欧洲的儿子亚历克也回国帮忙管理他在舒鲁圭的农场。2000年,史密斯在海外接受传媒访问时,严厉批评穆加贝"精神紊乱",结果穆加贝威胁说,如果史密斯胆敢返回津巴布韦,将会逮捕他,并向他控以大屠杀的罪名。史密斯闻讯后照样返回津巴布韦,不但在首都哈拉雷机场入境时没有受到阻挠,安全返回家中,而且始终过着平静的生活。2007年11月去世时,我正好在津巴布韦当大使。

津巴布韦现任国防部长穆南加格瓦在独立前就是赫赫有名的反殖民主义的英雄,津独立前,他曾落到殖民当局特工人员手中,特务们把他倒吊起来严刑拷打,把他右耳打聋了。几十年来,直到现在,他的听力都没有完全恢复。有意思的是,开国时,穆南加格瓦出任国家安全部部长,主管特工。当上部长的第一件事是来到他被吊打的那个地方、那间房子,把当年打他的那些特务们一一叫来。特务们吓坏了,

津巴布韦第一夫人在山西应县释迦牟尼塔奠基典礼上讲话

以为他要报复他们。想不到穆南加格瓦对他们说，以前你们那样对待我是为殖民当局服务，现在，我是你们的部长了，你们不必害怕，要好好跟我干，好好为新政府服务。穆南加格瓦曾把这段经历绘声绘色地告诉我，并让我去看他当年遭受严刑拷打的地方。西方一些关于穆加贝的传记也写到了这一情况。

津巴布韦人对长期实行殖民统治的英国并不记仇，殖民时代的许多遗迹都保存完好，一些道路、学校等仍然以爱德华王子、乔治五世、伊丽莎白女王、丘吉尔首相等英国名人的名字命名。第一代殖民者的墓地等作为重要文物对待。最重要的是，当地人实际上不同程度地认同英国文明，将子女送往英国留学一直是当地人的首选。

笔者有一次应总统夫人邀请一起访问津巴布韦达尼柯残疾人学校，访问过程中，我们远远地就看到约20个人穿着同样的制服在学校操场上除草。总统夫人用当地语言——绍纳语给他们打招呼，他们也都纷纷举手示意，欢呼起来。夫人走到他们面前，

津巴布韦总统夫人摸犯人的头以示赐福

在每个人的头顶摸了一下，我也非常高兴地一一和他们握手。夫人用当地语言对他们讲了一番话，陪同的学校人员告诉我，夫人勉励这些劳改犯认真劳动改造，将来出狱后，做对社会有用的人。原来，这些人是正在服刑的犯人，他们穿的制服是囚衣，来残疾人学校是帮忙干活。如果不是亲眼所见，我很难相信总统夫人和劳改犯之间能这样相见和沟通。

津巴布韦当地朋友告诉我，在津巴布韦，一袋玉米面就可以摆平一个人命官司。我相信。

对财富的共享心态

津巴布韦2007年出台本土化法案，按照这一法案，任何外资、外商、外来

快乐的非洲黑人

移民开办的企业，都必须让本土居民控股51%以上，这种控股不是按照产权交易的市场行为来进行，而是基本上按照革命的方式来进行。就像津巴布韦土改一样，将大部分白人农场直接予以没收，转到黑人手上。本土化政策的优惠对象仅指黑人，连在津巴布韦出生、拥有津巴布韦国籍的白人，其企业也必须把51%的产权交出来。也就是说，只要你不是黑人，你就是有天大的本事，你在企业中也只能最多占有49%的股份。如此一来，已有的不少外资企业纷纷撤资，想来投资的企业吓得扭头就跑，国家经济形势自然是每况愈下，愈每况愈下，黑人财产共有心态愈强烈，就愈是拿现有外资、外商企业开刀，由此导致恶性循环。黑人认为，非洲大地是黑人的，以前除了黑人就只有黑人，其他人种是后来才来的，因此，只要是在非洲大地上生出来的财富，黑人也就有份，也就有权分享，这是天经地义的。

对财富的共享心态还来源于这样一点，即黑人认为，是白人的到来，打破了他们传统的生活方式。白人来之前，他们住在树上，吃着野果子和野味就够了，连活都不用干。现在，他们遇到困难，白人和其他外来的人理所应当帮助他们，因为，土地是他们的。

这种心态决定了有的黑人对获得帮助，对索取财物处之泰然，没有心理障碍。使馆商务参赞胡明告诉我，他负责组织了成百上千名黑人到中国进行短期培训和考察，中国管吃管住，连机票费都包了，签证费也给免了，但是，这些年来，这么多人从中国培训考察回来后，没有一个人打电话给他和商务处其他官员表示过谢意。拿中国全额奖学金的黑人留学生在中国学习，中方管吃管住管零花钱，但有的学生暑假、寒假想回非洲度假时，甚至提出希望中方给他们报销飞机票。

津巴布韦知名华人李玉海告诉我，你如果第一天给为你打工的黑人一瓶可

乐，第二天又给他一瓶可乐，那么第三天他会自己去拿一瓶，并且说："老板，你今天忘了给我可乐了。"后来，据我亲身经历，李玉海讲的不假。

2007年的一天，我的司机巩博告诉我他的生日到了，我对他表示祝贺，让我妻子给他准备了一份礼品。2008年的一天，离巩博生日还差一个星期的时候，他又对我说他的生日又来了。此后，每隔一两天提醒我一次，直到我又让妻子给他礼物为止。

我看到黑人分享财物，有一点很可贵，就是不多吃多占，不只顾自己。使馆宴请客人后，往往剩一些吃的东西。几乎每次都是一个叫辛白的黑人雇员分，有几个雇员为宴会干活就分几份，分完后，让其他人先拿，分的人拿最后一份。你如果分不匀，那就是你自己吃亏。

对生活的乐观心态

南部非洲黑人很容易满足，幸福指数很高，对生活总是持乐观的态度。乐观心态体现在追求文明、体面的生活方式上。以津巴布韦人为例，他们在日常生活中不吵架，不插队，不野蛮超车，不随地吐痰，不乱扔瓜皮果壳，不乱倒垃圾，不乱贴广告，不光膀子出门，不随地大小便，一般不在大庭广众之中抽烟，不叼着香烟走路或干活，不一面走一面吃东西，不酗酒，洗衣服后要烫得笔笔挺挺，该穿短袖时穿短袖，穿长袖衬衣时不能卷袖子。不少干体力活的黑人西装革履来上班，来工厂后，脱下西装换工装，下班后，在工厂洗一个澡，然后换上西装回家。有意思的是，一些黑人背后议论在当地的某些中国人随地吐痰，乱倒垃圾，不讲卫生。我感到的是：非洲人的乐观心态特别体现在很会享受生活，笑是他们生活中最多的内容。旅津华商吴江涛说，非洲人的笑是动作很夸张的大笑。有一次他看美国电影《独立日》，这部在中国人看来内容严肃的片子，在津巴布韦放映时，他特别留意了一下，他一共听到了47次笑声。

乐观心态体现在当地人对唱歌跳舞的痴迷上。当地几乎人人都是天生的歌唱家和舞蹈家。许多重要的场合，当需要演唱国歌时，当地不是播放乐曲，而是安排一些人合唱，虽然没有伴奏，但音质优美，声音铿锵，动人心弦。一些重要的会议，往往载歌载舞。例如。笔者列席有5000人参加的津巴布韦盟第十一次党代会时，亲眼所见，在穆加贝总统夫妇进入会场时，津内阁妇女部长、中央书记穆春古丽率领几百名妇女代表排列在过道两旁跳起民族歌舞。会议开始前，各省代表轮流唱歌，会议进行中，每个代表发言后，大家都要跳舞，讲话时间与跳舞时间一样多。中央组织部副部长王东明告诉笔者，他率领中国共产党代表团出席南非共产党代表大会时，情况也是这样。笔者驱车前往外地，

多次看到津巴布韦人围成一圈，在田间地头翩翩起舞。

乐观心态还体现在对艰难困苦的态度上。在这方面，津巴布韦人是很典型的例子，再没吃没喝，他们也难得走极端。津目前遭遇经济危机，加上西方制裁，老百姓生活非常困难，城市失业率高达82%，数日停水停电已司空见惯，通货膨胀率世界第一，虽然，人人都成了"亿万富翁"，一段时期里，100亿元的票子买不到一个鸡蛋，换在别的国家恐怕早就示威抗议了，但津巴布韦人心态平和，处事乐观，没吃没喝照样唱歌跳舞。

载歌载舞欢迎总统夫妇与会

对自然的依恋心态

南部非洲人对自己原生态的自然环境无比自豪。确实，南部非洲大自然的美丽和宜人非亲身领略难以想象，以津巴布韦为例，常年温度最高30度，最低4度，气候宜人，不用空调，每天要盖被子；全国植被面积72%，青山绿水的地方，每平方公里居住32人，首都哈拉雷是世界著名的花树之都，这个国家就像一个大花园，一点都不脏；海拔1500米左右，蚊子到这个高度因缺氧而飞不动，没有中非、西非常见的疟疾等病。非洲地广人稀，津巴布韦有3个浙江省那么大，却只有1300万人，人均耕地37.7亩，且地下矿产丰富。自然条件这么好的地方，谁不喜欢。因此，南部非洲人对自然的依恋心态是自然而然、根深蒂固的。

南部非洲人具有特别的动物情结。南部非洲是世界上的动物王国，这里繁衍着世界上最多的大象、狮子、斑马、长颈鹿、羚羊、野牛、犀牛、河马、角马、猎豹、野猪、黑猩猩等野生动物，津巴布韦人均100人1头大象。南部非洲人至今保存着家族的图腾崇拜，有的是猴子，有的是鸵鸟，有的是狒狒，如穆加贝总统家族的图腾是鳄鱼，国家安全部长穆塔萨家族的图腾是牛，他到官邸做客，送我的礼物就是一个黑木雕的牛头，并特意说明牛是他们家族的图腾。

天性快乐的黑人

为什么当地不少人或者不吃牛肉，或者不吃鸡肉，或者不吃猪肉，原因就是这些动物分别是他们家族的图腾。除猛兽外，这里动物和人相对来说比在别的地方要和谐得多，野猪不攻击人，孔雀是野生的，从这家飞到另一家。在当地高尔夫球场打球，白鹭、野猪、羚羊、角马、牯犊、猴子、狒狒等看着你打。猫、狗的食物分别为由鱼等原料制成的猫豆和由动物下水制成的狗豆。中国人因在当地按在国内的方式喂养猫狗，常常引来麻烦。一次，一位中国人呵斥捣蛋的狗，当地人走来说："狗不懂事，你也不懂事吗？"一家中国企业主用剩饭剩菜喂狗，当地人报警说虐待狗，警察责令必须喂以狗豆。有人在报纸上无中生有地说湘菜馆、香格里拉饭店卖狗肉，引起动物保护部门和警察上门查处，一段时期里生意直线下降。

南部非洲人流行自然崇拜，宁愿生活在原生态的环境里，人们吃、穿、住，讲究贴近自然，回归自然。住茅屋是有钱人的选择，人们愿意住在有树有花有草有动物的地方，不稀罕住在火柴盒式的洋房里。不少地方虽然经济发展滞后，但建造纸厂、化工厂等之类牺牲环境以换取发展的事情不干，或者说很少干。为什么呢？因为当地人靠自然吃饭已成习惯，香蕉、芒果、柑橘等水果产量很高，牛羊等在一望无际的天然草场上繁衍，羚羊、野兔等野生动物到处都是，地下是金银、钻石、煤铁等取之不尽的矿藏，大自然赐给他们的东西太多了，因而对大自然有一种天生的敬畏感，自然崇拜历来是土著宗教的重要内容。

对性事的随缘心态

在当地人看来，充分享受两性愉悦是天经地义的事情，发展不是硬道理，娱乐好才是硬道理，其中充分享受性愉悦更是最硬的道理。中国医疗队在有自建住宅以前，津巴布韦医院负责为中国医疗队队员安排住宿，那时，津方总是给每一个医疗队员提供双人床和两个枕头，以便队员寻找性伴侣，过好性生活。在他们看来，有性伴侣是天经地义的，没有是不可思议的。不过多少年来，一批批中国医疗队员来津后，没有谁去"寻花问柳"，而是独自过夜，当地人多少有些难以理解。

永不分离

政府花很大的气力推广使用避孕套，津巴布韦大街上到处是推广使用避孕套的宣传广告，但黑人不喜欢使用。"穿着袜子洗脚，不过瘾！"许多人这样说。

多妻在津巴布韦不违法。2005年，中国国家领导人访津，津议长穆南加格瓦夫妇连续几天亲自接待。有意思的，多妻的这位议长，每天出来1位妻子和他一起参加接待，每天出来的不是同一人，议长美其名曰妻子之间要搞好平衡。2007年的一天，我应邀到位于卢莎比的穆塔萨先生的农场做客。穆请我们吃饭，出来3个妻子作陪。

最有意思的是，当地成年男性去世后，他的妻子通常情况下自然而然就嫁给丈夫的弟弟，子女由小叔子抚养，当然财产也由其继承。

对死亡的淡然心态

南部非洲艾滋病流行，斯威士兰、博茨瓦纳、津巴布韦是世界上3个艾滋病发病率最高的国家。前年底我到津时,当地人平均年龄是42岁,现在已下降到38岁,艾滋病死亡者平均每天500人,导致平均年龄下降的原因并非仅仅是艾滋病,实事求是地说,艾滋病感染率在下降。原因在于津受西方制裁,缺少外汇,没钱进口药品,导致婴儿死亡率迅速上升。虽然年纪轻轻就死了的现象经常发生,但当地人对死亡看得很淡,得了艾滋病、癌症等严重疾病,远不如中国人着急。我常感叹,人生悠哉到这个份上确实不容易。

走在非洲街头,迎面走过来的人,成年人中几乎

艾滋病小孩也有笑容

每4人中就可能有一位是艾滋病携带者。生活在津巴布韦这样的环境中,每天都与艾滋病携带者打交道,习惯了,没感觉到当地人对艾滋病有什么恐怖,我自己现在也觉得没什么恐怖了。我亲眼目睹的是,这里的艾滋病携带者都表现得十分坦然,生活该怎么过还是怎么过,丝毫没有影响到他们的生存质量,跟健康人一样乐观。我认识两位当地朋友,一位是津巴布韦国防军的将军,许多人都知道他得了艾滋病,但他活得好好的,每次见面我们都要拥抱一下,我还请他到官邸做客。另一位在津巴布韦民盟中央工作,2006年曾作为民盟代表团成员应我中联部邀请访问中国。2007年1月我拜会民盟高官时,他也在座,兴奋地跟我讲起他访华的情况,还说希望早日再次访华。可是,仅仅过了几十天,使馆政治处主任胡锁建议我就此人的去世写一份慰问函,原来他因艾滋病毒发作而去世了。此前,同他的交往中丝毫感觉不到他是一个艾滋病患者,而且是一个病得不轻的患者!

津巴布韦知名华人李玉海告诉笔者,他在当地部队当兵时,教官得了艾滋病。医生对教官说必须打针,教官问打针痛不痛,医生说当然有点痛,教官说痛就不打针了,医生说不打针就没命了。教官说没命就没命,反正要死的。果然不久,这位教官就一命呜呼了。

看望艾滋病孩子

华商吴江涛告诉我："我的一个朋友汤姆得了艾滋病。当他得知情况时，反应就像患了咳嗽那么简单，对我只是微微一笑，没有惊恐，没有抱怨，只是说：'没有什么问题，我不会埋怨谁。还有8年的生活，我不会颓废的。'也许是他们已经习惯了这种艰难的生活，因此也就看不到艰难了。当一个不幸降临到头上的时候，他们很快就解脱了。"吴还说："有时候我也感到很奇怪。有一次，在一个部落里有个艺术家的年轻的妹妹生病死了，要做一个仪式。当时的场景是这样的：白天大家该干吗还干吗。下午，和往常一样，忙了一天的人们聚在一起吃着牛羊肉，大口大口地喝着啤酒。到了晚上，大家围着火堆跳起了传统的非洲舞蹈，边跳边唱起了歌曲。死去的妹妹就躺在旁边盖着白布，但是他们的脸上并没有悲伤，唱起的歌也大都是对死者生前的赞歌，听不出半点的悲伤。"

对死亡的淡然心态还表现在追悼死者的方式很特别。津巴布韦哈拉雷旅旅长迦纳将军2007年6月因车祸死亡，穆加贝总统致悼词时，讲得追悼会场里笑声一片。人们追悼死者、表达敬意的一个重要之处是追忆死者生前给大家带来的快乐和幽默。

为什么南部非洲的黑人心态独特，这同南部非洲流行悠感文化有关。"悠哉"、"悠闲"、"悠然"、"悠散"、"悠着"、"悠游"、"悠悠"等词，都可揭示悠感文化的特征，南部非洲人生活和工作的种种心态，都显示了他们的悠感文化。独特心态的产生，悠感文化的流行，是由当地独特的地理、历史环境所决定的。历史上，南部非洲远离欧亚、北非等人类活动的中心，生活的节奏一直比较缓慢；这里自然条件太好，不冷不热，花红柳绿，物产丰富，人口不多，即使不生产，靠野味、野果也饿不死。孟德斯鸠说过：自然条件好的地方人都比较懒惰。我们似乎可以换个说法：自然条件好的地方，才有条件悠闲，才可能孕育出悠感文化。

悠感文化是世界文化宝库中的一个瑰宝。国人对中国的乐感文化（不相信来世，主张天生我材必有用，莫使金尊空对月，"乐感文化"是李泽厚先生语），印度的苦感文化（受苦越多，离神越近），西方的罪感文化（人生来有罪，必须到教堂赎罪），日本的耻感文化（以丢脸、失职、落后为耻），伊斯兰国家的圣感文化（安拉神圣唯一，教徒朝圣，圣战等）比较熟悉，对悠感文化相对来说不那么熟悉。更多地了解悠感文化，对于促进不同文明之间的交流互鉴，加强我国的文化建设，无疑有着积极的意义。

非洲姑娘

第一篇 走进非洲百姓

第二章　感受非洲黑人的亲情

在非洲工作期间，几乎天天同非洲黑人打交道，最大的感受是，黑人的人际关系简单得多，自然得多，纯朴得多，远没有中国人这么复杂，黑人总是笑得开心，哭得自然，有时还"傻"得可爱。黑人的家庭关系与中国人相比，也要纯情得多。亲人之间的交往，充满了温馨，显示了恩爱，体现了责任。离异夫妻之间可以照常来往，几个妻子之间往往能和平共处，再婚家庭成员之间一样四季春风。

温馨之情

2007 年的一天，我参加了两场生日庆祝活动，按中国人的说法，也就是吃了两顿寿酒。两位津巴布韦朋友在同一天生日：津著名的反对殖民主义的老战士、津众议院副议长、津民盟中央政治局委员兼中央外事书记坎盖这一天 70 大寿；津巴布韦外交部负责政策和培训事务的副常秘曼格这一天 50 岁生日。这两场活动使我有机会亲身感受非洲人的亲情。

坎盖的祝寿活动这天上午 11 点在彩虹酒店举行，我被安排坐在主席台上的坎盖夫妇中间，这使我有条件近距离了解和观察祝寿活动的细节。

妈妈和乖乖

前来祝寿的有十几桌客人，有政府部长，有外国大使，有大学教授，有亲朋戚友。开宴前，一个一个的来宾，包括我，上台讲话，有的赞颂坎盖对民族解放运动的贡献，有的肯定他担任农业部长、土地部长等政府高官期间的政绩，我当然特别指出他作为津中友协会长顾问，作为几十年来中国人民、中国共产党的老朋友对促进两国政府、人民之间的友好往来和合作所作出的突出贡献。使我心弦为之一动的不是上述发言者的美丽辞藻，而是坎盖家人的动人亲情。

祝贺坎盖生日

坎盖先后娶过两个妻子，现在的妻子年纪比他小将近20岁。两个妻子给他生下了十几个小孩。轮到坎盖家人发言时，一个看上去不比坎盖夫人年轻的妇女开始讲话。她是坎盖的长女，前妻所生。与别的发言者在主席台上对着麦克风、对着来宾讲话不同，她面对坎盖夫妇、背对来宾、不用麦克风讲话。这时，我唯一注意的是这位年纪与后母几乎一样的长女如何面对后母讲话。我没有想到的是，她叫了一声亲爱的爸爸，也叫了一声亲爱的妈妈，然后讲到坎盖是一位优秀的父亲，回忆起和父亲一起度过的难忘的愉快岁月，谢谢后母对坎盖的爱，对家中所有孩子们的关心。然后，母女俩紧紧拥抱，互相亲吻。那一刻，我非常激动，真想象不出，即使是亲生女儿，还能比这多做些什么。

坎盖的孙子很多，多到他自己都数不过来，记不清名字。一位10岁左右的孙女代表孙辈讲话。几个孙女走到主席台前，面对爷爷奶奶，跳起了专门为爷爷大寿排练的舞蹈。坎盖的家在津巴布韦应该是"钟鸣鼎食之家，诗礼簪缨之族"了，但是，他的后代们看起来知书识礼，温文尔雅，在爷爷奶奶、爸爸妈妈、叔叔阿姨和客人面前毫无衙内习气，他们确实是孝顺长辈，而不是现在在国内所司空见惯的那样，孝子孝子，是父母孝顺儿子。

坎盖与来自于欧洲、南非和其他地方的所有亲人，排成一个方块儿和全体来宾一起，唱起了《祝你生日快乐》，虽然没有任何人送红包，很少有人送其他礼物，没有人劝酒，没有人敬烟，但是，这个令寿星高兴、令亲人高兴、令客人高兴的寿宴，凸显的是亲情、友情和温馨之情。相对于国内的某些寿宴，送

红包成为一种负担，更有人借机受贿和行贿，非洲人的生日聚会，其品位应该不输于我们这样的文明礼仪之邦吧？

晚上，我应邀出席曼格的家庭生日聚会，曼格职务相当于中国的部长助理，官没有坎盖大，可能是没钱在宾馆搞生日聚会，所以寿宴安排在家里举行。约有20位亲戚朋友应邀出席。客人坐在客厅里等曼格的父亲到来，他父亲80岁了，住在他自己的农场里，农场离曼格家近100公里，他自己开车从农场赶来。我们到达后，他父亲还在路上。

曼格的父亲曾在苏联接受培训，追随津巴布韦国父恩科莫参加独立战争。他父亲到后，稍事寒暄，生日聚会就在客厅开始了。津巴布韦前驻中国大使穆茨万格瓦作为曼格的私人朋友，先介绍寿星曼格的简历，然后曼格的父亲讲话。

曼父在讲话中说，曼格生下来后一个月时，他给曼格拍了一张人头照片，10岁生日时又拍了一张人头照片，以后20岁生日、30岁生日、40岁生日、50岁生日都拍了人头像，他送给儿子50岁生日的礼物是将每一个10年的生日人头像按照从小到大冲洗到一张大照片上，照片上写着一句话，"我愿送给你一张印有10张人头像的照片"。我听了曼父的讲话，看了他的生日礼物，既觉得这张照片凝聚了他对儿子的爱，又觉得他独具匠心，很有创意。因为，这一礼物既隐含着祝愿儿子百年长寿之意，又委婉地表达了愿与儿子再一起享受天伦之乐50年之意，这样的话，他将享130岁高寿的快乐。

和曼格夫妇握手

曼格夫人是首都中央医院的护士长，她在讲话中说：亲爱的曼格，我三生有幸，遇到了你，有幸认识你，有幸了解你，有幸爱上你，有幸嫁给你。我睡在你的身边，感受到你心跳的韵律，感受到你呼吸的声音，我充满了幸福感、安全感和满足感，我愿百年之后也永远睡在你的身边，愿来世也能睡在你的身边。

曼格夫人讲完后，给丈夫一个很大的礼物，礼物包装得很精美，曼格当着大家的面打开。包装纸撕开、纸箱子打开后，曼格从大纸箱中拿出一个小一点儿的箱子，把小一点儿的箱子打开后，曼格从中又拿出一个更小一点儿的箱子，把更小一点儿的箱子打开后，曼格从中又拿出一个只有一包烟大的小纸盒。再打开，曼格拿出一个白金戒指。大家情不自禁地发出赞叹的笑声。

曼格的儿子在讲话中表示生为曼格的儿子而感到幸福，他说曼格是爷爷的好儿子，母亲的好丈夫，儿女们的好爸爸。他特别提到他姐姐正在中国武汉大学国际关系学院读研究生，她特地从中国打来电话，让他代表她祝父亲生日快乐。

曼格生性幽默，讲话中妙语迭出，常令人捧腹大笑。这些妙语，这些大笑，同亲情是分不开的。

恩爱之情

我在非洲几年时间，没有看到黑人在日常生活中吵过架、红过脸，在津巴布韦，几十甚至上百人等公共汽车，津元大幅贬值期间几百人排队领新的当地货币，一等两三个小时是常事，但从没有发生过争先恐后的事情，也没有人夹塞插队，我对此感叹不已。不过，更令我感叹和常常思考的是非洲人家庭的和谐之情。

我曾亲眼目睹元配夫人与其他妻子之间的和谐相处。津巴布韦一夫多妻合法。津土地部长兼国家安全部长穆塔萨2007年邀请我们夫妇和使馆其他官员到他农场作客。3个妻子和丈夫一起陪我们用餐。在我看来，3个妻子之间一切都显得非常自然，有的指导佣人准备菜肴，有的和佣人一起准备茶点酒水，有的陪客人聊天，大家分工明确，脸带笑

曼德拉夫妇

容，轻言细语，互相谦让。

2007年年底，我收到一张津巴布韦议会执事（即秘书长）祖马给我的请帖，邀请我们夫妇出席在他农场举行的婚礼。谁结婚呢？大家拿着请帖琢磨半天，谁也没搞清楚。因祖马已60多岁，不久前他们夫妇还陪众议长到官邸作客，没听说妻子去世或他们离婚的消息，怎么又要举行婚礼呢？我和秘书小汤商议，一致认为不可能是祖马的婚礼，只能是他的金婚庆典、银婚庆典，也有可能是他儿子结婚。我让小汤准备好礼品，届时应邀前往。我们按时前往，到那里才知道，是祖马娶姨太太。新娘只有24岁，比祖马和他的元配夫人要小40岁左右。新郎、新娘都显得很幸福。参加婚礼的来宾很多，祖马的顶头上司、参议长马宗圭也来了。我一面祝贺他艳福不浅，一方面暗自思忖，新婚妻子比元配夫人的女儿还要年轻，这两位太太能相敬如宾吗？祖的儿女们能接受这位比自己年龄还要小的新的母亲吗？然而，我后来了解到的情况是，两位夫人相敬如宾，儿女与父亲的姨太太和睦相处，祖马生活在一个幸福的家庭之中。

我也惊奇地发现，再婚家庭成员之间充满和谐之情。最典型的是津巴布韦国防军司令齐温加上将的家。将军元配夫人生了个女儿，新夫人是一个女能人，管理自己的家具企业和农场得心应手，种植了大片烟草和花卉。新夫人的前夫是一个欧洲白人，生了两个儿子，后来又抱养了当地1个孤儿。将军再婚时和再婚后，新婚妻子带来了3个小孩。虽和自己没有血缘关系，但将军对这些孩子如同己出，给予了慈祥的父爱。夫人和前夫所生的儿子在马来西亚留学，回津巴布韦探亲度假时，将军亲自到机场去接。因这个儿子找的对象是来自于中国青岛的姑娘，我邀请这一对儿恋人到官邸作客，将军夫妇亲自陪同。这个家庭的父

曼德拉夫人温妮和小孩

子之间、母女之间，没有血亲，但胜过许多人家的亲情！

也许，令国人最难理解的是，丈夫与离异妻子和现任妻子之间照样来往，照样充满温馨之情。例如，曼德拉85岁大寿时，前妻温妮也来参加宴会，与现任妻子格拉萨相聚甚欢。曼德拉一手拥抱前妻，一手拥抱现在的妻子，任温情在3人心中激荡。

责任之情

黑人的亲情还体现在对家庭尽责任。我的司机巩博经常开车送我参加饭局，按惯例，主人常常会给他一个盒饭，我们使馆举行某些活动，如提供饭，也会给他打包。但他经常不吃，而是等回家之时带给家人一起分享。津巴布韦一段时间闹饥荒，粮价飞涨，老百姓没钱买粮食，有钱也买不到粮食，有时，连食用油、盐都买不到。巩博常常宁愿自己饿肚子，把饭省下来给妻子和小孩吃，或者只是把普通食物吃掉，给家人留下鸡、鸭、鱼、肉这些难以买到的食物。

我在津巴布韦工作两年半的时间里，巩博家里就有4人去世。有一次，巩博开车送我前往瓜伊·尚加伊水库工地，到达目的地后，我们在一家饭店办理入住手续。突然，手机响了，他接完电话，掩面抽泣起来。一问，原来是他兄长因所谓肺结核（实际上是艾滋病）去世了。他说，他兄长是乡下人，家里穷，有一个上初中的小孩。他因为出差在外，请求使馆借给他一些钱，通知他妻子从使馆拿到这笔钱后送到兄长家办理后事。他希望早一点赶回首都，以便赶到乡下参加族人会议，他要争取对侄子的赡

穆加贝总统和孙辈拥抱

养权，也就是把侄子从乡下接到城里上学和生活。他告诉我，他在城里工作，虽然不富裕，但比起乡下亲人，他条件是好的，所以他应该赡养侄子。不过，

他说他想要抚养还不能算数，家族必须开会，一致认为你适合于抚养才能取得抚养权，也就是说，赡养侄子按照传统做法要经过族人会议讨论通过。在当地，人们对家族中的事有责任感，家族决定的事对族人有约束力。

据我所知，他自己有3个小孩，近些年来，他已先后认养了亲人留下的孤儿4人，包括他妻子的妹妹、妹夫去世后留下的儿子，如果这次又赡养1个，那就是他和妻子必须抚养8个孩子。非洲黑人的这种亲情，不少中国人恐怕是闻所未闻，一时难以理解的。

对家庭尽责任，还包括即使自己存在最大的危险，也不忘对亲人施以援救之手。例如，刚果民主共和国开国不久，陆军参谋长蒙博托发动政变，软禁了开国总理卢蒙巴，1960年11月27日夜，卢蒙巴趁着倾盆大雨逃出，被几个心腹接走，4天后逃到一条河边，被追兵赶上。卢蒙巴只身登舟过河。过河后卢蒙巴忘不了、舍不下被俘的妻儿，三思之下，竟自动返回，希望对妻儿有所帮助和交代，结果落到叛军手中被害。比较一下楚汉相争，刘邦被追赶时，竟将自己的骨肉一而再、再而三地从车上扔下，以便自己逃命；三国时，刘安杀妻烹之以款待刘备；安史之乱时，唐将张巡镇守睢阳城，被叛军围困，城中粮尽，张巡"乃出其妾，对三军杀之，以飨军士"。于是，将士们争先恐后"括城中妇人食之"。比较之后，我们是认为黑人的亲情有点傻，还是应该站在另一个角度来一番思考，从而对黑人的亲情，能有更多的理解。

第三章　与酋长交朋友

在古代，非洲各国都有完整的酋长制度，整个非洲就是一个酋长社会。这些大大小小的酋长王国曾经在津巴布韦、喀麦隆、尼日利亚、贝宁、加纳、布基纳法索和科特迪瓦等长期存在。国王（即大酋长）是各部族联合体至高无上的统治者，拥有绝对的权力，如制定法律，主持行政，统帅军队，指挥战争，担任祭祀，审判案件，管理经济，征收捐税等等。这些酋长王国不仅有国土、王宫、王后、嫔妃、大臣等，还有自己的臣民，并保留种种特权。非洲广袤土地上的古老而神秘的酋长制度令人着迷。来非洲之前，只是在书本上读到"酋长"。出使非洲，使我有了直接感受酋长的机会。我到津巴布韦不久，使馆政务参赞马德云出差到赞比亚，回来时捎回驻赞比亚大使李保东同志送给我的一对酋长和酋长夫人的黑木雕像。不久，新任驻赞比亚大使李强民又送给我一对酋长夫妇的黑木雕像。雕像引起了我对酋长的极大兴趣。我在想，酋长是什么样的"长"？酋长是什么样子？他同家族、部落是什么关系？他具有多大的权力？他的权力是法律赋予的，还是传统带来的？他在非洲走向现代社会的过程中具有什么样的作用？他对华态度怎么样？等等，我很幸运有机会亲身感受一下酋长，并且能揭开酋长制度的神秘面纱。

和齐威什大酋长在主席台上

邀请酋长做客

津巴布韦如议会开会、举行独立日庆典、穆加贝总统寿辰庆典，以及所有其他重要的仪式，如两党三方成立联合政府签字仪式、穆加贝总统就职仪式、茨万吉拉伊总理就职仪式等等，出席者当中有一批人因装束特别、每个人都佩戴一个很大的铜质大徽章而引人注目，他们是来自于各省的身为参议员的大酋长。大酋长们平时不在首都，而是分别在他们各自的王国里，所以不容易结识他们。

怎样才能零距离接触酋长呢？最容易的办法是邀请两位大酋长到我家里做客。虽然酋长们有手机，家里有电话，但是，当时津巴布韦正经历严重的经济危机，城里不仅常常停水停电，电信也不畅通，移动电话常常无信号，固定电话老是没声音，酋长们的王国远离城市，根本没有办法和他们联系上。不得已，只好求助于津巴布韦—中国友好协会，请协会转达使馆对他们的邀请。协会利用自己的基层网络，一层一层传递口信，终于邀请到了两位大酋长。

12月3日晚，东马绍纳兰省大酋长比格力和中马绍纳兰省大酋长齐威什应邀来到大使官邸做客，一见面，遗憾之感油然而生，为什么呢？因为我想象中的酋长，应该拿着象征酋长权威的权杖，穿着非洲民族服装，也许头上戴着的帽子还插着几根飞禽的羽毛，可是眼前的这两位大酋长却西装革履，与我想象中的传统的酋长装束大相径庭。

比格力大酋长年纪不大，30来岁，身材消瘦。齐威什大酋长60来岁，体态臃肿。两位酋长都能说一口流利的英语。我饶有兴致地听取了两位酋长关于津酋长制度的介绍，了解了酋长制度在当代津社会中的作用和地位。两位酋长盛赞中津传统友谊和中国近年来的快速发展，表示愿进一步推动两国间的合作与交流。

酋长告别时，诚恳地邀请我访问他们的王国，我以为听错了，经他们重复表示，我终于明白了，按照非洲传统政治秩序和文化，酋长的管辖范围就是酋长的王国。津巴布韦十个省，每个省有一个大酋长，也就是有"十大王国"，十个大酋长下面有几百个小酋长，也就是有几百个小王国。我愉快地接受了他的邀请。说实在话，我真想亲眼看一看酋长王国是什么样子，就怕他们不邀请。

走进酋长王国

2009年5月17日，与经津巴布韦—中国友好协会联系，我和使馆部分馆员应邀前往齐威什大酋长的王国做客。津巴布韦—中国友好协会长、民盟青年书记塞库萨纳自告奋勇陪同访问,早早吃过早饭,他就开车来到使馆为我们这次长途旅行带路。

走了一个半小时,我们终于来到了齐威什的王国。没有铺设沥青的粗糙公路上,10个身着民族服装的年轻女子跪成一排拦在路上。这些年轻女子都是外村嫁到这

和齐威什大酋长面对村民讲话

里来的,遇到迎接珍贵的客人,她们就受村里人的委托跪迎客人,这是当地的习俗。当然,她们下跪并非白干,客人必须给她们礼金以示感谢,而礼金则由她们平分。我们当然也按习俗办事,交了礼金后,这些女子忽地站起来把道闪开,于是,我们把车开到一个能容纳约200人的大棚子前停了下来。

我们下车时,村民们纷纷朝我们聚来。女子们赤脚跳起了绍纳舞蹈,她们踩着鼓点,应着乐声,紧裹着的屁股一扭一扭,似露未露的乳房一抖一抖。女人们跳舞时男人们在敲着鼓,吹着乐,待女人们下去了,男人们则开始表演,黝黑的皮肤,发达的肌肉,洁白的牙齿,明亮的眼神,阳刚之气较阴柔之美别有一番韵致。有的鼓小而高,有的鼓大而矮,舞到兴头之上,一个小伙子干脆跳到高脚鼓上,似演杂技一样,摆一个姿势。我们这些看客自不免鼓掌喝彩。使馆一些馆员看得手脚痒起来了,走到他们当中,抢过鼓槌,把那鼓拼命敲了起来。一些有舞蹈细胞的馆员,更是和村民在一起,把屁股也扭了起来。

主人们招呼我们在大棚子里面"主席台"上入座,其实,那只是由一张张桌子连接而成的长条桌,上面铺了白布,条桌前是村民,条桌后坐着大酋长以及专程赶来的中马绍纳兰省长迪纳、民盟在该省的省委主席以及该省会城市的市长。我没有料到的是,齐威什大酋长王国里所有的酋长都来了。跟村民们不同的是,为他们专门安排了座位,村民们则主要坐在地上。

齐威什身着紫色大酋长服，也就是一件大袍子，胸前佩戴大的酋长专门像章，小酋长们的酋长像章则要小一点。有意思的是，一个酋长外面罩着酋长大袍子，敞开的大领子却显示出他穿着一套浅色高级西装，扎着一条精致的领带。传统和现代在非洲从没有如此完美地结合在一起。看到象征着传统的酋长在大庭广众之下，既西装革履，又披上传统的袍子，真忍俊不禁，生出不少感慨。

群众大会开始了，我的左边坐着象征传统的大酋长，右边坐着象征现代的省长。我注意到，虽然在省城里，省长是核心人物，但在大酋长的王国里，直到现在，也就是说在乡下，在部落里，在几千年来宗法体制的基地上，大酋长仍然是最受尊敬的人物。

大家入座、群众大会开始前，大酋长在主席台前安排了一个接一个的当地传统文艺表演，有欢迎贵宾的圣歌，有向神灵祈雨的祷告，有表达团结的乐曲，还有庆祝丰收的舞蹈。几个女人顶着坛子对着主席载歌载舞，跳了一会儿，忽地都跪了下来，把头低下，把坛子放在前面。这时，马上有人提醒我要在坛子里放点美元，这是习俗。于是，我依俗而行，一阵欢呼声起，女人们嘴里发出一种表示欢快的声音，有的像鸟的欢叫声。声音是通过颤抖舌头，调整舌位，从喉头呼出气流形成的，继之以男男女女雷鸣般的掌声。我和大酋长、省长等应邀走下主席台，和村民们一起跳起了传统舞蹈。

接下来，大会开始，穿着校服的学生们，用数把类似于口琴的当地乐器吹奏起津巴布韦国歌的曲子，村民们起立高唱。大酋长、省长、津中友协会长和我在会上都发表了讲话。大酋长讲话，拿着稿子，戴着眼镜，一句一句的念，因讲的是绍纳语，我们基本上听不懂。省长和津中友协会长讲话用的是英文。有意思的是，当地人讲话时，不时高呼口号，领呼者和应呼者常常说的不是同一句话，似有一问一答的味道。

齐威什大酋长的女属下为中国使馆客人的来访翩翩起舞

群众大会结束后，在齐威什大酋长的热情带领下，我们一行开始访问酋长王国的几个中枢部门：酋长祭祀的地方、议事的地方、烹饪的地方和用膳的地方等等。原来每一个地方都是一个圆形的不大的茅草屋，屋顶像一个锅盖，圆圆的，也是用茅草做成的，里面陈设极其简陋，连桌子、凳子也没有，厨房一应炊具都搁在地上，厨房外一位厨娘正蹲在地上磨杂粮。由此可见，他们传统的祭祀、议事、烹饪、吃饭等方式都

一个黑人的正屋和厨房

是蹲在地上。祭祀房的中央有一堆火的遗迹，这说明他们祭祀时可能点火。

安排酋长访华

大酋长从未到过中国，据他和津中友协会长塞库萨纳说，其他大酋长也都未访问过中国。齐威什表示希望我能想办法满足他到中国看一看的愿望。我在大会上说，大使馆邀请大酋长作为王国的代表访问中国。大酋长和群众报之以经久不息的掌声。我还说，请大酋长和社区委员会在王国内挑选1名品学兼优的高中毕业生到中国留学，中方负担其在中国留学的全部费用，该生攻读学士学位，既学中文，又学某一其他专业，将来可以起到大酋长王国的人民和中国人民之间友好往来的桥梁作用。又是一阵热烈的掌声和女人舌头喉头颤动发出的欢呼声。2009年9月，中国对外友协接受使馆建议，邀请津中友协派6人团访华，其中包括齐威什大酋长。

酋长从事传统意义上的活动，一般都在圆形屋里进行。但酋长平常吃、喝、拉、撒、睡则已明显现代化。参观完酋长王国祭祀、议事之处后，大酋长陪我到他家里做客。那是几百平方米的现代住宅，独门独户，宅边绿树成荫，地坪开阔，家中能容纳很多人。大酋长、省长、友协会长等近20人和我在一张大条

桌上吃饭，使馆其他馆员和当地不少人在旁边两间屋里用餐，屋里屋外几十人在等待用餐。由此可见，大酋长家的伙房一定不小。

在饭桌上，省长和我又先后简单讲话。省长送给我一套非洲猎人打猎的弓箭，两个非洲小鼓，1个非洲矮鼓。使馆则送给村民不少足球运动服以及足球、篮球，并分别送给人们收录机、被盖等物。

我们在齐威什大酋长的王国里待了好几个小时，告别时，村民们载歌载舞，依依不舍。

预言酋长未来

酋长的权力、作用和影响与历史的发展成反比，越落后的地方酋长地位越显赫，相反，社会越发展，酋长的地位就必然越来越边缘化。当然这个过程是缓慢的，但总有一天，酋长现象必然会消亡，只会存在于历史教科书上和博物馆里。

以下报道在一定程度上反映了在社会进步和国家法治面前酋长权力所面临的尴尬和无奈。

2008年12月4日，津巴布韦政府报纸《先驱报》报道：有属民向高等法院状告某酋长犯有如下"罪行"：1. 干预（西方）宗教活动。2. 阻止属民耕种辖区土地。

齐威什大酋长陪同参观他的"王国"

3. 酋长要求属民送孩子去学校读书。4. 酋长强迫生病的属民去医院看病。5. 酋长反对童婚。6. 毁坏教堂财产。7. 扬言要惩罚违反酋长旨意者。法官以"人人都有自由生活、安全耕种、照顾家人和宗教崇拜的权利"为法律依据，判决酋长有罪，并要求警方阻止酋长恐吓属民和干预属民生活。上述所谓"罪行"中，按笔者看法，有的应该是酋长不对，如干预属民到基督教堂做礼拜、影响属民正常从事农业生产、毁坏教堂财产；有的应该是酋长没错，是属民错了，如要求送孩子上学，有病应送医院，而不是请巫医，反对童婚，等等。重要的是，法庭不是凭是非曲直判断，而是以"人人都有自由生活、照顾家人等权利"出发，站在原告一边，使酋长阻止童婚等正确行使权力的努力也变得不可能。

一些目光远大的酋长们也认识到靠当酋长恐怕管不了一辈子，管不了子孙后代，于是，在当酋长的同时，开发酋长特色，做起了旅游、酒店等生意。例如：赞比亚一侧维多利亚瀑布旁有一个小岛，那是当年英国探险家利文斯顿发现维多利亚瀑布时登陆的小岛。该岛本来是原土著部落姆库尼酋长的私产。如今商业社会了，酋长带着他的属民主动西迁至十几公里外的村落居住。除了处理部落里鸡毛蒜皮的小事之外，姆库尼酋长现在一心一意开发自己世袭的祖业，充分利用维多利亚大瀑布这一天然美景，利用利文斯顿这一历史名人，利用自己作为酋长的特殊身份，在利文斯顿岛、赞比西河上开了一条名为"皇后号"的游船，甚至把他居住的酋长村，都改造成了著名的旅游景点。姆库尼酋长深谙靠山吃山的道理，尽管他把旅游产业做成了一条龙，却还懂得环境保护。每天只允许60人上岛，每人收费95美元，提供的午餐包括1个汉堡1杯饮料和1块儿蛋糕。对于从没有接触过酋长的人来说，到此一游，看看瀑布，坐坐游船，见见酋长，那是一举几得的事情。我敢肯定，即使将来真的没有酋长了，这个地方还会特意安排一个假酋长，维持一个假的酋长部落，以便吸引更多的游客来这里。

第四章 黑人令人赞叹的几种能力

黑人有不少其他肤色人种所没有的特点，例如，黑人的视力很好，每次在非洲打高尔夫球，中国人不知球飞到什么地方时，黑人总是能看清球落在什么地方；黑人皮肤最好，年纪再老，起皱纹的也很少。穆加贝总统85岁了，其皮肤与年轻黑人相比，没有什么区别。在我看来，相对其他肤色的人来说，黑人下面几种能力真可以说是无与伦比。

与生俱来的歌舞能力

非洲人天性喜舞亦善舞，"没有舞蹈，就没有非洲生活"。确实如此。非洲人白天跳，夜晚亦跳，有时通宵达旦地跳。他们迎宾时跳，过节时跳，祝寿时跳，结婚时跳，添丁时跳，举丧时也跳。有人说，除睡觉之外，非洲人有一半时间是在欢舞中度过的。这话未免有些夸张，但却抓住了他们酷爱舞蹈的性格特点。我在非洲几年，经常见到这样的情景：无论男女老幼，只要一听到有节奏的声音，就自觉或不自觉地抖起双腿，扭起臀部，兴致勃发，翩翩起舞。到津巴布韦不久，前往维多利亚瀑布市，和市长在皇冠餐厅见面。顾客一面用餐，一面欣赏当地歌舞，最使我惊奇的是，一个仅两三岁的男孩站在舞池中央，随着伴奏的音乐，悠然起

南非祖鲁人在跳舞

舞，脚一抬一抬，屁股一扭一扭，手左边指指，右边指指，脑袋左边晃晃，右边晃晃，不仅丝毫不怯台，那一招一式，非常老道，非常到位，仿佛是训练有素、走南闯北的舞蹈家。为什么这么一点点儿大的小孩，就明显的显示出舞蹈天赋？市长告诉我：唱歌跳舞，是非洲最普遍、最受欢迎的民间传统娱乐活动形式，如同东方人日常生活中须臾不可离开盐一样，非洲人的生活中时时刻刻都离不开歌和舞。高兴的心情要通过唱歌跳舞来表达，忧伤的情绪要通过唱歌跳舞来排泄；获得一笔收入要唱歌跳舞进行庆贺，即使明天可能揭不开锅今天也要照样唱歌跳舞。每逢婚丧嫁娶或者欢庆佳节，非洲人常常要通宵达旦地跳舞；就是平时工作间歇之际，劳动休息片刻，只要一听到鼓声或者乐曲声，他们便会扭动身子，情不自禁地跳起来。津巴布韦的少年儿童在这种环境中受到熏陶，从小就养成了痴爱跳舞的习惯。后来，我发现，市长讲的一点也不夸张，走在非洲的大地上，无论是城市还是乡村，如果您遇上一名非洲儿童，即使语言不通，您只要双手击掌，活泼可爱的儿童就会当场给您表演一段舞蹈。非洲的舞蹈拥有如此广泛的群众基础，难怪人们将非洲称为"一个热情奔放的歌舞之乡"。

　　非洲舞蹈有着悠久的历史，据说早在6000年前非洲大陆就已经出现了舞蹈。舞蹈是非洲民族最古老、最普遍、最主要的艺术表现形式，是非洲光辉灿烂文化的宝贵遗产。非洲社会生活的各方面，经聪明智慧的非洲各族人民的巧妙编排，无可不能入舞。部族历史、祭祖祈神、战事农耕、放牧狩猎、男女恋情，则是他们最常见的舞蹈题材。非洲舞蹈种类繁多，大体上可以分为撒哈拉沙漠以南的黑人舞蹈和流行非洲北部地区的阿拉伯舞蹈两大类。黑人舞蹈又可以分为传统的仪式性舞蹈和民间的娱乐性舞蹈。非洲舞蹈是非洲劳动人民在生产活动中创造出来的，多用来表现烧荒、播种、收割、狩猎等场面以及人们对图腾的崇拜，保持着淳朴的民族风格，具有古香古色的特点。非洲舞蹈也是在长期实践中不断改进和提高的，它深深扎根于民众之中，以强烈的节奏、丰富的感情、充沛的活力、磅礴的气势以及变化万千的舞姿著称于世，在世界文化艺术的园地里占有一席之地。由于非洲舞蹈始终保持着独有的风格和新鲜的活力，故深受非洲人民所喜爱，成为人们日常生活中不可缺少的重要组成部分。无论是城市还是乡村，也不管人们是处在兴奋之中还是处在悲伤之中，总是借用舞蹈来抒发自己内心世界的感情。很多中国人不知道，在南非和许多非洲国家，失业工人去政府大楼前面抗议示威，不喊不叫，而是尽情地唱歌跳舞。在葬礼上，送葬者围绕死者灵柩载歌载舞，表达心中的悲哀。不了解情况的路人往往会误会，以为他们在庆祝什么喜事。

　　我在非洲期间，最愉快的活动之一就是看非洲人跳舞。看非洲舞蹈，不仅给人以美的享受，还可以给人以信心和力量。非洲舞蹈轻松舒展，热情奔放，活泼欢快，动作粗犷有力，旋律强烈感人。男性舞蹈者动作刚劲有力，下肢和脚部频频踏踩，发出阵阵洪亮的响声；女性舞蹈者突出上肢和腰部的动作，犹如轻云薄雾，柔软多情，频频向观众妩媚动人地微笑，引得观众中爆发出阵阵雷鸣般的掌声。男女舞蹈者常常剧烈地甩动头部、起伏胸部、屈伸腰部、摆动胯部、扭动臂部、晃动手脚、转动眼珠等，几乎身体的每一个部位都在剧烈地运动。不消几分钟工夫，舞蹈者就会汗流浃背，气喘吁吁，个个表演得如痴如醉，一丝不苟。

2009年上半年，中国甘肃歌舞团访问津巴布韦，歌舞团和津巴布韦恰巴古舞蹈艺术团在哈拉雷恰巴古石雕公园举行联合演出，津巴布韦内阁地方政府部长乔姆波等应邀出席观看。对黑人来说，鼓是舞蹈的主要伴奏乐器，在一阵阵激昂的"哒哒……哒哒哒"的鼓声中，数名装扮奇异的非洲男女青年轮番表演，他们腰系兽皮，脚缠铃铛，迈着急速矫健的舞步，剧烈抖动黝黑发亮的身躯，手中不时敲打一个个道具，不断发出有节奏的沉闷响声，时而如猛虎下山，时而似雄狮出林，大家屏息凝视，仿佛置身于奋勇杀敌的疆场。这种充满生机的舞蹈气氛令人倾倒，使人振奋。黑人舞蹈家以优美的姿势和刚劲的动作，表达自己内心深处的感情。黑人舞蹈不但内容丰富，艺术上也有鲜明的特色。相比

妇女演出团

之下，甘肃歌舞团表演的中国舞则显示了另一种韵味，使酷爱舞蹈的黑人朋友也看得目不转睛，眼不斜视，如醉如痴。甘肃姑娘们个个生得姿容艳丽，仪态妖娆，非常标致，她们迈着轻盈的舞步，细腰扭动，臀部摇摆，酥胸颤抖，舞姿优美迷人。我一边看，一边马上联想到《今古奇观》中对美女的描写："蛾眉带秀，凤眼含情，腰如弱柳迎风，面似娇花拂水。体态轻盈，汉家飞燕同称；性格风流，吴国西施并美。蕊宫仙子调人间，月殿嫦娥临下界。"中国舞蹈细腻的雅味和非洲舞蹈粗犷的野味，让大家品尝了一顿舞蹈的美味大餐。

我深深感到，如果说东方的舞蹈注重于运用手指、脚尖和眼神表达内心复杂细腻的感情的话，黑人舞蹈则主要通过身躯和四肢的大动作来表达一种强烈的激情。男演员喜欢以两臂和双腿的猛烈伸屈来带动全身，做出变化多端的舞姿。女演员总是以高耸的胸脯、柔软的腹部和宽大的臀部快速而狂放的扭动，来展示自己高超的舞艺。黑人舞蹈给人总的印象是，动作幅度大、速度快，显得热情奔放。这样一种特殊的舞蹈语汇，伴以暴风骤雨般激昂的鼓点和万马奔腾般急促的琴声，使舞蹈的节奏显得更加强烈。舞蹈的节奏其实是生活的节奏，是生命的节奏，它从一个侧面反映了黑人战天斗地的豪放情怀，也反映了他们热情奔放的民族性格。

在非洲，跳舞比观舞更令人陶醉。2007年8月的一天，津巴布韦哈拉雷省长卡里曼齐拉为到中国留学的津巴布韦学生们举行一个联欢会，他把当地有名的警察乐队也请来伴奏，省长和学生家长之一、津外交部副常秘曼格等，和大家一起随着歌声、乐声和鼓声起舞，舞蹈者自由奔放地跳动，无拘无束，动作开放，体现出浓厚的非洲风格。使馆同事们情不自禁地模仿着跳了起来。

在非洲，人们经常可以看到不需事先排练的集体舞蹈。虽然非洲各国都有专业舞蹈团，但最常见的，则是各部族、各地区、各村落业余的舞蹈队。在迎宾时，在节假日，在群众性集会上，我经常看到他们的身影。而在他们的带动和感染下，往往形成几百人、几千人集体共舞的欢乐场面。这时，包括国家元首在内的一些政界要人也会参加进来，与民同乐。只要是大型集会，一个人讲完话后，接下来肯定是跳舞，通常是女人先跳，然后，当官的和不当官的，认识和不认识的，男人和女人，老人和小孩，大家一起跳了起来，然后，又一个人讲话，又接着跳，讲话、跳舞的时间一样多。我应邀出席津巴布韦民盟全国代表大会时，亲眼看到由政治局委员、内阁妇女部长穆春古丽率领近百名妇女跳舞。穆加贝总统祝寿群众大会上，我又看到津巴布韦参议院议长马宗圭女士和许多妇女一起跳舞。黑人生下来后，耳濡目染，自小对非洲舞蹈，包括对集体舞的套路已驾轻就熟。难怪有人说，黑人个个是舞蹈家。看到这种壮观场面，谁能不信服呢？

最难忘的是应邀和穆加贝总统夫人和总统的亲友们在官邸一起跳舞。总统夫妇为我离任举行欢送午宴，席间，乐队一直在演奏，男女歌手演唱了一支支歌曲。吃完饭后，夫人邀我跳舞，舞蹈时，乐队演奏西式乐器，同时敲打着具有当地传统特色的非洲鼓，围观者拍手伴和。

谈到黑人对舞蹈的酷爱，我的感觉是，他们是在娘肚子里跳着舞成胎，跳着舞来到世上，跳着舞生活、劳作，又跳着舞离开人世。他们一时一刻也离不开舞蹈。确实是这样，对黑人来说，舞蹈是生活的闪光，是生命的跃动，是从往昔阔步走向未来的足音。在非洲欣赏黑人传统的舞蹈，很容易被他们附着灵魂、节奏强烈又透着野性的舞蹈迷住。

黑人不仅天生是舞蹈家，而且天生是歌唱家。上帝偏偏把一副好嗓子留给了非洲黑人，走到非洲大街上随手一拨拉，几乎全是歌唱家。好嗓子让黑人自我感觉很好，自我觉得他们过着比他人更惬意的生活。黑人的音乐天赋让你不得不佩服。例如，"流行音乐之王"迈克尔·杰克逊是黑人音乐家的杰出代表。他创造的音乐，把社会各个不同的阶层联系起来，融合了流行音乐和摇滚乐，其中包括灵魂乐和朋克元素。杰克逊风靡于千千万万各种种族的歌迷中。作为流行音乐偶像，在遍及全球的数千万忠实歌迷眼中，他开创了一个流行音乐的新时代，是一位富有创新精神的歌手、歌曲作者、制作人和舞台表演者。他影响了整整一代流行音乐的表演者和爱好者，并一度成为美国乃至全球流行文化的代表人物。在长达45年的歌唱生涯中，杰克逊创下销售音乐专辑7.5亿张的纪录，至今仍无人打破。他在1982年发行的专辑《颤栗》在全球共售出超过1亿张，至今仍然是音乐史上最畅销的唱片。好莱坞影星伊丽莎白·泰勒赠给杰克逊的"流行音乐之王"称号，恰如其分地说明了他当时在歌坛乃至流行文化领域中的地位。迈克尔·杰克逊是第一个冲破种族藩篱、打开进入主流流行文化大门的偶像，其意义并不亚于奥巴马2008年当选美国总统。杰克逊也许是有史以来最成功的独唱歌手，他不仅13次获得代表流行音乐界最高荣誉的格莱美奖，并且十分罕见地两次进入美国摇滚乐名人堂。再比如，黑人女歌唱家布兰迪曾出尽风头，1995年获得了"最佳节奏蓝调独唱单曲奖"、"年度最佳节奏蓝调/灵魂歌曲奖"、"最佳节奏蓝调/灵魂新进歌手奖"、"年度最佳独唱节奏蓝调/灵魂专辑奖"和"年度最佳新进歌手奖"五大奖。

黑人音质出奇的好，音域出奇的宽，不需乐队伴奏，只要清唱，就能令听众感受到极大的享受。正因为如此，身着传统服装的合唱令我印象深刻，黑人的嗓音得天独厚非常有感染力，无伴奏的和声仿如天籁。津巴布韦许多正式活动，在演唱国歌时，就是请黑人集体合唱。津巴布韦大学孔子学院学生演唱团不仅在津巴布韦曾为津中友协成立大会和中非、中津关系国际研讨会，而且应邀到北京演唱。他们用中文演唱的《月亮代表我的心》等歌曲，雄浑深沉，铿锵起伏，回音缭绕，与中国人唱相比，别有一番风味。

非洲人跳舞和唱歌都离不开鼓，鼓在非洲人民悠久的歌舞文化中占据着非凡的位置。奇妙的非洲鼓有皮鼓和木鼓两种。皮鼓是用掏空了的一段树干，一端裱上兽皮制成，外形可分为圆柱形、桶形、口杯形、高脚杯形、锥形等多种。鼓边装饰着人像或动物图案。木鼓是用木头凿成的，各处厚薄不一样，用木锤一敲，薄的地方就发高音，厚的地方就发出低音。鼓的高低大小不一，最大的高达八九米，最小的只有茶杯般大小。我到津巴布韦齐威什大酋长的王国作客时，他送我两个形状、大小不同的非洲鼓，我视为珍宝，离任时特意带回北京作纪念。

非洲人善于用载歌载舞的形式，以各种各样的敲鼓法，表达其心声。歌者舞者随着鼓点的变换而歌唱，并变换动作，节奏明快，刚健有力。非洲鼓可伴奏，可合奏，也经常单独演奏，演奏时，演员还在鼓上跳来跳去，如杂技演员摆出各种姿势。津巴布韦空军艺术团有一支非洲鼓演奏队，我多次看他们表演，这个艺术团曾应邀访华演出。坦桑尼亚闻名的盲人鼓手毛里斯，同时用十二只鼓以不同的音调奏出十分美丽的旋律。在卢旺达、布隆迪等国，也有鼓的齐奏，十分壮观。最饶有风趣的，是加纳黑人盛大节日里的"击鼓会"，广场上放置着大大小小的各种非洲鼓，鼓手们用美妙的歌声颂赞酋长的伟绩和美德，又用动人的"鼓语"叙述古代的动物故事。此时被热闹的鼓声吸引到广场来的村民越来越多，人们就像听一个天才的演说家讲演那样，留心倾听着每一个鼓点所报道的部落新闻、大事，乃至社会逸事。紧张处极尽渲染，出色处妙趣横生。每一下鼓点都揪着每个人的心，使人难以猝然止听，中途离去。人们的感情随着鼓声的变化而起伏。击鼓会的最后节目

传统艺人

是两组鼓手"斗鼓"。此情此景有点像刘三姐斗歌,嘲讽笑骂无所不能。对方通过鼓点提出的难题,这边就要毫不迟疑地回答和提出反问。双方都争取以其更高的技巧和智慧赢得胜利。

酷爱运动的竞技能力

津巴布韦总理茨万吉拉伊宣誓就职不久,应邀到官邸作客。聊天时谈到他学打高尔夫球3个月了,我问他能打多少杆了,他谦逊地说只能打90杆,发挥得好可打80多杆。我简直不敢相信自己的耳朵,一则因为我打快2年,始终在100以上,二则他年纪比我大,3个月说白了,还是新手,三则毕竟是总理,没多少时间练球。这么快就能打八九十杆,很不容易。由此,令我更加佩服黑人在不少体育项目中的竞技能力。

好动的儿童

的确,黑人身体强壮,肌肉发达,耐力超群,弹跳力强,速度快,柔韧性好,在体育许多领域人才辈出,在体育上的出色成就世人有目共睹。在无数事实面前,许多人都自然而然地认定黑色人种"天生"具有别的人种无可比拟的运动优势。以美国为例,黑人为全国人口的10%,但是在美国职业篮球队中却有80%的黑人队员。在英国,黑人人口比例只有2%,但是有20%的足球运动员是黑人。在田径运动方面,世界冠军和世界纪录保持者更是以黑人居多。据说当今百米短跑前200个最好成绩都是由黑人运动员创造的。由此,美国知名体育记者约翰·安亭(John Entine)干脆预言:白人将永远与奥运百米冠军无缘。因此,除了英、法等有殖民历史的国家以外,欧洲另外一些国家也从战略的高度着眼,放手引进黑人运动员,提高本国运动成绩。比如,归化为丹麦国籍的肯尼亚运动员威尔逊·基普克特(Wilson Kipketer)为丹麦取得了雅典世界田径锦标赛的800米冠军。另一位肯尼亚运动员威尔逊·基尔瓦（Wilson Kirwa）则作为芬兰人成为基普克特在赛场上的强劲对手。也有的国家就地取材，发觉本国黑人的运动潜力。比如，为德国取得在西班牙世界田径锦标赛三级跳远冠军的查尔斯－米歇尔·弗里德克（Charles－Michael Friedek）乃是美国黑人大兵留下的混血儿。2007年11月，美国网球名将小威廉姆斯还亲赴非洲进行寻根之旅。

埃塞俄比亚是非洲体育大国，也是国际奥林匹克大家庭的重要成员。中长跑是埃塞俄比亚的传统强项，是当地人骄傲的体育项目，其水平世界一流，历史上曾拥有不少世界级选手。最有名的马拉松选手贝基拉在1960年为埃塞俄比亚也为非洲赢得了第一块田径金牌。1964年他还蝉联了奥运冠军。1968年沃德也夺得过奥运冠军。1984年，伊夫为埃塞俄比亚夺得5000米和10000米比赛的金牌。后来肯尼亚长跑运动崛起，目前，世界前100名马拉松好手中，来自肯尼亚的运动员就占了一小半。许多非洲运动员选择长跑项目，不少都坚持光脚训练，成名之后往往也习惯于"赤脚跑天下"。在最近的全非运动会赛场上，就出现了3名选手同场赤脚上阵的奇特场面。"东方神鹿"王军霞曾经在中长跑项目缔造过辉煌。不过，这一切已经成为过眼云烟。目前在中长跑项目中，非洲双雄埃塞俄比亚和肯尼亚并驾齐驱，其他国家很难分上一杯羹。

在北京奥运会赛场上，肯尼亚选手夺得男子3000米障碍赛金牌。随着15日埃塞俄比亚女选手迪巴巴以29分54秒68的骄人成绩夺得1万米冠军并打破奥运会纪录，来自非洲的运动员似乎在北京奥运赛场掀起了一股股"非洲旋风"：男子万米竞赛成了非洲人的天下，前8名均来自非洲，真正成了非洲人的"内部交锋"；喀麦隆女选手弗朗索瓦丝·姆班戈·埃托内成功卫冕三级跳远金牌，肯尼亚的恩德雷巴在女子马拉松比赛中获得第二。北京奥运会，肯尼亚一共获得5金5银4铜，埃塞俄比亚4金1银2铜，这些奖牌全部都来自中长跑项目。传奇巨星格布雷希拉西耶在北京奥运会后的柏林马拉松上，以2小时03分59秒的成绩夺冠，不仅成为首位跑进2小时04分的选手，同时第27次打破世界纪录。

黑人是天生踢足球的料。足球界历史上至少出了十大黑人球星：一是贝利，现代足球史上第一位球王，三届世界杯冠军得主，职业生涯取得无数荣誉，影响力之大只能让后人望其项背。他的历史想必不需过多介绍；二是尤西比奥，绰号"黑豹"，葡萄牙足球象征，集速度、力量、技术于一身的超级球星。1966年世界杯最令人难忘的球员；三是乔治·维阿，非洲足球史上的NO.1，第一位以非洲球员身份获得世界足球先生和欧洲足球先生的球员，上演过历史上在顶级足球比赛中最长的单刀进球，盘带高手，技术、速度都是特长；四是罗马里奥，他踢球的特点是速度快和持久力强，是一代天皇射手，1994年世界杯的绝对王者。一生进球无数，荣誉无数，拥趸无数，据说是世界上唯一一个能在1平方米内连过4人的球员，40岁高龄仍活跃于足球场上；五是古利特，为足球作出过巨大贡献的奇才和全才，他踢过清道夫，也擅长担当中场组织者，更以"强力中锋"闻名遐迩。在每一个位置上，他都是同行中的最优秀者。在他的职业生涯高峰20世纪80年代中后期，毫无疑问他是世界上最好的球员之一；六是里杰卡尔德，头球与铲球是他的两大法宝，同时也具有极强的攻门意识，随荷兰队获得了1988年欧洲杯冠军。20世纪90年代米兰队中后场枢纽，王朝奠基者之一；七是罗纳尔迪尼奥，十八般传球过人本领让人眼花缭乱，也是目前最具观赏性的球员，26岁的他已经获得了足球世界几乎一切的荣誉。他控球技术出色，擅长中路及边路快速突破，定位球方式变化多端和手术刀般的精确妙传；八是加林查，真正的足球天才，两届世界冠军，1962年世界杯金靴奖得主。他从不系统训练，夜夜笙歌，而且他天生长短脚，但这都不妨碍他成为一名伟大的球员；九是迪迪，世界足球历史上最早的中场大师，曾是足坛王者巴西队第一次获得世界冠军时的绝对核心，他是贝利的后盾，是巴西前场天才球星们放手进攻的保障，长短传精准，射术精湛，是真正的中场全才；十是埃托奥，优秀的点球手。在加盟巴塞罗那之后，埃托奥迅速爆发出自己所蕴涵的巨星潜质，成为令全欧洲后卫为之胆寒的超级杀手，他对于进球有非同寻常的饥饿感，善于快速出球，摆脱盯防者，射门力量特别强劲。

说是十大足球黑人明星，实际上只是按中国人习惯的说法说事，其实，足球界何止十大黑人球星。例如，喀麦隆的米拉以"米拉大叔"美名享誉全球，他让世界真正认识了非洲足球，在38岁高龄以替补身份出战世界杯并打进4球，喀麦隆队也打进8强创造了非洲的足球历史，可以说没有米拉大叔的惊人表现是不可能做到的。

因陋就简练体操

而他从伊基塔脚下断球以及进球后跑到角旗边跳起了扭胯舞的镜头也被传为经典并将流传下去。在法国世界杯上表现出色的"橘色军团"荷兰队中，像戴维斯、克鲁伊维特这样的黑人球星作为球队中坚，为该队晋级四强立下了汗马功劳。此外，像德罗巴、埃辛、阿德巴约、迪亚拉、图拉姆、罗比尼奥、马丁斯、维埃拉、坎贝尔等足球明星，都是黑人。

人口10亿左右的非洲有大约100多名足球运动员在世界各地效力，当年，非洲足球最为活跃的地区为北部的埃及、摩洛哥、突尼斯和西部的尼日利亚、加纳、科特迪瓦等足球强国。随着非洲足球事业的发展，足球已经成为非洲大陆头号体育运动。无论在嘈杂的城市，安静的城镇，凉风徐来的海滩，非洲的足球场地上，男子汉和儿童比比皆是。越来越多的欧洲足球俱乐部想方设法吸引非洲足球少年到欧洲，不少非洲足球少年在欧洲获得了工作机会，改变了穷困的生活状况，为数不多的非洲优秀足球运动员在欧洲生根开花，过上了普通非洲人梦想不到的美好生活。过去几十年，非洲足球运动取得了长足进步，非洲人对于足球的热爱有时也到达了极度疯狂的程度。

在北京奥运会上，男足八强中有三支队伍来自非洲。黑人中的篮球天才也层出不穷。在NBA的450名职业球员中，有75%是黑人球员，据报道，在奥巴马的选票中，可能有300张左右是直接来自NBA的球员。不过，最重要的不是这300张选票，而是通过球员影响力带来的更多选票。

黑人中体育人才层出不穷，不仅同他们积极参与体育运动有关，也同他们热心观赏赛事分不开。例如，赛马是津巴布韦人热衷的一项体育活动。每年5月至7月是赛马比赛的旺季，位于首都哈拉雷北部的博罗戴尔公园会举办一年一度的赛马总决赛。尽管比赛是接近中午时分才开始，但一大早就陆续有观众进入赛场，临近比赛开始时，场内的观众会多达数千人。一些人自己不会骑马，但喜欢观看赛马，尽管烈日炎炎，他们照样三五成群地一边晒太阳，一边看赛马。

长于语言的谈吐能力

中国人开会，都喜欢坐后面，第一排椅子如果不是安排人坐的话总是空着，黑人开会都喜欢坐前面；中国人开会都愿意别人发言，黑人开会都抢着自己发言；中国人开会发言，一般都拿稿子照念，黑人讲话发言，一般不拿稿子。我对黑人的这一能力真是从心底里佩服。

在中国，最驰名的黑人演说家有两位，一位是美国黑人领袖马丁·路德·金博士。当年我学英语时，为了练习听力，曾经反复听他著名的演说《我有一

劲舞中的南非总统祖马

个梦》（I Have a Dream）。对于黑人来说，马丁·路德·金是他们的希望所在，他深厚的知识，以及条理清晰、雄辩有力的演讲，征服了那个时代。他作为出色的演说家，被誉为"黑人之音"，被美国《展示》杂志列为近百年世界最具有说服力的演说家之一。另一位则是美国第一个黑人总统奥巴马。英俊潇洒帅气的奥巴马具有非同一般的明星相，他被视为马丁·路德·金博士以来美国又一位颠倒众生的黑人演说家，他善于使用黑人的韵律，具有雄辩的口才与深沉的思想，集演艺巨星和政治明星的魅力于一身，往往使演说现场变为火爆如明星的演唱会。

也许，有读者会说，他们是美国的黑人，不是非洲的黑人，非洲的黑人谈吐能力强吗？非洲有思想深邃、善于雄辩的演说家吗？答案一个字：有！例如，非洲政治家奥博特就是一个天生的演说家，靠着绝佳的口才和组织能力，他与其他势力强大的政党组成联盟，出任独立后的乌干达政府总理；几内亚已故总统杜尔，是驰名遐迩的演说家，讲话三四个小时可以滴水不进；刚果的国际奥委会委员冈加，曾经长期担任非洲体育最高理事会秘书长，能言善辩，是国际奥委会委员中为数不多的雄辩演说家之一、国际体坛中反对种族歧视的斗士，曾凭一张铁嘴，为中国恢复在国际奥委会中的合法席位出过大力。

非洲许多普通黑人也是健谈家，也就是中国的"侃爷"，他们的健谈不分性别，不分年龄，不分受教育程度，只要逮住机会，就会对某一事物或现象高谈阔论，大胆发表自己的"真知灼见"。城里的黑人喜欢谈论政治问题，一谈到政治问题经常是滔滔不绝，感觉人人都可以当演说家。开大会，搞竞选拉票，黑人讲话几乎都不用讲稿。在中国，难得碰到一个作报告不拿讲稿的人；在非洲，经常可以见到一个人讲话几个小时而不用讲稿的现象。

我到津巴布韦只有1个星期，几件事就使我领教了黑人的非凡口才。递交国书前，总统府典礼局长卡杰西就对我说，递交国书后，总统会与我进行礼节性谈话，但总统记忆力惊人，说话滔滔不绝，所以，讲到20分钟时，让我务必示意总统我该告辞了。通常总统会留来宾再坐一会，我可等总统再讲几分钟，然后起立告别。卡杰西暗示，如果你不告辞，总统越讲越高兴，一个小时也下不来。后来谈话时的情况果然如此，总统口若悬河，旁人难以插话。递交国书后的一两天，我列席数千人参加的民盟2006年全国代表大会，穆加贝总统讲话一个多小时，虽然桌上放了一个稿子，我注意到他自始至终在脱稿演讲，时而用英语，时而用绍纳语，绍纳语我基本听不懂，但他的英文演讲则是绝对一流，排比句运用得恰到好处，严肃的话题中饱含幽默的语句，声调抑扬顿挫，时而挥手，时而拳头摇晃，时而摇头，时而紧闭双眼讲话，时而自问自答，党代会本是庄严的场合，但穆加贝讲话时，会场里会不时爆发出大笑声，真好像是看一个幽默大师在精彩表演。我印象最深的是在庄严的津朝野两党三方达成建立联合政府协议签署仪式上，南非总统姆贝基、坦桑尼亚总统基奎特、斯威士兰国王姆斯瓦蒂三世、津巴布韦茨万吉拉伊

演说家——津巴布韦穆加贝总统

候任总理、穆坦巴拉候任副总理等政要一一发表了讲话。然后，轮到穆加贝总统发表讲话，令外交团大吃一惊的是，他发表的是即席讲话，他讲话近一个小时，他一个人花的时间比3个总统加起来的时间还要多！

不仅穆加贝总统雄辩，总统夫人格蕾丝在公众集会上也是口若悬河。津巴

开怀大笑的南非总统祖马

布韦朝野两党三方的政治活动家人人都天生一副好口才。我亲眼所见茨万吉拉伊的演讲极富号召力,成千上万名听众随着他的声调高昂而兴奋,随着他的深沉语调而悲哀,随着他的幽默和谐而大笑,随着他的慷慨激昂而冲动。"你们能吃饱饭吗?"他问,所有听众回答:"不能!""你们有活干吗?""没有!""小孩有书读吗?""没有!""有钱看病吗?""没有!""这一切应不应该改变?""应该!"每一次竞选集会上都会重现这一幕。"change!change!Change!改变!改变!改变!"的口号此起彼伏。奥巴马在大选中确定以"chang 改变"为竞选基本口号,其实,茨万吉拉伊以此作为竞选的基本口号比奥巴马早。茨万吉拉伊不像穆加贝博览群书,学富五车,矿工出身的他善于以通俗的语言,加上严密的逻辑性、条理性,来打动听众的心。

为什么非洲口才好的人如此之多,有人说那是因为罗马帝国统治时期的非洲就是演说家辈出的地方,非洲有重口才的传统。此外,顺口溜式的语言游戏在非洲很早就存在了,尤其是在黑人传统文化中更是普遍。往远了说,非洲很早就有说书人(Griot)这一职业,他们就像是云游四方的流浪歌手,只不过他们说的多唱的少。这就是说,非洲人口才好的多,黑人出演说家是有历史渊源的。

第五章 非洲人眼里的中国人

这些年来,到非洲创业的中国人越来越多了,不少人在事业取得成功的同时,也赢得了非洲人的尊敬,在非洲大地上树立了勤劳、聪明、高效、富裕、关爱等形象。他们的努力和成就,使得更多的非洲人有机会能零距离地感受中国人,理解中国人。我先在埃及,后在津巴布韦工作,对于非洲人到底怎样看待中国人这个题目,感受和认识在不断加深。中国在非洲的形象,总体来说,是现在的形象优于在历史上的形象,政治形象优于经济形象,总体形象优于个体形象。至于非洲老百姓对中国人的看法,敬佩、羡慕是主流,也有不解、抱怨和期待。

对中国人的敬佩

非洲人对中国人的印象可以概括为四个字:一是"勤",二是"灵",三是"快",四是"富"。

勤劳,是非洲人对中国人最基本的印象。确实,到非洲打拼的中国人,没几个懒的,因为懒赚不到钱。加班,对中国人来说是家常便饭,甚至没有任何额外报酬。为了赚钱,中国人什么都愿意干,什么都能干,什么苦都能吃。这在中国人看起来最简单不过的事情,对非洲人来说就是弄不懂,他们对中国人这种苦行僧式的工作态度实在无法理解,不知道中国人的快乐在哪里,不知道中国人在享受什么。只要是星期六、星期日和其他节假日,当地人休息雷打不动,开店的也不开门,结果黑人商店关门了,白人商店关门了,印巴人的商店关门了,只剩下中国人开的店子照样开门。中国人在非洲,开商店,办饭馆,开工厂,搞工程,几乎都没有周末和节假日,上班比当地人早,下班比当地人迟,晚上还常常加班。我很佩服那些在国外的中国工人,太能吃苦了。那种苦你在国内是绝对想象不出来的。那么热的天,没地方待,就在工地干活。不少中国人一个星期工作7天,一天工作十几个小时。晚上回来在屋子里,也就是集装箱里待着,也没娱乐。最紧张的时候,5点钟天还没亮就被车拉到现场干活,晚上11点天黑了才回来。周而复始,机器一样。没有娱乐,没有信息来源,每

喜欢这辆中国产的童车

天唯一的乐趣就是算一算今天挣了多少美金，孩子的学费还差多少。但是，你要让黑人加班，他一千个不愿意，一万个不愿意。在他们看来，发展不是硬道理，挣钱不是硬道理，休闲才是硬道理，潇洒才是硬道理，快乐才是硬道理。非洲不少国家虽然贫穷，可非洲黑人在劳动态度上与我们迥然不同。我们双周日实行还没多少年，可他们这里早就实行双周日了。因此，即使晚下班十分钟他也向你要加班工资，不付就很可能把你告上法庭。尽管加班工资比平常工资高出很多，黑人也不愿加班，他们要充分享受法律赋予他们的休闲、潇洒和快乐的机会和权利。不少非洲人对我说："中国人很勤劳，很努力，这是你们国家很快富裕起来的主要原因，也是非洲落后于中国的主要原因。非洲人缺乏的就是勤劳，就是努力。"非洲人说归说，佩服归佩服，恐怕他们决不会学习中国人的勤劳，不少人甚至认为中国人这样干活，这样拼死拼活地挣钱不可思议，不值得，有的甚至认为中国人简直成了工作机器。他们常常讨论这样的话题：劳动难道就是人活着的唯一目的吗？任何人都有追求快乐享受的权利，那闯荡非洲的这些中国人的快乐是什么？难道劳动是这些中国人唯一的享受。还有的非洲朋友直接对我说："中国为什么要发展这样快？有必要吗？把速度降下来一点，让大家多休闲，多潇洒，多快乐一点有什么不好？"

灵泛，是非洲人对中国人非常佩服的一个特点。在非洲人看来，中国人赚钱不仅靠勤劳，靠辛苦，而且靠灵泛。不少中国人在非洲以针灸为生，几根针，在身体上这里扎几下，那里扎几下，疼痛就莫名其妙地消失了，靠几根针，辅之以按摩，就能赚钱，就能生存，而且不累，非洲人认为这太神奇了。一些中国人在非洲当地人眼皮底下，几年时间，靠做活生意、赚活钱，就由走路、搭公共汽车、踩自行车、骑摩托车做买卖的生意人，变成了开"凌志"、驱"宝马"、驾"奔驰"的老板。

高效，也是非洲人对中国人最基本的一个看法。许多非洲人闹不明白的是，为什么中国人在非洲盖房子、开工厂，速度比当地人要快两、三倍，甚至数倍。中国驻津巴布韦大使馆新馆舍2年多就完工了，使馆司机巩博赞叹地说："真是不可思议，这个工程即使10年完工，在津巴布韦也仍然是速度最快的。"

有钱，这是非洲人对中国人的新看法。以前，中国人在非洲人的眼里，是好朋友，也是穷朋友。但是，随着中国国力的提升，在非洲闯荡的中国人获得成功的也越来越多，不少人由小商小贩变成了大亨大腕，由打工仔变成了出资人。非洲人看到，在非洲的高档商店，出手阔绰、一掷千金的往往是中国人；在非洲的名胜故地，闲庭信步、游山玩水的不少是中国人；在非洲的五星级饭店，一席万金、山吃海喝的许多也是中国人。中国人没钱，谁有钱?! 正因为如此，中国大使馆每天收到大量的求助信，有希望提供学费资助的，有要求提供医疗费资助的，有希望提供就业或到中国留学机会的，好像中国大使馆是当地慈善机构似的。

对中国人的疑问

为什么在非洲的中国男人不需要女人？这是非洲人最闹不明白的一个问题。中国人实在是清心寡欲，这是非洲人对中国男人的一个普遍印象。非洲人性比较放纵，性能力也出奇的强，不少非洲国家仍然实行一夫多妻制，在他们看来，男人就是茶壶，女人就是杯子，一个茶壶从来就是配几个杯子，中国男人在非洲单身一待就是一年两年三年甚至多

穆加贝总统接见华为集团总裁任正非

年，身边没有女人，也不去找当地女人，一个茶壶连一个杯子也没有，茶壶的水往哪儿倒？实在令人无法理解。确实，在非洲，我们经常见白人身边依偎着身材绝好的黑妞，也经常见到健壮的黑小子挽着欧美来的白人姑娘，孤独的就

是中国男人。红灯区里经常看到黑皮肤的小伙子，白皮肤的大男人出出进进，就是难得看到黄皮肤的中国男人一夜风流。好在中国男人有一个绝对正确、颠扑不破的说辞："艾滋病，谁敢?!"一些非洲人甚至误以为，中国男人出国前打了一种特别的针，这种针可以使男人在出国这段时期里失去性欲，不想女人。

为什么中国人不信神，不信教？中国宪法赋予公民宗教信仰自由的权利，可信教者在中国毕竟是少数，来非洲的中国人大多没宗教信仰。非洲人见中国人星期日也不休息，从来不去教堂，对中国人的人生态度很不理解。非洲人认为，工作管人的生存，宗教管灵魂的归宿，工作赚钱是人生的过程，但不是人生的目的。人生的目的是一种精神追求，人生的归宿是与上帝在一起。没有宗教信仰，就等于没有灵魂归宿，那中国人不信教，中国人的灵魂在什么地方啊？一个人要是没有灵魂，那怎么行呢？非洲人对中国人的一个印象，就是中国人没信仰。确实，在非洲找没有文化的人很容易，找没有宗教信仰的人很困难。常常有人问我，大使阁下信仰什么宗教？如果我回答我不信什么宗教，中国人多数不信宗教，我看到的面孔一定是眼睛瞪得圆圆的，满腹狐疑地盯着我。有时，我干脆说，中国人多数人都受佛教影响，普度众生是中国人的宗教情怀，包括我本人，佛教的普度众生同共产主义的解放全人类是不谋而合的。有时，他们也会说，不对，中国人很多是儒教徒，你们信仰孔教。虽然不少中国人不信教，但在非洲，与宗教有关的事往往会摊到你头上。例如，到政府部门办事或到法院参加诉讼，都要填写一系列的表格，其中有一项就是要填写宗教信仰。这让许多中国人为难，填写什么宗教信仰呢？共产主义不是宗教信仰呀，于是，许多情况下中国人都空着不填。但不填又不行，他们会一个劲儿地问你，怎么不填写，如你说无信仰，他们就会问：中国有教堂吗？你们难道不去教堂吗？只要你告诉他们你什么都不信，他们的反应很可能就好像是遇见了外星人，惊讶的连嘴巴都合不上。他们会说："你看起来是个好人，但为什么不信教呢"？原来在他们的意念里，只有坏人才不信仰上帝，所以无论如何也不理解为什么大多数中国人都不信宗教。

为什么中国人什么都吃？非洲人吃的一些东西，如带血的生牛肉、白蚁、蚂蚱、蚂蚁等，中国人是不吃的，并且一些中国人听了会感到反胃，往往会不解地问：怎么吃这些东西？其实，非洲人对中国人的一个最大疑问就是：为什么中国人什么都想吃，什么都能吃。中国人什么都吃，这也是非洲人对中国人的印象。非洲人是根据对中国人日积月累地注意和观察产生这个疑问和印象的。许多非洲人从来不吃猪肚、猪肠、猪脑、猪血之类的东西，即使再饿，很多人也不会吃，原因是吃下去以后，他们会感觉反胃，感觉很不舒服。甲鱼、乌龟、海参等动物，他们几千年来就不知道能吃。他们眼皮底下的中国人不仅吃这些东西，还吃狗肉、猫肉，这确实令他们觉得不可思议。一些来非洲的中国人，对当地的一些风俗习惯确实不知道，如在埃塞俄比亚，驴和狗是绝对不能吃的，但中国人吃了，使当地人为此不快。有的中国人明知故吃，这更令当地人抱怨。

为什么中国人要拼命劝酒？非洲人看明白了，中国的饮食文化和西方的饮食文化一个很大的区别就是，中国人大口喝酒，西方人慢慢品味；中国人不但自己要喝好，还要劝人家喝好，人家不喝不高兴，西方人是喝多喝少自便；中国人吃饭喝酒不时要敬酒，请客人吃饭，只有一桌时大家会不时频频起立干杯，有几桌时，这桌那桌之间相互敬过来敬过去，敬到一定时候变成相互劝过来劝过去，最后是灌过来灌过去；中国人拼命劝酒时，难免伴之以高声大叫，西方人则不同，他们总是把灯光故意调暗一点，在宁静中享受温馨。西方人在非洲殖民数百年，非洲人的酒文化同西方人差了不多少，一杯威士忌不断加冰可以对付几个小时。但中国人不仅相互之间劝酒，为了对当地人表示客气，也拼命劝当地人喝茅台、五粮液之类的中国烈性酒，虽然当地人中不乏好烈性酒者，但多数人不习惯喝中国烈性酒，对中国人的劝酒更是不习惯。

为什么在非洲的一些中国人相互告状？中国人不像印度人、日本人、韩国人一样团结，这也是非洲人对中国人的一个印象。多数中国人在非洲打拼是靠开商店，在非洲同一个城市开店的中国人，因为竞争关系大伤和气，有的发展到势不两立、不共戴天的地步。现在，在非洲搞工程的中国公司也多了，一个国家往往有几个，甚至十来个，为了承揽到工程，中国公司不仅与外国公司之间竞争激烈，中国公司内部之间竞争也很激烈。那些在税务、海关、移民、质检等部门工作的非洲人闹不明白的是，为什么不断有这个中国人举报那个中国人，这个中国公司指控那个中国公司涉嫌违法。同行之间的相互杀价、相互挖墙脚损害了中国人的整体利益，恶化了中

湖南人开的津巴布韦首都香格里拉饭店

国人在非洲的经营环境，也损害了中国人的形象。令人心寒的是，在有的地方，这个单位的中国人遇到那个单位的中国人，很少打招呼寒暄，虽然都远离祖国几万里，他们见面后如见路人一样，没有任何亲切感。

对中国人的期待

期待买的中国商品更耐用。现在，中国商品在非洲铺天盖地，到处都是。例如，津巴布韦零售业原来主要由印巴人经营，但是，他们竞争不过中国商人，零售市场上唱主角的已变为中国人。津巴布韦当地商人也越来越多地从中国倒商品，由此使得津巴布韦到处卖的是中国货，尤其是地摊上摆的、周末集市上卖的几乎全是中国商品。在中国货当中，不少确是价廉物美，如华为公司的电信产品、联想集团的电脑、中国产的手机、相机、自行车等等。但也确有不少价廉物不美的商品，甚至有价不廉物不美的商品。我刚到津巴布韦工作时，有人就向我谈某些华商的产品质量问题，说买的搅咖啡的塑料汤匙，搁在咖啡杯里后，搅着搅着，汤匙就不见了，为什么，融化在咖啡里了。我一开始不信，但不久我经历的两件事使我对某些商品的质量问题有了新的认识。第一件事是2007年4月，中国政协主席贾庆林率团访问津巴布韦，因津巴布韦饭店不佩洗澡用的拖鞋，而使馆库存拖鞋不够，于是，找中国人开的商店买了一些，但拿回使馆一检查，当场就发现近10双鞋质量有问题。第二件事是，不久，陕西省长袁纯清访问津巴布韦，他们去的地方适宜穿凉鞋，使馆帮他们购买，我叮嘱使馆经办者一定要注意质量。凉鞋买回来后，看起来确实一点问题都没有，但代表团的同志穿在脚上只有一两个小时就出了问题，有几个人的鞋底和鞋面分了家，弄得人非常狼狈。津巴布韦一些小孩子看到中国人就嚷着"金钟""金钟"，我问使馆政务参赞马德云："'金钟'是什么意思？"她告诉我"金钟"是假冒伪劣的意思，本来"金钟"是中国产的一种灯泡的牌子，后来有人打这个牌子造假，人家买回去后，用几次灯泡就坏了，于是，"金钟"就被津巴布韦人用来泛指假冒伪劣商品。津巴布韦副总理穆坦巴拉等高官和我谈到了对"金钟"的看法，我对他们解释说，贵国使用的华为通信技术，不是很好吗？贵国空军驾驶的中国制造的军用飞机，不是质量过硬吗？中国援建的能容纳6万人的贵国体育馆，使用多年了，不是经历了时间的考验吗？我身上穿戴的一切都是中国产的：金利来的衬衣和领带，雅戈尔的西装，老人头的皮鞋，天王牌的手表，以及使用的手机、电脑等都是中国产的，几年下来到现在不仅没坏，质量还蛮好的。中国人绝对能制造出高质量的产品，不然的话，中国出口到美国的商品总量就不会持续增长。当然，确有一些中国商人经销假冒伪劣产品，其他国家也有人产销假冒伪劣的东西。其实，非洲人对某些中国产品质量有意见很容易理解，国人即使在国内也难免遇到假冒伪劣，对于收入本来不高的非洲人，如果买来的中国产品质量不行，怎么会没有意见呢？

期待和中国人结婚不那么困难。随着中国在非洲的影响稳步扩大，随着中国人越来越有钱，想和中国人结婚的非洲人在明显增多。津巴布韦国防军司令齐温加上将的儿子在马来西亚留学期间，结识了来自于青岛的一个中国姑娘，后来组成了一个幸福的家庭。一天，我到

慰问穷人

机场迎接客人，见到将军也在那里迎接客人，一问，原来是儿子的中国女友到津巴布韦看一看。我邀请司令全家到官邸做客。司令的儿子对于与中国姑娘喜结良缘深感有幸，司令夫妇更是乐得合不上嘴。司令夫人一再说，中国姑娘不仅容貌美，而且，更重要的是心灵美。我把这个情况告诉津巴布韦副议长坎盖，坎盖得意地说，他在上海留学的儿子也正在和一个中国女孩处对象。2007年，塞拉利昂黑姑娘玛利亚在CCTV星光大道的舞台上，先后取得了周冠军，月冠军，年分赛冠军，年度总决赛的第四名，成为了一颗璀璨的黑珍珠。这位黑皮肤的美女2009年10月受邀来到江苏徐州参加"芦荟人头马干红"之夜明星足球赛暨CCTV星光大道冠军走进徐州群星演唱会，会前，玛利亚操着非常流利的汉语说她非常希望有位中国男友，"不需要他有钱、有房、有车甚至有没有工作都无所谓，我只希望在我需要他的时候他都能陪在我身边"。为什么这位非洲选美小姐想嫁给中国人？因为，2004年，18岁的玛利亚，第一次来到中国参加世界潍坊风筝小姐大赛选美比赛获得前三名的好成绩。但是这次的中国之行，并没她想像的那样顺利，她不幸患病，正当完全不懂汉语的她不知所措时，一位素不相识的中国朋友细心照顾了她，让她在异国他乡感受到了家一般的温暖，因为这次意外，感受到中国友好的非洲姑娘，下定决心，留在中国。三年半的

中国生活，玛利亚深深地爱上了这片热土。2008年5月四川地震的第二天，玛利亚就赶到了四川，成为第一批志愿者，跟着大部队去营救伤员，在陆军总院，照顾伤员，这一刻中国人的团结，又一次让玛利亚确定要做一个中国人，做个善良、有爱心、有良知、乐于助人的中国人。不少没到过中国的非洲姑娘也有玛利亚同样的想法，他们通过观察、接触和了解在非洲当地的中国男人而心生爱意。英国《泰晤士报》2009年10月13日报道，由于中国男人被当地人认为具有勤劳上进等优良品德，很多坦桑尼亚当地女孩希望能够嫁给中国男人。与当地女孩组成跨国家庭的中国人马爱林告诉记者，中国男人对感情和婚姻的认真态度让当地女孩为之动心。在非洲一些地方，非洲姑娘要嫁给中国男人竞争激烈，因为想法相同的当地女孩有很多。而在当地工作的有限的中国男人周围却有一大群当地女孩围着他们并兴奋闲聊。为了增强竞争力，一些姑娘专门涂抹从刚果（金）进口的增白霜，这被她们俗称为"迈克尔·杰克逊"。但即使这样，一些姑娘对自己仍缺乏信心。一位非洲姑娘说，她们愿意"嫁给'白'人。在我们眼中，印度人、中国人都是'白'人。非洲姑娘更青睐中国男人，因为中国男人工作更勤奋，感情更专一，嫁给中国男人是当地女孩的梦想，不过这里的中国男人太少了"。在非洲，不难见到当地女孩对中国男士的"猛追"场景，尤其在一些公共场合，热情奔放的黑人姑娘主动与中国男士攀谈说笑，而中国男士却相对拘谨。由于当地华人对跨国婚姻态度谨慎，虽然有些中国人会找当地姑娘做朋友，而最后真正娶当地姑娘为妻、成就跨国婚姻的却为数不多。

期待中国人办事与非洲当地法律和习惯接轨。法律意识淡漠，不尊重非洲当地习惯，这是非洲人对某些中国人的印象。非洲虽然整体上比世界其他地区，包括中国落后，但因受殖民统治的影响，非洲人办事一定要找出法律根据。非洲不少国家仍沿袭殖民者带来的法律，现行的法律，几乎都是从英国、法国那里原封不动地搬来的。如在喀麦隆，西北大区和西南大区原来是英国殖民地，这里法律体系仍是英国的；其他8个大区原来是法国的殖民地，那里的法律体系则采用法国的。中国人来非洲，第一件事就是要熟悉这里的法律，这样才能避免经营过程中因违反法律造成的被动与损失。合法的不一定合理，合理的不一定合法，遇到两者相矛盾时，非洲人往往选择的是合法，在非洲的中国人不少则会选择合理。可能是中国的封建社会太长了，不少中国人习惯于家长式的管理，缺乏法律意识，为了企业效益，个别的甚至选择既不合法，也不合理的做法。例如，在中国，一些企业不和员工签订合同，不上任何保险，随意解雇员工，这是家常便饭，已习以为常。企业老板财大气粗，出了事情，习惯于用钱摆平一切。一些中国人把这一套也搬到非洲去，例如：雇工不签合同；不缴纳各种保险；工资标准低于所在国规定的最低保障工资；节假日强迫员工上班；

加班不付加班费；随意解雇劳工等。由此导致与当地雇员发生冲突，以致官司缠身。在非洲有的国家，有的时候，拿钱摆平一切的这一套常常就不灵了，老百姓知道如何用法律维护自己的权益。在非洲有的国家，即使是中国大使馆有充分理由解雇一个当地雇员，也要经历相应的程序，何况普通的中资企业。在非洲的一些中资企业，有时会突然接到当地法院送来的传票，十之八九是企业没按照法律程序解雇员工或是在经营中被人从法律上抓住了辫子，因而，被其解雇的员工等告上了法庭。

期待某些中国人更注意形象。非洲人对一些中国人在非洲大庭广众之下酗酒、抽烟、高声喧哗、吵架、打架、吐痰、乱倒垃圾、光膀子上街、不排队、不遵守女士优先的文明规则等不文明现象非常反感。非洲人原始，但不愚昧；非洲人不富裕，但许多人保持了白人的传统，公务活动一定是西装革履，再穷衣服也会烫得整整齐齐，皮鞋擦得很亮。居住在城里的不少非洲人和白人一样讲究，他们的卫生间里一定要有洗阴的器具（许多中国人误以为它是小便池），衣服洗后熨烫得笔挺。非洲人朴素，但很讲礼貌，见人都打招呼，哪怕是生人，照样是满脸笑容地说"你好"、"晚安"。要是遇上熟人，见面的时候如果戴帽子，一般会先摘帽子再和你握手。赞比亚的普通人对中国人问路，都非常热情。他们这种礼貌程度在国内我确实见得不多。但是，中国人把只跟熟人打招呼的习惯带到了非洲，当非洲人主动打招呼时，不少中国人无任何表示，久而久之，不少非洲人遇到中国人以后，再也不打招呼。在非洲一些公共场所，当地人特意用中文打印出"请勿抽烟"的提示贴在墙上，因为，确有中国人烟瘾来了，一意孤行地在禁止吸烟的公共场所抽烟。2002年，一位中国旅客从埃塞俄比亚乘坐埃航班机回国，他不听乘务人员的警告，坚持抽烟，结果不仅被罚款，而且在泰国曼谷机场还被扣留了一个星期。我在南非约翰内斯堡机场候机时，亲眼所见，几个中国女民工坐在候机厅里吃葵花籽，一边吃，一边把瓜子壳扔到地板上。机场的黑人女清洁工

中非商会代表团访问津巴布韦

真有涵养,尽管她一面扫,中国民工一面扔,她竟毫无怨言,过几分钟就过来扫一下。倒是周围一些旅客,不时投来异样和不平的目光。在非洲,不时看到有中国人在公共场所,在大庭广众之下毫无顾忌地向地上吐痰,然后用脚在上面碾压,让周围的非洲当地人看了目瞪口呆。不时看到有中国人在车子里把鞋子脱掉,光脚晾在前挡风玻璃上,引起路人侧目。在非洲的中国企业不少靠艰苦奋斗打拼,办公和生活场所简陋,但一些员工理发不勤,衣服不熨,皮鞋不擦,碗筷用完后不及时清洗,盘子不涮,地面不扫,桌子不擦,给非洲人留下不好的印象,好像我们中国人都很邋遢。津巴布韦人几次问我:为什么一些中国人这么不讲卫生?

非洲人对中国人产生某些看法、意见不奇怪,因为对多数非洲人和中国人来说,两者之间目前毕竟存在地理上的障碍,语言上的障碍,传统上的差异和文化上的差异,只要这些差异还存在,两者之间有一些看法和意见这一现象就会存在。我们既要实事求是地认识到我们的长处和优点,也要实事求是地看待我们的缺点和不足。如同老子所说:"知人者智,自知者明;胜人者有力,自胜者强。"中国人在非洲人家门口做事,理所当然要考虑当地人的感受。要想和非洲人真正交朋友,要想赢得非洲人发自内心的尊敬,要获得非洲和中国双赢,每个到非洲的中国人都要自尊、自爱、自律、自强,给非洲人民留下良好印象,让非洲人民欢迎我们。如果连同属发展中国家的非洲兄弟姐妹都瞧不起我们,那建设和谐世界岂不是一句空话?果真如此,那我们这个具有五千年文明的中华民族真是无地自容了。

湖南红飘带艺术团在津巴布韦演出

第二篇

走进非洲社会

津巴布韦民间乐团

参观世界上最大的烟草拍卖行

分享烟叶丰收的喜悦

皮具作坊

非洲工人

将出口到欧洲的花卉

茅屋酒店

茅屋酒店的卧室

赞比亚——津巴布韦交界河上的游船

第二篇

走进非洲社会

第六章 非洲黑人的婚俗

非洲黑人的婚俗有同其他人种一致的地方，也有不一致的地方。多民族的黑人内部婚俗也不一样。了解黑人的某些特殊婚俗，对于我们了解非洲文化有很大帮助。随着人类现代文明的不断发展，非洲传统的婚姻习俗也许将面临日渐式微的命运。

婚姻不必讲辈分

津巴布韦交通部长姆绍威现在的夫人非常年轻漂亮，曾在津巴布韦小姐大赛中一举夺得冠军。姆年龄比夫人大不少，原因是什么呢？原来，夫人是姆元配夫人的侄女。夫人本来比姆年轻，夫人的侄女当然更年轻了。元配夫人的侄女怎么成了姆的夫人呢？姆现在的夫人以前称姆为"姑父"，后来"姑父"竟变成了丈夫。按照中国的传统文化和风俗习惯，这是不行的。但在津巴布韦却司空见惯，不足为奇。原来，元配夫人因病去世前，亲自做媒将侄女许配给姆。

按照津巴布韦的婚姻文化，如果男方对女方好，该送的彩礼送了（如8头牛），该尽的孝心尽了，女方对男方满意，那么女方就应该继续维持这一姻亲

非洲靓女

关系，如女性配偶死了，女方家可以另择一人为男方续弦，即使低一辈也无所谓。

2008年国庆节期间，我和中国烟草津巴布韦天则公司的办公室主任李志涛一起前往津东部。为他开车的司机是当地雇员，60岁了。他指着司机告诉我："他走桃花运了，老婆因病去世了，岳母家的人认为女婿不错，又介绍了一个年纪小很多的女子做他的老婆，双方见了面，都满意，就等着喝喜酒了。"

据网上报道，世界上年龄差距最大的一对夫妻来自于索马里。丈夫艾哈迈德·穆罕默德·多尔112岁，妻子萨菲亚·阿不杜拉只有17岁。这位索马里男人经历了6次婚姻，他们的婚礼于2009年在索马里加勒古杜德州地区举行。多尔先生和他十几岁的新娘是来自同一个村庄，他说，他一直在等待她的成长。他比她大95岁，老得足以当她的曾祖父的曾祖父。

初夜不予新郎过

在非洲一些地方，初夜权不属于新郎，而是属于新郎的父亲。为什么呢，并非新郎的父亲仗势贪色，而是因为当地人认为新娘破处难免见血，新婚之夜见血不雅观，新郎第一次与新娘鱼水之欢，应该完美无瑕，因此破处之中的不雅之事就只能请夫父来代劳了。

生活在津巴布韦西北部的汤加人（Tonga）是仅次于绍纳族和恩德贝里族的第三大民族，人口约12万人。汤加人婚姻和性文化的特点就是初夜权属于新郎的父亲，新郎只有在父亲为新娘破处后才能有新人之间的肌肤之亲。拒绝这样做的人会被村民们认为是异类，从而被大家拒之门外。

津巴布韦《旅游》杂志2007年7月号报道说：出生于玢咖（Binga）的穆坦加大部分时间在首都哈拉雷度过，当年与齐多结婚，在家乡举行了传统婚礼。婚礼后，人们告诉她，新婚之夜，是新娘的父亲，而不是新郎与她进洞房，这是汤加人的婚姻方式。当齐多表示拒绝后，全村人都认为这一对新人不懂规矩，不遵祖制，并一致谴责他们，更有甚者，村民诅咒一连串的厄运会伴随他们，他们的婚姻不可能维持下去。由于害怕不幸会降临到他们头上，尽管作了一系列努力来挽救婚姻，最后他们还是不得不分手。齐多说："为了挽救婚姻，我可以作出各种让步，只要不与穆坦加的父亲睡觉。我不是汤加人，他们应该理解这一点。"但是，村民们不理解，这就是现实。

多妻现象很普遍

在非洲很容易见到多妻现象。津前众议长穆南加格瓦有多位妻子，中国人大

津巴布韦的妇女们

常委会委员长访问津巴布韦时，穆陪同中国客人出席多场活动，每一场活动安排一位夫人陪同，以示平衡。我曾和津巴布韦土地部长穆塔萨及3个妻子一起吃饭。

在非洲酋长王国里盛行一夫多妻制。据《人民网》2002年4月22日报道：科特迪瓦一个叫叶布阿的酋长就有12个妻子，其中最大的70岁，最小的与他的孙女同岁。他共有65个儿女，死亡的孩子还未包括在内。在这方面创最高纪录的是古时候贝宁阿波美王国的一个酋长，他一生共有嫔妃4000余个。酋长死后，人们从中挑选了41位年轻漂亮的嫔妃，勒令她们个个饮毒酒自尽与死去的酋长陪葬，尸体埋在了酋长棺木的旁边。在非洲的酋长王国里，不仅酋长可以多纳妻妾，其他男子亦可娶好几个妻子，一夫多妻的现象十分普遍，尤其是当今四五十岁的男子。多娶一个妻子，实际上是多得一个廉价的劳动力。

即使在现代非洲，一夫多妻现象仍然非常普遍。据《国际先驱论坛报》报道，苏丹南部朗贝克州68岁的老酋长阿夸特娶了76个老婆，并因此成为当地首富。这是怎么回事呢？原来，在苏丹，男子满15岁，女子满10岁便可结婚。男人娶妻必须给女方家庭一定数量的牛作为彩礼。一个男人可以根据自己拥有牛的数量来决定娶妻的多少。在阿夸特所在的丁卡部落里，如果妻子婚后几年不育或婚后出走，男方还可以提出离婚，这时女方父母就应该把当初要的牛全部退还给男方；假如妻子在婚后两年内去世，那么当初娶亲时的彩礼可由双方平分。由于父亲早逝，阿夸特的姐妹出嫁时向男方索要的"聘金"都由他出面谈判。阿夸特介绍说，他30岁的时候，忽然灵机一动，想出了发大财的高招。那就是先靠姐妹出嫁时积攒的牛拼命地娶老婆，然后拼命地生孩子——当然是尽可能生女儿。因为女儿一长到10岁就可以给他带来大笔财富。虽然每娶一个老婆要"投资"60头牛，但只要嫁出一个女儿就可捞回来。于是，他开始以每年娶10个老婆的速度疯狂地结婚，到45岁时他已经有30个老婆了。阿夸特的老婆们没辜负他的希望，为他生下了86个女儿，65个儿子，目前还有38个老婆正怀着孕。阿夸特在接受记者采访时，陪伴一旁的第16位妻子说，她一点也不介意老公娶更多的女孩进门，她说："每多生一个女孩，我们家就更富裕一些。"当记者对这么多妻子之间是否有矛盾产生疑问时，阿夸特自豪地说他有一套办法，让这个大家庭非常和睦。他让所有妻子做相同的饭菜，他从不"挑食"。他说，每回讨老婆，他都会承诺满足女方所有需求，如果她还有什么问题，就直接找他解决，"决不许和其他妻子争吵"。阿夸特说，他的妻子从未勾引过其他男人，因为"我对她们每个人的爱都一样，也有时间爱她们每个人"。

  实际上，阿夸特之所以能让这些老婆相安无事，与他所在地区的社会环境也有关系。苏丹长期内战，大片土地荒芜，青壮年男人也成为"稀有品"，一夫多妻是很自然的事。阿夸特的邻居老婆也不少，有50个，州里许多男人都有10个以上的老婆。此外，战乱地区也往往饥荒流行，人们普遍吃不饱饭。在这种情况下，如果女儿能嫁一个有钱人家，则是全家的幸事。对阿夸特来说，虽然他一生中曾被12个女人拒绝过，但想嫁给他的人太多了，再老也不愁找不着年轻漂亮的姑娘。这些姑娘都觉得嫁一个富有的酋长就有了终生寄托，父母全家都因此有了安全感。

  实行"一夫多妻"的民族至今虽然仍有不少，但却以非洲尼日利亚的犹罗巴族人最为盛行。当地的男人，妻子越多，表明地位越崇高，越有声望。在那里，地产、房屋都不值钱，更没有什么银行可供人储蓄存款，最实在的财富便是妻子。犹罗巴的一位普通男人，都拥有10个妻子，如果有人告诉你他有50位妻子，那也不足为奇。当地曾经有一位名叫阿莱布卡的酋长，拥有的妻子多达400个。每一位新娘最低价钱约在700美元上下，购买新娘的钱，须由新郎交给新娘的家属，而新娘自己也可分得一部分。犹罗巴地方人口不足10万，属国王制，但国王并不是至高无上的。身为他属下的酋长反而颇孚众望。前面提到的阿莱布卡，就是这样的一位酋长，这可能是他拥有400个妻子的原因。奇怪的是，这里的女人都很热衷嫁给拥有多妻的男人，她们认为这是无上的光荣。在她们看来，如果"不幸"嫁给了一个妻子少的男人，那便是毕生的耻辱。

  2009年9月，南非一男子一场婚礼同时娶4个老婆，世界主要媒体均报道这一奇事，新华社也不例外。尽管当地认同一夫多妻制，这场婚礼仍属罕见。南非纳塔尔省44岁居民米尔顿·莫西利27日身穿白色亚麻礼服，与4名身穿白色婚纱的女子搭乘同一辆豪华轿车前往当地一家运动场举行婚礼。一座大型帐篷内，莫西利对新娘们许下婚誓。而4位新娘如花似玉，年龄从22岁到35岁不等，则一排溜地站在新郎面前，同时回答了"我愿意"，每人都得到一枚结婚戒指，并轮流被新郎莫西利亲吻了一下。"我毕生都在等待这一天，"莫西利告诉南非《星期日时报》记者。据悉，娶回4个老婆所花的代价并不低，莫西利为此付出了33头奶牛作为聘礼。莫西利承认，为了让4个新娘同意在同一天嫁给他，他着实花费了不少努力。莫西利认为，在同一场婚礼迎娶4名妻子不违背本民族风俗，又能帮他节省开支。莫西利说，自己对每名妻子爱意相同，而妻子们之间则存在"良性竞争"，4个妻子都拥有各自的住宅，不会生活在同一个屋檐下。婚后莫西利将像"值日"一样轮流和每个妻子生活一段时间。

南非总统祖马和舞友

和许多非洲传统部落一样，祖鲁人实行一夫多妻制，这在南非受国家法律保护。外界都知道南非现任总统祖马曾有5位妻子，但和祖鲁王拥有十几位嫔妃相比，祖马就"逊色"多了。现年67岁的祖马至少结过四次婚，是南非最有名且同时拥有三妻四妾的男人。使全世界瞩目的是祖马的2位妻子和1位未婚妻同时出席了他的就职典礼。2009年5月9日，就职典礼当天接近中午时在行政首都比勒陀利亚举行。按祖马的发言人济济·戈德瓦的说法，祖马的3位妻子（含未婚妻）和19个孩子均应邀出席就职典礼。一夫多妻制是祖鲁人传统，南非政府1998年宣布这一传统合法。祖马是南非首位奉行一夫多妻制的当选总统。祖马与首位妻子西扎克莱·库马洛已相识于1959年，两人1973年结婚，但没有子女，迄今仍和祖马维持婚姻关系，一直住在祖马的老家，照顾祖马一家老小，一般不公开露面，甚少过问祖马的政治和私生活，仅几次出席官方活动。祖马第二位妻子农普梅莱洛·恩图利现年34岁，与祖马结婚以来，经常高调出现在公共场合。她4月22日还同祖马一起参加南非国民议会选举投票。祖马2009年年初已与德班市社交名人托贝卡·马比亚订婚，她将成为祖马的第三位妻子。据BBC2009年1月4日报道，祖马本来要在去年同他36岁的未婚妻托贝卡·马比亚结婚，但是由于祖马政务缠身，不得不将婚期推迟。祖马在两年前就将结婚礼物送给了托贝卡·马家人。2009年早些时候，托贝卡·马的家人向祖马家回送了礼物，这是婚礼前最后的传统仪式，表明婚礼一切就绪。祖马迎娶第三位夫人后，他还计划迎娶第四位夫人。南非国民大会、工会运动和南非共产党的显要将和双方的亲友一起参加婚礼。根据祖鲁人的习俗，祖马目前的两个夫人应该同意他迎娶新夫人，并且应该参加他们的婚礼。

祖马的另一位妻子凯特·曼乔于2000年8月自杀，她在遗书中要求不让祖马出席她的葬礼，希望祖马尽到父亲职责，以爱心和耐心照顾好他们的5个子女，同时祝福祖马与第四任妻子的婚姻成功美满。祖马5次婚姻中有一次离异。1998年祖马流亡海外时，娶了第二任妻子恩科萨扎娜·德拉米尼·祖马，生有4个子女，后来她以双方存在无法弥补的差异为由，选择了离婚并从此在政治上平步青云，后来担任了南非外交部长。非国大发言人杰茜·杜尔特告诉法新社记者："祖马先生可以根据场合不同，邀请他的任何一位妻子或女儿参加官方活动。"非国大另一名发言人林迪韦·祖卢说，非国大领导的妇女组织也支持一夫多妻制，前提是婚姻自由、丈夫善待所有妻子和孩子。祖马本人曾在一次电视采访中公开承认自己奉行一夫多妻制，"许多政治人物私下有情妇和私生子女，却对外界隐瞒，装作自己坚持一夫一妻制，"他说，"我更喜欢公开。我爱我的妻子们。我为我的孩子们骄傲。"报道说，祖马坚持祖鲁传统的多妻制。但在许多南非人支持多妻制的同时，也有许多人反对。许多年轻人认为现代社会不应该有多妻制。

不过，妻子太多在有的非洲国家有时会惹来麻烦，甚至有生命危险。例如，当过教师和牧师的84岁的男子贝罗，娶了86位妻子，有170个子女，还声称阿拉允许他娶这么多妻子。2008年8月，尼日利亚伊斯兰教法庭指控他亵渎阿拉，是异教徒，勒令他只留下4位妻子，否则判处他死刑。现在贝罗必须好好思考，是86名妻子重要，还是自己生命重要，如果做不出取舍，可能就要被处死（浙江新闻网等媒体报道了这一消息）。

国王年年忙选妃

在斯威士兰王国，多妻已制度化、机制化了。出席祖马就职典礼的斯威士兰国王姆斯瓦蒂三世已有14位妻子。

斯威士兰是非洲唯一实行君主制的国家，国土面积只有1.7万平方公里，保有部落时期残余，实行一夫多妻制，从事农牧混合经济，酋长的权力很大。每年8月，斯威士兰都会举行"芦苇节"，芦苇节不仅是庆祝少女成人和贞洁的盛会，也是斯威士兰的文化盛事，更是国王姆斯瓦蒂三世一年一度的选妃盛典。2008年，已娶了13位妃子的国王姆斯瓦蒂三世选妃，7万少女裸舞应征，一度成为世界媒体的热议话题。

斯威士兰百万国民一年中最快乐的时光莫过于"芦苇舞节"。9月1日，7万名婀娜多姿的斯威士兰年轻女子聚集在王宫附近，手持芦苇载歌载舞，尽情狂欢。作为斯威士兰最盛大的节日，国王姆斯瓦蒂三世计划这一年在"芦苇舞节"中选出他的第14位妃子。姆斯瓦蒂三世的父亲在1982年去世时，拥有70多位妃子。斯威士兰习俗要求女子婚前守贞。

斯威士兰国王在芦苇舞节

历史悠久的"芦苇舞节"旨在鼓励少女们自觉抵制婚前性诱惑。所有参加"芦苇舞节"的斯威士兰女子必须是未婚处女。之所以称为芦苇舞节，是因为参加节日的少女都手持芦苇进场。芦苇是她们的入场券。据说，斯威士兰的芦苇节本意就是张扬少女们的女性气质，展示她们纯洁的身体。所有参加这一盛大节日的女孩只穿五颜六色的裙子，多是短裙，上身则裸露。芦苇节开始后，来自全国各地不同部落的女孩们聚集在皇太后居住的皇家村落，随后一路吟唱到达不同的芦苇地。为了表明她们走过了漫长的道路，女孩们要等到下午才开始动身，夜里到达。第6天，她们将芦苇堆放在皇太后居住的宫殿前，尽情展示舞姿，整个村落成为一个大舞台。第7天是整个节日最高潮，国王亲临舞会现场与民同乐，并物色下一任妃子。能被选中的女孩将一步登天，开始宿则别墅行宫、行则宝马香车的奢华生活。

尽管姆斯瓦蒂三世是《福布斯》全球第15位富裕君主，净资产约达数十亿美元，但110万人口的斯威士兰有七成人生活在贫穷线下，失业率达四成，五分之一人口要接受国际粮食援助，而且也是国民人均寿命最短的国家之一。据联合国统

计，斯威士兰因近40%的成人患有艾滋病，人均寿命仅31岁；每4个斯威士兰人中，仅一人可活到40岁。尽管如此，2008年适逢国王40岁生日兼建国40年的"双四十"典礼，斯威士兰出台了一系列庆祝节目，包括6万佳丽的御前献舞、打鼓表演、阅兵巡礼，以及在王太后御苑举行

斯威士兰少女参加选妃

的"花园派对"等。为这次庆典，特意购置了用来接载国王等嘉宾的20辆豪华车，从南非订制了大蛋糕，宰杀了120头牛。国王姆斯瓦蒂三世穿着传统服饰，趾高气扬地坐着新款黑色敞篷宝马，率领长长的车队，在首都新建的国立体育馆内巡游一周，接受5万观众的旗海欢呼。然后，姆斯瓦蒂三世系着豹皮腰带到场观看芦苇舞节仪式。少女们在皇家附近使出浑身解数载歌载舞，尽情狂欢，不仅以发型和彩裙，也以舞姿吸引国王的注意。1999年开始，国王就通过这一盛会从裸舞少女中挑选妻子。

我曾在津巴布韦各主要政党分权谈判协议签字仪式和津巴布韦总理茨万吉拉伊就职仪式上，两次见到过斯威士兰国王姆斯瓦蒂三世和她最年轻的妃子。尽管在室内，王妃仍戴着西式布帽，看起来只有十几岁，很洋气。当时，国王夫妇坐在主席台上，旁边坐着南非总统姆贝基、坦桑尼亚总统基奎特、津巴布韦总统穆加贝以及津反对党茨派领袖茨万吉拉伊和穆派领袖穆坦巴拉。主席台上的这6位领导人都讲了话，唯有国王的讲话我听得特别认真，因为这是我第一次听一位国王讲话，听一位来自于中国未建交国的国家元首讲话。这位艳福不浅、"性福"不断的年轻国王，说起话来声音不大，节奏也不快，似乎缺乏阳刚之气，与他仅40岁的年龄不匹配。我心里犯嘀咕，是否妃子太多了，把他折腾成这个样子。

包办婚姻仍存在

马里作家塞古·巴迪昂1957年发表了著名的小说《暴风雨下》，描写了非洲至今仍到处存在的包办婚姻这一严重的社会问题。美国喜剧《来到美国》，故事说的是一个非洲国的王子由于对家庭包办婚姻不满，所以决定在大婚之前逃到美国纽约的皇后区。南非首位黑人总统，诺贝尔和平奖获得者曼德拉，22 岁时，因不满包办婚姻，逃往约翰内斯堡。来自于索马里的国际名模华莉丝迪里，13 岁时不满父亲包办婚姻，为她定的对象是一个至少 60 岁的老头，愤而出走。她这样回忆父亲包办婚姻和她逃婚的过程：

"刚 13 岁那年，一天晚上，父亲柔声叫我'过来'。因此我不禁疑心起来。父亲继续说：'你干活跟男人一样勤快，牲口照看得很好。我要你知道，将来我会很想念你的。'他说这番话，我猜想是因为他担心我会像我姐姐阿曼那样逃婚！阿曼因为不满父亲为她包办婚姻，逃跑了。我搂住他。'哦，爸爸，我不会走的。'他身子往后一退，盯着我说：'好，你果然是我的好女儿。我已为你找了个丈夫。''不要，'我摇摇头，'我不要结婚。'我这时已长成反叛少女，精力旺盛又天不怕地不怕。父亲明白非洲男人不愿意讨不听话的女人做妻子，所以想在我个性未为外人所知，仍是值钱商品的时候，为我找个丈夫。我感到恶心又害怕。第二天，我挤羊奶的时候听到父亲叫我，'过来，乖女儿这位是……'我没有听到其余的话，因为有个男人分散了我的注意力。他挂着手杖，至少 60 岁，正在慢慢坐下。'华莉丝，向葛鲁先生问好吧。''你好，'我尽量用最冷淡的声音说。那老头大剌剌地坐在那里，咧开嘴巴对我笑。我惊恐地望着他，再看着我父亲。父亲一瞧见我的脸便知道上上之策是立即打发我离去，以免我把未来丈夫吓走。'干活去吧。'他说。我跑回去挤羊奶。翌日清晨，父亲对我说：'你知道吗，那就是你未来的丈夫。''可是爸爸，他太老了！''那才好。他年老就不会去鬼混，不会离开你，会照顾你，而且他答应给我五头骆驼。'那天我坐在草地上望着羊群，心里知道这可能是我最后一次替父亲放羊了。我想象自己在沙漠上某个偏僻地方和那老头一起生活

的情况、一切活儿都由我来干，他只是拄着手杖一跛一瘸地走来走去，后来他心脏病猝发，我孤独地度过余生，或者独力抚养四五个娃娃。我心中有数了，我不要过这样的生活。那天晚上等大家都睡着之后，我走向仍然坐在篝火旁边的母亲，悄悄地说：'妈，我要逃。''嘘，轻声点，你打算逃到哪里去？''摩加迪沙。'我姐姐阿曼在那里。'睡觉去。'她表情严肃，似乎暗示这件事到此为止。入睡之后不久，母亲来到我身边，跪在地上轻拍我的手臂，柔声在我耳边说：'现在走吧。乘他还没醒，现在就走吧。'她伸出双臂紧搂着我。我在黯淡光线下想尽量看清楚她的脸，好把她的容貌铭记于心。我原想表现坚强，岂料眼泪滚滚而下，也哽咽得说不出话来，只能把她紧紧抱住。'你会成功的，'母亲说，'只要一路上非常小心就行了。保重，还有，华莉丝，求你一件事，别忘了我。''我一定不会忘记你的，妈妈。'我放开她，向黑暗中奔过去。"

　　包办婚姻在非洲虽然很普遍，但包办婚姻的实现在不同的国家有不同的方式。例如，坦桑尼亚人的婚恋，别具一格。马赛族至今仍流行"指腹为婚"的习俗。妇女一旦怀孕，许多生有男孩的母亲或亲属就要来提亲，以便为自己的孩子择妻。如果孕妇生下的是女孩，就将与男孩成为终身伴侣；如果生的是男孩，就要结为终生好友。哈亚族盛行"摸脚定亲"。男方父母向女方父母提亲，当女方父母同意将女儿许配给男方时，男方父母要摸一下女方双亲的脚以示谢意，这就表示这桩婚事已然说定。如果"摸脚定亲"后，女方反悔，男方可上告祖灵，请求对女方加以惩罚。

　　即使最发达的非洲国家南非，包办婚姻直到今天仍存在。生活在南非偏远地区的祖鲁人一直实行包办婚姻。通常是男女双方家人把聘礼和婚期都订好后才通知女孩，等女孩嫁过去往往发现，原来自己不过是丈夫的第三或第四个妻子。祖鲁人重男轻女，如果第一个妻子生的不是男孩，丈夫很快就要娶二房。

　　包办婚姻现象存在的一个重要原因是不少非洲人生活艰难，把女儿尽早嫁出去成了谋生的一种手段。2005年12月13日，新华社转载美国《国际先驱论坛报》的一则报道：马拉维北部地区农民辛贝耶为填饱妻子和5个孩子的肚子，向邻居卡拉博借了16美元，辛贝耶一家才没有饿死。可极端贫困的辛贝耶怎样才能把钱还给卡拉博？答案可能会使大多数人震惊，辛贝耶把11岁的女儿姆瓦卡送到卡拉博家。她成了卡拉博大老婆的女仆，实际上还是卡拉博的新小妾。姆瓦卡后来说，她父母从没有告诉过她是去给一个比自己年长30多岁的男人当小妾。她说："我当时对婚姻一无所知。"姆瓦卡后来逃跑了，但她的父母在6个月后又把她抓了回来并送回了婆家。在她所居住的地区，男孩比女孩的地位高，年长男子喜欢年轻妻子，父亲垂涎嫁妆，母亲无权过问一切。很多像姆瓦卡这样的非洲女孩只因为父亲的一句话就从童年一下进入了婚姻阶段。在撒哈拉以南非洲地区农村，这种做法非常常见。

包办婚姻的后果让人十分忧虑，女孩的青春期和受教育时间缩短，面临着早孕和早育的危险，并且还有感染艾滋病毒的危险。

这些完全是父母包办式的婚姻。需要说明的是，并非非洲所有传统的婚姻都是包办婚姻，西方殖民者到来后，引入了自由恋爱、一夫一妻新的观念，但西方人到来之前，非洲传统社会里不少婚姻也不是包办的。哈亚族人"露乳引情郎"的习俗就说明了这一点。哈亚族姑娘为了吸引小伙子注意，常把乳房袒露在外，并把这看作是一种自然美。同时这也是为了取得父亲的监督，根据乳房的变化，父母可以发现自己的女儿是否已经怀孕，如果未婚先孕，会被看作是家门不幸。津古族男女青年的婚俗也说明了这个问题。津古族小伙子到姑娘家求婚时，由姑娘的祖母出面接待，姑娘则躲在隐蔽处偷看，如果中意，女方会通知男方再来。第二次登门时，男方父母要带上4只活鸡和3只宰好的鸡送给女方家里以示吉利。另外男方还要带一桶玉米面或高粱面给女方以便让女方用以招待客人。尔后女方要请人送给男方一桶蜂蜜，以供男方家里酿造喜酒。结婚时，新娘的姑妈横躺在新房的门槛上，新郎必须送上礼物后，才会被允许与新娘共进洞房。

童婚问题很严重

2004年12月12日，美国《芝加哥论坛报》报道了埃塞俄比亚一个7岁新娘的婚礼：尽管埃塞俄比亚新的民法规定，女孩的最低合法婚龄为18岁，政府因此将罚他100比尔（合12美元），新娘的父亲对此却并不在乎。婚礼当天，7岁的女儿蒂罕·尼比玉没有说一句话。她的新郎阿亚鲁遵照阿姆哈拉人的习俗，在半夜时分来到她家中，由9名最好的朋友陪伴着。新郎17岁，是个东正教执事，身上披着一件耀眼的白色长袍，头上还顶着一把大红伞。他也很少开口说话。数十名邻居前来参加酸面包和羊肉的盛宴。黍子啤酒一桶桶给喝干。数十名舞蹈者加剧了新娘家窝棚里的闹腾气氛。牛角和皮鼓的轰响，一直持续到第二天星光闪烁的深夜。新娘蒂罕已经用一块湿破抹布洗过澡。她的头发给剃掉了。她穿上了心爱的衣服。她和姐姐迪恩克偎依在窝棚的一个角落里，出奇地安静并昏昏欲睡，这是按照习俗禁食造成的，这样能使她安静下来。她形影不离的朋友穆鲁莎躺在她身旁，为她带来慰藉。在新郎提出正式的求婚后，仪式也就结束了。接下来就是庆祝。蒂罕和她的新郎之间一句话也没说过。第二天

参加芦苇舞节、参加选妃的少女们

早晨，她就出家门了，由一匹挂着锡铃和绸线的马拉到了婆家。男傧相将她从家中的窝棚里抱到鞍子上；在整个婚礼上，她的脚一直不能接触地面。"她离开的时候没有哭，这是个好事，"新娘的父亲后来说，"她当时确实不知道自己要去哪里。"

据儿童权益激进人士称，目前有约5000万名像蒂罕这样的不幸儿童散布在全世界各地，这些10岁出头甚至还不到10岁的女童，通常是被逼嫁给比她们年长的男人。童真因包办婚姻而牺牲，迫于家庭和文化的压力，她们的生命沦入被奴役和与世隔绝中，而且承受着因为过早怀孕而带来的种种生理与心理上的创伤，这些童养媳代表着一批数量极其巨大、丧失了生命自由的一代人。

据"联合国人口基金会"介绍，世界上至少有49个国家——约占全部国家的1/4，都面临着显著的童养媳问题，也就是说，这些国家中至少有15%的女孩，在不到18岁这一普遍认为已成年的年龄就结婚了。种种数据表明，埃塞俄比亚阿姆哈拉族地区有着全世界最高的童养媳比率，在1600万左右的阿姆哈拉族人中间，童养媳比率高达82%。埃塞俄比亚高原上雨水变幻无常，饥荒时常光顾。埃塞俄比亚人认为，让她们待在家中并供养她们是在做蠢事。生存法则告诉人们，最好的办法就是迅速将她们嫁掉，以便在饥年时能得到亲家的接济。此外，阿姆哈拉人有强烈的"处女情结"，对处女新娘的痴迷也到了狂热的地步。在女儿离青春期还有好几年时，焦躁的父母就担心经血的出现会被误会成有婚前性行为，因而将女儿急匆匆推入婚姻生活中。

童婚的后果非常严重。对童养媳最为深远的负面影响是失学。她们被困在丈夫家中，被剥夺了受教育的权益，这些身心严重受挫的孩子注定生活在无知和赤贫状态之中，极少能自拔，只能绝望地忍耐一生。"这是童养媳问题中最令人痛心的事情，"监控全球生育健康问题的"联合国人口基金会"女发言人米科尔·扎尔布说，"所有这些不幸与苦痛都在悄无声息地发生。她们还都只是孩子。她们无法诉说。我们从来听不到她们的心声"。童养媳在婆家常常被视为契约奴仆，常遭到已成年的丈夫和婆家人的殴打。还有成千上万名的女孩因为有组织的人口贩卖活动，或者因逃避残暴的婚姻而流落街头，最后身陷性交易。最惨痛的伤害是生理上的，联合国指出：发展中国家15岁—19岁女孩首屈一指的死因就是早孕。种种医疗救治团体相信：现在全世界至少有200万名妇女，带有因过于早孕而导致的严重阴道和肛门撕裂症。如果不进行救治，这些症状可能致命，而幸存者通常终身大小便失禁。

在埃塞俄比亚首都亚的斯亚贝巴的一个工人居民点里，有一个专为无家可归的女性服务的庇护所，避难所是由轮船集装箱垒成的，由当地的一家人道机构设立，它为约1200名在街头流浪的女孩提供技术培训和卫生护理，这些女孩中有3/4的人是逃婚的童养媳。《芝加哥论坛报》报道说：成千上万名逃离早婚的女孩永远也无法回家，无数逃婚者最终不得不沦为妓女。首都北面的巴哈尔达尔镇，就是埃塞俄比亚孤苦无依的童养媳逃婚者的陷阱。在发展中国家，艾滋病瘟疫与童养媳如影随形。甚至那些没有被逼为妓女的年轻新娘，感染率通常也高出平均值。非营利组织"人口委员

思春

会"的调查表明，由于丈夫比她们年纪要大，通常有性经验，而且可能已经携带艾滋病毒，童养媳感染的危险比同龄的单身女孩要高。具有悲剧性的是，由于民间普遍相信处女能治愈艾滋病，非洲童养媳感染率甚至因此而更高。据联合国介绍，埃塞俄比亚每10个艾滋病毒感染病例中，有6例发生在24岁以下的女孩身上。

非洲越来越多的有识之士提出应加大力度禁止包办婚姻。据报道，埃塞俄比亚有三分之一的女孩在结婚时还不到15岁，政府有关官员说，他们已宣布56宗妻子年龄在12岁到15岁之间的婚姻作废，并以逼婚的罪名起诉一半女孩的家长。马拉维政府官员说，送交议会的提案将会把最低结婚年龄提高到18岁。女性权益保护者对这一提案表示欢迎，但同时也指出这一提案的效果可能很有限，因为当地很多婚姻不经过法定程序。

"一妻两夫"很和谐

在尼日尔的沃达比族人中至今保存着"瓦尔迪比"婚俗,即女人与2个具有同一血缘的男人同时保持性爱关系,这在当地合乎传统,受到人们的认可。这种风俗在非洲的其他任何一个民族都不存在。

我在报纸上读到这样一个故事。在一个沃达比族村落里,许多双眼睛都投向了一位名叫莫泊布的年轻姑娘,她同时迷住了两个向她求爱的年轻男子的心,他们是一对堂兄弟。

兄弟两人同时爱上了莫泊布,他们佩戴着各自的护身符,争相向姑娘展示自己身体的魅力,以求吸引住她的目光。沃达比族人是终日游走于尼日尔萨赫尔草原上的一个游牧部落,他们有一个非常独特的婚俗:一对年龄相当的堂兄弟或表兄弟,通常被人们称作"瓦尔迪比",他们在拥有特殊的血缘纽带的同时,还可以共同分享与同一位少女的爱情。在走向婚姻之前,两人可以同时与这位姑娘谈恋爱,如果她后来嫁给了他俩当中的一个,另一个也会继续受到这个新家庭的欢迎。在姑娘答应的情况下,两兄弟还可以共同跟她睡在一个床上。

对于被称作"瓦尔迪比"的兄弟俩而言,他们的行为是受沃达比族人的社会道德规范许可的。这样的两兄弟在日常生活中必须勤劳、虚心、待人诚实。当她决定嫁给其中一位时,按照民族惯例,在准备出嫁前,她要戴上带穗的面纱,并且不可通过面纱向外看人。

彩礼嫁妆很特别

根据古老的传统,男女之间的婚姻主要是建筑在双方家长同意的基础上的。一般情况下,男方的家里必须先答应给女方的家长一笔彩礼,过去多为布匹、家畜或劳动工具,现在在许多国家则已变成现金。女方的家庭一旦收到了彩礼就立即将女儿出嫁,到丈夫的家里去生活和劳动。如果财礼已付而婚姻未果,女方家庭应将彩礼全部奉还。倘若女方的家庭不让女儿出嫁又拒绝退还彩礼,男方的家长可到法院起诉。

南部非洲国家盛行以牛为彩礼。在津巴布韦,一般人家要送女方家8头牛作为彩礼。我问了我的司机巩博、官邸花工辛贝,他们结婚时都是以8头牛作为彩礼才把新娘娶到家的。不过,他们都是穷人,当时并拿不出8头牛,按照当地习俗,可以欠着。然而,这一欠不打紧,不知猴年马月才能交足。

穆加贝总统元配夫人莎莉去世后,续弦时,向新娘格蕾丝娘家送了20头牛作为彩礼。即使贵为总统,彩礼的传统也不能违反,一点也马虎不得。

牛在博茨瓦纳的婚嫁生活中起到特别重要的作用。博茨瓦纳流行这样一句话:"在博茨瓦纳,青年人没有牛是娶不到媳妇的。"这恰当地反映出牛与民众的生活是密不可分的。青年男女订婚,男方要给女方送去一定数量的牛作为彩礼;女儿出嫁,当父母的要送数头牛作为嫁妆;正式举行婚礼的那一天,男方家要宰杀数头牛,筹办别具一格的"牛肉婚宴"。按照当地流行的风俗,凡是有人家举办婚礼,四邻好友便牵着一头牛前来祝贺。前

津巴布韦少女

来祝贺的人越多,主人家会越高兴,因为这样一来就会收到更多的贺礼。在农村地区,"牛肉婚宴"的地点一般选择在部落村庄的广场上,时间选择某个吉利日子的下午开始。席间,主人给每一位来宾送上一只盘子,里面盛着撕成丝状的牛肉,上面浇有带着辣味的作料,还有青豆和米饭等。众人围成一个一个圆圈,席地而坐,左手托着盘,右手抓着食物往嘴里送,吃得津津有味。人们边吃着牛肉,边谈论着那些感兴趣的话题,不时地向新郎、新娘说几句表示祝福的热情话。主人发现客人盘中的食物快要吃完时,马上又给添加一些。只要稍加注意就会发现,来宾手中的盘子里,男性的是牛肉,女性的是牛杂碎。原来,这也是当地的一种习俗,至于为什么要这样做,就连许多当地人也说不清、道不明。夜间,无数的火把将婚宴现场照得通明,人们吃饱喝足后,新郎、新娘邀请来宾们唱歌跳舞,婚礼仪式达到高潮。当一个人引吭高歌时,众人放开嗓门相和,身体晃动、动作粗犷的舞蹈震动大地;嗓音豪放、节奏欢快的歌声响彻夜空。直到次日清晨,人们才尽兴离去。

驴子在埃塞俄比亚经济生活中很重要,在男婚女嫁中起到很重要的作用。埃塞俄比亚约有 900 万头驴。在当地人看来,驴是善良、忠实、勤劳的动物,只

需要少量的食物和水，就可以没完没了地干活。它们像勤劳的妇女，干得精疲力竭仍任劳任怨。所以，埃塞俄比亚人常说："驴对于我们的生活来说，其重要性就像空气和血液一样。"在一定意义上可以说，没有驴子，就没有男婚女嫁。未婚男人家里没有驴，他就讨不到老婆。姑娘出嫁，娘家为了女儿的幸福，无论如何也得给女儿陪嫁一两头驴，帮她干活。为什么呢，因为在埃塞俄比亚，驴是"圣物"，人们不能虐待驴，更不能吃驴肉。以前曾有外国人偷吃驴肉，被当地人围攻，不得不连夜逃回国。驴是埃塞俄比亚姑娘的嫁妆。埃塞俄比亚的谚语说："如果女人没有驴，她自己就是一头驴。"埃塞俄比亚有好几位世界马拉松长跑冠军，都是从小和驴一道赤着脚跑山路练就一双"飞毛腿"的。

家庭妇女

姑娘美容为出嫁

斯瓦希里族居住在肯尼亚的拉莫地区。斯瓦希里族的婚礼进行过程中常常充满了各种繁琐的礼仪，似乎是要为其婚前受的禁锢来一次反拨，其中的不少项目都是为了把新娘打扮得优美、性感。新娘在出嫁的前几天，她的身体须经受一连串的婚前处理。首先，除头发外，脖子以下身体各部位的体毛被刮得干干净净；然后，在新娘的身上经过按摩后被抹上可可油和取自檀香木的香水；新娘的四肢也要在指甲花汁液中浸一浸，接着由女亲戚往她的身上画一些花纹。出嫁那天，一位被称作"索莫"（婚礼中必不可少的一个角色）的老女人负责向新娘传授"美容之道"，以及让男人快活的方法。新婚之夜，索莫往往还会躲在新郎、新娘的婚床下，以便在床上的新人遇到什么难题时，帮助他们顺利完成最初的夫妻生活。

居住在纳米比亚的希姆巴族姑娘在出嫁前，要用红赭石、奶油脂、香草和树脂合成一种香料,并亲手把它们涂在自己身上。它们色彩鲜明,而红色在其中尤为突出,象征着新娘婚后有极强的生命力和生殖能力。在婚礼上,新娘子身穿一身新做的衣服,上面洒满了香水和橘子水等果汁。到了丈夫家后,新娘按照族中惯例,要让新娘的家人在胳膊、乳房和肚皮上涂上取自新郎家奶牛身上的奶油脂。这一仪式即是新娘走入洞房前对其身体美化的继续,也象征着新郎家的人已经完全接纳了这位被"抢"来的新娘。

卡洛族女子在婚俗中表现得近乎疯狂。位于埃塞俄比亚腹地的奥莫河河谷风景优美,居住在那里的卡洛族姑娘的多情和爱美之举也闻名远近。为了增加自己身体外观的魅力,更能吸引异性,姑娘们常常是费尽心机。卡洛族是一个非常小的民族,在物质财富方面也非常贫穷,卡洛族女子为了找到一个好人家,往往要在自己身体上下很大本钱。她们在进入青春期后,时常要忍受剧痛,在前胸和腹部做一些手术。比如,用刀片在皮肤上切割出一些口子,把大量竹签插进伤口,并使它们呈现一定的图案。这样,等伤口痊愈后,经过精心制作的图案便会保留在

少女思春

她们的前胸和肚皮上。据卡洛族的男子说,这样做后,对男人们具有很大的诱惑,他们一致认为,年轻姑娘的身子经过这样的处理后,头上再装饰着珠鸡的羽毛,脸上涂着由铁矿砂、黄石块和白石膏研磨成粉后制成的各色颜料,脖子里挂着几十条项链,有的是一串玻璃珠,有的是一串黑色的野生香蕉籽,有的是玛瑙珠,这样会显得越发性感,越有魅力。

婚礼多样有特色

受殖民和西方文化的影响,许多非洲人的婚礼已具明显的西方色彩,有的到教堂举行,不在教堂举行的也必须有牧师到场。牧师先是问新郎是否愿意娶

谁为妻，然后问新娘是否愿意嫁给谁，戴戒指，吻新娘，然后宣布谁和谁是夫妻。我出席的黑人的婚礼都是这样。但是，在非洲许多地方，仍流行多种多样的传统的婚礼。

豪华的婚礼。在非洲，苏丹人的传统婚礼以场面豪华、仪式繁多而闻名，目前已大大简化，但依然要比其他北非阿拉伯国家要复杂一些。在苏丹，某位小伙子若对某家的姑娘有意，他的父母也表示赞同，并征求家庭其他成员的意见，在全家看法一致的情况下，便委派代表（一般为女性代表）带上现金、糖果、香水、化妆品等礼物到姑娘家说亲，如果姑娘家热情款待来人，并高兴地接受所馈赠的礼物，婚事便大体上确定下来了。选择一个吉祥的日子举行订婚仪式。男女双方在证婚人、教长和亲朋好友面前，先诵念《古兰经》开端章，然后抚摸着《古兰经》起誓，要遵循安拉的旨意，忠诚于婚姻大事，夫妻同甘共苦，和睦相处，建立美满幸福的家庭。在苏丹也盛行送彩礼之风，订婚仪式后，男方家将一箱一箱的东西送到女方家，包括各类点心、糖果、衣物和日用品等，有的简直可以供开一家小商店。

流泪的婚礼。肯尼亚马萨伊族人没有婚姻自由，年轻人的终身大事仍然由父母说了算。因此，人们常常见到这样一幅婚礼的场景：一位要出嫁的马萨伊族姑娘流着眼泪，接受着家人的送别，姑娘眼中流出的泪水常常意味着她们是带着真正的悲伤离家而去的。她们往往不得不屈从于家人的安排，去跟自己从来不认识而且比自己大许多岁的男人结婚。走在离家的路上，家人和朋友们警告新娘不要转身向后看，按照迷信中的说法，如果她向后看，就会马上变成一块石头。前来接亲的人会想法克服一切障碍，不管新娘愿不愿意，他们都要把她送到新郎家中。为迎接新娘而举行的聚会开始时，新郎家的所有男性亲戚都会在门口迎住新娘。按照当地习俗，他们对着新娘会说许多侮辱性的话，目的是要让新娘避开暗藏的魔鬼和厄运。"你像皮格米人一样，个子短短的，双腿弯弯的，太难看啦！"他们这样叫道。而实际上，马萨伊族部落的主要特征就是无论男人女人，个头长得都很高大。在婚礼上，他们却要竭力掩盖这一事实。而后，他们还要将一捧捧的牛粪扔到新娘剃光的头顶上。按照族中习俗，新娘如何对待这些侮辱，将决定着她今后如何对待自己的婚姻。在婆婆的住房里，新娘将按照马萨伊族人婚俗，接受这个新家庭送给她的礼物。当她对新郎家送的礼物感到满意时，她就会进去拜见公婆。

漫长的婚礼。南非恩德贝莱族人的婚礼包含三重仪式，逐一完成往往要费时若干年。第一个仪式叫"洛巴拉"，这是男女双方婚前的一次协商活动，通常男方要向未来新娘家里送一些订婚礼，礼物包括金钱和日常生活用品。新娘在完婚前为期两周的隔离独居，是恩德贝莱族人婚礼中的第二重仪式。这一期间，

津巴布韦乡间大道

会有别的已婚妇女前来教她如何成为一个好妻子。独居的日子结束后，新娘穿着由大量珠串装饰而成的盛装，开始进入她为期一年或者若干个月的"女人时代"。这一时期，她用珠串制成的裙环（恩德贝莱族人把它叫做"格尔瓦尼"）围在自己的腰部和大腿上，裙环色彩缤纷，对她身体上发育成熟的女性特征起着很好的突出作用，据说这种装扮很能激发恩德贝莱族男人的情欲。而后，按照恩德贝来族对女人的要求，为显示其羞涩、温柔的天性，这位未来的新娘要裹上一条毛毯，眼皮向下耷着站立于公众面前。这条毛毯被恩德贝莱族人称作"婚毯"，结婚之后，每逢盛大节日或者参加什么重要活动时，新娘都要披着它。在已被装饰一新的新郎家的院落门前，新娘常常撑着一把伞，把自己遮起来。伞是东方国家人们的日常用品，传到非洲后，被恩德贝莱族女人用来表达她们的羞涩了。只有当新娘生育了第一个孩子时，她才算是真正嫁给了那个娶她的男人。生下第一胎孩子是恩德贝莱族人婚礼中的第三重仪式，也是最为关键的一项仪式。

寻妻的婚礼。坦桑尼亚西北部有个部族叫甸丁拉姆。甸丁拉姆人结婚时有一个暗中寻找新娘的仪式，这种仪式规定新娘由新人送到男方村子时，不能直接送到新郎家中，而是先送往新郎的邻居家中，找一个隐蔽的地方把新娘藏起

热心政治活动的非洲妇女

来。然后送亲的人去新郎家中报信，请新郎去寻找，找到后将新娘迎娶回来。新郎在两名亲友的陪同下一起去邻居家寻找，邻居们也愿意让新郎入内搜寻，但不能通风报信。当地风俗认为如果经别人通风报信后找到新娘，这是假婚，婚后两人也不会幸福。新郎寻找新娘可以连找3家，如仍未找到，女方送亲人就要将新娘接回，7天以后再送来，一直等到新郎找到新娘为止。

可以断言，随着社会的发展，传统的婚礼会越来越为现代婚礼所取代。

第七章　解读非洲酋长制度

非洲历史上的酋长是让人望而生畏却又神秘莫测的人物。在宗法社会，酋长是所在部落或地区的"天然统治者"，拥有多方面的绝对权威。在现代社会，为了稳定人心、巩固政权，许多非洲国家仍然保留着酋长制度，酋长的权力虽然受到一定限制，但许多酋长依然有着超出常人的地位和特权，在国家政治生活中仍起到不可替代的作用。到非洲工作后，通过面对面与酋长交往和其他调查研究，对非洲酋长制度和文化终于有了一个大致的了解。

酋长制度的历史性

什么是酋长呢？酋长是部落的首领，酋长国是以部落首领为最高统治者的国家。人类学理论认为，"酋长社会是由一位最高酋长永久统治，一些家族公社组成的自治政治单位"。主要特征有：普遍不平等、权力过分集中、成员社会地位世袭、亲属关系是社会组织构成的基本原则、婚姻年龄性别也可影响人的社会地位和角色。酋长制度在撒哈拉沙漠以南的非洲广大地区比较普遍，尤其盛行在广大偏远、落后的地区。据考察，酋长制度最初是从原始的氏族制度发展演变而来的。非洲在从奴隶社会向封建

摆上水果和坛子是酋长集会的必要程序

社会逐渐过渡时,大大小小的酋长土邦和酋长制度便在氏族制度的基础上慢慢形成了。无论是过去和今天,酋长制度在非洲的政治生活和社会生活中都有着重要的作用。

酋长大都是世袭的。一般说来,世袭的方式有两种:一种是由父系相传,另一种是由母系相传。所谓父系相传,就是由儿子继承父亲的职位,这种方式在非洲广大地区一直十分流行。当然,在个别地方也实行母系相传的方式,即由外甥继承舅父的职位,例如在加纳中部和南部地区曾长期实行这样的作法。津巴布韦绍纳族的酋长和头人按兄终弟继,然后再按长房长子的继承顺序。恩德贝莱族社会的酋长和头人按父死子继的顺序。

在非洲,传统的酋长制度,一般分为一、二、三级酋长领地,分别由一、二、三级酋长管辖。酋长社会形态一般有简单和复杂两种。简单的酋长社会形态由一个中心公社和若干临近更小的附属公社组成,共同承认某一个家族组织或个人世袭集权统治,每个小公社又有自己的领导,但从属中央公社酋长。复杂的酋长社会形态一般是这样:几个简单酋长社会构成一个复杂酋长社会联盟,由一位最高酋长(大酋长)统治。也有各集团首领轮流执掌酋长地位的情况。复杂酋长社会有不同阶层的政治官僚和贵族,上层不参加任何劳动,接受属民供奉,回报以主持祭祀。酋长被认为是唯一能与上帝沟通的神人,只有他们才能主持祭祀,故有"小上帝"之称。另外,酋长也会象征性地给属民分发食物或用品。在多层酋长政治体制中,酋长有自己的下一级"官员"。这些"官员"也有自己的领地和社会单位。最高酋长的统治中心地位通过从下一级酋长获取贡赋来实现,下级又从再下级或自己的中心区域获取贡赋。酋长和头人管辖其领地和人民,拥有一定

穆加贝生日庆典上的酋长

的神权和世俗权力,在农村地区影响较大。

在某些共和制国家,例如喀麦隆,酋长还要经过行政长官的批准。一级酋

长要由国家元首批准,二级酋长由内阁领土部长批准,三级酋长则由州长批准。在津巴布韦,国家和地方两级政府都设有酋长委员会,主要作为国家和地方的政治协商组织。酋长事务划归内阁地方政府部(Ministry of Local Government)管理。

非洲国家获得民族独立后,为了安定局势和稳定政权,大多数国家对酋长制采取了既限制改造又尽量利用的政策,以保证政府的方针政策能够在酋长势力强大的广大乡村地区得以贯彻执行。总之,随着社会的进步和发展,酋长和政府之间建立起了相互合作的新关系,古老的酋长制度正在发生引人注目的变化。

酋长地位的传统性

历史上,酋长在非洲给人以神圣的感觉,酋长拥有的相当大的权利在乡村表现得尤为突出,这是传统的产物。虽然随着社会日益现代化,酋长神圣的光环不断在褪去,但酋长的传统地位、权利、影响还在。至今酋长在当地仍称之为土王(土地掌管者)。尼日利亚、津巴布韦等国的酋长把自己的领地称之为"王国",把自己称为"国王"(king),酋长住的房子叫做"王宫"。由于酋长的级别不同,他们住的房子也差别极大。大酋长的王宫多富丽堂皇、雄伟壮观。加纳阿散蒂王宫、尼日尔马拉迪王宫、尼日利亚卡诺王宫、扎里亚和拉各斯王宫,被人们认为是西非地区五大著名酋长王宫。酋长决定着他所管辖范围内的大大小小的事情甚至包括一些家庭琐事。在宗法社会,事情没有得到酋长的批准,是不得操办的。一切争端的是非曲直,只能听从酋长的裁决。村民对酋长必须毕恭毕敬,服服帖帖。酋长出

酋长夫妇石雕

门，身着金光闪闪的绣花的非洲衣袍，不是坐轿，就是骑马，众多的侍从人员护卫，前呼后拥，鸣锣开道。在非洲，来宾会见酋长，总是带有一种传奇色彩，凡亲身经历，定会终身难忘。会见酋长的仪式相当隆重，场面跟电影里的那些古代皇帝接见外国使臣差不多。

有的国家为酋长发挥作用设立了专门机构，这一机构成为国家机器的一个组成部分或附属机构。例如，博茨瓦纳设立了酋长院，为议会的咨询机构，由15名成员组成，8个主要部族的8名酋长是当然成员，任职终身；这8名酋长再从宪法指定的4个市区的副酋长和行使副酋长职务的人中选出4名"选举成员"，任期5年；最后再由这12人从选民中选出3名"特选成员"，任期5年。酋长院的职责范围和权力仅限于传统的、有关非洲组织的一些特定事务，比如部族财产的处置、部落首领的任免等。每年议会开幕前，酋长院先开例会，向议会提出动议和议案，但不具有任何约束力。酋长院在必要时可要求有关部长到酋长院说明情况，部长也可到酋长院征询意见。酋长院主席和副主席由成员选举产生，现任主席为塔瓦纳二世（Tawana II）大酋长。

许多非洲国家由政府向一级酋长发放相当于部级官员的薪水，提供专用汽车，并负责一定数额服务人员的开销。有的国家也定期向二级酋长发放薪俸。三级酋长（即村级酋长）的收入大多来自村民们所缴纳的税负。目前在尼日利亚等国，有"国王"之称的酋长们是一方实际上的行政长官，每月还向政府领取薪俸，有政府配给的秘书。津巴布韦有大小酋长300多人，政府给予土地，发给津贴，配给汽车以及警察若干人。

酋长现象的国际性

据新华社专电：南部非洲国家近百名部落酋长2009年9月7日齐聚维多利亚大瀑布举行狂欢。赞比亚总统班达和津巴布韦总统穆加贝与数万名当地居民及各国游客一同体验了神秘的非洲部落文化。这次狂欢地点位于赞比亚利文斯顿市的穆库尼部落，该部落领地包括维多利亚大瀑布在内。部落酋长穆库尼希望通过举办这次活动，推动当地旅游业进一步发展。来自赞比亚、津巴布韦、刚果（金）和坦桑尼亚等南部非洲国家的近百名部落酋长及其部落里能歌善舞的男女老少成为此次狂欢的主角。

酋长是宗法社会的产物，不仅非洲有酋长制度，亚洲、拉丁美洲，包括中国不少少数民族也有酋长。"阿联酋"的全名就是"阿拉伯联合酋长国"。包括新华社在内的国际主流媒体2003年就曾报道过这年3月31日，300名伊拉克酋长长袍下掖手枪，齐聚巴格达共商抗美大计的新闻。报道说，尽管伊拉克首都

巴格达防空火炮声隆隆，爆炸声阵阵，绝大多数正常的工作生活都已经被打断，可巴格达仍能召开一个持续三天的非常会议。这次会议让人明白萨达姆到底是想如何抗击美英联军进攻的。3月31日美国《洛杉矶时报》报道了这次非同寻常的战争会议。与会的代表是300名身着长袍的伊拉克部落酋长，他们最北的是从摩苏尔赶来的，最南的是从"沦陷区"巴士拉过来的。他们赶到这里当然不是为了看美国人丢炸弹射导弹，而是要听从伊拉克总统萨达姆部署如何展开游击战，如何发动成千上万的部族武装人员拿起枪杆子抵抗美英联军的入侵，如何阻止正向巴格达挺进的美英联军。多数酋长都是风尘仆仆，驾着"奔驰"和"宝马"一路赶来，护送他们的是武装警卫和亲朋好友。这次酋长大会是在巴格达城内一个不起眼的小旅馆里召开的，外国记者自然是不允许入内，可候在门外的酋长保镖和亲朋好友们却把不住嘴，一个自称是卡尔巴拉"阿尔·鲍默尔"的部族头领透露说，别看他们只是酋长的部落武装，可武器还是挺先进的。萨达姆政府一直鼓励酋长们的斗志，比如说伊拉克国家电视台就常播放酋长武装的片子。还有好几个酋长在伊拉克政府官员的陪同下接受记者的采访，他们个个大谈如何打败美英联军的经历。比如说一个名叫吐克的酋长说，当3月23日美军阻断了卡尔巴拉和巴格达之间的公路后，他的手下根本不用命令，自己就去打美国人了："两天来，我们跟美军进行巷战，最后把美军逼走了。美军往往觉得很惊讶，他们以为我们会给他献花哩，现在他们应该得到教训了，我们每个人都会与他们战斗到底的。"另一个来自摩苏尔的酋长说，他手下有"400个神枪手"，"我们分成三四人一个小组行动，他们根本看不见我们，或者会把我们当成和平的农民，然后突然间，我们会从四面八方朝他们开枪"。在酋长们纷纷离去的时候，一个来自摩苏尔的酋长打开汽车的后备箱，里面装了4支冲锋枪、一挺机枪和绿色的弹药盒。

酋长代表

中国也有酋长，不过酋长制度的存在在中国已进入倒计时。2009年5月27日，《北京青年报》以"探访中国最后的女酋长：长得像俄罗斯老大妈"为题，报道了"中国最后的狩猎部落"内蒙古鄂温克人酋长、已80大寿、依然康健的玛利亚·索的故事。

酋长人选的多样性

酋长一般世袭产生，一般为男性，依次为直系长子女，次子女、弟兄、侄子女等。但历史上殖民者为了自己的利益曾在各地指定或罢免了一些酋长，独立后非洲许多国家政府通过属民重新认定，罢免或恢复了一些人的酋长地位。关于酋长资格的确认常常引起纠纷，因为许多酋长一夫多妻、儿女成群，他们常常为继承权你争我夺。

酋长王国的女子歌舞团

随着时代的发展，酋长人选显示出多样性的趋势：一是出现了女酋长。例如，2005年2月2日，《环球时报》报道：在西非经济最发达的国家科特迪瓦，就有3个女酋长。这3个女酋长都来自离首都阿比让不到200多公里的南邦达麻省，其中，科菲夫人和巴洪夫人来自该省的迪沃专区，马赞夫人则来自该省的吉特里专区。同别的地方不一样，在她们村里，目前是女人们"独揽大权"。她们不仅召集男人，而且命令男人；男人们不仅执行她们的命令，而且还称赞她们。他们纷纷都说，自从女人当了酋长，"村里的紧张关系减少了，村民们重新又找回了清静"。二是出现了选举产生酋长的现象，酋长一般是世袭产生的，选举酋长是酋长制度中的新生事物。上述3个女酋长就是选举产生的。三是任命产生的现象多了。例如，2001年，中国移民胡介国，由于为促进中国和尼日利亚经贸友好合作做了大量工作，他不仅被批准加入尼日利亚国籍，而且还被册封为当地的酋长。四是年轻人担任酋长的多了。例如，到我官邸做客的津巴布韦东马绍纳兰省大酋长比格力就只有 40 岁左右。五是出现了作为荣誉象征授予的现象。例如，据报载，2007 年 6 月，凭着丰富的施工经验、高超的安装技术，来自山东电建三公司的项目经理房一波获得了尼日利亚伊托瑞·艾格巴领地的酋长头衔，成为第一位获得"尼日利亚酋长"头衔的中国公民，同时他还获赠当地 500 亩世袭封地。6 月 22 日上午，房一波身披酋长服饰，手持酋长权杖、证书和土地所有证等象征权力的信物回到山东潍坊，陪同他的是尼日利亚阿卡姆土王（即大酋长）、阿拉瑞王后。大酋长之所以封房一波为酋长，是因为他带领山东电建三公司员工为尼日利亚建造了一座电厂，为尼日利亚特别是当地社区带来了光明，为社区的经济发展和人民生活改善起到了非常重要的作用。

酋长角色的多样性不等于谁当上了酋长，谁就能够平平安安地实施其职务行为。年轻人、外来人，特别是女人，当上酋长后，不少面临着非议、挑战甚至生命危险。例如，1994 年，曼德拉通过首场民主选举当选南非总统之前，该国传统部落中很少有女性担任酋长。通常酋长的位置会由父亲传给长子，如果父亲去世时长子还未成年，叔叔或者表亲代为掌权。曼德拉决心改变这个传统，他也成功地颠覆了这个传统。他坚持要求女性也能继承酋长位置，因为人人平等。南非的农村地区 60% 的居民都是女性，让她们平等拥有权力也将提升女性地位。2004 年，曼德拉的想法正式生效成为法律，新的法律还规定，传统部落的权力构成中，至少三分之一应是女性。女性、特别是女酋长们，她们感谢曼德拉对女性当酋长的立法，但这些女酋长，在传统和偏见之下，工作并不好做，良好的政治愿望往往会遇到现实的阻碍。性别平等和传统思想的冲突让女性成为受害者。

位于南非东南部的特兰斯凯地区有个马桑加纳村，这里聚居着很多古老的科萨部落。当地政府允许科萨人保留自己的文化传统。外面世界的人来到这里，仿佛穿越时间隧道回到了 18 世纪。高速公路上游荡着牛羊，大部分人仍然依靠小农经济为生，当地民居多是十分简陋的茅草棚屋。科萨村的酋长，是一名 27 岁的女孩林迪威·古本娜尼。正是因为女酋长的身份，既使她的母亲丢了性命，也使她自己每天生活在恐惧中。她伤心欲绝地说："2007 年 9 月的一天，有人暗杀了我妈妈。他们闯进棚屋，开枪打死了她，然后放火毁尸灭迹。"她的父亲本是马桑加纳村的酋长，父亲去世后他的位置被传给了古本娜尼的母亲。但村民们不愿接受女性当酋长，他们散布谣言称她生下了私生子。最后一些村民密谋选出 4 个人，谋杀了古本娜尼的母亲。母亲遇害后，根据法律古本娜尼继承了村子酋长的位置，但她却搬到了距离家乡 100 多公里远的地方和朋友一起住，原因是她害怕遭遇和母亲同样的命运，政府也不能给她提供任何安全保障。"我没有留在村子里，因为人们不愿接受我。74 户家庭只有 10 户支持我。人们说不想被女人统治，更别提小女孩。"

这种现象并非个别。在曼德拉的家乡腾布族部落的一个分支祖巴部族，那卡卡·祖巴 7 年前从去世的丈夫手中接过酋长的职权。最初，祖巴并不想当女酋长，但在腾布族国王的支持下，她辞去了在政府部门的工作，接手管理部落。但这触怒了家族的一名男性表亲，他多次威胁恐吓祖巴，要求她交出手中的权力。原本支持她的国王也反悔，称为了部族的稳定，祖巴应下台。矛盾在去年年底爆发，这名表亲带着十多名手下包围了祖巴的房子，他们威胁说，除非自己死了，才会接受她的领导。从此以后祖巴再也不敢在自家过夜，搬到了邻近一个城市。

酋长作用的基础性

整体上看，酋长作用与社会发展成反比例，社会越落后，酋长作用越大。反之，社会越发展，酋长作用就越式微。历史上，非洲的酋长被视为"天然的统治者"，他们的政治地位和经济特权是神圣不可侵犯的。一个地区或一个部落的酋长，如同一个小国王一样，拥有政治、经济、军事、文化等方面的绝对权

载歌载舞的齐威什大酋长的属民

威，酋长的话就是"圣旨"，只能照办，不能违抗。在传统社会里，酋长负责他所管辖的土地、产品和人民。西方殖民者入侵前，酋长负责分配土地，审理案件，祭祀（包括求雨仪式等等）时与巫师共同主持仪式。一般来说，酋长比普通人富裕得多，歉年要向人民提供粮食。酋长领地分成片，每个片由头人领导，对酋长负责。但现在酋长的作用已远不如前。虽然酋长权威整体上犹存，但他们的作用从趋势上来说是越来越只具有基础性作用或辅助性作用，尽管这种基础和辅助作用在遥远的乡村是重要的和不可缺少的。以津巴布韦为例，酋长是津巴布韦民族传统价值的代表，是现代国家管理无法摆脱的民间传统政治力量，对国家政治有很大影响。至今，酋长所在地方，尤其是在广大农村和偏远地区，在执行国家政策、文化继承、稳定社会等方面仍然发挥着如下作用：

一是在基层司法中发挥调解作用。酋长具有民事调解和裁定权，但不涉及刑事案件的判决，因为这是法院的职权。酋长利用他们的传统"法院"来指导属民向善，以他们的威望凝聚人心。要使人们对酋长"政府"有足够的信任，酋长必须执法公正。一般纠纷先由头人解决，如头人不能"摆平"，便提交酋长。酋长有自己的一班人，即以酋长为首的辖区"领导班子"，调节纠纷由该领导班子讨论解决。如遇纠纷不能解决或遇重大刑事案件，则交由所在行政区域的法院审理。一些非洲国家给酋长配备警察1—3名，以协助判案。

二是在属民精神上发挥寄托作用。在传统文化中，酋长是上帝与人之间的桥梁，通过向祖先的祷告与上帝取得沟通，达到祈求和平、降雨、辟邪等目的，从而成为其属民的精神领袖和家族身份代表。没有酋长显示权威的婚丧嫁娶是不可能的。一般来讲，城里人回到老家，被要求做的第一件事就是看望酋长。据说，总统出巡或回到老家也要首先拜见酋长，以示尊重传统。政府要求酋长们通过经常举办辖区礼仪活动来保持他们的精神领袖地位。

三是在民族文化上发挥代表作用。虽然酋长脱离了从前纯粹的原始特征，但仍是传统意义上的领导人，是传统文化的监护人，肩负着传统文化传承、保护和发展的重要使命。政府还要求酋长和头人组织等机构开展不同层次的文化活动，以丰富传统文化。

下面一则报道反映了政府要求酋长维护传统的意愿：2008年12月23日，津巴布韦最大的报纸《先驱报》报道：同年12月下旬举行的执政党民盟全国代表大会将通过一项中央委员会提案，建议"去除酋长服饰殖民色彩，重新设计酋长服饰。目前红色酋长服是殖民者的设计，应该改变"。该建议由民盟负责文化的中央书记起草，由民盟总裁、津巴布韦总统穆加贝提交民盟全国代表大会通过。

四是在慈善救济中发挥独特作用。酋长不仅自己要时常关心贫病困残人口，给予他们救济，并要承担组织分发国家或国际救济物品的任务。政府明文规定酋长必须继承和发扬光大施舍救济的职能。

五是在表达民意上发挥代表作用。酋长委员会是了解民情、也是代表人民向政府建言的机构。酋长可代表自己区域的人民向政府提建议。比如哪里需要修桥、该种什么庄稼、需要修改哪条法律等等。津巴布韦参议院专门为酋长保留10个席位，由酋长委员会10比1选举产生，实际上津巴布韦10个省的10个大酋长就是当然的参议员，让他们当议员，就是给他们表达民意的机会。

酋长生活的现代性

酋长生活的现代性体现在三个方面：

一是生活趋于洋化。酋长作为非洲民族传统代表，个人生活实际上已越来越不传统。除非在严格的传统仪式上，酋长们也许会头戴插着羽毛的帽子，手拿象征权威的权杖，身着绣有传统图案的大袍，但在平时，酋长自己离传统却越来越远。我在津巴布韦3年，不仅从没有看到穆加贝总统、茨万吉拉伊总理、恩科莫议长等人穿过一次非洲民族服装，而且也从没有看到酋长们在城里穿过一次民族服装，越来越多的酋长自觉穿西装、吃西餐、打手机、讲英语、开汽车、住洋房。

西装革履的酋长

二是配偶趋于单一。严格意义上的酋长社会实行一夫多妻制，酋长几乎人人都是一夫多妻的。在非洲地区，历史上的一个小酋长一般有十来个妻子，一个大酋长有上百个妻子不算新鲜事。据说，加纳阿散蒂的一个大酋长曾娶过336个妻子。在非洲很多国家，在法律上一夫多妻仍然合法。但在西方宗教影响下，越来越多的酋长趋向一夫一妻制。做客使馆的津巴布韦两个大酋长都是只有一个妻子。

三是思想逐渐西化,对西方社会制度、价值取向、治理理念、技术规范、管理模式、语言文字等不少人正在经历一个由反对、排斥到认同、接受的转化过程。

酋长角色的矛盾性

现代非洲的酋长角色越来越体现出矛盾性,矛盾的结果是酋长权威明显呈衰微趋势。

酋长角色体现了传统与现代的矛盾。殖民者到达之前,酋长是非洲宗法社会的统治者。几个世纪的殖民统治给非洲许多国家既带来了基督教文化和西式教育,更带来了西方现代国家政府理念,随之而来的是非洲酋长社会的现代国家色彩日渐明显。在殖民造成的非欧文化冲突以及西方文明的"和平演变"过程中,酋长权威不断经历着挑战。作为传统代表的酋长群体,先是面对作为现代代表的殖民者群体,后是面对取代了殖民统治的本土政府的现代化趋势,毫无疑问都处在弱势一方。先是一些酋长被西式教育培养成贵族,成为社会名流,并首先开始向现代法制社会妥协,成为支持殖民现代社会的主要政治力量。另外,殖民者还通过利用酋长的严重功利主义、平衡本土各社会力量、实施现代发展计划等手段,迫使酋长社会接受现代国家管理体制。殖民者在各地安排地方行政长官,开始对地方实施现代意义上的行政管理,削弱了酋长地方统治权。殖民文化的长期渗透深深影响了现代非洲年轻人的价值观。因为缺乏本民族语言的教科书,还因为要在强势西方社会文化中能够顺利实现就业和过上富足生活,人们学习现代科技文化知识时,

与中马省长(着西装者)在大酋长属民集会上共舞

不得不自幼接受西方教育。非洲许多国家摆脱殖民统治、赢得独立后，酋长身上体现的传统和现代的矛盾仍然存在。例如，在今天的南非，很多部落都是由一位世袭的部落酋长和一位民主选举诞生的政务委员共同管理。部落酋长会得到政府发放的工资，主要负责解决争端，维持部落传统。政务委员则管理当地的经济发展。这种模式在理论上可行，可在现实中却往往由于权力斗争、贪污腐败，新的政治体制和传统权力架构间矛盾重重。

酋长角色体现了开放与封闭的矛盾。酋长制度是自给自足的封闭社会的产物，其生命力与社会开放成反比。社会越封闭，酋长制度越有生命力；反之，社会越开放，酋长制度就面临着生存危机。现在，非洲是酋长传统社会与现代国家社会两种社会形态并存，这被称为人类社会的"曙光期"，意为新旧社会秩序并存的社会发展阶段。后殖民时代初期，依旧顽固的酋长权威使殖民者不得不重新思考国家概念。他们将酋长社会形态逐渐融入现代社会，将酋长权力结合进现代政府的国家管理之中，于是形成了酋长社会与现代国家既相互矛盾又相互利用的并存局面。两者之间的矛盾主要有：现代法制政权与传统专制政权的矛盾、大民族主义思想和小酋长公社意识之间的矛盾、名门集团的现代化思想与本土守旧政治之间的矛盾。为了解决矛盾，平衡各社会利益集团在阶层和空间上的关系，现代国家政府构成变得越来越复杂。20世纪剧烈的社会变革使更多人发现，在法制民主社会中存在酋长是不可思议的，酋长社会在相当长一段时间阻碍了现代社会的推进与发展，酋长权力的进一步弱化成为必然。

酋长角色体现了城市与乡村的矛盾。酋长的存在与乡村的存在是联系在一起的，没有乡村，就没有酋长。今天的南非，部落酋长仍然承担着在部落中调解纠纷和分配土地等工作，这与政府指派的地方官员在职能上有互补也有冲突，因此并不好干。更重要的是，现代社会本身意味着逐步城市化，意味着逐步城镇化，或者说意味着城乡一体化，而城市化、城镇化就意味着动摇酋长制度的根基。20世纪末以来，城市化、全球化和文化适应性等因素使酋长统治权利再度衰微。殖民前主宰政权的酋长逐渐被西方管理体系中的行政长官所替代，渐渐由政令发出者转变为政令执行或传递者，从权利高层退向社会基层。直至今日，酋长社会体制已经被完全融入现代法制社会，酋长实权地位已处于国家最低管理层。以津巴布韦为例：酋长处在总统、省长、市长之下，酋长只具有县以下的行政管理权。在大选当中，酋长负责20个左右的选区，酋长下面还有头人分管每个选区。在城市，年轻人知道政府有市长和市政委员，而酋长的概念已成为书本知识。说起酋长，如今20多岁的年轻人更是不以为然，他们越来越背离传统，价值取向更多学习现代西方社会，很少有人像父辈那样按规矩去拜见酋长了。

酋长角色体现了公权与神权的矛盾。酋长是封建宗法社会神权的代表，在西方殖民者到来之前，酋长在非洲本土宗教中作为人与上帝的唯一沟通者起到关键作用，酋长拥有的这一神权有助于酋长维护、巩固和扩大族权。非洲沦为殖民地以后，殖民者既带来了基督教，相当程度上动摇了酋长的神权，又凭借武力夺走了酋长们的政权。在后殖民时代，非洲各国统治者以人民的名义执政，世俗政权的公权较之酋长们的神权具有不可比拟的强势和优势。公权以现代文明为基础，神权以传统愚昧为基础，现代政府公权的扩大与传统酋长神权的萎缩是同步发生、不可避免的。

酋长王国的"民族乐团"

古老的酋长制历经原始部落时代、殖民时期，延续到20世纪末叶，而且还将继续存在下去，与现代都市文明并存。这确为非洲一大奇观。

第八章　感受通货膨胀（上）

近年来，非洲南部的津巴布韦共和国是全世界恶性通货膨胀最严重的国家。我在津巴布韦工作的日子里，亲眼目睹了津巴布韦通胀的过程。津巴布韦政府一直为飙升的通胀率所困扰，通胀带来的最直接后果就是物价飞涨、货币贬值、现金缺乏。为了应对通胀带来的经济危机，津巴布韦政府一直在做各种努力。为了抑制有如脱缰野马的通胀，新成立的津巴布韦联合政府在2008年3月宣布取消外汇管制，宣布以美元和南非币为流通货币，不过旧津巴布韦元还是在民间继续流通。

人人都是亿万富翁

我2006年年底到达津巴布韦时，津方刚刚进行完币制改革，将1万元去掉4个零，变成1元钱。然而，仅仅几个月时间，新的津元如同滚雪球一样，从一周一贬到一日一贬，从一日一贬到一日数贬，津巴布韦储备银行发行的纸币面额，则由100津元、1000津元、10000津元迅速发展到1亿津元、10亿津元、100亿津元、1000亿津元。到2008年7月时，通胀率竟写下天文数字：2.31亿%。2009年1月，发行100万亿津元大钞，1的后头有14个零，创下货币史上的一项世界纪录。2月2日，津巴布韦央行——国家储备银行决定，从其发行的巨额钞票上去掉12个零，这样一来，津巴布韦1万亿钞票只相当于1元。当时，津巴布

津巴布韦首都大街一角

韦通货膨胀率已经飙升到10亿%，而1美元可兑换250万亿津巴布韦元。我在津巴布韦2年半的时间，从1美元兑换3万津元一路飙升到了250万亿津元！

事实上，每一个来到首都哈拉雷国际机场的海外游客，只要用美元兑换津元，马上就摇身一变成为了亿万富翁。津巴布韦无疑成了全球亿万富翁最多的国家，但它同时也是全球最穷的国家之一。

令人难以想象的是，津巴布韦央行宣布发行的新的大面额货币还没有到位，老百姓还没有看到新的货币是什么样子，就已不适应流通需要而事实上过时了，银行又不得不宣布发行新的更大面值的货币。我多次经历了这样的过程。例如，2008年元旦，津巴布韦央行发行了新的大面额货币，面额分别为25万津元、50万津元和75万津元。然而，谁也没有料到这些新面额货币还一捆捆堆在印刷厂，甚至还没有印完、还没有开始流通时，新的、更大面额的货币又不得不推出来。仅仅过了半个月，1月16日，央行行长格诺又宣布，国家将在1月19日发行新的大面额货币，分别为100万津元、500万津元和1000万津元（1000万津元当时约合28元人民币），以缓解津巴布韦面临的现金紧缺局面。津巴布韦央行的这些举措，既出乎公众的意料之外，又在意料之中。我因一直收集各种面额的津元，因此，对每次发行新的货币比较关注。有好几次我虽然在电视、报纸上看到了新版津元是什么样子，可就是收集不到，请华商帮忙也不管用，为什么呢？因为有的面值的津元，虽然宣布了发行，实际上一直躺在央行的仓库里，成了一堆废纸！

实事求是地说，津巴布韦流通的货币，并不是严格意义上的货币，它其实是一种不记名的空白支票。这种支票是印刷在比打印纸稍厚一点的普通纸上，上面有面额，与货币最大的不同是，上面明确标出了使用时限。像新发行的75万津元的空白支

1000亿津元可买3个鸡蛋

票，就标明有效期是2008年6月30日之前。津巴布韦是在2002年使用这种空白支票的，由于有时间限制，所以平均每半年就要更新一次。等到发行1000亿

面值的巨钞时，票面更明确标明是农用支票。其实，津巴布韦央行这样标明，主要是顾及面子，事实上就是当普通货币使用。我在津巴布韦期间，至少赶上了6次纸币更新，每次的面值都在变化。由于不断贬值，别说1津元、10津元、100津元、1000津元面值的钞票变得无人理睬，就是100万津元、1000万津元、1亿津元的钞票常常成捆丢在地上都已经变得没人要了。想一想，发行100万亿面值的钞票后，一个亿算什么？

为什么不断发行超大面额的货币呢，这是因为通货膨胀太快，买一个面包有时需要几十上百万津元，面值几十上百万的钞票，要装一竹篮才能把一个面包买下来。为了缓解当地持续数月的现金短缺现象，央行不得不一再发行面值更大的钞票，将小面值的钞票宣布作废。而这又引发新的问题。例如，2007年12月，津巴布韦央行宣布，将正在流通的20万津元面值货币在年底作废，并新发行面值更大的货币。由于从消息公布到20万津元货币作废的时间只有半个月，而20万面值货币又是市场上主要流通货币，数量巨大，人们担心财产损失，所以纷纷到银行排队兑换。银行为防止大量在黑市上流通的货币借此机会洗

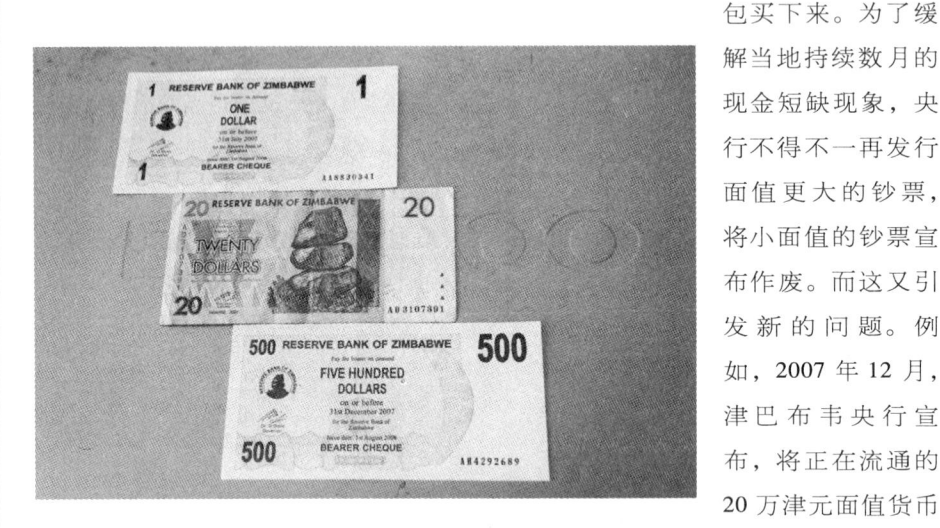

2006年底发行的1津元、20津元和500津元的钞票

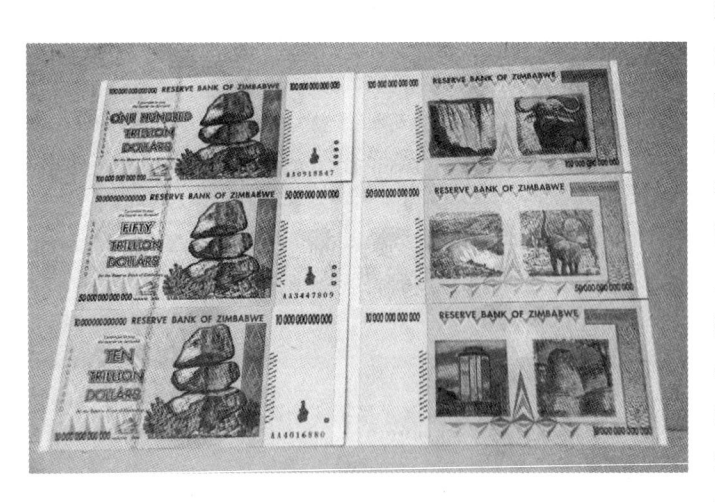

2009年发行的面额100万亿、50万亿和10万亿津元钞票

钱，规定个人每天的兑换额为5000万津元，公司每天的兑换额为5亿津元，但这远远不能满足人们的需求，因此在银行里，每天都有长长的队伍等候换钱。为了让人们及时换到钱，政府下令，银行在圣诞节期间也要照常营业，但这仍不能满足需要，导致人们疲于排队、怨声载道。与此同时，最高75万津元面额的货币对于动辄8位数的物价来说，仍然太小，国家需要印刷大量货币才能满足需求。而大量20万元货币的停止使用，使得津巴布韦一时出现现金紧缺现象，即人们在银行提不到新面值的货币，这更加剧了人们对银行的不满。

　　津巴布韦也许是世界上唯一一个亿万富翁与香车、美女、洋房联系不起来的国家。在哈拉雷一家名叫"华园饭店"的中餐馆，售价1.2亿元的鱼香肉丝，堪称是世界上最"贵"的鱼香肉丝了。不过这个"元"既不是美元，也不是人民币，而是津元。当时，官方公布的汇率是1美元兑3万津元，但是在黑市上1美元可兑4000万津元。按黑市兑换价，华园饭店的鱼香肉丝每份3美元，是很公道的价格。在华园饭店，价格最低的油炸花生米和小葱拌豆腐是9000万津元一份，而高档的海鲜类菜品标价要3亿多津元。

　　通货急剧膨胀给津巴布韦带来的另一直接后果就是，最为紧俏的日用品之一竟然是点钞机。津巴布韦国营报纸上每天充斥着日本和新加坡生产的高质量点钞机广告。

购物不能货比三家

　　津巴布韦的华商们在通货膨胀期间有苦恼有高兴。苦恼的是，因通货膨胀带来价格一路攀升，一双袜子，今天卖100万津元，明天就可以卖150万津元，后天就可以卖到200万津元。有时甚至一日数涨。这些卖到手的纸币，对华商们是一个大负担，必须尽快兑换成美元，否则，过几天，这些钱就会成为一堆废纸。滑稽的是，华商们自己刚刚卖出的货，用卖货得来的销售款想买回同样的货却不可能，因又涨价了。但华商们不可能因此而不卖，因此而囤

通货膨胀使商店货架空空如也

积居奇，因为没有销售，资金就回不来。高兴的是，津巴布韦一段时间通货膨胀如此之快，一日数贬，以致税务部门懒得上门收税，因为，今天收进去，明天就成了一堆废纸。

在这样的环境下生活，确实需要一套特殊的本领。在津巴布韦，熟悉情况、摸清了套路的外国人会牢记一条经验：手里千万不能存有大量的津元。人们一再告诫我："只要手里有现金，就得马上花掉，因为同样一笔钱，等到第二天，甚至当天晚些时候就买不到同等的商品了。"人们关闭了所有在银行的津元账户，没有谁会往里面存一分钱。如果想去买东西，人们一般都要先去市场看好价钱，然后马上去兑换津元，每次换的时候要多出所买商品价格的1倍，因为往往到再返回市场买东西的时候，会发现同一商品的价格已经涨了，最多时可能会涨1倍。

在津巴布韦超市里，最常见的景象就是，店内的服务员永远在更换价签。商品价签从一月一变到一周一变，再发展到一日一变甚至一日数变，当然是越变越贵。超市里价签上那一长串数字看得人眼花缭乱，让初到哈拉雷的人感到很不习惯。有时候，价格数字长得以至于账单都打不下。在津巴布韦买东西，尤其是食品、油料等生活必需品，千万不能有货比三家的想法，只要看见需要买的东西，就要尽可能快、尽可能多地买下来，因为你下次再来的时候，就只能面对空空的货架了。在这里买东西，既要靠运气又要有速度。到后来，改商品标签的工作越来越少，因为店内的商品越来越少了。货品短缺，也是通货膨胀的表现之一。

我在津巴布韦期间，津巴布韦的物价在全世界应该是无人能比了。几个月的时间，一块面包的价格从几十万津元暴涨到几百万津元了。津元贬值，加上工厂关门、农业歉收、物资奇缺等原因，导致价格暴涨。与此同时，按美元比价的商品价格也在暴涨。到1000亿津元发行时，在津巴布韦买1个鸡蛋的钱在中国可买2斤鸡蛋，在中国1元人民币可买到的1份《北京晚报》、《新京报》之类的报纸，在津巴布韦要1800亿津元1份，等于2美金。一份在北京只需人民币1元的小报要1美元。一把在中国20元的锁要200美元。我们已经渐渐习惯以亿来计算金额了，唯一麻烦的是，在看价签时要数上好几遍，否则差一两个零，就可能相差上十亿，甚至上百亿！

去趟超市随便买点东西，就得花厚厚一摞钱。当地华人报金额时往往以"捆"为单位，一"捆"钱是100张面值1000万津元的纸币，按有一段时间的黑市汇率共合25美元。

一段时期，津巴布韦最小面额的纸币是500津元，最大面额则为5万津元，而当时一卷厕纸的价格已经达到15万津元。然而，如果在津巴布韦乘坐出租汽车，即使全用 5 万面额的纸币付费，数钞票付给司机所要花费的时间也差不多与路途全程所用时间相当。不过，比起到餐馆吃饭来说，这还算不了什么。当用完餐准备结账时，一沓沓的钞票堆在餐桌中央，给用餐者的感觉就像是坐在拉斯维加斯的赌桌旁一样。

通货膨胀倒也不全是坏事，有时也能够让人受益。当地一位华人一次身体突感不适叫来了救护车，本来要付的钱约合 30 美元，但是等一个月后付款账单寄到时，美元汇率涨了不少，只需付 3 美元即可。

我的司机巩博无奈地对我说："是的，我是一个百万富翁，一个什么也买不起的百万富翁。津巴布韦现在遍地都是百万富翁。津巴布韦是一个盛产百万富翁的国家，但是同时我们也一无所有。"

银行前排队支取津元的市民把路都断了

津巴布韦货币的疯狂贬值，职工所开的工资连乘车上班的费用都不够，上一天班只能挣到两块面包。由于货币贬值严重，同样多的货币甚至买不回同样多的白纸。所以才出现了用钱糊墙的现象。许多城市里，教师、医生和公务员上街示威游行，要求政府以美元发放工资。最后政府只能宣布取消津币，而改用美元、兰特流通。

官价市价相差万里

我刚到津巴布韦工作时，官方牌价是 1 美元兑换 250 津元，黑市是 3 万津元。此后，差距越来越大，从 3 万、5 万、20 万、100 万津元到天文数字，而官方牌价却攀升很慢，由此导致外汇市场黑市猖獗，带来一系列极其严重的问题。

问题之一是政府控制的基本商品价格、基本服务价格仍按美元对津元的官价来定价，导致不少行业出现巨额亏损。津巴布韦政府成立了价格监控委员会，对食品、燃料、水电煤气、通信等费用进行国家定价，严格控制。但由于官方定价与实际价格差距实在太大，于是相当一段时间里出现了许多荒谬绝伦、不可思议的市场现象：津巴布韦航空公司到北京、广州的航班往返票价常常只要300美元左右，到伦敦的往返票价只要200美元左右；打北京的长途电话只要几分钱人民币1分钟，使馆全体人员的电话费加起来一个月只有200美元左右；60条1箱的津巴布韦香烟，官价只有几美元；官价农用计划柴油，1吨只有1个多美元；电价只相当于人民币几分钱1度，一家人烧饭、照明、家用电器用电，一个月下来只有几美金就够了。这些不合理的价格使得企业长期亏损，只能依靠国家补贴维持运转。国家又连年经济危机，于是，停水、停电、通信中断自然是家常便饭了。

一位津巴布韦居民在晾晒旧的美元

问题之二是外汇管制太严厉，影响了经济正常运转。为了打击黑市换钱对国家的冲击，津巴布韦银行还实行严格的外汇管制措施，外汇只进不出，个人出国随身不能携带超过1000美元，并且当地货币不能购买美元。在银行提现也有数额限制，这使得人们总得不到充足现金。一些在津巴布韦打工的中国人因外汇管制太严厉而深受其害。长城饭店的一个中国厨师打工几年，赚下了几万美元，从银行不可能汇回中国，于是，他把美元放在行李中回国。出关时被津巴布韦海关发现没收。华商王志元的一个亲戚从津巴布韦邻国带几万美元现金回津巴布韦，进关时没有问题，再出关时被海关查出没收。国内来津巴布韦因公出差或旅游的人，如用信用卡到银行取款，会吃大亏，因你打进卡里去的是美元，你取到的只能是用官价折成的津元。于是，这些人身上往往带有美元现钞，数量往往不止1000美元。这些人出关时不少遇到了大麻烦。

问题之三是央行出面在黑市上抢购美元，为通货膨胀推波助澜。持续10年之久的经济危机使津巴布韦外汇极度缺乏，央行的应对之道是派出大批人员在黑市上以高于其他买家的价格抢购美元，反正他们可以不断开动印刷机印新的津钞，由此导致美元的黑市价格以火箭般的速度攀升，使津巴布韦国民经济越来越陷入恶性循环。

问题之四是一些权势人物利用价格双轨制大发国难财。哈拉雷城里人人都知道一个秘密，这就是，一些人用100美元，一个星期就可以倒腾出1辆奔驰车。这是为什么呢？因为，有权有势的人用100美元先在市场上按黑市换成津元，再把换来的津元按官价换成美元，再把这些美元换成津元，只要倒腾几次，1辆奔驰车就到手了。老百姓说，价格双轨制和通货膨胀对老百姓来说是灾难，但对一些有权有势的人来说则是福音！

以货易货卷土重来

在津巴布韦，用美元交易违法；用津元交易，风险太大。况且，越到后来，人们越不愿意接受津元，在这种情况下，各种形式的以货易货便卷土重来。

本来应该发军饷的津巴布韦军队，到后来改为发玉米面。不少中资企业不再给当地员工发津元作为工资，而是发汽油、发粮食甚至发奶粉、发糖。中资企业和华商之间甚至废弃津元计算，干脆以货易货，你给我多少汽油，我给你多少面粉，等等。

津巴布韦允许美元、兰特流通后，以货易货的现象不是减少，而是增多了。原因无他，一旦出了大都市，强势货币一文难求。城市的巴士司机有小额美元或南非兰特可找零，乡下商店虽然没有，但山不转水转，店家会给顾客糖果、巧克力，或是在收据上注明下次消费可享折扣。乡间商店的老板娘还说，现在许多乡亲拿羊肉、鸡和一桶桶的玉米来换东西，老祖宗时代的以物易物又回来了。有人甚至连搭车都拎着两只活鸡充当车费，苦中作乐的津巴布韦人开玩笑说，如果鸡在车上下蛋，那就当成司机找的零钱吧。

第九章　感受通货膨胀（下）

没有亲身经历津巴布韦的通货膨胀之前，对通货膨胀到底会带来哪些危害，认识上真是不足，只是认为通货膨胀就是涨价，涨价就意味着生产、生活成本的提高。到了津巴布韦，才知道通货膨胀的后果真是体现在方方面面，躲在书房里真想不出来。

官司白打

严重通货膨胀带来的一个可怕的后果是官司白打。中国建材集团总公司在津巴布韦与津方办的华津水泥厂，前几年被人骗走一大笔津元，按当时汇率折算，是十几万美金。等到破案、起诉、开庭，当年价值达十几万美金的诈骗大案到开庭时只能折合十几个美金。厂家作为原告还要不断举证，支付律师费，被人骗走的巨款，如今打了水漂，还要继续出钱、出人、出物，等等，令厂家哭笑不得。

中国医疗队队长龙铁牛前年被人入室持枪抢劫，破案后，法庭开庭审判犯罪嫌疑人。随着前一次开庭，到后一次开庭，津元贬值的速度如卫星落地，涉案金额成万上亿津元，发案时折算成美金是刑事大案，等到开庭时，几乎不值分文。龙队长作为原告，根据法律，还必须出庭指证，旷日持久的诉讼、控辩令龙疲惫不堪，他提出这件事他不追究了，反正这官司打不打已无所谓。可他不愿打这官司了还不行，被告反过来要告

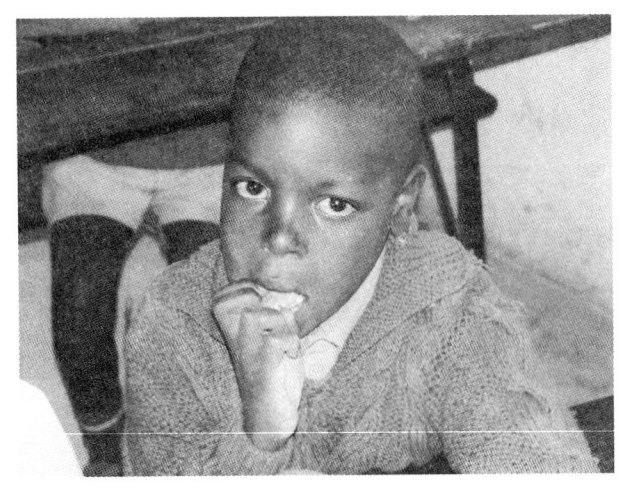

饥饿的津巴布韦儿童

他诬陷。法庭甚至会指责你"蔑视法庭"！

通货膨胀使许多案件的处理出现啼笑皆非的现象。例如，企业对工伤事故受害者一方的定期补偿，由于通货膨胀，使补偿变得毫无意义。

干活白干

津巴布韦失业率高达82%，按理说，当地人对于工作机会应当非常珍惜，劳务市场应当是供远远过于求。可是实际情况并不是这样，在当地很难找到打工者。为什么呢？因为直线上升的通货膨胀率使打工白打。在津巴布韦，任何一家企业不可能天天发工资，如果一个月发一次工资，或发两次工资，甚至一个礼拜发一次工资，等到工资到手时，成堆成捆的工资往往等于一堆废纸。而每天发一次工资又不可能，因为一是太烦琐，二是银行对于领现金，数量上有严格控制，往往要排上几个小时的队才能领到。打工白打的再一个原因是津巴布韦公共汽车票价很贵。因公共汽车难以从正常渠道买到平价油，黑市油价又贵得离谱，于是，一趟公共汽车票价在1美金左右，一天上班、下班两趟要花2美金，而当地普通工人的月工资标准当时就在20美金左右，打工赚来的钱还不够坐公共汽车，这样还不如不干活呢？！

非洲皮匠

货币贬值使打工者们的利益受到很大的损害。为了减少使馆当地雇员的损失，保障他们的利益，我到津巴布韦后，决定使馆当地雇员工资以美金作为计酬标准，不管津元怎么贬值，反正按美金计酬，换算成工资数额，然后发给相当的津元。因此，雇员的工资从几百万津元，涨到几千万津元，几亿津元，几十、几百亿津元，换算成美金价值却是一样的（直接发美金违法）。可是，中国驻津巴布韦大使馆正盖新的使馆大院，基建工程需要大量当地员工，但就是难找到人。怎么办呢？承建使馆基建工程的中国基建公司想了一个办法才招到部分打工者，这就是公司负责用车每天接送工人上下班，这样可为打工者们每月省下五六十美金的公共汽车费。即使这样，使馆基建工地上的当地员工还是没有满员。

寄卖白卖

如火箭般上升的通货膨胀率使一个古老的行业难以为继，这就是寄售业。一天，使馆副武官王佳一次买回来2套高尔夫球杆，一问，才花了10美金，也就是说不到40元人民币就买到一套球杆。这是怎么回事？原来，津巴布韦土改后，一些失去土地的白人离开津巴布韦前往其他国家谋生，离境前，将高尔夫球杆拿到寄卖店寄售，当时寄售时，一套杆的价格标的津元数额折成300美金左右，可是，津元一个劲地贬值，等到王佳买时，已贬到只值5美金了。

跟寄卖白卖类似的还有这样的例子：津巴布韦独立时，一间房子的价钱到2007年已贬到只能买到一块砖。一些白人因土改等原因，不得不离开津巴布韦，不得不出售自己的房子，但一时又找不到买家，只能定下价钱后，委托朋友代售。那时津元一路贬下来，房子的价格也跟着下来，许多中国人在那时用低价买下了很好的房子。如一北京籍华商用5万美金在繁华地段竟买下了经营面积达800平方米的两家店铺。

非洲小店

由于同样的原因，使馆的义卖在某种意义上也几乎等于白卖。亚洲国家驻津巴布韦使团妇女小组定期举行义卖活动，将义卖所得捐给当地慈善事业。2008年5月的一天，举行义卖活动的日子又到了，中国使馆妇女小组决定这次义卖活动以卖包子、花卷、甜饼等中国面点为主。使馆的妇女们提前一天就干开了，费了九牛二虎之力做了不少面点，第二天又吆三喝五地卖了一天。收工时又将义卖收入仔细清点了一番，正准备将所得交给使团妇女小组统一捐出，忽然听到使团决定7天后再统一上交，大家一听心顿时凉了下来，初步估算，7天后，本来值100美金的义卖款，到那时就只值30美金了，这也就意味着大家辛辛苦苦得来的劳动收入有一多半就打了水漂。不用说，大家脸上露出的表情是几分遗憾，几分无奈。

保险白保

严重通货膨胀时，保险换来的是严重的不保险。投保时，投保费贵得惊人，可是等到理赔时，保险公司虽然按章赔付，但通货膨胀率是如此之高，货币贬值的速度是如此之快，到你手上的津元往往等于一堆废纸。

中国驻津巴布韦使馆车辆不少，投保时，你交的津元保险金可能相当于1万元人民币，几个月下来，你真要理赔时，得到的成千上万元津元，也许只能买一张公共汽车票。这使使馆的外交官们非常为难。投保吧，等于白送钱；不投保吧，一些情况下又不符合规矩。

津巴布韦经常发生特大车祸，通货膨胀使车祸的后果更加严重。使馆官邸大门面对一条公路，2008年的一天，一辆中巴与货柜车相撞，不仅车报废，还死了将近10个人。第二天早晨，死者家属来现场勘察，在离车祸地点只有3米远的地方又发生车祸，不仅又是一辆车报废，而且几个亲属因伤致残。这些车都是买了保险的，即使根据合同足额理赔，由于津元暴贬，其金额数在当时也只够为每一位死者买一个挂在胸前的金属十字架！汽车白撞，保险白保，旅客白死，这就是通货膨胀带来的现实悲剧。

通货膨胀使社会养老保险金领取者的生活度日如年。为什么，他们领到的退休金只是几张废纸。这方面最典型的是津巴布韦开国元勋、原教育部长惠琼女士。她亲口告诉我，刚退休时，退休金折成美元到好几百，能买很多东西，一个人生活绰绰有余。但到2008年时，她的退休金只能折成2美分！要不是她后来到联合国教科文组织工作一段时间，从联合国也能每月得到一笔退休金，她真不知道怎么过日子。

储蓄白储

在津巴布韦，最好的保值方法是买房子，如果是把津元往银行存，今天存进去，明天就取出来，那也很可能因贬值而损失五分之一。虽然当地银行津元存款利率在世界银行年存款利率中很可能是最高的，常常达300%，但仍然很少有人把钱存到银行去，原因很简单，在通货膨胀率达百分之十几万的情况下，谁那么傻会看重300%的年存款利率？

当地人不仅很少将钱拿到银行储起来，相反，工资一到手，必须马上把生活基本物资买下来，原因之一是钱放在手上，过几天就贬毛了；原因之二是东西不买回来，过几天，甚至过一会再去买，价格就可能上去百分之几十，甚至翻番、翻几番。

由于钱贬得太快，在津巴布韦，涨工资等于白涨。报纸上不断有教师、医生等罢工的报道，也不断有政府为教师、医生大幅度提薪的报道。外国人看不懂的是，在津巴布韦涨工资就不是涨百分之几十，不是翻番，不是涨几倍，而是一涨就是几十倍，上百倍。2008年3月总统大选前，建筑技术工人一次性涨工资竟达3000%，这恐怕是世界工资升级史上破纪录的。当然，对学费、电费、水费，在通货膨胀的顶峰时期里，涨价也不是涨百分之几十，不是翻番，不是涨几倍，而是一涨就是几十倍，上百倍。

在通货膨胀中最背时的是靠出租房屋为生的人。因在国内日常流通领域使用美金违法，房租就只能用津元支付。年初签订租房合同时房租也许看起来是很大一笔钱，没过多久，津元贬得一塌糊涂。房东收的房租无异于一堆废纸，但又不能涨价，因租房合同已签订，不仅

津巴布韦的一所贫困学校

如此，今天水龙头坏了要换，明天屋顶漏水要修，房东事实上等于要倒贴钱为租房者服务，不服务还不行，因为你签了合同，违约的话，房客会把你告上法庭。甘肃华陇建工集团津巴布韦公司的孙安宪总经理对我讲起他们公司出租房屋面临的麻烦，摇头叹息不已。

津巴布韦通货膨胀率如此之高，津元贬值如此之快，以致在购物结算、企业经济往来、财务作账等方面，电子计算器也派不上用场。这是为什么呢？因为计算器一般只有12位数，随便买点什么东西都不止1000亿津元，也就是说，如果用计算器计算，都不止12位数。

2009年2月，津巴布韦联合政府允许多种外币同时流通，美元成为津巴布韦合法货币。随后，美国大量被淘汰的旧纸币被运到津巴布韦。由于流通次数过多，纸币肮脏甚至散发异味，当地居民便把纸币放到洗衣机里清洗、晾干后再用。一些居民喜欢将清洗好的一美元纸币挂在晾衣绳上，成为当地一大独特景观。美国大量被淘汰的纸币是通过藏在鞋里、塞在内衣裤中被带入津巴布韦贫民窟中的，因此大量的纸币散发出难闻的气味。为此，津巴布韦居民便将纸币放入洗衣机里清洗、晾晒后再使用。而惊奇的是，经洗衣机清洗，纸币竟然完好无损。据悉，一美元纸币在美国平均流通寿命为20个月，但进入非洲后，寿命可以延长许多年。

第十章　直击非洲艾滋病

说起艾滋病，不少国人往往谈虎色变。然而没有料到的是，我却出使到艾滋病感染率最高的国家之一——津巴布韦。不少当地人对我说，中国大使馆是第一个走进艾滋病患者之中，邀请艾滋病患者到家里做客，在驻在国的本国人当中发起关爱行动的第一个驻非洲国家的大使馆。实际上，我也经历了从害怕接触艾滋病人，到走进艾滋病患者之中这个过程，其间伴随着震惊，伴随着忧虑，伴随着长叹，伴随着宽慰。

震惊：艾滋病毒肆虐整个非洲

因为出使非洲，我对非洲的艾滋病格外关注起来。以前我虽然知道艾滋病

非洲儿童

在非洲流行，知道得了这个病目前还难以治愈，但绝没有想到艾滋病在非洲，特别是在津巴布韦肆虐到如此地步：

——《2005年联合国艾滋病规划署和世界卫生组织艾滋病流行状况最新数据》显示，2005年艾滋病病毒感染者总数超过了4000万人，由2003年的3750万人上升到了4030万人。非洲竟然新增了200多万名艾滋病患者。世界卫生组织驻非洲地区总干事表示，2007年撒哈拉沙漠以南的非洲地区艾滋病患者新增人数达170万。自从艾滋病病毒首次被发现（1981年）以来，已经有2500万人死于艾滋病，艾滋病成为有史以来最具毁灭性的疾病之一。艾滋病流行模式不是单一的，而是趋于多样化。许多地区和国家都在经历着多种多样的流行形式，有些国家仍然处于流行早期。各国防治艾滋病的工作都面临着极大的挑战。

——非洲受艾滋病威胁最为严重。非洲是最早发现艾滋病的地区之一，1981年非洲发现首例艾滋病，目前，艾滋病在非洲已经造成了灾难性的后果。尽管非洲人口仅占世界人口的大约1/10，但其艾滋病人数却占全球的70%。非洲大陆有近3000万艾滋病人和艾滋病毒感染者。艾滋病的蔓延已使非洲9个国家的预期寿命降到了40岁以下。联合国2005年3月一份报告警告说，如果不及时采取措施，到2025年非洲可能会有8000万人死于艾滋病，感染人数将上升到9000万。无国界医生组织发布的最新材料称，在非洲许多国家，至少有44%的艾滋病患者因经济困难而中断疗程或减少用药剂量酶。非洲人口第一大国尼日利亚有350万名艾滋病患者和病毒携带者，该国目前参加抗逆转录酶病毒疗法的达到4万人，每人每月需支付8—67美元，但近一半的病人每人每月生活费也只有36美元。这无疑是一笔无法承受的开销。随着艾滋病的迅速蔓延，非洲艾滋病防治已成为全球高度关注的公共卫生和社会热点问题。

——撒哈拉沙漠以南非洲地区是重灾区，也是全球艾滋病危机的核心地区。联合国艾滋病规划署2003年11月公布的统计数字显示：全球艾

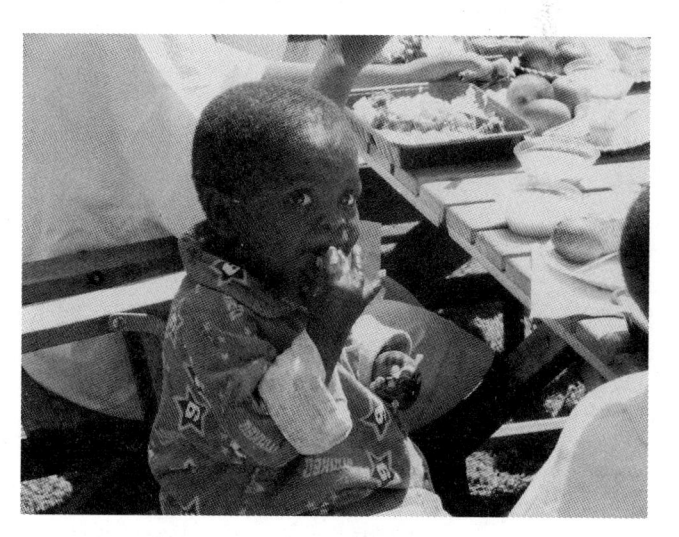

艾滋病孤儿做客使馆官邸

滋病患者和艾滋病毒感染者当中，有 2940 万生活在撒哈拉以南的非洲地区。南非目前是世界上感染艾滋病人数最多的国家，过去 10 年间南非成人艾滋病毒感染率从 1% 激增到 25%。根据联合国艾滋病规划署的统计，南非成人中每 5 个就有一个身患此病，全国目前约有 530 万名艾滋病毒感染者或艾滋病患者。博茨瓦纳、斯威士兰和津巴布韦是艾滋病感染率最高的几个国家。莫桑比克 1600 万人口中约有 14% 为艾滋病感染者。联合国儿童基金会 2000 年的一份报告称，赞比亚每年死于艾滋病的教师人数比全国师范院校的毕业生还多。

——在非洲艾滋病人和病毒感染者当中，近 1000 万为 15 岁至 24 岁的青少年，近 300 万是不足 15 岁的儿童。2005 年 300 万人死于艾滋病，其中有 57 万名儿童。儿童成为艾滋病的最大受害群体之一。世界银行 1999 年进行的一项调查表明，艾滋病使坦桑尼亚学龄儿童的入学率下降了 22%。在赞比亚，因艾滋病流行，小学招生人数一直在下降。津巴布韦携带艾滋病毒的儿童情况就更糟，在这个国家约有 16 万名儿童携带艾滋病毒，其中很多还因这个疾病失去了父母。更有甚者，每 16 名儿童只有 1 人能获得延长生命的药物。

——引人注目和令人遗憾的是，非洲女性较男性更多地感染了艾滋病。据美国《纽约时报》2005 年 9 月 19 日报道，安哥拉人很小就发生性关系，女孩子第一次性经历的年龄平均为 14 岁，这些少女往往用肉体向年龄大得多的男子换取手机、牛仔裤等，在农村，女孩子们则通过提供肉体服务换得种子等基本生产用品或者仅仅是一次搭车机会前往农贸市场。在撒哈拉沙漠以南非洲国家的成年艾滋病毒感染者及艾滋病死者中，妇女竟占 57%，另有数字说高达约 61%。这导致新生儿艾滋病毒感染率居高不下，进一步增加了非洲国家抗击艾滋病的难度。

——津巴布韦艾滋病患者接近全国人口的四分之一。津巴布韦是于 20 世纪 80 年代发现第一例艾滋病的。随后津"全国艾滋病协调计划委员会"在一份报告中说，艾滋病正以燎原之势在这个国家蔓延。该国目前每 4 名成人中便有 1 人感染艾滋病，每天平均因艾滋病死亡的有 500 人。据津官方《先驱报》报道，津巴布韦目前是世界上艾滋病感染率和死亡率最高的国家之一，有四分之一的成年人患有艾滋病，15% 的 5 岁以下儿童感染上了艾滋病毒。2007 年，准备前往中国留学的 20 名津巴布韦留学生候选人在津当地进行体检时，竟有一半人携带艾滋病毒！因贫困造成的营养不良导致大批艾滋病患者死亡。津巴布韦营养学家的研究显示，津 90% 的艾滋病患者和艾滋病毒携带者存在营养不良的问题。在死于艾滋病的人中，有 60% 至 80% 的人的死因与营养不良有关。据津卫生部官员 2003 年说，津巴布韦有成千上万名艾滋病患者和艾滋病毒携带者，但只有 5000 人有条件接受抗逆转录酶病毒药物治疗。津迫切需要抗艾滋病药物的成人中，每7人就有6人无法获得这些药物。津政府原计划为部分人提供免费的抗逆转录酶病毒药物，但卫生部官员不得不承认，"因资源有限"，政府难以兑现这一承诺。

——被称为民意代表的议员们难逃艾滋病的感染。为了推动公众主动接受艾滋病毒检测，9名津巴布韦议员2004年自愿接受了艾滋病毒检测，并公开了自己的检测结果，他们中有5人是艾滋病毒携带者！

——政府部长也染上了艾滋病。2001年11月，津巴布韦《金融报》披露：有6名内阁部长染上艾滋病，他们正服用由非政府组织提供的免费药物。该报引述津巴布韦"全国艾滋病患者网络"主管古尼的话说，确有6名内阁部长正接受他们的药物治疗，但基于道德及专业操守理由，不便透露这些"艾滋部长"的身份。当时津内阁共有22名部长。古尼说："若有部长站出来承认自己有艾滋病，这对全国都有极大的意义，原因是国民会开始意识到，艾滋病并不光是穷人才有的病，有钱及有权力的人一样会染上。"

艾滋病孤儿在独唱

——总统家人也染上了艾滋病。2004年6月17日，津巴布韦总统罗伯特·穆加贝在17日召开的全国艾滋病大会上首次公开承认，他的数名家庭成员感染上了艾滋病毒。赞比亚前总统卡翁达公开承认自己的儿子感染了艾滋病毒。津巴布韦副总统姆西卡的儿子死于艾滋病，对此，姆西卡不隐晦，并说年轻人要注意自律和自我保护。最典型的南非前总统纳尔逊·曼德拉2005年1月6日宣布，他的儿子马克贾托·曼德拉当天在约翰内斯堡一家医院死于艾滋病，终年54岁。马克贾托去世后，医院并未透露马克贾托的死因，似有难言之隐。数小时后，是曼德拉自己公开了儿子的死因——"我们不能逃避真实"，"今天把你们召集到此，我要宣布我儿子死于艾滋病。我曾说过，'让我们公开艾滋病，而不是隐藏它'。唯有这样做，艾滋病才能被当成一种普通疾病"。86岁的曼德拉在约翰内斯堡家中老泪纵横地对记者们说。曼德拉在公开儿子死于艾滋病后，还向在场记者表达了他的一个心愿："我希望，随着时间的推移，我们将意识到公开讨论艾滋病问题是非常重要的，因为这样才能让看似不可战胜的艾滋病恢复其'只是一种普通疾病'的本来面目。"曼德拉还说："早在他得知儿子患上艾滋病之前，他就一直为能否打破围绕这种疾病的话题禁忌而苦苦斗争。"此外，曼德拉还表示，在位于东开普省老家的大家庭中，已有3人被艾滋病夺去了生命，他曾到医院看望过其中一人，并向她提供了帮助。曼德拉说："这3位亲人中，一个是我22岁的侄女，另两人是我外甥的孩子，他们都是我的重要亲戚，和我非常亲近。"曼德拉透露："我是回老家时得知侄女患病的，她当时受艾滋病毒感染住在医院，因为我在当地只停留一天，所以当天就去医院看望了她，并给我兄弟留了一些钱，请他照看好侄女。可惜我刚回约翰内斯堡仅几天后，她就去世了。"曼德拉经历了太多亲人的葬礼，早夭的女儿、车祸的儿子、病逝的前妻，如今连最后一个儿子也因艾滋病离他而去。这唯一在世的儿子的死让人更同情曼德拉私生活的不幸，人们感叹他为争取黑人自由的事业付出的代价太过高昂。

——驻非洲大使馆和中资中派机构当地雇员中艾滋病患者也屡见不鲜。驻津巴布韦使馆商务处2005年时一位叫布拉德的黑人司机被发现得了艾滋病，只有30岁左右就很快去世了，此前，他在使馆为商务参赞开车已几年。后来，商务处另一位只有40来岁的雇员费里克斯也被查出得了艾滋病。中资企业天则烟草公司和合资企业华津水泥厂的雇员中，过一段时间就会有人因艾滋病去世，这两家企业就如何处理这一问题专门制定了细则。

忧虑：不少当地人如此对待艾滋病

走到哈拉雷大街上，几乎到处都可以见到动员无偿使用避孕套的宣传广告，在博茨瓦纳、肯尼亚等饭店，笔者亲眼见到卧室里都免费提供避孕套。虽然艾滋病已成为非洲面临的主要挑战之一，然而，面对政府和社会抗击艾滋病毒、拯救艾滋病患者、关爱艾滋病家人的努力，某些当地人的反应却又令人疑虑。

"洗热水澡可以预防艾滋病"，这是南非总统祖马的一贯看法，这说明即使像祖马这样身居高位的人，对于如何防止艾滋病的认识也非常幼稚。2005年11月，尚未成为总统的祖马被一名女子以强奸罪告上法庭。她的父亲在反对种族隔离斗争时期曾是祖马的老战友，后在津巴布韦遭遇意外死亡。对于强奸指控，祖马起初断然否认，坚称发生性关系是她自愿的，后来又表示愿意迎娶该名女子。他声称事先知道她有艾滋病，还说出了一句后来被广为传播的"名言"："我洗过热水澡，不会被传染了。"在艾滋病感染率高达12%的南非，祖马曾担任国家艾滋病委员会会长。

许多非洲人不愿正视艾滋病,选择了不闻不问的态度。非洲一些部落至今还保留着割礼、童婚、一夫多妻等习俗,再加上受教育程度较低、缺乏卫生保健和预防艾滋病常识等原因,艾滋病传播长期处于失控状态。

代表华侨华人将捐赠物品交给马格丽特女士

穆加贝在津巴布韦首次举行的抗击艾滋病大会上说,他对许多津巴布韦人至今仍选择拒绝接受艾滋病毒检测的态度感到失望。非常奇怪的是,津巴布韦公立医院没有艾滋病检测这个体检项目,而中国高等学校接受津巴布韦留学生体检要求中又必须进行艾滋病体检,碰到这种情况,负责这一工作的使馆官员只能求助于私立医院。

艾滋病患者和家属一般都不愿承认自己得了艾滋病。在非洲相当一部分落后地区,人们讳疾忌医。有人得了艾滋病时,其家庭总是千方百计加以隐瞒,甚至为此不进行治疗,直到病人死亡。不少家庭以家庭成员患了艾滋病为耻,即使有人得了艾滋病也不肯承认,总说得的是肺病、肾病之类,弄得人搞不清到底得的是什么病。此外,绝大多数人无钱就医。还有不少艾滋病患者拒绝查病和治病。2006年年底,我到津巴布韦工作。此前不久,大使官邸有一个当地雇员,拒绝参加体检,而这意味着他将放弃在使馆的工作。对遭受经济危机的津巴布韦人来说,获得在中国使馆的工作机会非常不容易,因为,即使1个使馆清洁工的收入也是津巴布韦大学教授的几倍,他拒绝体检的理由很简单:体检肯定要抽血,他的宗教信仰不允许他抽血,因此他拒绝体检。许多人分析,他十之八九是艾滋病患者,他不愿意让人知道这一点,所以干脆自己走人。

许多艾滋病患者只要能干活,决不请假。不少中资企业对雇员中的艾滋病患者,往往劝其不必上班,在家养病,工资照发。可是,这些艾滋病患者往往坚持活一天,干一天,不肯承认自己有病,不愿白拿钱不干活。等到真的到了动不了、上不了班的那一天,往往几天就死了。

非洲离奇的艾滋病疗法害人不浅。在非洲一些部落中,巫医和江湖郎中用匪夷所思的方法治疗艾滋病,严重误导当地人民。某些宗教首领和部落老人加上巫医、江湖郎中是这些愚昧观念和做法的传播者。通常,当地人得了病首先想到的是他们,然后才是医院。新华网北京2007年9月2日曾刊载如下报道:无国界医生组织负责艾滋病防治的埃莱娜·阿隆索对肯尼亚、津巴布韦、马拉维和赞比亚的卫生状况有较深了解。阿隆索说,在非洲,亟待破除人们对艾滋病的错误认识。在非洲,不少江湖郎中阉割男童,用他们的阴茎熬制治疗艾滋病的汤药。人们还相信,与幼童性交可以治疗艾滋病。这些极端愚昧的做法在一些地方广为流传。几年前,还有几个惨遭阉割的非洲男孩被送到西班牙接受治疗。例如,在南部非洲国家马拉维,人们相信,与女童性交可以治疗艾滋病,尽管当地政府在街上竖起"与女童性交不能治疗艾滋病"的标语牌,但强奸女童的现象仍时有发生。在南非,人们相信,用大蒜、柠檬和土豆等天然食物可以治疗艾滋病。

更加不可思议的是,非洲一些人对艾滋病患者采取极端的做法。2005年9月6日,美联社报道,马拉维是非洲地区艾滋病高发国家之一。该国一名妇女,在发现自己和9岁亲生儿子均感染艾滋病毒之后,精神崩溃,竟挥斧将儿子生生砍死。据警方发言人里瓦森称:"2日她趁着儿子熟睡之际,拿出一把斧头,照着儿子的头狠狠地砍下去。儿子并未立即死去,开始大哭。哭声惊动了四周邻居。但是母亲并未就此住手,已经失去理智的她继续一斧一斧地砍儿子,等到邻居们闻声赶来阻止她时,儿子已经血肉模糊,被砍成数块。"

生活在黎明艾滋病中心的孤儿们

长叹:艾滋病造就了最大的弱势群体

对于非洲许多国家来说,艾滋病远比一场残酷的外来战争还要可怕得多。

当今世界对艾滋病还没有特效药，而非洲许多地区基础薄弱，缺吃少穿，艾滋病正在一步步无情地吞噬当地人民，从上至下，一些人笼罩在艾滋病的恐慌之中。艾滋病造成的最明显的消极后果是人均寿命直线下降，因为许多人年纪轻轻就被艾滋病夺去了生命。世界人均寿命最短的10个国家均在非洲，其中津巴布韦、斯威士兰、塞拉利昂等人均寿命均不到40岁。世界卫生组织2007年4月7日公布的一份报告显示，津巴布韦人的平均寿命不超过40岁，是世界人均寿命最短的国家。世界卫生组织的2006年年度报告说，在这个艾滋病泛滥的国家，人均寿命只有36岁。这甚至不到日本人均寿命（82岁）的一半。报告说，2004年的最新数据显示，津巴布韦男性人均寿命只有37岁，而女性情况更不乐观，2004年人均寿命仅34岁，比之2003年还少了2岁。针对津巴布韦艾滋病肆虐的情况，联合国曾派人前往调查。他们发现，10年前，津巴布韦人平均寿命61岁，如今却不到40岁。在许多偏远乡村，几乎看不到青壮年男人，大都是小孩或老人。就是看见几个患艾滋病骨瘦如柴的中年人，也是回家等死的。

艾滋病使非洲出现了成千上万的孤儿。因为艾滋病使家庭主要成员死亡，缺乏劳动力，田地没人耕种，收获也不断减少。更可怕的是只留下了爷爷、奶奶或孤儿寡母。如今双亲因艾滋病死后留下的"艾滋病孤儿"日益增多，目前津巴布韦已达60万人。未来20年中，将有45%的儿童因艾滋病肆虐而成为孤儿。2008年8月，我和中钢津巴布韦公司总经理邓建访问克罗希尔学校，亲眼所见500人的学校中就有136个孤儿。

在联合国儿童基金会的2007年7月20日中文网页上刊登了记者詹姆士·艾德关于艾滋病孤儿的这样一篇报道：

津巴布韦格罗蒙兹地区，丽莲在摄氏零下10度的低温下从井里舀水。这时刚早上快6点，她要走90分钟把水带回到她住的茅屋，捡柴火、生火，为全家人做早饭，最后走上一公里去上学。丽莲的父亲2004年因艾滋病并发症去世了。几天后，她的母亲无法应付这一切，扔下全家出走了。丽莲说："我父亲开始的时候是咳嗽，后来就进了医院。医生说他得了肺结核。我父亲去世后，我母亲醒来就出走了。我看到她不见了，就开始哭。"……在他们的母亲出走后，丽莲和她的兄弟姐妹加上母亲死于艾滋病的六个表亲一起共9个孤儿，突然变成由他们80岁的老奶奶来看管。丽莲虽然在上学，却面临着很多困难；她和她的兄弟姐妹以及表亲们都是由他们的奶奶照顾着。"我的孩子们都去世了，"威乐老奶奶说，"我上哪里去找那么多钱来照顾这些孙子们？实在很困难，太困难了。"不幸的是，丽莲的生活正是津巴布韦众多同龄女孩的写照。儿童由生活窘迫的祖父母们照顾。在这个国家，至少有110万名儿童（可能多至160万名）因艾滋病失去单亲或双亲。"我奶奶照顾我们，"丽莲带着坚强的微笑说，"她太爱我

孤儿们为大使馆送来救助物资而欢呼

们了,给我们东西吃,把衣服裁成毯子。但她告诉我们,'我的身体不行啦。'"

联合国儿童基金会驻津巴布韦代表菲斯图·卡维舍说:"像丽莲这样的家庭和儿童们正在进入一个新的困难阶段,他们之间确实在积极地相互帮助;这个国家95%的孤儿在和他们的亲戚一起生活。但这不能掩盖他们正在受到的苦难,以及世界需要关注他们的责任。"

宽慰:抗击艾滋病的努力一直在加强

抗击艾滋病成功与否,人们对待疾病采取什么态度是一个关键因素。一些非洲国家的政府和领导人在这方面一直进行积极的努力。2005年,非洲国家在尼日利亚首都阿布贾举行第十四届非洲艾滋病与性病国际会议,探讨非洲艾滋病防治之道,呼吁国际社会,特别是发达国家加大资助非洲防治艾滋病的力度。非洲各国为抗击艾滋病做出了不懈努力。肯尼亚政府还特别呼吁受到性侵犯以及深受传统陋习之害的妇女勇敢地站出来,积极接受检测和治疗,维护自己的健康和权益。

令人欣慰的是,今年以来,国际社会遏制艾滋病蔓延的努力明显增强。全球用于防治艾滋病的资金已经从1996年的3亿美元增加到2007年的80亿美元。

联合国儿童基金会近年来通过其计划显著地增加了对津巴布韦孤儿的援助，受援儿童从5万人增加到50万人。这一增加得以实现源于英国、瑞典、新西兰、德国和澳大利亚等国家的支持。这一援助涉及面很广，从增加孤儿和无助儿童的入学率，到援助学校实施营养计划，改善医疗服务和卫生设施等。人们期望，通过国际社会，特别是发达国家的资金援助和技术支持，非洲国家能够有效地遏制艾滋病蔓延，这也是实现联合国"千年发展目标"的一个重要前提。需要指出的是，尽管美国等西方国家近年来对津实施制裁，但在抗击艾滋病方面却没有放松努力。例如，2002年8月，即将离任的美国驻津巴布韦大使约瑟夫·沙利文19日在首都哈拉雷代表美国政府将一批价值约47万美元的抗艾滋病毒药品捐赠给津巴布韦。沙利文在捐赠仪式上发表讲话时说，在与猖獗的艾滋病的斗争中，美国政府提供了许多援助。他希望捐赠的这批药品能延长500名艾滋病患者的生命，到明年底将人数扩大到1000名。

　　不少国家的政要、名人加入到了关怀艾滋病患者的行列中。1991年7月的一天，当时的美国总统夫人芭芭拉·布什与戴安娜王妃一同探访一家医院的艾滋病病房。在与一位病得已经起不来的患者聊天时，戴安娜给了他一个大大的拥抱，患者禁不住流下热泪。戴安娜说，艾滋病患者更需要温暖的拥抱，她之所以特别关注艾滋病患者，是因为她觉得人们为艾滋病患者做的实在太少太少。在1991年长达5个月的时间里，她一直悄悄地帮忙照顾艾滋病患者艾瑞·杰克逊。2001年，比尔·盖茨捐款1亿美元用于抗击艾滋病。2006年，美国总统小布什提出了150亿美元的艾滋病救援项目。2005年7月，小布什总统的女儿芭芭拉在南非开普敦一家医院做义工6个星期，为艾滋病患者提供服务。2004年，戴安娜王妃的儿子哈里王子亲往非洲莱索托帮助当地居民抗击艾滋病时，见到了非洲小女孩柯克。当时柯克只有10个月大，却已被继父强奸，只因巫医告诉她继父，只要与处女发生性关系，便可以治愈艾滋病。得知柯克的悲惨遭遇后，19岁的哈里王子抱着她，几欲落泪。柯克的悲惨遭遇促使哈里成立了一个慈善基金会，帮助莱索托的艾滋病患者。

　　进入21世纪之后，津巴布韦陷入了经济危机，尽管如此，津政府在抗击艾滋病方面仍作出了努力。1999年，政府颁布了国家抗击艾滋病的政策。2000年，津巴布韦成立了抗击艾滋病专门委员会。同年，津政府建立了国家艾滋病信托基金，从税收中抽取3%，作为该基金的来源。仅在2001年，津巴布韦政府就拨款965万美元用于预防和治疗艾滋病的工作。2002年5月，津政府宣布，津巴布韦目前已进入为期6个月的抵抗艾滋病紧急时期，决定每月拨款100万美元，用于获取抗艾滋病毒的药品，并允许有关部门和个人进口和使用任何普通的药品防治日益肆虐的艾滋病。津巴布韦卫生部当时的副部长戴维·帕里伦亚特瓦5月27日晚说，根据法律规定，一旦宣布处于紧急时期，政府或个人有权生产和使用任何有专利权的药品。另外，政府或其他授权的人允许进口用于治疗艾滋病的任何普通药品。在政府的努力下，如今，一些治疗艾滋病的药物已实现了本地化生产，这使接受抗逆转录酶病毒药物治疗的花费得以下降。

证据显示，在过去几年中，肯尼亚、津巴布韦、布基纳法索艾滋病毒感染率已经开始下降。据官方统计数字，由于推广使用避孕套等努力，津巴布韦艾滋病毒感染率从1999年的30.6%下降到2008年的15.6%，这一显著成绩受到世界卫生组织和国际社会的好评。津巴布韦卫生部长帕里伦亚特瓦在此间举行的国际志愿者日纪念活动上说，志愿者在津艾滋病防控工作中发挥了重要作用。特别是那些参加家庭护理的志愿者，他们主动承担起护理艾滋病毒感染者和扶养艾滋病孤儿的工作，在改变人们对艾滋病患者的歧视方面走在了前面。他说，津巴布韦妇女在参与志愿工作方面成绩更加突出。

孤儿们在排队领取中国大使馆捐赠的食物和文具

第十一章　走进艾滋病人之中

来到艾滋病最为泛滥的非洲以后不久，我一直在思考几个问题：艾滋病人是什么样子？他们怎样生活？怎样治疗？他们的家怎么样？和他们握手、交谈、聚餐安全吗？我们能为他们做点什么？聊以自慰的是，我已走进了艾滋病群体，走进了艾滋病家庭，已邀请艾滋病患者和孤儿到我家中做客，已为艾滋病人、孤儿等弱势群体在华侨华人、中资中派中建立了关爱机制，并在社会上激起了广泛影响。

走进艾滋病关爱中心

2008年10月10日上午，我和妻子以及秘书小汤乘车前往黎明艾滋病关爱中心慰问艾滋病人。来自于湖南省沅江市做自行车生意、被称为南部非洲"自行车大王"的康利克投资公司总经理谢重辉自驾小货车跟在后面，车上新鲜面包装得满满的，高得不能再高了。驻津巴布韦使馆办公室主任刘明宗也开1辆小货车，车上装了洗衣机和100大袋饼干紧随以后。不到半小时到达了目的地。

黎明艾滋病中心是由来自于爱尔兰的马格丽特女士创办的，中心既为患者提供治疗，也在艾滋病患者去世后对其家属提供救助。目前有3500多名艾滋病人得到中

马格丽特女士应邀和艾滋病孤儿一起到使馆官邸做客

心的治疗和救助。据介绍，政府对中心没有拨款，中心的经费和物资来源于联合国、国际慈善组织和慈善人士的捐款。20世纪80年代，马格丽特女士作为志愿者来津巴布韦帮助艾滋病患者，后来定居在这里，一直未婚，将一生献给关爱艾滋病患者的事业。她半开玩笑式地对我说，她是津巴布韦最大的"叫花子"，中心的医生和一些其他人员都是志愿者，或者说是"义工"。黎明艾滋病中心只是津巴布韦救助艾滋病患者的机构之一。

我已多次来这里，艾滋病中心主任马格丽特女士是老熟人了，按当地礼节我们拥抱致意。然后，水都没喝一口，便在她引领下去看望收留在艾滋病中心的艾滋病患者。

我们先到儿童艾滋病房，房间里住着3个男孩，1个女孩。女孩年纪略大一点，10岁左右，其他都只有六七岁。这些孩子我以前来时看望过他们，其中有两个还应邀到我家里做客。以前这里住了7个小孩，马格丽特女士说，其他3个已分散住到愿意救助艾滋病人的社区人家，留下这4个孩子。显然，这4个是重病号。病房出奇地干净，所有物品摆放整齐，每个小孩的床上有小玩具。我给每位小孩1袋饼干，谢重辉依次给他们每人1个特大型面包，我妻子则送给他们每人北京奥运会纪念章和中津友好像章各1枚。小病人很讲礼貌，走到他们跟前时，他们都按当地习俗鼓掌表示感谢。我一一握着小病人的手，我注意到其中有两个小孩手背已在溃烂。望着这些生命进入倒计时的孤儿，我心中充满悲哀、怜悯和无奈。

成人艾滋病房离儿童艾滋病房不远，一些成人艾滋病人在晒太阳，有的躺在睡椅上，有的坐在凳子上，还有的坐在水泥台阶上。马格丽特女士一一向我介绍他们。其中，一个患者的形象已永远定格在我记忆的档案里：27岁，骨瘦如柴，面色如灰，坐在一把白色的塑料椅子上，手举不起来，连握手的劲也没有了，不得不靠马格丽特女士托着他的手以便和我握手。我把面包和饼干放在他的手里，他无力地对我说谢谢。我知道，当我下次再来这里时，他十之八九已进入另外一个世界。

我一一看望了病房外的艾滋病人，病房内的病人闻讯也来到我们面前，高兴地与我们见面。一个病人朝我们走来时不知什么原因摔倒在地上，怎么也站不起来，谢重辉连忙把他扶起来，并把食品放到他手上。使我有点意外的是，最后来的病人是一个白人患者，50岁的样子，着短裤，瘦骨嶙峋，头发和胡须都显长，看到我们送来的新鲜面包和饼干，眼中露出兴奋的光芒。不少患者说，由于日益恶化的经济危机，他们有玉米面吃已是难得，很久没吃过面包了。

马格丽特女士中心的义工把我们送去的洗衣机和食物从车上卸下来，然后，陪我们前往首都郊区去看望几户艾滋病人的家庭。

走进艾滋病人的家中

不到半小时我们到达了目的地,这是津巴布韦首都哈拉雷郊区的一个小镇。我们看望的 7 户艾滋病患者人家紧挨着住在一块,这些家庭没有一个成年男性成员,作为丈夫和父亲的男主人都因艾滋病在 30 岁左右就去世了,女主人艰难地抚养着小孩们,有的女主人带着襁褓中的孩子,这说明男主人死去不久。有的家庭男女主人都去世了,只剩下奶奶带着孙子。更可怜的是,有的家庭爷爷、奶奶、爸爸、妈妈都不在了,只剩下几个孩子艰难度日。

这些人的家不通水,不通电,用水靠已通水人家的施舍,即每天到别人家里提上两桶水。说"走进艾滋病人家中",这个说法并不准确。因为这些人没有房子,只是用塑料、锈铁皮、竹木支一个栖身之处,比狗窝还不如,太矮、太窄、太破、太简陋,有的连门都没有,进去要低头弯腰,进去了连凳子也难得找到一条,说是"床",不少其实就是睡在地上。

15 岁的鲍林娜坐在一间破铁皮屋外,无奈地望着屋内卧床不起的母亲。她告诉和我们一起去的新华社记者李努尔:一年前,父亲因艾滋病去世,母亲从此也一病不起,她很为这个家庭发愁,一家六口人每天是吃了上顿没下顿。坐在鲍林娜身旁的还有她的两个妹妹:

兄弟俩

莎姆和谢拉。鲍林娜说,由于家里没有钱,已经到了上学年龄的妹妹们和她一样不得不待在家里,上学的事根本不敢想。父亲去世后,支撑这个家的重担就落到幼小的鲍林娜肩上。她说,现在国家经济不好,大家都很穷,她们这个家快支撑不下去了。

这 7 户人家事先不知道我们会去看望他们,我们的到来令 7 户人家主人和一二十个孩子欣喜不已。我们从车上拿下为他们准备的食物。谢重辉还为每一户主人准备了2000万津元现钞（相当于津巴布韦大学教授月工资的四分之一）。所有家庭成员们站成半月形，唱起了"谢谢你，我的主"的感恩歌，边唱边舞，他们是那样尽情，那样高兴，仿佛悲哀不幸统统不存在。

望着这些挣扎在死亡线上的可怜的人，我在想，丈夫艾滋病死了，妻子能逃避艾滋病吗？夫妻都有艾滋病，小孩会怎样？这些人中的有些儿童在出生时就带有艾滋病毒，很可能活不到5岁就会夭折。为什么有人生下来面对的是五彩缤纷的人生，而这些人却是如此灰色的命运？为什么这些生活在水深火热之中的人，对得到的一点点关爱却如此感恩戴德？为什么一天难得吃一顿饭、一月难得洗一次澡、一生难得穿一件新衣，并且注定人生历程会短暂的这些人仍然不乏友好、热情和达观？

马格丽特女士告诉我，黎明艾滋病关爱中心每月给这些家庭送一次玉米面。我也打定主意，给这些生活在最底层、最需要帮助的人再提供一些帮助。

请艾滋病孤儿到我家中做客

各国驻津巴布韦大使，从没有谁把艾滋病孤儿请到大使官邸做客。一天，我忽然想到何不为艾滋病孤儿在我家里举行一个联欢会？经统一思想，认真准备，驻津巴布韦使馆于8月24日在大使官邸举办了"关爱艾滋病患孤儿"联欢会。马格丽特女士从黎明艾滋病中心、琳达校长从克罗希尔小学分别送来了22个艾滋病孤儿，中国钢铁津巴布韦公司总经理邓建和津巴布韦华商会秘书长各派1辆车将他们接来。这个活动有40余人参加。

孤儿们来到官邸后，首先让他们穿上为他们准备的服装，我夫人和使馆政务参赞贺萌先领着孩子们游览官邸花园，然后举行联欢会。我和马格丽特女士、盘里克罗希尔学校校长分别简短讲话。接着，联欢会在轻松愉快的气氛中进行，大家一起做游戏，讲故事，还观看了北京奥运会开幕式录像。孩子们对精彩绝伦、气势恢宏的开幕式表演看得目瞪口呆。他们互相分享得到的书包、笔记本、玩具等礼物，沉浸在快乐之中。我知道，有些来自黎明艾滋病中心的孩子们虽然在摸奖中摸到了学习用品，但那对他们意义已不大，因他们的生命已进入倒计时。但他们脸上洋溢的满足之情，却深深地感染了我。

开午饭了。来自于湖南省长沙市长沙饭店的厨师郑成功为这些孩子精心准备了这顿午餐，为他们提供了卤蛋、油焖大虾、红烧牛肉、香酥鸡块、爆炒荷兰豆、蘑菇肉汤、水果、听装饮料、葡萄酒等食物和饮料。饭吃完了，我让秘书告诉这些小孩：想把自己用过的餐具带回去的，可以。结果，在盘里克罗希尔小学上学的孤儿们基本上都把自己用过的餐具装进塑料袋带回去了。这所小学 500 多名学生，其中 136 名是孤儿，由亚洲外交使团的人员认养，学校负责管理。2000 年土改前，小学由白人农场主投资管理。土改后，白人失去农场，分得农场的黑人不再投资，学校只能惨淡维持，由于经济危机日益严重，教师工资太低，学校原有 30 多位教师，如今仅剩 3 位。

用过午饭，告别的时间到了。中钢的邓建总经理和华商会会长李加奇为每一位孤儿提供了一袋水果，一个特大面包和一大袋饼干，这使孩子们高兴不已。

为艾滋病人、孤儿等建立关爱机制

自 2006 年 12 月我出任驻津巴布韦大使以来，在不长的时间里，我国政府对津慈善事业和涉及老百姓利益的项目有很大的投入，例如：中方援建了一所医院、两所学校，投资 7000 万元人民币维修了津体育馆；使馆建议中国妇联、残联分别向残疾人学校捐赠了价值 50 万元人民币的缝纫机、编织机、电脑、课桌等大量教学设备，使馆出资帮助维修了该校，推动华商吴兆喜为达尼科残疾人学校捐赠了 1 万美金的桌椅。使馆

与第一夫人一起考察中国援建的中津友好孤儿学校施工现场

馆员和我一起，先后多次到达尼科残疾人学校、黎明艾滋病中心等向残疾人、艾滋病患者和孤儿提供援助；使馆推动在津巴布韦的海峡两岸的中国人正在共同援建能容纳 1000 名孤儿的孤儿院，目前已初具规模。

怎样使在津中资中派机构、华侨企业关爱艾滋病人、孤儿和其他弱势群体的善事机制化、长期化、普遍化？今年 7 月，我请 7 家中资企业到使馆座谈，大家一致同意在津正式发起"华商关爱津艾滋病患者、孤儿和残疾人行动"（简称"关爱行动"）。这 7 家企业成为关爱行动的发起单位，他们是：中钢津巴布韦有限公司、中非镍业公司、中烟天则公司、华为技术有限公司、江西国际公司、津巴布韦中国旅行社、康利克投资公司。

8月7日，我在官邸举行记者招待会，郑重宣布发起华商关爱行动，确定定点共同扶持3个对象：一是能容纳1000个孤儿的孤儿院，为之援建配套的能容纳800人的孤儿学校；二是黎明艾滋病中心；三是拥有800名残疾人和孤儿的达尼科学校，华商轮流、每月至少一次提供食品、衣物等。关爱行动的其他举措还有：扶持贫困学校；认养孤儿；为弱势群体人员在中资企业提供就业机会；提供其他力所能及的帮助。

记者招待会刚结束，我和记者以及关爱行动7家发起单位的代表一起，载着捐赠物品，分乘11辆车，前往黎明艾滋病中心，举行了物品捐赠交接仪式，华商们为该中心捐赠了牛肉、面粉、玉米面、食用油、鸡蛋、自行车、毛巾等大量物品，使馆也捐赠了电视机、收录机和玩具等。艾滋病中心的马格丽特女士说中国大使是第一个这么做的大使。

关爱行动在津巴布韦的慈善事业中很快成为一道亮丽的新景观：中钢津巴布韦公司宣布为孤儿院捐赠20万美金；该公司、中烟天则公司宣布对口扶持两所小学，并将学校分别改名为中钢克罗希尔学校和中津天则烟草学校；华为公司和天则公司各自定点扶持1所孤儿院，华商会长李加奇1人认养15名孤儿；华津水泥厂等单位对雇员中的艾滋病人，保证其工作机会，对因病不能上班者照发工资；艾滋病雇员去世后，天则公司等资助其子女直到高中毕业的学费；晶牛玻璃厂宣布为所有需要玻璃的农村学校免费提供玻璃等等。

关爱行动在津巴布韦产生了广泛的影响。津巴布韦通讯社、津国家电视台、津《先驱报》以及新华社、中国国际广播电台等媒体对关爱行动予以重点报道和高度评价，表示这是外国在津商人首次发起这样的行动。穆加贝总统夫妇和反对党领袖、联合政府总理茨万吉拉伊等对关爱行动都当面表示赞赏和感谢。总统夫人在给我的感谢信中说中国使馆对她慈善事业的支持为其慈善事业开创了全新局面。

2009年7月1日，我离开津巴布韦转往苏里南工作，离任之前的一天，我前往黎明艾滋病关爱中心，将中资企业和华商捐的1万美元作为孤儿认养费转交给了关爱中心。同时，为新任驻津巴布韦大使忻顺康留下了中资企业和华商捐的另外18000美元，以便他到任后能尽快去看望孤儿和艾滋病患者，把关爱行动持续下去。

第十二章　非洲的酒店

说到非洲的酒店，也许有的国人不知道：非洲好的酒店，不输于中国任何一家酒店；非洲有特色的酒店，中国恐怕难以学习和借鉴。我在非工作期间住过不少酒店，既遇到过一个个烦恼，更领略过一桩桩乐趣。

一夜成名的树顶酒店

在肯尼亚阿伯代尔国家公园东部茂密的丛林中，有一个世界知名的树顶酒店，酒店是唯一的另类建筑，突兀而美丽。酒店靠近尼耶里镇，距首都内罗毕一二百公里左右，因建在树顶上而得名。下榻在树顶小屋，时时可以听到鸟声和蹄声，看看远处的非洲第二高峰——肯尼亚山。这座位于赤道边上却终年积雪的高山，时常雾来雾去，让眺望变成了一种预兆，魔幻而神奇。

遍布南部非洲的草亭子

关于树顶酒店的由来，据说是一个叫做沃克的英国退伍军官所建，初建时仅有三间卧室，一间餐室和一个狩猎室。像这样的树顶小屋在世界各地都有，只是沃克别出心裁，或者说更能享受，把它建得更像个温馨的家。当然，尽管如此，除了偶尔会有喜欢狩猎的友人来借个宿，并亲切地将它叫做树顶酒店。开始时它还是默默无闻的。主人和客人一起，白天提着枪支下树，与动物们一起玩弱肉强食的游戏，晚上提着猎物上树，关紧门窗，将打来的动物剥皮烧烤，尽兴地海吃山喝，管他树下狮吼狼嚎。

有一天，树顶小屋来了当时世界上最尊贵的客人——英国国王乔治六世的长女伊丽莎白公主和她的丈夫爱丁堡公爵。这让沃克深感意外，当然也使树顶小屋"蓬荜生辉"，并由此改写了树顶小屋的历史。

1952年2月5日夜晚，伊丽莎白公主的父亲乔治六世因患肺癌不治身亡。当她与夫君正在树顶小屋做着鸳鸯蝴蝶梦时，命运已悄然转折。第二天清晨，伊丽莎白返回伦敦登基，成了大英帝国的女王和英联邦15个成员国的国家元首。因而人们说伊丽莎白上树时还是公主，下树时便成了女王。

后来，尽管沃克的树顶小屋因火灾变成废墟，但有心人却从历史的记忆里悟到了商机，并开始了雄心勃勃的商业炒作。树顶小屋虽没了，原址附近一座树顶酒店却拔地而起。也就是说，树顶酒店被商业开发了，地点还是那个地点，只是挪了个位置，让它更靠近池塘，靠近野生动物的"中央舞池"，更好地与肯尼亚山面对。一棵大树已经支撑不了商人的宏大理想，于是围绕着一棵活着的大树搭起了坚固的木柱，看起来更像一座空中楼阁。现在的"树顶"变成楼房，仍为全木结构，只是大树权换成了数十根大木柱。建筑底层吊空，离地10米，高约21米，上有客房、餐厅和酒吧，可以住进100个"天使"。树顶酒店穿墙而过的树枝都被裹上了白色的皮毛，无论走到哪里都能感受到原始奔放的气息。为此，旅客要慢慢习惯于在树干上行走或树枝挡路的情况下行走，不时要弯腰低首，穿越窄小的楼道也因此变得趣味横生。树顶酒店精明的经营者们借机大肆宣传"树上公主树下女王"的故事，还刻成碑文立在顶层平台上，供游人拍照留念。

虽然这个树顶酒店已不是那个树顶酒店，然而商人似乎故意模糊了这个概念。在三楼中央，保留着一间女王房，有观景阳台和独立卫生间，显示着特殊的礼遇，床铺上方挂着伊丽莎白女王与爱丁堡公爵的黑白照片，仿佛那一场鸳鸯蝴蝶梦真的就是在这张床上发生并消失。树顶酒店由此而芳名远播。现在的游客们纷纷将树顶酒店作为到肯尼亚旅游的必选地。

不管是真的还是假的，树顶酒店有别的酒店无可替代的魅力。晨曦初露时，各类动物纷至沓来，柔风从不远处的森林里吹过，游客们端一杯咖啡坐在走廊的沙发上，品味着一起吹来的大象的喘息、野牛的吼叫、猴子的晨啼以及瞪羚的轻唱。准备离开旅馆的游客，离开前每每驻足欣赏，流连忘返。三五成群的水鹿、野牛等在酒店旁转悠并不稀奇，透过巨大的玻璃窗户，或眺望或俯瞰，动物们旁若无人走来走去，各种动物真真切切近在咫尺，那种人与大自然融为一体的亲切感，那种随意却和谐的气氛，宛如一首旋律优美、充满诗意的田园牧歌，令人向往。

　　入夜，树顶酒店的餐厅洋溢温暖的红色，精美的餐具、优雅的侍者、可口的美食和醇香的美酒……来自世界各地的游客共享一场奢华的盛宴。树顶酒店前后各有一个池塘，水塘中央还有几个"小岛"，"小岛"上长满杂草，每当夜幕降临时，这里便是鸟的天堂了。每到傍晚，成群的大象和野牛来到楼下吃盐（人工撒在地上）和其他矿物质，其他各种动物及鸟类亦纷纷到水塘边喝水，蹄兔的叫声和豹子的嗥叫在林间回荡，野生动物成群结队地从密林中走出，象群围绕着水池喝水，公水牛为争夺疆域而进行惊心动魄的搏击，柔软的麝香猫从树上跃下，滑过林间小屋的走道。偶尔还会有一头犀牛或躲躲闪闪的羚羊出现在水池边。动物们对这座被支在空中的树顶酒店已经熟视无睹，即使夜里酒店向池塘打着射灯，它们照样该干嘛干嘛，权当那就是月亮。犀牛、大象、羚羊、斑马、鬣狗们本来就不太在乎天空，只有大地上的美味才能让它们激情澎湃，甚至不惜以鲜血为代价换得一餐美食。人们在旅馆除了观赏四周美景外，还可以用旅馆提供的食品逗引飞来飞去的各种鸟和上蹿下跳的白尾猴、狒狒。旅馆后面有几个天然大水塘，水塘里有鳄鱼、水龟，中间有一片被芦苇覆盖的陆地，上面有成堆的鸟蛋。临近夜晚的酒店更显得生机勃勃，构成一幅美不胜收的黄昏景象。

　　树顶酒店的工作人员一再强调，没有得到同意游客们不能走出旅馆。树顶酒店有专门的守夜人员，有动物来就以事先约定的"警铃暗号"通知睡梦中的旅客。一声是土狼，两声是豹子，三声是狮子，四声是大象，五声是有人被动物吃了。有时一晚铃声不断，有时一夜下来只响几声。有人感兴趣的话，就披衣或裹着毛毯起床，在睡眼惺忪中观赏着动物明星的午夜风情。当然，想做一夜美梦的人可以将警铃关闭，不过要想不受干扰也难。一层木板相隔，那是隔不断的音响联系，包括呼噜、欢叫与故意放轻的足音。好在大伙都是一夜过客，都是热爱自然和同类的旅行者，在半梦半醒中依然保持对别人的宽容和理解。树顶酒店的天台上不时会来狒狒、白尾猴，人们不会因此而惊慌，能上得树来的不是比人类更弱小的鸟儿，就是与人类息息相通的猴子。与它们相处，人类有信心，而且乐于扮演施舍者的角色。

　　这家饭店只能通过旅行社预定。每晚的费用大约在180美元左右。游客们安顿下来后，一般会参加一个所谓的寻找动物的活动（Game Driver），开着车去找动物。

感受土著的茅屋酒店

　　在津巴布韦姆万加度假村里，有一排排独立的圆顶房子，圆顶是用草做成

豪华的茅屋酒店

的，其他部分主要是木制的，按中国人的眼光，这毫无疑问是正宗的茅草屋。在南部非洲，这样的茅草屋非常普遍，即使是酋长，住的也是这样的房子。城里的流浪汉住不起这样的房子，他们只能用破铁皮、破塑料、旧纸板搭成遮雨遮阳的栖身陋室，贫民窟里到处是这种陋室。茅屋在南部非洲是有家产的表现。公园等公共场所纳凉的亭子屋顶都是草做的，富人庄园里茅草屋多的是。当地黑人因其体现传统，贴近自然特别喜欢茅草屋。杜甫的《茅屋为秋风所破歌》，许多国人背得滚瓜烂熟，早已把茅屋的居住者等同于穷苦人，穷苦人住的茅草屋还被秋风掀掉屋顶，当然是惨了。但如果不加注释，非洲当地人读到此诗的译文时，十之八九会认为有钱人遇到了麻烦。如此说来，南部非洲流行茅屋旅馆也就不足为奇了。

茅屋旅馆有高档的，也有低档的，前面提到的姆万加度假村里的茅屋旅馆，就不贵。但也有高档的。例如，南非普马兰加省的马拉马拉探险地酒店是世界上最棒的游猎度假胜地之一，在这里狂野与舒适达到了神奇地完美结合。这家旅馆向旅客提供一座座草屋顶、带回廊的小别墅，回廊延伸到灌木丛区，站在廊道里就可以饱览对面国家公园的美景。这里晚饭开饭的方式非常独特，就是敲一阵南非大鼓。英国女王当年来非洲访问，也曾住过这样的房间。

整体来说，茅屋旅馆比西式饭店要便宜些，但感受自然、感受土著、感受刺激、感受原始，茅屋旅馆比西式饭店更有优势。驻津巴布韦大使馆的馆员们，特别是青年馆员，在休长假期间喜欢结伴到东部尼扬加风景区或卡里巴水库风景区游览，他们常常选择小旅馆（lodge）落脚，当地小旅馆通常是茅草屋顶。茅屋旅馆按房间收费，而不是按人收费，里面有炊具，自己可以做饭，旅游花费不多，又舒适，又容易接触老百姓。

茅屋旅馆并不一定是小饭店，非洲一些星级酒店中故意设计了一些茅草客房，其内部设施和服务均是国际标准，毫不逊色于大都市中的一流宾馆，游客居住在其中倍感舒适和别有滋味。

贴近动物的公园酒店

在国家野生动物园中盖旅馆，是非洲旅馆的一大特色。公园旅馆中有西式的，也有非洲传统的，如帐篷式旅馆或茅屋式旅馆，帐篷旅馆和茅屋旅馆可以盖在城里，也可以盖在乡下，而公园旅馆则肯定盖在国家公园，特别是野生动物园中，也有少数盖在植物园中。盖在野生动物园中是非洲一大特色，至于盖在植物园中则是普遍现象，例如，在中国云南西双版纳国家热带植物园中就盖有宾馆。

肯尼亚玛塞玛拉野生动物园中的旅馆世界知名。玛塞玛拉旅馆以帐篷酒店而闻名遐迩，虽然是帐篷，但却是最豪华的帐篷，帐篷里的设备相当于高级的酒店，但帐篷与帐篷之间有树丛相隔，在几个国家公园内，游客们更欣赏这里的设计，因为有点像在森林独居的感觉，帐篷外微弱的灯光，夜里坐着看看四周，人就像回归了大自然，而且可以静静地享受这里的风声、树叶声和昆虫的叫声，城市人一生不知有多少日子可以有这样的享受。

豪华的非洲酒店

全世界最著名的公园酒店恐怕是南非的克鲁格国家公园。该公园与津巴布韦和莫桑比克接壤，是世界上最大、保护措施最完善的野生动物保护区之一，就南非境内而言，克鲁格南北长345公里，东西宽54公里，占地近2万平方公里，贯穿林波波省和普马兰加省，相当于英国的威尔士或美国的新泽西州的面积。克鲁格公园的动物资源十分丰富，有147种哺乳动物、490种鸟类、94种爬行动物、33种水陆两栖动物和200多个树种。据最新统计，公园里有8500头大象、2000只狮子、1000只豹子、2000头白犀牛、5000头长颈鹿、2.5万头水牛、3万匹斑马和11万只黑斑羚。克鲁格是动物的王国，各类动物在这里繁衍生息，它向人们揭示了大自然在进化演变过程中"弱肉强食"、"适者生存"的法则。公园内的绿色植物是那些食草动物赖以生存的食物，而食草动物又成了食肉动物觅食的对象。大自然通过动物食物链的作用，保持着生态的平衡。

克鲁格国家公园共有8个大门，25个营地，每天可为游客提供4000张床位。另外还有不少丛林营地和私人帐篷区，为那些临时租不到房间的游客提供住宿。公园中的比亚密缇营地距公园南大门——马拉兰大门30多公里，是建立在丛林中的15栋圆顶非洲茅草屋。每间茅草屋可容纳4口之家，里面有客厅、厨房、卧室和卫生间。营地的管理人员只有3—4个人，1名经理，1名猎手兼司机和两名服务员。营地的大门是用原木制成，上面挂着大锁和铁链，周围有高大的护栏。由于夜间动物活动非常活跃，营地每晚6点关门，以防大型动物冲进营地。克鲁格公园没有豪华宾馆，全部都是茅草房，但这些茅草房风格迥异，使人充分地领略非洲土著居民的生活。

公园大本营设在距克鲁格正门不远的斯库库泽，那里是整个公园的指挥中枢和管理中心。斯库库泽各种设施完善，有宾馆、商店、餐厅、银行、医院、邮局、加油站、租车行和一个小型机场。它可接待500名游客，在旅游高峰期，一套茅草房的价格有可能高达800美元，总服务台可将游客分散安排到其他营地去，并与各营地保持着通信联系。遇大型节假日，要预定这样的营地需要提前一周甚至一个月。这里还时常召开世界级的野生动物保护会议或珍稀植物研究的学术会议。

名扬世界的西式酒店

非洲的西式旅馆丝毫不亚于中国的现代饭店。《旅游与休闲》（Travel + Leisure）杂志在每年的500强酒店评选中，南非太阳城里的失落皇城酒店始终神话般地位列其中。为什么叫失落皇城酒店，这里有一个传说，说的是在西方文明之前，来自中非的游牧民族，在"太阳谷"（Valley of Sun）建造了一座空前伟大的城，其水光山色巧夺天工，令人叹为观止。但是，一场毁灭性的地震使这一切成为灰烬，这座集万千宠爱于一身的城市消失在瞬间，从此永远成为"失

落皇城"。根据这个传说，南非耗资8.3亿兰特、耗时28个月重建了名为失落皇城的酒店，酒店坐落在拥有120万株各种树木和植物的世界最大的人造雨林中。几乎每一样景物，都来自古城的传说。美国设计师特力西·威尔逊将非洲图腾崇拜与原始丛林的壁画作了彻底的融合与颠覆。酒店的外观由一个主体象牙形的城堡以及4个副楼组成，虽说近看是一根根仿真的象牙屋顶，但远看却犹如柬埔寨的吴哥窟莲花座外形。客房回廊里的赤红地砖，让人有脱鞋行走的冲动；楼道里挂着绣有树叶花纹的白纱窗帘，下午3点时阳光从窗帘渗入。因为外面温度较高，很多人会经常选择这个时候回酒店休息。在走廊里，只是席地看书，便能体会遮阴蔽日的凉爽。另外，该酒店的设计似乎有瑜伽精神贯彻其中，各类天然材质的运用，红砖、黑木、陶土与社区中的橡树安详地将个人包围其中，游客在人造环境、天然环境中自在地呼吸，时时心生宁静。这个五星级豪华酒店就如同它的名字一样，是全球最豪华的顶级酒店的代表。说它是酒店，倒不如说它是个漂亮和神秘的非洲城堡，非常适合年轻的蜜月情侣。酒店外观的建筑设计与雕刻，布满非洲粗犷与迷幻风格，客房内家具上的浮雕，也都以各种动物造型显示非洲的独特风情，连文具铅笔等小东东，也无一不尽现独特旖旎的非洲风格，让人似乎置身于某个虚幻的神话世界之中。失落皇城酒店所以被众多情侣追捧的原因很多，圆顶大厅即是其中之一，这里由高25米、直径长16米的6根雕梁画柱撑起，天花板的油画搭配地上38种颜色的大理石，让徜徉在里面的男男女女见识到一种皇宫般的宏伟气势和高贵的享受，光是这个厅中的油画，即耗费了5000个工时。

戴安娜王妃休闲之处——尼扬加酒店

非洲的现代酒店设计风格新颖独特。例如，赞比亚的赞比西太阳酒店，整个建筑由一系列低矮平房组成，天顶不完全封闭，哪怕是在大堂登记，好客的赞比亚人民都会在墙壁上凿上一连串圆洞，让光线呈点状进入。该酒店是典型的摩洛哥设计，坯土堆砌和大面积的色块运用，拉近了人和建筑的距离。设计师又恰如其分地尊重了殖民历史，在细节处理上则增加了英式吊扇以及百叶门，可谓时尚到家。房间色块分明，灯光与自然光的有机结合令人温暖备至。因为毗邻维多利亚瀑布，酒店还相当重视环保，循环再利用水源处理系统以及处处可见的珍惜资源提示牌，足资证明。

带高尔夫球场的酒店中国不多，非洲不少，津巴布韦就有两家：津巴布韦维多利亚瀑布市的象山酒店和津东部风景区的豹岩酒店。象山酒店是世界多国领导人，包括许多中国领导人下榻过的酒店。豹岩酒店有山有水有高尔夫球场，是戴安娜王妃等世界名流休闲的地方。我多次入住象山酒店和豹岩酒店，在豹岩酒店高尔夫球场曾举行津巴布韦华侨华人高尔夫球赛，我曾有幸为球赛开球、颁奖。

有趣的是，2005 年，美国权威商业杂志《福布斯》公布了全球十大最贵酒店，非洲竟占了 3 家，其中南非占了 1 家，陆地面积仅有 455 平方公里，全国人口只有 8.1 万的弹丸小国塞舌尔，居然拥有全球最贵酒店中的两家。排在榜单首位的，是位于赌城拉斯维加斯的米高梅大酒店。在这家酒店中最高级别的客房住上一晚费用高达 1.5 万美元，可谓天价酒店。在塞舌尔北岛沿岸的 11 座超豪华小别墅中的任何一座住上一晚，费用虽然没法同米高梅大酒店相提并论，但也需要 3217 美元，位列全球第二。

2008 年 5 月中旬，世界旅游大奖（WTA）首届非洲地区奖项在德班国际会议中心揭晓，南非的太阳国际集团当选"非洲最佳酒店品牌"，其旗下的太阳城度假村（Sun City Resort）则被评为"非洲最佳度假村"。太阳国际集团按照娱乐体验、主题和综合娱乐等分类将旗下的产业划分为豪华酒店、度假村和赌场。作为一个旅游目的地，太阳国际集团旅游产品的多样性增强了其市场销售力度，更为其增添了超凡魅力，成功地满足了大众对于神秘非洲的所有想象。太阳国际集团旗下虽然齐集了众多的风格迥异的酒店和豪华度假村，但所有的酒店产品都毫无例外地将自身定位成非洲旅游的梦想之地，呈现了同一品牌内涵，为游客营造了相同的顶级旅游体验及感受：奢华、惊奇、梦幻、服务至上。同时，集团邀请了好莱坞最有追求的女演员，曾被《时尚先生》杂志评选为"世界上最性感的女人"的查里兹·塞隆（Charlize Theron）作为推广活动的代言人。太阳城充满了无限的梦幻、冒险和惊奇——象背猎游、方车遁迹（quad bike trails）、飞碟射击、箭术和围圈敲鼓（drum circles）。客人们可与运动健将同行参与到非洲主要的高尔夫锦标赛中，也可在附近的匹兰斯堡国家公园（Pilanesberg National Park）与赫赫有名的"非洲五大兽"（狮子、猎豹、野牛、大象和犀牛）作一次亲密接触。

世界旅游大奖认证全球最佳旅游产品已有 15 年之久，被《华尔街日报》描述为"全球旅游业的奥斯卡奖"。有人评价说："太阳国际集团所建立的，是一个被所有客人尊为集娱乐、博彩和豪华住宿于一身的领导集团，一个所有员工都为之自豪并努力为其做出贡献的集团，一个所有竞争者都想要仿效的集团，一个社会公认的贡献者以及一个为无数投资者青睐的集团。"应该说，这一评价实事求是。

寿过百岁的古老酒店

在津巴布韦维多利亚瀑布市有一个闻名遐迩的现代酒店——维多利亚瀑布酒店，它已建成 105 年了，是不折不扣的世纪饭店。它位于维多利亚瀑布国家公园旁边，是世界领先酒店组织成员，是经过 ISO 国际质量认证的两家津巴布韦五星级高档酒店之一。站在瀑布酒店的绿草坪里，维多利亚大瀑布和连接津巴布韦—赞比亚的津赞大桥一收眼底，赞比西河河谷天然、清晰地划分了津赞两国的边界，瀑布升起的巨大水珠群释放出神秘的烟雾，原生态的津赞两国绿色的原野织成一幅壮丽清新的画卷。游人到此驻步，不能不发出天上人间的感叹。

百年老店：维多利亚瀑布酒店

非洲拥有现代酒店历史恐怕比北京久远。以维多利亚瀑布酒店为例，它建于 1904 年，当瀑布酒店破土动工之时，闻名全国和世界的上海"锦江饭店"的创始人、生于上海的董竹君女士还只有 4 岁。瀑布酒店比中国最早的西式酒店六国饭店（后改为国际饭店、华风宾馆）还要早一年。六国饭店于 1905 年建造，外观完全仿法国古典主义建筑形式，手法严谨。饭店地上四层，地下一层，有客房 200 余套。底层做成基座状，二三层用通长的柱式与窗间墙连成整体，顶部为陡峭的两折形孟萨式屋顶，上面开着一排老虎窗，里面设有阁楼作为辅助用房。这座建筑是当时北京最高的洋楼之一,其设计可算是外国建筑师的精心之作。

维多利亚瀑布酒店和六国饭店至少有3点共同之处:一是都是英国人盖的。瀑布酒店一开始就是英国人独家出资,六国饭店当初是英、法、美、德、日、俄6国合资,所以取名为六国饭店。二是饭店的历史本身分别是一部浓缩的罗得西亚殖民史、津巴布韦发展史和中国近现代史。瀑布酒店的兴建表明罗德斯建立的罗得西亚白人殖民帝国由南向北稳步扩展,六国饭店的兴建则表明八国联军进京后的中外政治格局和力量态势,是中国半殖民地危机加深的表现。三是两个饭店都是达官显贵、社会名流下榻的地方。1947年,现英国女王伊丽莎白与其母亲(当时的王后,后来的王太后)下榻过该酒店,后来克林顿总统夫人希拉里也在瀑布酒店入住,2008年肯尼亚总统齐贝吉在这里过夜。还有许多好莱坞明星和世界其他巨星以及世界顶级富人在瀑布酒店住过。六国饭店在当时主要有各国公使、官员及上层人士在此住宿、餐饮、娱乐,是达官贵人的聚会场所。民国初年,孙中山、黄兴等革命家应袁世凯邀请北上共商国是,也曾来到六国饭店。1949年4月,已经进入北平的中国共产党就是在这里迎接以张治中为首的国民党政府和谈代表团。瀑布酒店与六国饭店也有不同之处:瀑布酒店与时俱进,在世界酒店中一直独领风骚,闻名遐迩,六国饭店则因一场大火退出了顶级酒店名单。当然,六国饭店也有其特点,它曾是下台的军政要人的避难所。历经100余年的岁月沧桑,这里见证了一个个惊心动魄的阴谋,记载了一段段风云变幻的历史:袁世凯从这里抓捕、枪杀武昌起义功臣张振武,张作霖拘禁、枪杀著名记者邵飘萍,国民党军统特务暗杀军阀张敬尧……相比之下,100多年来,瀑布酒店却一直平静走过。

招徕游客的非洲民族乐队

第十三章　不是黄金、胜似黄金的津烟

烟草最早是通过葡萄牙人引进津巴布韦的。100多年前，一个英国代理商人在看到津种植的烟草后说，这个国家发现了与黄金、钻石一样贵重的东西，将足以令世人瞩目。历经风雨沧桑，津烟草业从种子培育、育秧栽培、采摘、采摘后的烟株销毁、分级包装、拍卖，都制定了一套完整的科研及法律制度，从而使津巴布韦烟草在世界烟草业占有重要的一席之地。津巴布韦烟草不仅创造了可观的经济效益，也为津巴布韦带来了巨大的社会效益，成为津巴布韦三大经济支柱产业之一的农业中的"脊骨"。每年津巴布韦都有大量烟草出口中国。在津巴布韦的工作实践，才使我对津巴布韦烟叶与中国名烟的关系有了明确的认识，才知道没有津巴布韦烟叶，在很大程度上就没有了不少中国的名烟；才知道使用了津巴布韦烟叶的中国卷烟不一定好销，但好销的中国卷烟肯定使用了津巴布韦烟丝；才知道没有津巴布韦烟叶香味的卷烟不是好卷烟。我认真拜读了中国烟草津巴布韦天则公司现任总经理、专攻烟草的邵岩博士的著作《烟文化》和《津巴布韦烟叶生产》，多次参观津巴布韦烟农的农场、烟草拍卖行和烟草研究中心，深感津巴布韦烟草就好比石油，不是黄金，胜似黄金。有人把石油称之为"石油美元"，我认为也不妨把津巴布韦烟草称之为"烟草美元"。

最好的烟叶

离任回国时，我带回了一包最好的津巴布韦烟叶，那是邵岩总经理陪同我参观津巴布韦最大的烟草农场主之一莫里斯先生的农场时，莫里斯精心挑选出来送给我的。那烟叶叶片之大、色泽之纯、味道之香、手感之好，即使不抽烟的人看了，也会赞不绝口。

我觉得，在世界上，津巴布韦烟叶最好；在中国，云南烟叶最好，津烟和云烟好的一个共同原因是津巴布韦和云南的海拔高度、气候环境等相似。津烟好是由津巴布韦特殊的地理环境所决定的。津巴布韦地处非洲东南部，是一个内陆国家。东邻莫桑比克，南接南非，西北与赞比亚相连，西南与博茨瓦纳毗邻。国土面积39万平方公里，平均海拔1000米，属热带草原气候，年均气温

分享烟叶丰收的喜悦

22℃，10月份温度最高，达35℃，7月份温度最低，约10℃至15℃。全年基本无霜，无明显的寒冷冬季，适宜烟草生长的季节较长。

津巴布韦烟叶种植区域主要分布在津首都哈拉雷周围20余个地区，处于南纬16度—18度，西经30度—32度之间。按自然条件分东部高海拔区、北部低海拔区和中部中间海拔区三个种植带，平均海拔高度1050—1650米。种植烟草只要求轻沙质土壤，不太肥沃的土质，年降雨量在600—800毫米左右。津巴布韦1/3的土地适于种植烟草，种植面积约9.3万公顷，烟草种植户约12000多户，其中：大型商业性烟草种植户3800户，小型烟草种植户约7000多户。津巴布韦烤烟质量优良，出口量占世界烤烟出口量的26%，仅次于巴西和美国，享誉世界。津烟叶年产量约20—23万吨，90%出口，出口创汇收入约3—5亿美元，占津年出口创汇的15%—25%，占农业产品出口创汇的46%，占津GDP的10%，是津巴布韦最大的单项出口创汇产品。

正因为津巴布韦烟叶是世界上最好的烟叶之一，所以中国烟草行业的兴衰同它有直接的联系。中国约有55家烟厂需要津巴布韦烟叶，邵总告我：湖南的"芙蓉王牌"卷烟中含有33%的津巴布韦烟丝，"中华牌"卷烟、"熊猫牌"卷烟中含津巴布韦烟丝比例更高。

说实在话，我对烟草种植完全是外行，但经专家指点，我逐渐悟出，津巴布韦烟叶质量之所以好，与中国烟叶相比，至少得益于以下几个因素：

一是烤烟是典型的忌连作作物，轮作可以改善烤烟生长环境，提高烟叶产量和质量。轮作时间越长，越有利于均衡利用土壤养分和防治病、虫、草害；越能有效地改善土壤的理化性状，调节土壤肥力，减少化肥和农药的消耗，降低生产成本，提高经济效益，津巴布韦人均耕地37.7亩，中国人均耕地还不到1亩。云南气候、海拔高度同津巴布韦虽有相似之处，但耕地面积远远不可相比。津巴布韦种烟地区一般实行4—5年轮作，充分实现了种地养地相结合，中国烟农哪有条件实行津巴布韦式的轮作？津巴布韦烟农一般经过2—3年的种草养地，利用生物深耕方法，增大耕作层，改良土壤结构，保持土壤较高的有机质含量，维持土壤有效供肥水平，同时防止了根结线虫的侵扰。另外种植牧草增加了植被，有效地预防了耕作层被大雨冲刷而遭到侵蚀。为了改善土壤的pH值，烟农在耕翻土地时还要向烟田里撒施石灰，使pH值达6.0左右。

二是津巴布韦烟农户均种植规模比中国烟农不知大多少倍，所以津烟烟叶质量的均匀性好。津巴布韦全国约有1700个商业性私人烟叶生产农场，平均种植40公顷（折算600亩），大的农场种植达200—2000公顷（折算3000—30000亩）。由于种植的规模较大，便于技术的推广与管理以及机械化程度的提高，因此津巴布韦的烟叶生产水平较高，烟叶生长整齐度好。津巴布韦烟农可以同时采摘第一片烟叶、第二片烟叶，统一进行加工。中国烟农，特别是像云南的烟农，这块山坡上种一点，那个池塘边种一点，耕地面积十分有限，产量也十分有限，不可能实行津巴布韦烟叶的采摘方式。等到采摘时，嫩的老的一起摘下来，一起加工烘烤，质量也就难以达到津烟那样的要求。

三是烟农技术素质较高，科研和技术推广体系完善。高水平的科研和完善的技术推广体系确保了津巴布韦的烟叶生产技术推广力度和到位率，只要种植烟叶就能保证生产出优良品质的烟叶。烟农种烟不是只要愿意种就可以，而是必须经过三年的正式培训，拿到培训学院的资格证书，而且烟农种植烟叶时，研究院和烟农协会会给予技术支持。目前，津巴布韦各类烟草种植科研机构、培训中心、协会、发展基金会、雹灾保险基金会以及相关的农学院等近20余个，分布在津巴布韦各主要烟草产区。这些机构的共同任务就是为烟草的种植和发展提供各自不同的系列服务，使津巴布韦烟草成为享誉世界的"金叶"。

烟草地里的烟农们

四是烟粮比价高，烟农种烟积极性高。合理的烟粮比价为提高烟叶质量、促进烤烟生产的发展创造了条件。烟草单位面积（每公顷）经济收益通常比棉花高2.2倍，比玉米高5.7倍，比大豆高5.9倍。可见，烟草生产虽然费工费时、成本高、技术性强，但纯收入也高。在高额利润的吸引下，烟叶生产者积极地种植烟叶，并不断提高烟叶产量和质量。

津巴布韦烟叶虽好，是世界上烟草出口国之一，但你买不到用纯津烟制成的卷烟，为什么呢？因为津法律规定，禁止用纯津巴布韦烟叶制造卷烟，所以津巴布韦还需进口质量比不上津烟质量的烟叶，以便混合生产卷烟。每一包津生产的卷烟里，都有一点用别的国家烟叶生产的烟丝。

最大的烟草拍卖行

津巴布韦烟草实行拍卖制度，始于1910年。1936年，在津巴布韦现首都哈拉雷设立了两个烟草拍卖市场，实行自由拍卖。后因各种原因，曾一度中断，直到1980年津巴布韦独立后，烟草拍卖制度才完全恢复，并随着烟草有关法律和拍卖制度的制定，逐步完善起来。津巴布韦现有三个烟草拍卖行。首都哈拉雷的弗吉尼亚烟（烤烟）拍卖行，是目前世界上最大的烟草拍卖行。第二个是穆塔雷市的白肋烟（晾晒烟）拍卖行。第三个烟草拍卖行位于哈拉雷市南郊，由黑人企业家博卡投资所建。

参观世界上最大的烟草拍卖行

每年的烟草拍卖季节，世界各地的烟草商都会云集哈拉雷，参加拍卖活动。而慕名前来观看拍卖场景的游客更是络绎不绝，使拍卖市场成为哈拉雷旅游景点之一。参观首都烟草拍卖行是到津巴布韦观光旅游的一个品牌项目。每年4月至10月烟草拍卖季节，游人可以自由地进入拍卖行观看烟草拍卖现场。

中国烟草津巴布韦天则公司前任老总高学林和现任老总邵岩先后陪同我两次参观烟草拍卖行。在烟草拍卖行里，我见到的始终是一片繁忙的景象：拍卖活动的主角买方、卖方以及拍卖人员紧张地穿行于烟草行列之中。弥漫着浓浓烟草香味的大厅里，拍卖人有节奏的唱价声、买手偶尔的应答声、烟农与代理人低低的交谈声以及拖车铿铿锵锵的前进声，奏出了一首首动听的交响乐曲。每次去，只见一排排烟草包井然有序地排列在大厅的各个卖区；运送烟草的电动拖车在甬道上来回穿梭，有如一列列小型火车；大厅上方的电子显示屏闪闪烁烁，随时报出拍卖的信息。拍卖师和买家分列两行，穿行于成袋的烟草中，拍卖师嘴里飞速地报着价格，买家拿捏着烟草，同样迅速地决定买还是不买。买卖双方讨价还价时语速如此之快，即使使馆英文根底深厚的官员，虽然侧耳倾听，但往往仍不知所云。

第一次去时，高总亲自当讲解员，还介绍与拍卖行的高层人员见面，请高层人员亲自为我介绍有关情况。从他们的介绍中，我了解到，津烟草拍卖季节从3月下旬4月初开始，到9月底10月初结束，历时200多天。拍卖行每周工作五天，每天从早上7：30开始，到下午1：00结束。节假日休息。按照津巴布韦烟草相关法律，所有烟草种植户均须向津烟草销售局登记注册，领取编号。编号代表种植户，将在烟草拍卖

津巴布韦烟草农场

销售、包装、纳税等诸多方面综合使用。烟草种植户凭编号向烟草拍卖行提交准备拍卖的烟草，未经登记注册不得参加拍卖。津所有烤烟和白肋烟都必须交烟草拍卖行拍卖。参加烟草拍卖行和竞买烟草者必须申领许可证，方能进入烟草拍卖销售市场，不得私下交易。只有烟梗、碎渣可由烟草种植者在拍卖行以外自由销售。申领许可证的烟草拍卖行必须按法律规定，申报其烟草拍卖行所在地点、拍卖行面积、仓储设施、员工的技术能力等。烟草竞买者资格许可证有两类：买方A和买方B。买方A代表大型烟草商业公司。买方B代表多为临时性的小型商人，这种商人将买回去的烟草重新包装、分级，或再行批发出售，

或零售，赚取买卖差价。竞买者资格许可证由津烟草销售局负责审批、签发。

高总告诉我：厅内分为6个拍卖区，6个区同时进行拍卖交易，每区22行，每行36包，每包的烟叶重量一般不超过120公斤。向津烟草拍卖行交售烟草的烟农须按规定和要求，在烟草包装的麻袋外刷上种植者编号。以大致一样的包装规格、尺寸对烟草进行包装。津烟草销售局根据烟农提供的拍卖数量，以及拍卖行的拍卖能力和市场情况，制订每天的拍卖计划。拍卖行每天可卖出16000包，约1600吨左右。每年的销售季节里，可以拍卖销售19—21万吨左右，基本上可将当年所产烟草拍卖销售完。

为保持一定比例的水分，拍卖开始前10—15分钟，拍卖行的操作人员将包打开，从每包的4个角和中间各抽出一把烟叶，摆放在抽出的位置上。然后，烟草销售局的工作人员给每包插上一张卡片，一式三联，标明：种植者编号、包重量、批号、分类号，便于统计。拍卖开始时，还要对打开的每一包烟草进行检查，如发现有霉气味，包装尺寸不符合规定等，该包烟草即行重新缝合拉走。

我看到，拍卖不是简单的活，相当程度上已"现代化"了。烟农将包装好的烟草交给拍卖行，取得交货收据。拍卖行将烟农提交的烟草数量、烟包重量、烟农种植编号等相关资料输入计算机，编入销售计划，打印出每包的标签。烟草拍卖行将烟包装上平板小拖车，由电动车拖入拍卖大厅，按序成行摆放在拍卖大厅里，以备拍卖。

拍卖小组由估价师（开叫员）、拍卖员和标记员（记录员）三人组成，成为拍卖方。拍卖方与竞买方隔包而站，向前移动。估价师通常是烟草行业的行家里手，走在拍卖方的最前边，能一眼看出烟草的质量等级，迅即定出烟草的参考价格，以美元报出。跟在其后的拍卖员即以此参考价开始反复叫卖（叫拍），叫拍的价格视情可高可低。与拍卖员隔包而站的竞买者用手势向拍卖员表示买进时，若无其他竞买者再行给出更高价时，拍卖员即可表示成交。此时，跟在拍卖员后边的标记员立即把敲定的价格、买方号码、烟叶质量等级等标注在卡片上，将卡片插在烟包上。之后，由拍卖行的雇员将一式多联的标签撕下一联，输入计算机。站在买方一边的还有烟草种植者或由其雇佣来的代表（亦可由拍卖行提供），如认为拍卖的价格过低，可以拒拍（拒绝销售），在标签上打上叉（×）。下次拍卖时再行出售。但拒拍方要为此付出额外的手续费。一般情况下，烟草种植者或由其派来的代表不会这样做。

感受拍卖过程是一种特殊的享受。我两次到达拍卖现场时，拍卖活动已经在整个市场的6个卖区内全面拉开，每个卖区内都至少有一个拍卖团队在进行交易。买手为一方，拍卖人为另一方，分别在一行烟草的两边站好，依次前行。拍卖人有5至6个，走在最前头的是经验丰富的报价员，紧随其后的拍卖人一路唱价，他一口美国烟草业的俚语，像在说绕口令，一般人很难听懂。此人唱价的同时还需密切注视买手的动静，并最终唱出每包烟叶的成交价。跟在拍卖人之后的是两个反应敏捷的记价员，分别隔包把买手的名字和出价记录下来，因为拍卖进行很快，一个人是忙不过来的。然后是两个票据标识员，来确认票据放在了应该放的烟草包上。一般来说，买方有14至16个人，分别代表来自世界各地的公司，他们用眼观、手摸、鼻嗅等方式来确定烟草的质量以便对报价作出反应，唱价人的唱价如行云流水，买手递盘更是花样翻新，有的把拇指和食指圈起表示把价钱加到带0的数字，比如2.5美元，有的向上伸出拇指表示在5的基础上加到6，有人向拍卖人眨眼示意，其情其景，真让观客忍俊不禁。

烟草拍卖过程中最有趣的一景是看买手出价。我曾加入一个交易团队，现场观察其拍卖过程。与其他拍卖市场常见的举牌应价不同，烟草市场都是用手势和眼神来应价。比如，如果报价员报出的基本价是2.45美元1公斤，买手如果想出2.4美元，他就5指向下，表示减掉5美分。相反，如果有人想在此基础上抬高1美分，就伸出一指朝上，他也可在唱价人唱价以后点头示意增加1美分。如果买手打算无论如何也要买下这包烟草，他就会一直专

中烟津巴布韦天则公司邵岩博士在拍卖中心现场介绍拍卖

注地盯着拍卖人或递个眼色，如果拍卖人没有注意到他的表示，他会用"看着我"等语言来提示。在拍卖过程中，不管买不买，买手队伍中的人没有一个会中途退场。即使他对所拍卖的每一包烟草都不感兴趣，他也会一直跟着走到底，只是避免用眼睛看着拍卖人罢了。许多中国人总是以为黑人兄弟办事效率低。但观看烟草市场的拍卖会给你一个全新的感受。这里拍卖的速度之快令人吃惊。每个交易团队都在不停地走动，在一个卖区，每一刻钟通常就有175包烟草成交，一天的成交量在3500包以上，而且一上午所有的交易都能够完成。在津巴布韦严重经济危机发生前，也就是说，在正常情况下，交易达成两小时后，购烟款项就能打到烟农的账号上。

买方代表必须仔细检查所购烟叶，标注自己内部的等级符号等，如发现质量不符，有缺陷、瑕疵等令人无可辩驳的理由，可以向拍卖行仲裁人提出，经同意，取消订货。此时，烟农须对这些烟叶重新包装、登记。当整包的烟草拍卖售出后，即由电动车拖出拍卖大厅。

中国烟草天则公司的工作人员向我介绍说，在拍卖过程中，作为卖方的烟农都有委托人。交易结束以后，委托人与拍卖方代表出面核价。如果烟农委托人对售价不满，他可以撕票，把货物运出拍卖场，几天以后重新登记入场，以期卖到一个比较好的价钱。同样，当拍卖方的核价人发现价钱太高时，他也可以撕票，对货物进行重新拍卖，以保证烟价处在一个相对合理的位置。提到"撕票"这个词，据说在津烟草市场刚刚形成的时候，核价人不满意时，真的就把票据撕掉。而现在，他们实际上不再真的撕票，而是用红笔在票据上打个叉。但"撕票"一词却一直延续到今天。

津巴布韦烟草市场的管理也很规范。它是津烟农协会主办的，属于股份制企业。津虽然是个烟草大国，但却没有烟草私卖现象。所有的烟草都要经过烟草市场进行拍卖。任何公司和个人都不能到烟草农场直接收购，因为津法律严格禁止私下交易烟草。每年在烟草市场开业之前，烟农就要到烟草市场管理委员会登记，根据其农场的规模，申明他在一个拍卖周期中可以有多少包烟草上市。一个拍卖周期为8个交易日，为了使大、中、小烟农机会均等，一个烟农在8个交易日内只能有一天上市，以保证当价钱好时，市场不被某些大烟农全部占据。管理委员会根据这一申报来登记造册，安排每一个烟农产品的拍卖时间。货物运到拍卖场后，每一包烟草都被送上传送带自动称重。烟包的重量以及烟农的名字、登记号、烟草包的序号和拍卖时间都自动输入计算机，然后印出标签插在烟草包上。拍卖结束后，标签上又标出烟叶的等级、拍卖启动价、成交价和买方公司的代号。已成交的烟草包会立即被封口运到拍卖场外的仓库装车运走，以便使新的产品尽快到位。这些工作一环紧扣一环，紧张有序。

最大的津烟单一买家

每年光顾津巴布韦烟草市场的公司来自世界几十个国家。其中既有像菲利浦·摩尔斯、英美烟草、环球、德梦这样的大烟草公司，也有一些小公司。中国烟草公司1990年开始在津巴布韦设点，现在每年的烟草购买量在1万多吨，1999年曾达到1.7万吨，是津国烟草行业的大客户之一。

中国是津巴布韦烟草的最大进口国，这是由中国人口多、烟民多这一情况所决定的。目前，全世界有11亿烟民，中国就占了3.5亿人。中国烟草公司以

前购买津巴布韦烟草只能在下游市场，不能进入上游市场，那时津巴布韦烟草被西方公司垄断，中国公司只能从西方公司手上购买。津巴布韦持续多年的经济危机对烟草种植业带来严重打击，西方烟草公司也因通货膨胀、电力和农业机械缺乏、外汇管制

在中烟天则公司烟草合同种植户农场

不断加强等原因在经营方面遇到了前所未有的困难。中国烟草天则公司不失时机地推行合同种植，使天则公司很快地从下游进入上游，短短几年时间，就成为津巴布韦烟草最大的单一买家。2008年，津巴布韦烟草产量不到5万吨，天则公司购买了1.7万吨，超过了三分之一。

所谓合同种植，就是天则公司预先出资金、出种子、出化肥、出农药、出汽油、出农业机械，包括提供拖拉机，解决烟农种植烟草的资金、物资等困难，烟农用收获的烟草偿还天则公司提供的贷款和物资，同时，天则公司的技术员深入田间地头，现场解决烟农的技术困难。推行合同种植仅几年时间，天则公司合同种植户就已遍布全国，连政府土地部长穆塔萨、国防军司令齐温加、空军司令希里等高官都成了合同种植户。穆加贝总统的农场以前没有种烟叶，第一夫人跃跃欲试，想在烟草合同种植上有所突破。她把我和邵岩总经理约去，商谈请邵岩和中国烟草技术专家到总统农场，提供技术指导。邵岩等人后来去了，告诉我：总统农场土壤适宜种烟草，基础设施条件也很好，是种烟叶的好地方。

有人也许怀疑，合同种植需要大量资金，风险会很大，如果黑人烟农拿了你的钱和种子、化肥，甚至拖拉机，他不好好种烟草，赖账怎么办？跑了怎么办？一开始，我也有过这种担心，但几年合同种植的实践说明这种担心是多余的。不能说赖账的没有，不遵守合同的没有，但多数是遵合同、守信用的。天则公司不仅成为津巴布韦烟草的最大单一买家，而且效益也很好。天则公司的成功实践，改变了白人烟草商家对中国烟草商家的看法。以前，中国烟草商找他们谈合作，他们常常不冷不热，内心里瞧不起中国烟草商，认为离开了他们，中国人不可能在津巴布韦烟草市场上单独获得成功。现在，不少白人烟草商主动和天则公司合作，一些白人烟草农场也成了天则公司的合同种植户。

在津巴布韦经营烟草需要极大的智慧。一件事给我留下了深刻的印象。2007年初，农业部长马蒂对我表示，西方制裁津巴布韦，津巴布韦也可以回击西方，那就是他可以下令，让所有的津巴布韦烟叶只卖给中国公司。我把津方这一"美意"告诉天则公司当时的老总高学林，高连说：使不得！使不得！这不符合平等竞争的商业道德。他还特别小声地说，断了西方烟草公司的粮草，天则公司人员在津巴布韦的经营环境和安全环境会很危险。

为了使合同种植顺利进行，天则公司想尽了办法。有一次，天则公司现任总经理邵岩博士请我出席了天则公司优秀合同种植户表彰大会，在会上讲话并颁奖。公司在风景美丽的一个高尔夫球场内请人搭了一个很大的棚子，里面摆了几十桌，请了一个黑人木琴乐队伴奏，成为公司合同种植户的省长、常秘等高官出席讲话，被评为优秀合同种植户的代表发言。公司对优秀合同种植户的奖励是赠送汽油票等，并组织到北京、云南等地一些中国烟草企业参观交流。

天则公司在津巴布韦经营烟草并不顺利。一次，邵总找到我，说公司账上有大量美元，但所有的美元被津央行挪用了，现在发当地工人工资、买材料、缴纳各种费用都取不出钱来。我立即给央行行长格诺写了一封信，讲明如果天则公司转不动的话，长久来看，对津方带来的损失会更大，请他立即批准天则公司在自己账下支取若干美元。我请商务参赞胡明将这封信送过去，解决了天则公司的眼下困难。在津巴布韦大选期间，天则公司经常遇到这样那样的困难。

中国的烟民众多，他们所享用的中华、红塔山等名牌香烟中其实就混有来自相隔万里之遥的津巴布韦的烟丝。虽然各种烟中津巴布韦烟丝所含比例不同，但如果少了津巴布韦的烟丝，它们的醇香将大打折扣。人数庞大的中国烟民可能对津巴布韦的经济危机和天则公司遭遇的种种困难不了解，但是，我确实希望津巴布韦烟草的芳香融入中国烟民体内的同时，中国烟民也能品尝出中国不少品牌烟里面含有天则公司职员们的许多艰辛。

第三篇

走进非洲名人

夹道欢迎总统到来

穿着印有总统头像服装的穆加贝总统和夫人

副总统夫妇

联合政府总理茨万吉拉伊

初次拜会穆加贝总统夫人

所有津巴布韦民盟九大代表均着穆加贝头像服，站立者为教育体育和文化部长奇格韦德里

与茨万吉拉伊夫妇合影

与主要反对党领袖茨万吉拉伊合影

第三篇

走进非洲名人

第十四章 穆加贝总统的世界之最

津巴布韦总统罗伯特·加布里埃尔·穆加贝（Robert Gabriel Mugabe）1924年2月21日生于哈拉雷附近库塔马的农民家庭，他一生充满传奇色彩，他是与世界之最关联最多的人物之一，他生活和奋斗在一个世界之最颇多的国家，那是地球上气候最好的地方，那里有着全世界最美丽的瀑布，那里是全世界最适合打高尔夫球的地方，总统穆加贝86岁了，耳不聋，眼不花，脸不皱，背不驼，下飞机时，走到旋梯最后3级时，他可以一跃而跳到红地毯上。

个人生活上的世界之最

穆加贝在生活方面非常有规律，他早上6点起床，然后到院中散步，7点吃早餐。他的早餐由妻子亲自制作。其实他的早餐非常简单，一片面包，一杯牛奶和一个鸡蛋。早晨8点，他总是准时到达办公室，处理国家大事。下班后，他把笔记本和未处理完的卷宗带回家继续工作。穆加贝常说，不暴食暴饮，早起，按时睡，散步，多用脑和勤奋工作是他长寿的秘诀。他虽然年届耄耋之年，却精力充沛，精明过人。

穆加贝总统充满了传奇色彩：2008年3月14日，美国《外交政策》

穆加贝总统

杂志评选出全球现任国家领导人中最年长的十位：津巴布韦总统穆加贝、沙特国王阿卜杜勒—阿齐兹、尼泊尔首相柯伊拉腊、塞内加尔总统瓦德、埃及总统穆巴拉克、科威特埃米尔萨巴赫、古巴总统劳尔·卡斯特罗、肯尼亚总统齐贝吉、印度总统辛格、缅甸国家和平与发展委员会主席丹瑞大将。穆加贝总统名列榜首，是世界上目前最年长的国家领导人。有趣的是，穆加贝总统心态非常年轻，不承认自己是老年人。在2007年2月总统府为他生日举行的庆祝活动上，我亲耳听他说："84岁怎么的？84岁一点也不老，还是青年人，布莱尔、布什想要我退下来，没门！历史可以证明，看看到底谁先退下来。我要工作到100岁！"他这一点是说对了：布莱尔、布什下台了，穆加贝这一届总统任期还有几年呢。

穆加贝是非洲唯一仍担任国家领导人的开国第一元勋，是在职时间最长的国家领导人，他1980年至1987年担任总理，1987年至今担任总统，加蓬总统邦戈担任国家元首几十年，但他不是开国的第一元勋，埃及总统穆巴拉克担任总统26年，作为国家领导人，比穆加贝少了2年。

穆加贝总统夫妻年龄在国家元首夫妇中差距最大，总统超过了84岁，夫人格蕾丝还没满42岁，总统比夫人大了42岁多。

穆加贝是国家元首中年纪最大的父亲。父亲和孩子之间的年龄差距世界第一。总统有3个小孩，最小的小孩降生时，穆加贝已74岁。

穆加贝夫妇是唯一参加学校家长会的总统夫妇。华国锋曾到女儿上学的学校参加过家长会，但他那时虽然事实上是中国的最高领导人，但名义上是党中央主席，国务院总理，不是国家元首。

第一夫人

况且也不是夫妇一起参加。穆加贝总统对儿女教育特别重视，小孩开家长会，总统夫妇经常亲自参加。

总统是唯一的兼任所有国立大学校长职务的国家元首，他是教师出身，对教育很关心。他兼任津巴布韦大学、哈拉雷理工大学及所有其他国立大学的校长，大学学位证书、毕业证书上盖的都是他的印章。

总统夫妇是唯一的常穿印有自己头像的布做成的服装出席公众活动的元首夫妇。使人忍俊不禁的是，当地人剪裁面料不那么在意，许多妇女穿的裙子后面刚好有总统头像。

穆加贝是学位最多的非洲国家领导人之一。由于家境贫困，穆加贝只受过6年教会小学教育。但穆加贝是幸运的。他在一位传教士的教导下学习文化，进步很快。1946年，穆加贝22岁时成为一名教师。之后，时年25岁的他，通过自学于1949年获得奖学金，到南非赫尔堡大学就读。在那里，穆加贝的眼界更加开阔了，他开始对各种政治思潮感兴趣，并开始接受马克思主义。他在赫尔堡大学获得文学学士和教育学学士学位，1951年在该校获文学学士学位后回国，在北罗得西亚（今赞比亚）训练学院任教。此后，穆加贝及其战友因参加反对殖民者的运动而被捕，被囚禁在西科姆贝拉集中营。马丁·梅热迪思在《穆加贝传》中告诉我们：他警告他的战友们别指望很快能出狱，敦促他们充分利用好时间，为最后的解放作好一切准备。他建立了学习小组，自己像校长一样推动大家学习，在穆的推动下，集中营成了学习和训练的地方。1966年，穆加贝被递解回索尔兹伯里（现津巴布韦首都哈拉雷）监狱，他继续将尽可能多的精力投入到学习之中，床两边堆满了书籍。穆自己回忆说：我们从来没有一天不学习，每一天对我们都非常重要。在索尔兹伯里监狱的8年里，他通过函授从伦敦大学获得了法学、经济学等3个学位。有一段时间，穆加贝妻子莎丽到伦敦生活，她晚上的任务就是到图书馆将穆加贝学习所需要的资料复印下来并寄给穆，她回忆说："我在伦敦的时候，在某种意义上我也在坐牢。"津巴布韦获得独立后，他获得了欧美不少名牌大学

穆加贝总统阅兵

的荣誉博士学位。正是这种对知识的执著追求，使他其后成为获得学位最多的非洲国家领导人之一。

穆加贝总统夫人格蕾丝是世界上学习汉语、了解汉语的唯一的第一夫人。第一夫人41岁了，还下定决心学习汉语，穆加贝对妻子的这一决定给予了坚定的支持与鼓励。津巴布韦大学孔子学院中方院长、来自于中国人民大学的牟云峰老师每个礼拜前往总统府，为第一夫人上3次课，每次2个课时。2008年，四川发生汶川大地震时，第一夫人给我用中文写信，对不幸遇难者表示深切的哀悼，对中国人民表示诚挚的慰问。2009年10月20日到11月6日，第一夫人专程前往北京，到人民大学进行汉语集中学习。自2007年穆加贝夫人注册成为中国人民大学留学生后，人民大学就为她做好了周密的教学安排。此次穆加贝夫人受国家汉办资助，在人民大学集中学习3周的汉语。中国人民大学文学院又专门为这位"特殊"的学生精心设计了课程，科目包括"中国文化"、"汉语听说"和"计算机应用"，并选派对外教学经验丰富、英语沟通能力强的3位教师任教，努力帮助穆加贝夫人提高汉语水平。

初次拜会穆加贝总统夫人

革命历史上的世界之最

穆加贝作为革命性的人物，创造了不少世界之最。

穆加贝是自始至终重视、推动津中友好的政治家。中国对他领导的津巴布韦人民争取民族独立的艰苦卓绝的武装斗争，给予了很大的支持。在武装反抗殖民主义的世界历史上，津巴布韦的独立战争流血最多，5万多战士献出了自己的宝贵生命。津巴布韦民盟武装力量在非洲民族解运动中是接受中国培训人员最多的武装部队,中国在南京军事学院、在坦桑尼亚基地等地,先后训练了2.5万名黑人官兵,这些受过训的官兵后来在反殖民主义的战场上发挥了核心作用。津巴布韦现国防军司令、空军司令等高级将领都接受过中国军事教育。中国的援助对于津巴布韦的独立发挥了重要作用。津巴布韦是开国当天即宣布与中国建交的国家。穆加贝在现职国家元首中,访华次数最多,他以各种名义先后访华已达10次,并几次见到邓小平。穆加贝在津巴布韦1980年4月18日独立前曾两次秘密访华。津独立当天,中津两国即建交。当年,穆加贝即起程正式访华。独立以后直至2006年,又8次来访。有人形象地说,他把中国当成了他在非洲大陆以外的第二故乡。1985年8月28日,邓小平在北京会见穆加贝时说:"社会主义是什么?马克思主义是什么?过去我们并没有完全搞清楚。社会主义的任务很多,但根本一条就是发展生产力。为了发展生产力,必须对我国的经济体制进行改革,实行对外开放政策。"邓小平告诫穆加贝不要盲目照搬中国经验,不要盲目搞社会主义,希望津巴布韦"注意中国不成功的经验",特别要防止犯"左"的错误。1997年2月,穆亲自到大使馆沉痛吊唁邓小平,他在吊唁簿上颂扬邓小平的改革开放政策使中国走上快速发展道路。

穆加贝是与曼德拉、卢蒙巴齐名的最著名的反对殖民主义的英雄人物。穆加贝年轻时,正是英国对津巴布韦进行殖民统治时期。那时,贫苦的黑人对生活,对未来,没有多少希望。他们没有受教育的机会,工作机会也很少,法律又对他们进行种种

1981年5月,邓小平会见来访的津巴布韦总理穆加贝

限制。1957年,刚刚独立不久的西非国家加纳,邀请穆加贝去教书。加纳总统恩克鲁玛(Kwame Nkrumah)是马克思主义的信仰者,在加纳推行有加纳特色的社会主义。穆加贝在加纳3年的经历对他以后的思想产生了很大的影响。在加纳,穆加贝还遇到了后来成为他夫人的加纳姑娘莎丽。1960年,穆加贝回到津巴布韦,投入争取津巴布韦独立的政治运动,并很快成为独立运动的领导人之一。

1964年，穆加贝被英国殖民当局逮捕，囚禁在监狱里10年多，直到1974年才获释。在监狱里，穆加贝并没有和外界完全隔绝，他通过各种方式和他的支持者保持联系。1974年，穆加贝出狱后，继续领导津巴布韦人民争取独立的武装斗争，并在70年代末参与了和英国进行的独立谈判。1977年起任津巴布韦非洲民族联盟（简称民盟）主席兼第一书记。1980年，英国对津巴布韦的殖民统治结束，津巴布韦获得独立。经选举，穆加贝领导的津民盟获得胜利，穆出任总理。2006年，非洲进行了一人一票的"非洲伟人选举"，已成西方公敌的穆加贝居然仍能排名第三，前两名分别是曼德拉和恩克鲁玛。恩克鲁玛也曾是响当当的国际人物，他不但让加纳成为第二次世界大战后首个独立的黑人非洲国家，更一度成为整个非洲反对殖民主义运动的泛非主义领袖。他和穆加贝一样，都曾接受英国教育，后来加纳倒向了社会主义阵营。恩克鲁玛在访华拜访毛泽东期间，被国内反对派推翻，但他本人在非洲的声望一直甚高。

穆加贝是与西方"情变"最典型的人物。穆加贝本来在国际舞台上曾一度饰演人权斗士，曾因反对罗得西亚的白人种族隔离政策被囚10年。当时，史密斯领导的罗得西亚一直是英国的殖民地，是臭名昭著的南非白人种族主义政权的最大盟友。美国和英国政府后来主张在非洲殖民地"实现多数人的统治"，遭到当地白人政权的坚决抵制。在史密斯的策划下，罗得西亚单方面宣布脱离英国，独立建国，引起东、西方整个世界的强烈反响，成为20世纪70年代的国际焦点。与此同时，穆加贝则和南非曼德拉的非洲人国民大会（非国大）结盟，与当地白人种族主义政权相对抗。两人一度齐名当世，共同占有着无可置疑的道德高地。后来史密斯白人政权失败，津巴布韦成功取代罗得西亚，西方国家认为"英雄"穆加贝上台，对于宣传人权、民主和种族和解有独到作用，于是决定对津巴布韦大力援助。作为前宗主

穿着印有总统头像服装的穆加贝总统和夫人

国的英国，更促成争议各方签订《兰开斯特协议》，承担了许多道义责任，特别是为该国未来的土改政策背书。根据协定，只要穆加贝政府承诺不强行夺取境内白人控制的七成土地，并愿意付款予自愿变卖土地的白人，英国就对渐进式土改提供财政资助。既然如此，穆加贝在执政前期，由于没有立即重新分配社会资源，特别是土地的大的压力，加上奉行自由的经济政策，因而吸引了大批外资。白人利益不仅丝毫无损，反而比殖民时代更能利益均沾。当时，自由主义的经济制度并没有像今天这般风行全球，穆加贝虽然打着社会主义的旗号，一方面搞公有制，同时，对市场经济也持开放态度，因而，博得西方好感，被认为对非洲推行市场经济有鸣锣开道之功，因此成了撒切尔夫人的忠实盟友，国际地位也因此水涨船高。在1980年到1990年，穆加贝曾担任世界不结盟运动主席、英联邦国家首脑会议主席、南部非洲前线国家主席等风头职务，还得过第三世界的"尼赫鲁奖"，可谓当之无愧的国际领袖人物之一。1994年，南非白人终于交出政权，全球最后一个种族隔离国家消失，曼德拉闪亮登场。同年，英伊丽莎白女王向穆加贝授勋，以表扬他对终结种族隔离的贡献。谁知，英国保守党1997年被赶下台，继任的工党政府自称同属"帝国主义受害人"，所以没有义务继续资助津巴布韦黑人购买白人土地。此外，布莱尔及其工党认为以前伦敦的资助不少都被穆加贝亲信贪污了，工党人士因此愤愤不平。这场英国选举，成了津巴布韦当代史的重要转折点。自此，穆加贝也不得不逐渐改变既定国策，开始强行从白人地主手里"接收"土地，再分配给黑人，并强力推行计划经济政策。他2000年发动的土改，将白人农场主的土地大部分收归黑人所有，由此引发了西方国家对津巴布韦的制裁。美国和欧洲西方国家对津巴布韦约500人（主要是津巴布韦国家和执政党的领导人和主要官员）实施精确制裁，包括禁止他们到美国和欧洲西方国

穿着穆加贝头像服装的穆加贝支持者

第三篇　走近非洲名人

家旅行、禁止其子女到美国和欧洲西方国家留学等，穆加贝"荣"登榜首。穆加贝把国家的通胀及经济负增长等一系列问题，归咎于西方国家对其实施的制裁。2008年，英女王宣布剥夺授给穆加贝的爵位，这标志着他与西方彻底闹翻了，同时，以一种有趣的方式说明：非洲最终摆脱了殖民统治。津巴布韦被英联邦冻结会籍后，他干脆宣布退出英联邦，象征原殖民地与原宗主国之间一刀两断。自然，他也不再是英联邦首脑会议主席。

穆加贝现在是最遭西方国家嫉恨的黑人领导人，是最受西方攻击的人物之一。穆加贝对此不仅毫不在乎，而且，对制裁津巴布韦的"帝国主义"、"殖民主义"和"国际白人沙文主义"，他一次次发起猛烈的还击。那些老词汇，他再熟悉不过，用起来比谁都得心应手。在国际场合碰面时，往往是西方首脑人物怕见穆加贝，而不是相反。例如，2005年4月8日，在天主教罗马教皇约翰—保罗二世的葬礼上，出席嘉宾座位是按照各国英文名字的第一个字母排序，穆加贝的座位正巧挨着布莱尔。这一巧合让布莱尔浑身不舒服，当看到穆加贝步入贵宾厅时，布莱尔起身离去。布莱尔坐在了穆加贝的侍从武官奇休里的后面。"他压根没想到，紧挨着他就座的也是我的侍从武官。"穆加贝说。

在穆加贝的世界之最中，也有一些则是令人欷歔，令人感叹、令人难过和令人反思的。自2000年实施土改以来，由于天灾人祸，管理不善，加上西方制裁，津巴布韦通货膨胀率达到了世界之最（10亿%），发行的纸币面额达到世界第一（100万亿津元），失业率世界第一（82%以上），外债水平世界第一，外债总额比全年国内生产总值还高，最不可思议的是价格扭曲水平世界第一。使馆秘书张桂英送笔者3个面包，一个面包市价为1500万津元，如按一个美金兑换津元3万的官价，1个面包的美金价格就是500美元，3个面包就达1500美元，换算成当时人民币价格就是1万多元了。

大选历史上的世界之最

2008年3月29日，津巴布韦进行第六次大选，我亲眼目睹了这次大选的全过程，这次大选在世界大选史上创造了许多第一：

一是目前世界上年纪最大的在职国家元首竞选下一届总统。在职总统竞选下一届总统的现象多的是，但84岁的在职总统参选却史无前例。穆加贝虽已是80多岁的老人，却精力充沛，与年轻的政治家们一样，照样频频深入选民之间，照样一次又一次的发表演讲，照样不断地回答记者提问。大选期间，哈拉雷上空经常传来直升机的轰鸣声，津巴布韦当地人说，那十之八九是穆加贝乘直升机赶到某个选区去见选民，去"拜票"。有趣的是，这种场合，穆加贝总统夫妇总是夫唱妇随，不仅总统对选民口若悬河，夫人格蕾丝也是侃侃而谈，滔滔不绝。

二是选举项目最多，不仅有总统换届选举，还有众议院换届选举，参议院换届选举，地方委员会选举，参选的各种候选人达上千人。

三是议会选举结果公布方式最奇特，选举委员会不是像其他国家那样，将一个一个选区，一个一个省公布，而是一天公布 10 到 20 个议员选举结果，每次都是先说一个执政党议员当选，再说一个反对党议员当选，这样的公布方式要拖一个多星期才能公布完，也就是直到最后你才知道到底是哪个党赢了，在哪个省、哪个选区赢了。此外，难以理解的是，每天公布大选结果的时间总是选择在晚上 12 点左右。

四是穆加贝总统组建联合政府时，挑选的副总统姆西卡已 85 岁，比穆加贝还大 1 岁，又创造了一个世界之最。

毫无疑问，穆加贝是重要的历史人物，因为，他首先是一个已经创造了历史的人物，而且，津巴布韦正处在一个重要的历史关头，作为总统，作为几十年来一直执政的民盟的主席，

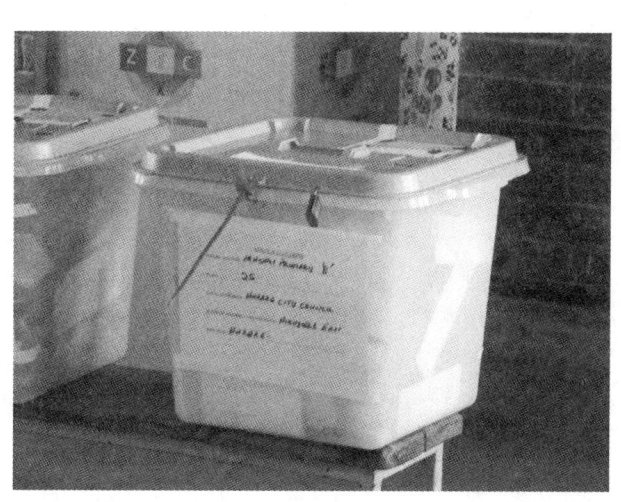

大选票箱

他仍然处在一个可以创造历史的重要岗位上。接下来的历史，他如何创造，全世界都在关注。

第十五章 与穆加贝总统交往的难忘经历

自 2006 年 12 月出使津巴布韦，到 2009 年，不包括在庆典、会议等公众场合与穆加贝总统握手交谈，迄今已先后 24 次与他见面，其中有几次印象特别深刻。

打破常规递交国书

2006 年 12 月 11 日，我抵达津巴布韦首都哈拉雷国际机场，机场的清洁有序给我留下美好的第一印象。津巴布韦外交部副常秘曼格（外交部第五号人物，相当于我国外交部副部长）亲自到机场接我，告诉我津方作出特殊安排，让我 13 日向穆加贝总统递交国书。并告诉我奥地利大使已到任两个多月，他和我在同一天递交国书。中国大使虽然刚刚到任，但中国是津巴布韦的老朋友，津为中国大使递交国书打破常规，提早作出安排，奥地利大使有幸搭车在同一天递交国书。不然的话，奥地利大使有可能要再等上一段时间才能递交国书。在津巴布韦，大使递交国书等 3 个月以上时间是通常的事情。

曼格先生还告诉我，通常递交国书只允许大使夫妇参加，最多带 1 名翻译。但津方为中国大使递交国书破例，允许大使偕 5 名使馆官员一起晋见总统。

13 日上午 10 点，津外交部礼宾司的 1 位女性官员开车来到中国大使

递交国书

官邸，她开车引路，将我们带到津巴布韦国家宫，那是总统正式会见外国来宾、举行正式会谈的地方。使馆政务参赞马德云、武官田建军大校、一等秘书吕东明、三等秘书胡镔陪同前往。我们到达国家宫时，总统还没有到。总统府典礼局长卡杰西领我们到递交国书现场，就递交仪式程序为我作详细讲解，并提醒我，总统健谈，与中国大使见面更有说不完的话，但总统年事已高，公务繁忙，因此谈到一刻钟时，可向总统告别，总统会留你继续谈，你再谈5分钟后，然后再次告别，总统高兴很可能还会继续和你谈，你这时宜起身辞行，因其他人不便请总统停止谈话，接着我们被安排在休息室里等待。这时，新任奥地利驻津巴布韦大使夫妇也走进了休息室。我们为在这天递交国书互致祝贺。

半小时后，总统车队抵达国家宫。按照外交礼节，先抵达驻在国的大使先递交国书。过了一会儿，礼宾官员请奥地利大使夫妇晋见总统递交国书，我和他们握手致贺。几分钟后，大使夫妇又回到休息室。我非常奇怪，怎么递交国书这么快就结束了。这时，礼宾官员请我递交国书。原来，当穆加贝总统得知津外交部安排后，严厉批评陪同总统出席递交国书仪式的外交部代常秘马关兹，说不应当让中国大使在别的国家大使后面递交国书，指示把递交顺序临时变过来。于是，我先于奥地利大使递交了国书。递交国书后，总统和我在会客室进行了约20分钟的谈话。谈话结束后，总统和我及使馆其他官员走到绿草地里合影留念。

递交国书让我初次感受了总统对中国的友好之情，也感受到了他敢作敢为、不按常规办事的治国理政的风格。马关兹后来多次对我说，虽然他因此挨了总统的批评，但他为中津如此友好感到高兴。后来，我也请奥地利大使到官邸做客，他表示，总统如此处理他能够理解，并不感到奇怪。

提醒总统遵守时间

2007年4月20日，贾庆林主席访问津巴布韦。21日的日程安排得满满的，经双方商定的日程是：9点，与众议院议长恩科莫、参议院议长马宗圭会谈；10点，会见穆加贝并会谈；11点10分，与穆一起出席中国农业机械交接仪式；下午，先后接见中国援津青年志愿者、驻津使馆人员和华侨华人、中资中派机构代表并发表讲话。可是，穆加贝总统为了特别表示对贾庆林主席的欢迎，执意在大组会谈前先在他办公室进行10分钟的小范围会谈。以前，他也这样接待过我国重要领导人来访，但每次他似乎都有太多的事情要说，每次都大大超过时间，有的超时将近2个小时！21日这天日程一个接一个，实在不允许超时。因此，贾主席亲口对我说，小范围会谈不能超过20分钟，让我负责落实。我分别

和穆加贝总统交谈

找出席小范围会谈的津众、参两院议长及外交部长穆本盖圭，请他们届时提醒总统不要超时，但他们都一个劲地摇头，说不便提醒。于是，这个任务只能由我自己来完成了。

进行小范围会谈时，中方参加人员有全国政协秘书长郑万通、外交部副部长张业遂以及外交部政研参赞王亚军等有关人员。参加中津大组会谈的双方人员则都在隔壁会谈室就座等候。小范围会谈时，贾主席坐在穆加贝总统的对面，他们坐的沙发只能坐两人，我坐在贾主席右手，穆沙发上只有他1人坐，其他人分坐左右两边，翻译坐在贾主席左边1条单椅子上。我向贾主席建议，趁翻译为穆翻译时，我走过去建议总统结束小范围会谈，接着开始大组会谈，只要总统停止继续讲话，就请贾主席拉着总统的手走向大组会谈室。贾主席点头同意。

但是如何同总统说呢？人家毕竟是国家元首，简单地要总统把话停下来是很不礼貌的。如何在提醒总统注意时间时，既注意照顾到他的尊严，又达到按时结束小范围会谈的目的，我想了很久。小范围会谈快到20分钟时，贾主席用眼向我示意，我方翻译接过总统话头开始翻译，我立即走过去坐在总统左手边轻声对总统说："阁下，随同贾主席访问津巴布韦的许多中方重要人物早已在会谈室等候聆听您的讲话，希望早一点一睹您的风采，津方参加大组会谈的许多内阁部长、参、众两院议员等也都早已在会谈室就座，建议总统和贾主席现在过去和他们见面，并开始大组会谈。参加中国农业机械交接仪式的人员也已到位，他们期待您与贾主席会谈结束后早点过去为仪式剪彩。"总统立即明白了我的意思，和贾主席一起站了起来，两位领导人手拉手走进了会谈室。

21日的活动是贾主席访问津巴布韦的重头戏，活动按日程安排有条不紊地进行，中津双方都非常满意。

建议总统推迟寿庆

2007年2月21日是总统84岁生日，按照惯例，津方在这一天要举行至少万人以上的生日庆典。津执政党民盟政治局委员、中央青年书记赛库塞纳多年前发起"二二一运动",即在总统生日这天,在某个城市举行群众集会,庆祝总统寿诞,执政党中央委员、政府各部部长、议会议员、高级将领和其他社会名流都将出席庆典。庆典上总统阅兵、发表讲话、代表们宣读颂词、各地代表敬献生日礼物等。运动的目的是借此表达对总统的敬意,同时让青年一代不忘总统领导津巴布韦走向独立解放的历史。各城市轮流举行这样的集会,今年轮到在靠近南非的贝特布里奇举行。从首都哈拉雷到贝特布里奇,汽车要跑至少5个小时。

穆加贝总统放生日气球

2008年总统生日庆典在贝特布里奇举行给驻津巴布韦大使馆商务参赞处带来了一个极大的问题。原来,由高虎城副部长率领的中国政府经贸代表团一行定于2月份先后访问津巴布韦、赞比亚、坦桑尼亚等国,总统生日前后几天,代表团刚好访问津巴布韦,如果在贝特布里奇举行生日庆典,那代表团就见不到穆加贝总统,这将使代表团访问效果大打折扣。据商务处得到的消息,代表团在其他国家访问时,其他国家的总统都已明确表示将会见代表团,只有在津巴布韦见总统之事还没有落实下来,商务处就代表团拜会总统之事分别照会津巴布韦贸工部和外交部,但都得不到明确答复,这给商务参赞胡明带来了很大的压力。

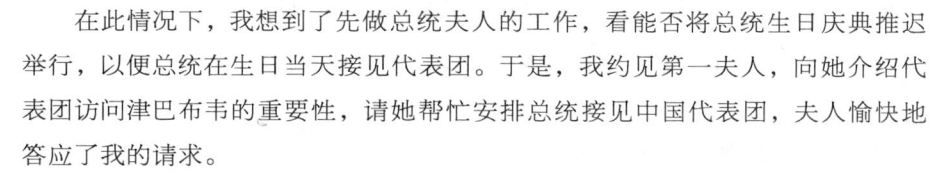

在此情况下,我想到了先做总统夫人的工作,看能否将总统生日庆典推迟举行,以便总统在生日当天接见代表团。于是,我约见第一夫人,向她介绍代表团访问津巴布韦的重要性,请她帮忙安排总统接见中国代表团,夫人愉快地答应了我的请求。

过了几天,在代表团来津前夕,我收到了津巴布韦外交部邀请我前往贝特布里奇出席总统生日庆典的邀请函,函中写道,生日庆典定于23日举行,也就是说,夫人工作到位了,总统接受了不在生日这天举行庆典的建议,改变了他原来的既定日程。这是总统首次不在生日这天举行生日庆典。

21日,高副部长一行与津方贸工部长、外交部长、水利部长、矿业部长、央行行长等举行工作会谈,津成为对代表团出访最重视、参加与代表团会谈的内阁成员最多的国家。不仅如此,总统不仅在生日当天会见了代表团全体成员,还破例出席了双方有关协定签字仪式,总统夫人还与代表团成员见面,这些都成为代表团此次出访过程中的最大亮点。

代表团接下来访问赞比亚。担任驻赞比亚大使的湖南老乡李强民特意打来电话,问总统推迟生日庆典,专门会见代表团是否真有此事。我回答:是的,没错。

特意定做湘绣礼品

2007年总统生日庆祝期间,总统身边的约200名工作人员在总统府举行祝寿聚会,第一夫人请我参加,我成为出席这一聚会的唯一的外国使节,并且我还被安排坐在总统右手边,安排我在聚会上讲话。我受长春第一汽车制造厂的委托,将该厂特意为总统制造的1辆豪华大巴转交给总统。总统曾访问一汽,访问时一汽表示要送一辆大巴给总统。第一夫人事先嘱咐我不要把大巴已到津巴布韦并已停在总统府的消息告诉总统,在生日聚会上告诉他,以便给他一个惊喜。所以我在聚会上讲到请总统随我视察大巴时,他面露惊奇之色。

和穆加贝总统在生日礼物前合影

这次经历使我联想到2008年总统生日送什么礼物呢?我考虑很久,决定为总统特意定做一个大幅湘绣。刚好2007年总统夫人希望访华,我向她介绍了我的家乡湖南,重点介绍了湘绣,商全国妇联同意,安排她访问湖南并参观了湘绣研究所，使她对湘绣留下深刻印象。全国妇联还赠送她 50 万元的刺绣设备和材料，以资助津巴布韦妇女发展刺绣事业。

我找省湘绣研究所特意绣一幅主题为祝寿的作品，开始，湘绣所建议以"松鹤延年"为主题，但我考虑中国人虽习惯以青松白鹤象征益寿延年，但津巴布韦人不见得能理解，津巴布韦人花卉种植业发达，是出口欧洲的花卉第四大供应国，当地人喜欢大红大绿，最后选定以牡丹造型为主，以"花开富贵"为主题，用英文绣上"祝阁下幸福长寿"这句话。2007 年年底，我回长沙度假时将这一设想落实，2008 年初将这幅湘绣亲自带回津巴布韦，并请津 1 家白人店装上镜框。

装上镜框后没几天，已是二月十九日，离高虎城副部长来津巴布韦访问仅剩几天时间，我拜访夫人，告诉她我请她参观过的湘绣研究所为总统特意绣了一幅祝寿图，请转告总统，希望能当面送给他。

20 日上午，我和夫人把湘绣祝寿图送到了总统办公室隔壁的小会议室，并陪总统欣赏。总统非常高兴。我趁机问他，他是否知道高副部长率领的中国政府经贸代表团访津并希望能拜会他，他回答，第一夫人已告诉他此事，他很高兴与代表团见面。津电视台和报纸对我送祝寿图作了重点报道。中国驻南非大使钟建华后来告诉我，南非报纸也刊登了祝寿图。

总统设宴为我送行

2009 年 5 月，我奉命离任转往苏里南工作。离任之前，我先后向副总统穆菊茹、总理茨万吉拉伊、副总理穆坦巴拉、众议长莫约、参议长马宗圭等辞行，许多朋友也为我举行送行活动，所有这些在我心中留下了难忘的记忆。然而，最使我难忘的是穆加贝总统设家宴为我夫妇送行。

6 月 10 日，我前往总统府辞行拜会总统夫人格蕾丝·穆加贝。第一夫人压根没有想到我是去向她辞行拜会的，她兴致勃勃地讲起孤儿院的工程，讲起中国援建的孤儿学校何时动工。当我讲到 7 月 1 日离开津巴布韦走向新的工作岗位时，她非常吃惊，然后，说了很多很多感人的话。她盼咐侍从给我拿来礼品，先是一只烛台，夫人说不够，侍从又拿来一只，刚好是一对。她还说不够，于是，又拿来不同的一对。我对第一夫人说，我将正式辞行拜会穆加贝总统，想不到第一夫人说，她会建议总统举行家宴为我送行，一旦定下时间，就会告诉使馆。

2009 年 6 月 13 日，这一天是星期六，我和妻子应邀前往总统家里做客。我原以为只有总统夫妇和几个小孩和我们一起吃饭，到那里一看，总统夫妇准备

的是盛大的午宴。总统家眷40余人出席，出席者当中，只有津央行行长格诺不是直系亲属。为这次宴会，特意在草地上按非洲人习俗搭了4个大的布帐篷，总统夫妇、我们夫妇以及总统的4个亲人在一个主帐篷里就座用餐，对着主帐篷是为津巴布韦警察乐队演奏、唱歌、跳舞搭的棚子，主帐篷一左一右还有两个棚子，一个棚子里摆了4桌，是总统其他几十位亲属用餐，另一个棚子作备餐用，放饮料、餐具等。从宿舍到帐篷之间，特地铺设了长达200余米的红地毯。家宴持续了4个小时，席间，警察乐队伴奏。饭后进行了歌舞表演，穆加贝总统夫人邀我们夫妇起舞，午宴气氛非常热烈。

和总统干杯，左为总统夫人

午宴结束时，第一夫人说，她要在我离任前参观一下中国大使馆新的馆舍。两天后，即15日，她亲自开车到了刚刚落成的使馆新馆舍。在我的引领下，她饶有兴致地参观了新馆舍中的大宴会厅、花园、馆员宿舍和食堂等设施，仔细听取了中方基建人员的相关介绍，称赞新馆舍外观漂亮，质量过硬，为津巴布韦首都增添了一道新的风景。

6月18日，我向穆加贝总统正式辞行拜会。这是我第24次与总统特意会面。在出使津巴布韦的两年半时间里，我和总统会面24次，与第一夫人见面48次。

津巴布韦外交部长穆本盖圭对我说，"在所有国家驻津巴布韦大使中，你见总统是最多的，见第一夫人也是最多的"。

我将永远珍藏着这一份记忆。

第十六章　亲历津巴布韦总理遭遇车祸事件

2009年3月6日发生的津巴布韦联合政府总理茨万吉拉伊车祸事件，曾引起国际社会广泛关注，并险些引发津巴布韦新的政治危机，导致联合政府垮台。我亲历了这一事件，并见证了事件的软着陆。事件发生的当天，我在给朋友们的电子邮件中说："今天，发生了最不可思议的事情，听起来完全像小说，像电影，但它却是实实在在刚刚发生的事情。"

一个突如其来的电话

3月6日下午6点多一点，使馆政务参赞贺萌打电话给我，说下午4点左右，政府总理、民主革变运动（茨派）领袖茨万吉拉伊的办公室主任姆班加打电话告诉他：茨万吉拉伊在前往家乡马旬戈省出席民主变革运动群众集会途中，路上虽然前后有警车，却遭遇车祸，其座车遭到一辆迎面驶来的卡车碰撞，茨的车翻入路边，翻了几个滚，茨没系安全带，正送往医院抢救，茨夫人苏珊及司机、保镖均受伤。

我告诉贺，立即给姆班加回电话，请转达对总理的慰问；让他通过姆询问茨夫人苏珊电话，打电话给苏表示慰问；并要他向他们转达这样一个信息：使馆愿提供一切力所能及的帮助。

放下电话，我立即拨武官卓伟大

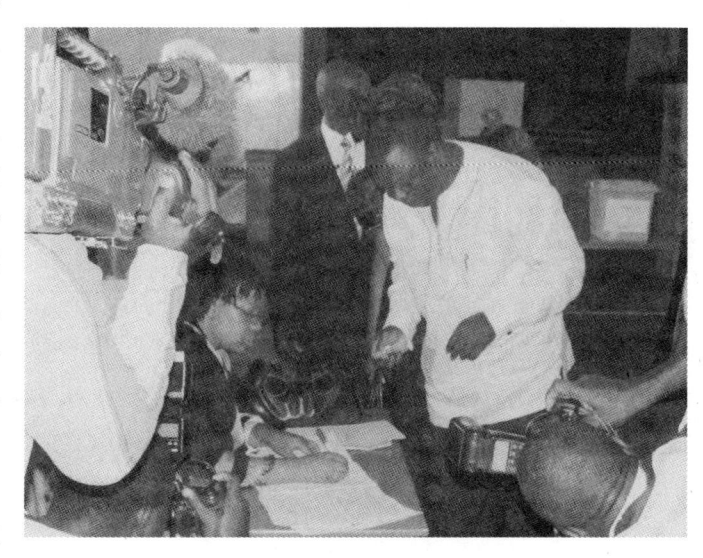

茨万吉拉伊参加总统大选投票

校电话，请他立即与美国武官、南非武官打电话，问他们知不知道茨万吉拉伊遭遇了车祸？如果知道，他们认为是偶然车祸，还是阴谋？同时请他与津巴布韦军方情报局联系，了解他们对车祸的看法。

津巴布韦安全部门刚刚给茨配了警车，配了奔驰专车，配了司机。茨想用自己的司机，把配的司机退回去。联合政府成立不到一个月，警车刚刚配备，怎么会发生这样的事情？津巴布韦高官遭遇车祸和谋杀的事不少，说法也不少。这方面的一桩桩往事在我脑海里涌现出来：

——就在12月9日，茨遭遇车祸约3个月前，我回北京述职、休假期间，津巴布韦执政党民盟第六号人物、中央政治局委员、中央组织书记兼政府不管部部长马尼卡车祸身亡；

——在此前后不久，津空军司令希里中将在返回自家农场的路上遭遇枪击，他闯过三道伏击线，杀手虽多次朝他坐车射击，却只打穿了他的右手掌；

——2001年5月16日，津巴布韦时任国防部长莫温·马哈奇，乘着津国防部专车牌照的黑色"奔驰320"，在前后两辆军车的护卫下风驰电掣般地向前飞驶，不知从哪里突然冲出一辆牌照不明的高级越野车，与国防部长专车相向而行，以每小时160公里的高速绕过了前导车，一头扎到奔驰车身上，两车如同玩具一般弹起足足有四五米高，又重重地砸在路边的排水沟里，越野车当即起火爆炸，奔驰车则被撞成了麻花。当目瞪口呆的前导车和压后警卫车上的警卫官兵们七手八脚撬开奔驰车残骸后发现，国防部长那庞大的躯身已经被钢铁挤得扭曲变形，上下一片血肉模糊，早已断了气！

——在国防部长车祸去世三星期之前，津巴布韦就业部长博德尔·杰兹在回家途中遭遇了与马哈奇如出一辙的车祸后去世。肇事车辆也没有牌照。

茨万吉拉伊遭遇车祸是偶然事件吗？

这时，贺萌参赞又来电话，说茨被送往中国大使官邸附近的医院，他到医院实地去看一下。我告诉他：核实情况后，立即报告我国外交部。

过了一会儿，卓伟武官来电话，说美国和南非武官向他分别证实，两国大使馆都不知道茨遭遇车祸，因此，是偶然事件还是故意谋杀暂时无法发表意见。他们对中方通报表示感谢，并承诺就此保持协调互动。

这个回话使我意识到，总理办公室把这个重大消息第一个告诉了中国大使馆。但茨万吉拉伊伤势如何，我急切地等待贺萌参赞的回话。

一个震惊世界的意外

我把茨遭遇车祸的情况告诉妻子，她惊得目瞪口呆，半天没说一句话，觉得太不可思议。过了一会，贺萌参赞来电话说，他到了医院，安全部门在那里高度戒备。姆班加告诉他，茨受伤了，但无生命危险；但妻子苏珊受伤严重，正在抢救。到晚上7点，BBC在新闻节目中即时报道，先是说茨夫人受重伤，已失去知觉，正在全力抢救。过了一刻钟的样子，便报道茨夫人伤势过重，抢救无效，不幸去世。

我妻子坐在床边难过得流泪，我完全理解她的这一反应。因为就在不久前，茨万吉拉伊总理夫妇还来官邸品尝湘菜，茨夫人苏珊将自己的电话号码留给我妻子，我妻子还没来得及打这个电话号码，茨夫人就去世了，人生是何等无常啊！

茨万吉拉伊夫人苏珊来使馆做客

按计划，3月8日上午10点，作为中国大使夫人，她将主持在大使官邸举行的使团夫人庆祝国际劳动妇女节联欢会，本来这个月轮到中国大使夫人做东举行每月一次的例行聚会，原计划夫人们来官邸打网球，品尝中餐，我建议邀请重要的女性与会，包括津联合政府中的女性副部长以上高级官员、各政党知名的女政治家、议会女议员以及各国驻津巴布韦女大使及其他高级外交官等，把这个联欢会办成参加津联合政府的两党三方重要的女性都出席的一个会。车祸前一天，使馆接到总理办公室主任姆班加的电话确认：茨的夫人将出席这个联欢会。先后表示将出席妇女节联欢会的坤界名人还有民盟政治局委员、妇女书记、前内阁妇女部长穆春古丽；副总理穆坦巴拉的夫人；民主变革运动（穆派）中央政策事务书记史蒂文森等，预定出席人数80来人。为了这个联欢会，使馆准备了一系列节目，包括新疆舞蹈、使馆女性官员时装表演、黑人表演的中国功夫以及津巴布韦大学孔子学院学生演唱中国歌曲、白人表演太极拳。车祸发生当天上午，外交使团夫人协会会长、希腊大使夫人在得到茨夫人等将出席联合会的消息后，向使团正式发出新的通知，通报这一情况。想不到车祸使这个活动顿成泡影。

车祸的发生使茨万吉拉伊的生日庆祝活动也泡汤了。因为3月10日这天，是茨万吉拉伊57岁生日。3月初，我提议派我的厨师上他家给他做中餐，他高兴地接受了。我们原想在家里做寿宴，2—3桌就够了。4日那天，我们听到消息，茨将在家里邀请150名党内同志一起过生日。这样一来我们就犯难了，因我的厨师一个人不可能做这么多人的饭菜，而且这笔费用也不小。我想了一下，脑海里冒出一个主意，请贺萌参赞召集香格里拉饭店、华园饭店和长城饭店等中餐馆老板开会，请他们各赠送3个菜，每道菜写上菜名，写上是谁送的，寿宴那一天，各餐馆老板各带一名服务员到总理家里，请总理和各老板分别照一张相。老板们很高兴，说谢谢使馆关照他们，给他们与总理见面的机会。为使寿宴丰富多彩，使馆也送几个拿手好菜，同时送春卷、饺子、水果和中国红葡萄酒。如今，车祸一出，茨夫人已撒手归真，茨本人遭遇车祸，这个寿宴还能办吗？多年来，茨一直以在野之身活动，经常被捕坐牢，出任高官后第一次公开过生日，怎么就碰上这档子事？

说来也巧，就在津巴布韦总理出车祸的当天上午，我收到了他给我的感谢信，感谢我对他出任总理的祝贺，感谢我向他通报：中国将援助11000吨粮食，援建一所能容纳800个孤儿的学校等，感谢我给他两个名额，请他推荐两名学生到中国留学，中方负担学费和生活费，并表示期待我和他再次见面，商讨如何加强合作。

不久，当地各电视台开始现场直播穆加贝总统夫妇到医院慰问茨的画面。穆率副总统穆菊茹女士、国防部长穆南加格瓦以及中央情报局局长等人到病房慰问茨。据当时总理办公室主任姆班加告诉我们，茨那仍不知道夫人已去世。

从电视上可以看到，总统夫妇俯身握着茨的手，第一夫人说了不少慰问的话。副总统穆菊茹女士泪流满面，痛哭失声。我对妻子说：这才是政治家，这就是政治家，这正是政治家，几个月前还是政治上的死敌，如今却宛如几十年的老友，该流泪的时候就流泪；她用眼泪这一无声的话语告诉津巴布韦老百姓，告诉国际社会：总理遭遇车祸与总统无关，与民盟无关。这个时候，她眼泪起的作用比穆加贝的政党所发表的正式声明还管用，这个时候当着全国、全世界电视观众流泪是稳定国家的需要，是安定人心的需要，是维系联合政府的需要啊！

当晚，津巴布韦湘商会会长谢重辉来电话：但愿茨万吉拉伊康复出院，但愿这只是一个偶然的交通事故，如果不是这样，如果是谋杀，则联合政府危矣，津巴布韦形势将进一步恶化，华商的日子将遭遇艰难。

一份雪中送炭的捐赠

贺萌参赞从医院回到使馆后，带回了一个消息：博茨瓦纳总统卡马明天将派总统专机接茨万吉拉伊到博检查和疗养。我马上冒出一个想法：争取在茨明天登机前到医院看望他。我让贺萌立即与有关方面就此联系。

3月7日，快到中午时，接姆班加电话，总理希望在登机前与我见面，请尽快到医院。于是，和贺萌参赞及秘书小汤一起，马上赶到医院侧门。茨所在医院前虽有大批民众聚集，观望并等待消息，但秩序良好。医院正门外还站了不少记者，为不引起注意，姆班加领我们走侧门直接进入茨的病房。茨头裹绷带，虽受伤，神志清醒。此时，他已知道夫人不幸去世的消息，但能强忍悲痛，保持镇静。茨的病房里有民主变革运动（茨派）副总裁、联合政府副总理库贝女士、民主变革运动（茨派）秘书长、政府财政部长比蒂、总理办公室主任马考尼，还有一人不认识。

联合政府总理茨万吉拉伊

茨坐在病床上，我们一行3人和茨面对面坐着，茨的同志们坐在床当头的椅子上，病房不大，这么多人坐在里面，显得有点挤。我对茨万吉拉伊说：获悉总理阁下和夫人遭遇车祸，深感震惊；我们对阁下受伤表示亲切慰问，对夫人因车祸不幸去世表示深切哀悼，并送1万美元作丧葬费用，以表达我们的悲痛和慰问之情，务请阁下节哀，早日恢复健康。

说到这里，茨和他的同志们按当地习惯鼓掌表示谢意。茨表示衷心感谢，并称将努力从丧妻之痛中恢复过来，全力投入到联合政府的工作中。

茨担任反对党领袖期间多次被捕入狱，夫人是普通家庭妇女，家中经济状况一般，我去过他家几次，没见到任何高档东西，房子都没有装修，只在墙上刷了一层白色涂料。考虑到这一情况，我们按照中国人的习惯送了一份丧礼。

据总理办公室官员向我馆透露，茨将于3月10日返津，11日出席其夫人的葬礼。姆班加送我们上车时，一再表示感谢。

一个稳定全国的表态

车祸发生后,各方看法和声音相当不同:

穆加贝总统所在政党控制的官方媒体报道说:总理车队一行5辆,均为民主变革运动的车辆,总理座车为第三辆。肇事车辆挂着美国国际开发署(US-AID)驻津机构牌照,事发时司机可能在打瞌睡。官方媒体的潜台词是:车祸与穆加贝总统及其政党民盟无关。

美国广播公司(ABC)7日则引述匿名美国官员的话报道称,肇事卡车属于为美国与英国政府工作的一家承包商所有。报道说,这辆绘有美国国际开发署标志(USAID)的卡车,由来自美国政府的经费购买,司机是英国政府开发机构所雇用。卡车已经被津巴布韦当局扣押,司机也被逮捕。这个报道的潜台词是:虽然车是美国的钱买的,但司机是英国政府机构雇用的,所以,车祸与美国无关。

民主变革运动中有人怀疑车祸是一宗阴谋,目的为暗杀茨万吉拉伊,搞垮联合政府,搞乱民主变革运动。该党7日正式要求对党的总裁、总理遭遇车祸一事展开独立调查。国会议员、民主变革运动中央政策事务书记克劳斯在首都哈拉雷表示,在调查结果全面出来前,民主变革运动不会作出任何推测。该党的意思很明白,说是暗杀或不是暗杀都为时太早。

当时,驻津巴布韦使馆就如何看待这次车祸开了一个会,大家的看法相同:虽不能完全排除车祸系人为策划的可能性,但车祸系普通事故的可能性较大。因为事发公路为哈拉雷通向南非的干道,路况较差,车流密集,加之当地车辆多超速行驶,一直是事故多发地段。茨的前卫车为民革运保镖驾驶,护卫经验不足,难以有效防止类似事故发生。这次车祸虽然引起了全世界的关注,对津政局带来了强烈的冲击,大大增添了津政局的变数,但整体来看,津政局不致失控,联合政府仍有望继续运转。一是民盟方面处置得当。穆加贝总统夫妇在事发当晚即率副总统穆菊茹、国防部长穆南加格瓦、央行行长戈诺、青年部长及情报局长等赴医院看望茨,第一夫人俯身查看茨伤势,穆菊茹则拉住茨的手失声痛哭。民盟此举给民革运和公众以较好的交代。二是目前两党三方、特别是民革运茨派能保持克制,公开表态较谨慎,迄未出现相互指责和挑衅的现象。三是茨经此一难,其"悲情英雄"的形象势将更为突出,自身声望和安全系数得到进一步提高,反茨势力的忌惮增多。

车祸到底是意外还是阴谋,茨万吉拉伊本人的表态非常关键,全世界都看茨怎么说。只要茨稍微暗示这次车祸不正常,就很可能引发津巴布韦局势动荡,从而导致联合政府垮台。

3月9日,茨从博茨瓦纳回国,但没有返回医院,而是直接回了家。他回国后公开表示他相信车祸是一场意外,他说:"总是有阴谋,但这个事件,我可以保证如果有阴谋也是千分之一的几率,是一场事故不幸夺走了她的生命。"

茨的这一表态很快使津巴布韦国内外有关所谓车祸阴谋的种种说法都烟消云散了。

一次史无前例的追悼

茨万吉拉伊乘博茨瓦纳总统专机离开津巴布韦的当晚,穆加贝总统宣布:国家财政将承担总理夫人苏珊葬礼的费用。听到这个消息,我暗想,如使馆1万美元不是在总统作出宣布之前送给总理而是在宣布之后送,则作用和意义恐怕会大打折扣。

苏珊是在1977年认识同乡茨万吉拉伊的,当时茨在一家镍矿工作。两人育有6名子女。10年前,茨万吉拉伊创建了民主变革运动,直接挑战穆加贝的总统地位。茨的父亲是泥瓦匠,穆的父亲是木匠,泥瓦匠的儿子向木匠的儿子叫板10年,两人、两党关系中渗入

茨万吉拉伊总理夫人苏珊追思会

了越来越多的国际因素。苏珊·茨万吉拉伊在其丈夫的政党民主变革运动中并不活跃,2002年举行的上一届津总统大选前,苏珊曾认为她的丈夫有可能击败穆加贝总统而成为津巴布韦新的国家元首,曾公开表示她希望成为"国母"。茨万吉拉伊在那次有争议性的大选中落败。虽然茨万吉拉伊走入政坛后给苏珊带来的更多是担惊受怕、动荡不定的生活,但她始终无怨无悔,与丈夫荣辱与共在一起达32年之久。她的丈夫成为总理仅3个星期,在总理位子上屁股还没有坐热,她就死于车祸,因而,她的死在津巴布韦老百姓中激起了强烈的同情、悲哀和质疑。

使我深感意外的是穆加贝总统和夫人,是所有茨万吉拉伊以前的主要政敌,都出席了追悼苏珊的活动。

3月10日上午,追悼苏珊的宗教仪式在首都哈拉雷一家大教堂里举行。我在前一天已收到总理办公室发来的请柬。追悼仪式举行的当天是茨万吉拉伊总理的生日,我原定在这一天协调中餐馆在他家为他提供寿宴,想不到会变成出席他夫人的追悼会。茨绝对不会料到他生日这一天会变成他夫人的忌日,绝对不会想到以后他每为自己祝寿的同一天要纪念夫人的忌日。人们本来在这一天要说"祝总理生日快乐!"如今却是一片"请总理节哀"的声音。人生无常恐怕没有比这更典型的了。

苏珊是新教徒,苏珊宗教追悼仪式实际上是在教堂举行的一次宗教追思会。教堂内外挤得水泄不通,老远就听到教堂里传出的宗教歌声,在我听来,那不是悲哀的歌声,而是"祝福"的歌声,教徒们认为苏珊已摆脱了人间的苦难,她的灵魂已得救了,"祝福"她的灵魂进入天国。教徒们唱得那样认真,那样执著,那样高亢,那样抑扬顿挫,弄得我一时不知该为苏珊悲哀还是该为她高兴。

我在教堂里坐下后,往左一看,发现穆加贝的战友、民盟政治局委员、内阁信息部长沙姆的座位离我只有两个位子,他左边紧挨着民主变革运动(穆派)秘书长、内阁贸工部长、南非总统祖马的亲家纽比,我吃了一惊,怎么?连沙姆这样反殖民主义战争的老战士、老资格的政治家、茨的政敌也来了?我向整个会场扫了一眼,竟然发现穆加贝总统和夫人、穆菊茹副总统和丈夫以及绝大部分民盟的老政治家,也就是说几乎茨万吉拉伊所有的主要政治对手都在前面就座,如国防部长穆南加格瓦、前众议院议长、民盟全国主席恩科莫、国家安全部长赛克拉玛依、参议长马宗圭等。民主变革运动(穆派)领袖、副总理穆坦巴拉夫妇、民主变革运动(茨派)副

与茨万吉拉伊夫妇合影

总裁、副总理库贝女士以及来自于民主变革运动（茨派）的众议院议长莫约等政要也在前排就座。连强烈反对茨万吉拉伊的民盟政治局委员、前内阁妇女部长，被西方称为"强硬派"的穆春古丽也来了。我在心里感叹：这样的追悼会在津巴布韦真是史无前例啊！

牧师首先讲话，他说：所有来到教堂的人，上帝在津巴布韦所有的信徒们，都嫉妒苏珊，因为她已到达上帝的身边，已到达天国，而我们却仍然留在尘世上赎罪。愿苏珊的灵魂永远安息，愿上帝保佑津巴布韦子民，愿茨万吉拉伊总理早日康复。

牧师讲完后，教堂里的人们用当地语言唱起了嘹亮的宗教歌曲。

穆加贝已满85岁，他站着讲话将近半小时。在向死者表示哀悼和敬意，向茨万吉拉伊表示慰问的同时，他在讲话中呼吁所有津巴布韦人民支持新的权力分享型政府的总理茨万吉拉伊。他指出，所有党派都失去过他们的亲人，针对任何党派的暴力都应该停止。

穆加贝的讲话显示了他作为老资格的政治家所具有的高超的语言艺术和驾驭复杂局势的丰富经验，不仅借此讲话大大消除了车祸给他带来的公众的怀疑和反对党对他的不信任，而且，在一定程度上还赢得了反对党对他的好感和谅解。民主变革运动（穆派）秘书长、内阁财政部长比蒂就此发表评论说：以前我们对穆加贝总统了解不够，现在我们发现他是一个充满爱心的领导人，一个仁慈的领导人。

宗教追悼仪式结束后，所有与会人员向苏珊遗体鞠躬告别。与中国追悼会不同的是，穆加贝等国家领导人守在苏珊遗体边，等所有与会人员离开会场后再离开。我先向苏珊遗体鞠躬致敬，仔细端详了她那熟悉的遗容，然后，和总统夫妇、穆菊茹副总统、穆坦巴拉副总理夫妇等一一握手。总统府典礼局局长卡杰西小声催我加快进度。最后，我和茨万吉拉伊握手表示慰问，他以老熟人一样的眼光瞧着我，向我点了点头。

宗教追悼仪式结束后，当天下午，茨万吉拉伊的党在体育馆举行了数千人参加的大规模的追悼会。民主变革运动（茨派）秘书长比蒂在追悼会上致悼词："我们许多人都感到哀痛，不过大多数人由于过于震惊以至于无法感到痛苦。我们受到太大的创伤和太残酷的对待以至于我们无法感到痛苦。"

3月11日，茨万吉拉伊夫人苏珊被安葬在哈拉雷南部农村她的家附近。全国上下为她的去世感到哀伤，数百名支持者参加了她的葬礼。参加葬礼的有斯威士兰国王、博茨瓦纳等周边国家外长和其他国家政府的代表。各报纸纷纷发表哀悼文章。苏珊生前与凡人无异，死后备极哀荣。

中国外交部新闻发言人就车祸事件表示，中方对车祸事件感到震惊，对茨万吉拉伊总理夫人不幸去世表示沉痛哀悼，对总理和其他伤者表示慰问，祝愿茨早日康复，希望联合政府继续顺利运转，使津早日摆脱困境，走上快速发展之路。

苏珊葬礼结束后，参加葬礼的一些人在乘车回首都的路上，经过苏珊车祸遇难地点时，不知什么原因，竟在原地点再次发生车祸，又使多人受伤。

一个有点意外的判决

过失撞死津巴布韦总理摩根·茨万吉拉伊妻子苏珊的卡车司机奇诺沃纳·姆万达仅被津巴布韦一家法院判决罚款200美元，缘由是他驾车时未能尽职，这个结果使我有点意外，至于为什么感到有点意外，我相信读者的看法会同我大同小异，这里就不啰嗦了。

津巴布韦最大的报纸《先驱报》2009年8月1日报道，卡车司机奇诺沃纳·姆万达受雇于美国国际开发署，在津巴布韦境内运送医疗物资。法庭认定他过失撞死茨万吉拉伊的妻子苏珊。一名法官在奇武地区法庭判决时说："本案中，我不能把他送入监狱。鉴于他月收入大致在330美元至495美元之间，我认为罚金200美元量刑适度。"法官说，姆万达有过失，但不应对事故负全责，原因是津巴布韦路况不理想。

第十七章　与奥运冠军考文垂二三事

柯丝蒂·考文垂（Kirsty Coventry）是世界泳坛上的传奇人物，在奥运历史上，津巴布韦运动员总共获得过 8 枚奖牌。除了考文垂在雅典奥运会上获得的 1 金 1 银 1 铜，在北京奥运会上获得的一金三银外，津运动员还在 1980 年奥运会上获得过一枚曲棍球金牌。所以，考文垂一人独占了津巴布韦奥运史的 7/8。北京奥运会结束后，考文垂回到津巴布韦，我得以结识她，并开始友好往来，我为有机会观察、结交一位创造历史的人物而深感荣幸。

祝贺考文垂

随着北京奥运会日益临近，一位津巴布韦世界冠军的档案在我的脑海里越来越突出：

到津巴布韦国际机场迎接考文垂回国

姓名：柯斯蒂·考文垂
国籍：津巴布韦
生日：1983 年 9 月 16 日
身高：1.73 米
体重：66 公斤
项目：游泳（仰泳）

主要成绩：2004 年雅典奥运会 200 米仰泳金牌，200 米个人混合泳铜牌，100 米仰泳银牌。2004 年、2005 年连续获得 NCAA 游泳锦标赛 4 枚金牌，被选入学院的游泳教练员联合会，并获得 SEC2004—2005 年度最佳游泳运动员、最佳女运动员奖和 2005 年度"本田奖"游泳奖。2007 年，在墨尔本世锦赛上获得 200 米仰泳和 200 米个人混合泳银牌；在日本习志野国际游泳邀请赛中，连斩 4 金；而在第九届全非运动会上，更是为津巴布韦狂掠 7 金 3 银。

1928 年加入国际奥委会的津巴布韦并不是奥运赛场上的"常客"。事实上在恢复津巴布韦之名前，他们仅在 1928 年、1960 年和 1964 年，以罗得西亚之名参加了三届奥运会。1972 年，因为津巴布韦准备参加奥运的运动员拿不出英国护照，所以被慕尼黑奥运会"拒之门外"。但是，让津巴布韦骄傲的是，1980 年莫斯科奥运会，他们第一次以津巴布韦的名字参赛，津曲棍球队就获得了一枚金牌。三年后，考文垂在津巴布韦首都哈拉雷降落人间。

自这次夺金以后的 24 年里，津巴布韦在历次奥运会上均与奖牌无缘。2004 年，考文垂参加了雅典奥运会三项比赛才改写历史，她三项比赛全部进入决赛，并收获 1 金 1 银 1 铜，使这个位于非洲大陆东南角的内陆国家从奥运会上的配角一跃而为主角之一。由于考文垂表现十分抢眼，母校奥本大学有人建议她改换国籍，为美国出战，但被考文垂婉言谢绝。考文垂在这次赛后向外界明确表态："津巴布韦是我生长的地方。只要我还能游泳，就只为津巴布韦比赛。"

从雅典凯旋的考文垂，在津巴布韦首都哈拉雷国际机场受到了她祖国人民山呼海啸般的热烈欢迎。数千名同胞在富有韵味的非洲鼓伴奏下载歌载舞，用他们最原始的方式来欢迎这位民族英雄。考文垂的成绩，让津巴布韦总统穆加贝对她赞赏有加，在随后为考举行的招待会上将考称为"金牌女神"，说"我们真的为她感到骄傲，她给我们国家带来了这么高的荣誉，我们理应用这样的规格欢迎她回到自己的祖国"。又说"津巴布韦人民能够给予考文垂最大的赞美就是把我们的情感赋予她，祝愿她一生平安。当然，我们可以给她更多的物质礼物，但我还是认为，我们能做的最好的事情，就是把我们的情感给予她"。在隆重的欢迎仪式后，穆加贝总统还奖励给考文垂 5 万美元和一本外交护照。津巴布韦人更是对这位举国无双的泳坛天才怀抱着深刻的喜爱，不少人将自己的孩子取名为考文垂，表示对孩子的殷切期望，更显示出对这位国宝的崇敬与热爱。

北京奥运会举行时，考文垂已是 25 岁的姑娘了，她能够卫冕奥运冠军吗？对于北京奥运会赛事，考文垂对自己充满信心："我已经准备好了，在北京奥运会开幕前，我就会调整到最佳状态，我的目标只有一个，就是让每一位家乡父老为我的成绩感到骄傲。"当然，考文垂也暗自有一份担心，"比赛前我简直要发抖，一切都将在泳池里决定，就看我能带什么回到祖国，"考文垂赛后说。毕竟，北京奥运会上的考文垂，一个人要对抗着美、澳两大强国。

8 月 10 日，考文垂参加女子 400 米个人混合泳决赛，收获一枚银牌。冠军被澳大利亚人赖斯获得。

11 日上午，考文垂在她的强项 100 米仰泳半决赛中打破世界纪录。不过，她在次日的决赛中惜败于美国人考芙琳，再获一枚银牌。

13 日上午，200 米个人混合泳决赛，考文垂再次输给赖斯。

在北京奥运会的前几日比赛中，考文垂三度与金牌失之交臂。我和津巴布韦朋友们关注着考文垂的战绩，我们为她赢得 3 银而高兴，又为她是否能夺金卫冕而暗自捏一把汗。

16 日，北京奥运会游泳比赛在国家游泳中心——"水立方"继续进行。200 米仰泳，是考文垂最后的夺金机会了。以半决赛第一名晋级的她被安排在第 4 泳道，在她右边的是美国 16 岁小将伊丽莎白·拜塞尔。这是一场"80 后"与"90 后"的直接对话，而分别出生于 20 世纪 80 年代和 90 年代的考文垂和拜塞尔都是夺金的热门人选。发令枪响，8 条"飞鱼"一跃入水，反应奇快的拜塞尔率先入水，但考文垂却凭借惊人的爆发力弥补了入水的劣势。前 50 米，考文垂便游出了 29 秒 62，夺回领游的位置。之后的 50 米，考文垂要做的就是扩大领先优势了。最后的 100 米，堪称是考

祝贺津巴布韦运动员考文垂获北京奥运会游泳冠军

文垂的表演时间，明显的优势让考文垂拿到这枚金牌失去了悬念，但人们更好奇的是，她能延续水立方的破纪录夺金传统吗？答案是肯定的。在最后的冲刺阶段，考文垂再度展现了惊人的冲刺能力，最终率先触壁，时间被定格在2分05秒24，这一成绩让该项目的世界纪录就此作古。考文垂为津巴布韦获得了北京奥运会的第一枚金牌，成功蝉联这个项目的奥运冠军，并打破了这个项目的世界纪录！同时也是津巴布韦代表团以及非洲代表团在本届奥运会的首金。"我一定要拿下这枚金牌！"在200米仰泳决赛之前，柯丝蒂·考文垂立下了誓言。结果，她没有食言。

这样，在北京奥运会的泳池里，考文垂先后获得一枚金牌和三枚银牌，打破两项世界纪录。

津巴布韦奥运代表团其他运动员没能获得奖牌，因此，考文垂的成绩也就是整个津巴布韦奥运代表团的成绩，尽管如此，津巴布韦代表团在北京奥运会奖牌榜上，仍位居第37位，在非洲仅次于肯尼亚和埃塞俄比亚。这不仅让津巴布韦扬眉吐气，昂首登上奥运奖牌榜，也让"非洲人不会游泳"的贬评就此开始褪色。

消息传来，津巴布韦一片沸腾，当地媒体在第一时间，用最突出的方式报道了这一喜讯。我打电话给有关津巴布韦朋友表示祝贺。18日，我致信津巴布韦教体文部长，祝贺津游泳健儿考文垂在北京奥运会上取得一金三银的优异成绩。贺信全文如下：

尊敬的津巴布韦教体文部长，埃尼斯·奇格韦德里先生阁下：

欣悉贵国奥运健儿柯丝蒂·考文垂女士在北京奥运会上为津巴布韦夺得了一金三银的骄人成绩，我谨代表中国驻津巴布韦大使馆和中国人民向您和津巴布韦人民表示热烈祝贺。

毫无疑问，考文垂女士在北京水立方运动场取得的历史性佳绩将极大地激励津巴布韦人民，她的成绩也是所有发展中国家的骄傲。考文垂女士不畏艰难、勇攀高峰的精神值得所有人学习。我们坚信，津巴布韦将进一步发扬奥林匹克精神，培养出更多优秀运动员，为国家赢得更多荣誉。

祝津巴布韦奥运健儿取得更多好成绩！

8月19日，我在会见穆加贝总统夫妇时再次当面向他们表示祝贺。穆加贝总统夫妇同时祝贺中国运动员在奥运会上取得的佳绩，祝愿北京奥运会圆满成功。

迎接考文垂

2008年8月27日，津官方报纸《先锋报》在题为《总统为考文垂而欢呼》的文章中，特意用显目的字体说："津巴布韦永远的最伟大的运动员柯丝蒂·考文垂，在中国北京奥运会夺得4块奖牌后，今天将回国。载着考文垂和津巴布韦奥运会代表团其他成员的航班将于下午两点抵达哈拉雷国际机场。在过去的两周时间里，她使我们大家感觉不一样，让我们大家去欢迎金色女孩的回来。"

我和津内阁新闻和宣传部长恩德洛夫、马旬戈省省长马卢莱克等政府官员及数百名的普通民众分别前往机场，迎接从北京奥运会凯旋归来的考文垂及津巴布韦奥运代表团其他成员。津奥委会将在机场贵宾室举行记者招待会并组织民众欢迎。

机场贵宾室的沙发已挪走，换成了许多折叠椅，搭了一个主席台，坐在主席台上的有津奥委会主席马森达、政府高官、考文垂，我也被邀请到主席台上就座。

招待会开始前，大家相互介绍，互表祝贺。当我初见考文垂时，比我想象中的她形象有较大差异。在中国人的眼光看来，她看上去不止25岁，原以为她是一个稚气犹存、仍带天真的女孩子，实际上她已相当稳重，面庞上显示出她的丰富阅历，显然，这与她见多识广有很大关系。她衣着简朴，举止大方，平易近人，虽然她在国际重大赛事中获得很多奖牌，但丝毫不甩大牌，乐于跟任何人交谈、合影。她五官端庄，未施脂粉，未披金戴银，头发简单地用一个橡皮筋箍住，留给人们的是一个美丽而不艳丽、高雅而不高傲、随和而不随便、大气而不是大腕的形象。

也许考文垂对于我会到机场迎接她这一点完全没有料到，当津奥委会主席马森达替我们相互介绍时，她显得非常兴奋。我从使馆一等秘书李华手中接过早已准备好的一束鲜花送给她，她连声说谢谢，并开始一个劲儿地赞美北京奥运会完美无瑕，赞美北京美丽无比，赞美中国人热情友好。考文垂把她的母亲介绍给我，我当即邀请考文垂全家到官邸做客。我说："津巴布韦有不少中餐馆，但最好的中餐在我的家里，你在北京品尝过中餐，但你也许没有品尝过湘菜，我的厨师是刚从湖南省来的特级厨师，你可以欣赏到另一种中餐。"考文垂愉快地接受邀请，并当场与秘书小汤确定了到官邸做客的时间。

招待会开始了，津奥委会主席马森达、津政府代表、新闻部长恩德洛夫和考文垂先后讲话。我也应邀讲话，我原没有料到这一点。在即席讲话中，我代表中国政府和人民向考文垂和津巴布韦奥运代表团在北京奥运会上取得的优异

成绩致以最热烈的祝贺，表示考文垂所取得的历史性佳绩将极大地激励津巴布韦人民，她的成绩也是所有发展中国家的骄傲。我在讲话中还盛邀考文垂一家到官邸品尝中餐，这句话赢得了最热烈的掌声、最会意的笑声。

宴请考文垂全家

考在招待会上最后讲话。招待会结束后，她拿出她在北京奥运会上获得的一金三银奖牌，请我观看，我拿起一块奖牌，与她合影，分享成功的喜悦。

持续多年的津巴布韦严重的经济危机使津民众心情沉重，考文垂在北京奥运会上的胜利对低落的民众情绪无疑是一个巨大的刺激，足以让整个津巴布韦为之振奋。从机场外到市中心，在考文垂车队经过的路上，无数民众聚集在街道两旁，争相一睹考文垂的风采。津巴布韦奥委会组织了一个庞大的车队，让考文垂得以接受民众的夹道欢迎。

8月27日，穆加贝总统在第七届议会开幕式上说："我确信，所有的议员将和我一起，为津巴布韦代表团，特别是考文垂，在北京奥运会上的英雄般的表现，致以最衷心的祝贺。"8月29日，穆加贝总统在津巴布韦农业机械博览会开幕式上接见了考文垂和考的母亲莱恩，当场将10万美元奖金的支票交给考文垂，并在讲话中亲切地称她为"津巴布韦的女儿"和"金色的女孩"。当晚，津巴布韦奥委会在彩虹饭店举行宴会，欢迎考文垂和津奥运会代表团其他成员凯旋，中国驻津使馆政务参赞贺萌代表我出席。

宴请考文垂

2008年9月2日晚，考文垂及其父母，还有津奥委会主席马森达、津奥委会首席执行官穆超基到官邸做客。

考文垂的父亲虽然是第一次见面，但有一种似曾相识的感觉。虽已年过半百，仍有一种健硕的英武气概，目光炯炯，眉宇间显示出对事物的洞察能力，他长长的络腮胡须使他增色不少。他的样子仿佛就是美国大作家海明威再世。

考文垂的母亲个头在西方人当中不算高，略显胖，虽然已上年纪，仍不难从她现在的面庞上想象出当年的光彩。

虽然从某种意义上讲，考文垂只是一介平民，然而，官邸的厨师、招待员等因有机会接待她格外兴奋。厨师为考文垂等客人拿出了精心提供的菜单。

考文垂一家按时抵达，我请他们在会客室小坐，先请她在贵宾簿上签字。她提笔写道："亲爱的大使先生，谢谢您的慷慨宴请。北京奥运会是贵国的一个巨大的成功，我有幸参加了这次盛会。再次感谢，并致以最美好的祝愿！柯丝蒂·考文垂。"

宴会开始前，我们广泛交谈，我再次祝贺考文垂在北京奥运会上取得优异成绩，祝愿她今后为津巴布韦赢得更多荣誉。考文垂感谢盛情款待，一再说北京奥运会的完美组织工作给她留下美好而深刻的印象，"不可思议"、"太完美了！"等赞美的词汇一个接一个从她嘴里蹦出来。考文垂的父母属于津巴布韦的中产阶级，经营了一家工厂，祖上来自于欧洲，先是在赞比亚谋生，后移居津巴布韦。我对考文垂的父母说，我为他们养育了这样一个女儿感到骄傲。他们告诉我：考文垂1983年出生于津首都哈拉雷，他们父母同竞技运动没有太多关系，一直十分重视女儿的学业，希望她以后能出国留学。没想到她会喜欢游泳，有游泳天赋，会成为世界冠军。当她显露出游泳天赋后，津巴布韦已经无法为她提供更好的训练条件，这里的游泳池都是室外的，冬天没法游。2000年，17岁的考文垂作为黑马意外入选本国奥运代表团，参加悉尼奥运会，当时还是一个高中生的她，一口气参加了50米、100米自由泳、100米仰泳和100米个人混合泳四项比赛，虽然只在100米仰泳赛中以1分03秒05的成绩闯入半决赛，并以1分02秒54的纪录被挡在决赛门外，但她已经创造了非洲历史，因为她是首位游进半决赛的非洲游泳选手。悉尼奥运会后，以游泳特色著称的美国阿拉巴马州奥本大学给考文垂寄来录取通知书，并提供了奖学金。她和她的父母都很高兴：前者找到了可充分挖掘游泳天分的土壤，后者圆了让女儿出国深造的梦。富有经验的奥本大学教练根据她耐力和协调性好、爆发力却较弱的特点，果断建议她放弃过多兼项，专攻混合泳和仰泳，在近3年的系统训练中，她技术上的许多缺陷和不良习惯得到很好纠正。

考父还谈到，由于津巴布韦经济危机，他们目前的经营、生活环境很不理想。虽然在英国的女儿最近生了小孩，他很想去那里看望女儿一家，亲亲孙子，但是因手头没有外汇，津元又日益贬值，连负担一张到英国的机票都有困难。讲到这里，他摇头叹了口气。

考文垂喜爱中餐，喜饮葡萄酒，对茅台酒浅辄则止，认为太烈。宴会进行了两个小时。结束时，我给她全家每人送了一份礼品，并合影留念。她再次从箱子里拿出一金三银请大家观看，然后，我把奖牌挂在她脖子上合影。使馆厨师郑成功换上干净体面的服装也与考文垂合影留念，最有意思的是，在官邸工作的当地花工辛巴，拿出一个小学生的作业本，请考文垂题字留念，考也愉快地签下自己的大名。

离开官邸前，我邀请考文垂出席我将于9月25日举行的国庆招待会。她愉快地答应了。

祝福考文垂

一些人知道我已邀请考文垂出席中国国庆招待会，他们迫切希望在招待会上一睹她的风采。但是她的身影在招待会上没有出现。因她已回到美国得克萨斯州首府奥斯汀，她是州长牛角游泳俱乐部的成员。

不过，在国庆招待会上，当放映使馆制作的20分钟长的反映中国成就和中津友好的专题短片，短片中出现考文垂参加北京奥运会夺冠和我在哈拉雷与考在一起的镜头时，出席招待会的不少来宾高兴地鼓掌。

我非常高兴地了解到考文垂既是津巴布韦奥运代表团的游泳选手，也是美国得克萨斯州州长牛角游泳俱乐部的成员，还是得克萨斯大学女子游泳跳水队的志愿助理教练。我告诉她，我儿子正在得克萨斯大学攻读博士学位，她显得非常开心，连忙把她的几个电话号码和电子邮箱地址写给我，说一回到得州奥斯汀就要和我儿子见面。我说，我会把与她在一起的所有照片传给我小孩，请他把照片再给她。我还说，再次到得州看望我小孩时，我们会有机会在美国会面；如果下次回津巴布韦，欢迎她再到官邸做客。

临别前，我向她表达了最诚挚的祝福，祝愿她在下次奥运会上再次夺金，实现三连冠。

第四篇

走进非洲文化

美丽的夕阳

非洲木雕

非洲木雕

夸张的非洲木雕

巨乳肥臀

母性图腾

绍纳石雕人像

双凤

恩爱

翩翩起舞的黑人艺术家　　　　　　　　　　　　非洲靓女

绍纳人的图腾工艺美术品

第四篇

走进非洲文化

第十八章 非洲的图腾崇拜

图腾（totem）崇拜是人类童年时代的一种文化现象。什么是图腾崇拜呢？在原始社会母系氏族公社时期，每个氏族都采用一种动物、植物或无生物作为本氏族的名称，这种徽号就是图腾，作为自己的祖先和神灵一样去崇拜，这就构成了图腾崇拜。图腾对一般的现代人来说可能是陌生的。但是它的身影却并未从历史的屏幕上彻底消失。我们中国人总是常说自己是龙的传人。龙，它曾经是我们中华民族的图腾。《诗·商颂·玄鸟》有"天命玄鸟，降而生商"的诗句，说明了我国商朝的子民是以"玄鸟"（燕子）作为自己氏族的图腾。在《国语·周语》中也有"吾姬族出自天鼋"，说明周朝时周文王、周武王为代表的王族——姬族的图腾是天鼋。凡此种种都说明了中国古代图腾崇拜现象的存在。我到非洲工作之后，深切感到图腾是传统社会里非洲黑人信仰的旗帜、安全的保护神、行为的预言者，同时又是社会秩序的基石、物质资料的赐予者，因而他们对图腾特别敬仰，有一套特殊的祭祀仪式和禁忌。图腾崇拜现象在今天的非洲仍然大量存在，非洲图腾文化不仅对当地政治环境、社会生活、文学艺术仍然有明显的影响，而且作为非洲的代表元素之一，越来越被吸收到现代国际社会的设计时尚和融入艺术新潮中。

现实中的图腾崇拜

出任驻津巴布韦大使不久，我邀请津巴布韦执政党民盟的第五号人物、中央政治局委员兼中央行政书记、政府土地部长兼国家安全部长穆塔萨和夫人等到官邸做客。席间，当上到牛肉这道菜时，他婉拒了。一问，才知道牛是他们家族的图腾，是他们家族的保护神，他们家族世世代代都把牛当神来膜拜，怎么可以吃呢？我连忙表示抱歉，请厨师赶快给他们换了一道菜。宴会结束时，

鳄鱼皮饰，也具图腾意义

穆塔萨送给我一个礼品，我打开一看，是一个黑木的水牛雕像，两只角中间还镶了一个电子钟。这件艺术品的质地很好，是道地的黑木雕成的，非常重，水牛雕像形神兼备，令人爱不释手。客人准备这件礼品，确实是别具匠心，别有深意。穆塔萨说：牛一直护佑着我们家族，我把大使阁下当成家庭一员，让我们家族的图腾也为你祝福。临别时，穆塔萨邀请我到他家乡的农场做客。后来，我果然驱车几个小时到了他的农场。使我大吃一惊又恍然大悟的是：他的农场非常大，有几千公顷，在他的农场里有200多头野牛，因为牛是他家族的图腾，是不能射杀的，所以他农场的野牛越来越多；他农场大，不愁草不够，他也乐见牛越来越多。

  以后，我邀请当地朋友到使馆或官邸做客，都注意问对方的图腾是什么。我很快悟道，现在非洲有许多民族仍然存在着对某种动物、植物或无生物的崇拜，把它敬为神灵，作为自己的保护伞，当地黑人家家都有自己的图腾崇拜对象。穆加贝总统家族的图腾崇拜对象是鳄鱼，民盟中央政治局委员、中央组织书记兼政府部部长马尼卡家族的图腾是豹子，等等。有趣的是，图腾崇拜的对象并非只是动物，不少非洲人的图腾崇拜对象是植物、器物，甚至动物、植物的某一部分。例如，津巴布韦国防军司令齐温加上将家族的图腾是心脏，齐威什大酋长家族的图腾是紫薇花。在传统社会里，非洲黑人各族不但认为图腾是圣物、保护神，还认为崇拜图腾可获得其神性。他们相信对图腾的真诚膜拜，就能使本族人与图腾产生交感，从而得到图腾的生机活力与魔力，获得它能赋予的一切美德和物质利益；否则，便会受到严厉的惩罚。如奉狮子为图腾的阿赞德人（又名"粘舶人"）认为，只要身上带有一颗狮牙，就可得到狮子的勇猛，从而精神抖擞。奉猫为图腾的多哥高原的阿凯布人认为，遇到危险时只要抓住猫尾巴就可获救。图腾崇拜深深影响着，甚至支配着非洲黑人的生活习俗。以头饰和发型为例：富尔贝人的男男女女头顶上都剃光四周，独留一绺头发。远远望去，恰似一个鸟冠；在班巴拉人中，到处可见成年男子头上有两只角——梳成羊角状的两束头发；科尼吉亚人头顶上立一个小圆圈，周围的头发四散纷披，犹如四射的光芒。原来这3个部族分别奉凤头鸟、羊和太阳为图腾，其发饰乃是对图腾形象的刻意模仿。再比如：刚果北部的黑人或磨尖牙齿，或毁损上门牙，或拔去一部分牙齿。据他们自己解释，这是为了模仿其图腾斑马、猫、鳄鱼的牙齿；乍得湖附近的黑人用两块木片镶于嘴唇的上下，使其成为他们崇拜的图腾动物的形状，或为蛋圆形，或为鸟嘴形。这种仪式在出生后不久举行，初时用很小的模型，成年后就改换固定的模型，最大者直径约10英寸左右。非洲人在生活习俗上着意模仿图腾，一是为表明自己所崇拜的图腾对象；二是想得到图腾的神佑和帮助。

非洲人不仅各家各户各个部落有自己的图腾，一些非洲国家和民族也有自己的图腾。一个国家的图腾标志成为这个国家的象征。例如，乌干达国旗的中心部位是一只皇冠鹤，皇冠鹤是乌干达的国鸟；津巴布韦国旗、国徽和货币上，有一只津巴布韦鸟，它的学名叫"红脚茶隼"，是迁徙于南亚和南非之间的候鸟，红脚茶隼是津巴布韦的国鸟。皇冠鹤和红脚茶隼，既分别是乌干达和津巴布韦特有的标志，也是这两个国家古老的图腾文化的庄严体现。在津巴布韦首都哈拉雷，到处都能看到"津巴布韦鸟"的标志。早在一千多年前，当地人的祖先就已将这种鸟的形象刻在祭祀场的石柱上了。顺便说到的是，图腾标志成为国家和民族象征这一现象并非只存在于非洲，亚洲、欧洲和美洲都有这一现象。例如，据考证，夏族的旗帜就是龙旗，中国的龙旗一直沿用到清代。1888年10月3日，慈禧太后批准《北洋海军章程》，规定大清国国旗就是长方形的黄龙旗。

母性图腾

古突厥人、古回鹘人都是以狼为图腾的，史书上多次记载他们打着有狼图案的旗帜。东欧许多国家都以鹰为标志，这是继承了罗马帝国的传统。罗马的古徽是母狼，后改为独首鹰，东罗马帝国成立后，又改为双首鹰。德国、美国、意大利为独首鹰，俄国（原始图腾为熊）、南斯拉夫为双首鹰，表示为东罗马帝国的继承人。波斯的国徽为猫，比利时、西班牙、瑞士以狮为徽志。这些动物标志不是人们凭空想象出来的，它来源于原始的图腾崇拜。

图腾崇拜明显地体现在非洲黑人的生产劳动中。他们致力于将图腾的作用与生产工具的作用统一起来。有的直接取他们崇拜的动植物做工具，有的在工具上刻画图腾，其目的是期望得到图腾这个法力无穷的神灵的鼎力相助。非洲黑人还认为，图腾掌握着生产的丰歉，所以在开犁耕种前要祈求图腾恩赐，在收获之后要用首批收获物敬奉图腾，以感谢其恩典并祈求图腾以后再多多关照。

图腾与禁忌紧密相连，日常生活中种种禁忌的存在以另一种方式说明了图腾崇拜的存在。禁忌起源于人们对所崇拜的图腾的敬仰和恐惧，禁忌形成后又有助于维系对图腾的敬畏感和神秘感。图腾崇拜首先要敬重图腾，禁捕、禁杀、禁吃，甚至禁摸、禁看图腾崇拜的对象，不准提图腾的名字。图腾死了要说睡着了，有的要按照葬人的方式安葬。非洲人普遍相信：遵守禁忌会太平无事、繁荣昌盛，能免除不能察觉的危险；违犯禁忌将给本人和自己的部族带来不幸。对违犯图腾禁忌的人，通常的处置方法是献祭和忏悔甚至施以酷刑。禁忌的类型有：讳名、禁止碰触、禁止诅咒侮辱、禁止伤毁食用、禁止同一图腾的人结婚等。以椰子树为图腾的东非万尼卡人的禁忌是："每毁坏一棵椰子树，就等于杀害了自己的母亲，因为椰树赋予他们生命和营养，正如母亲对孩子一样。"南非奉鳄鱼为图腾的巴魁纳人，相信若杀死一条鳄鱼肯定会雨水不顺。以狮子为图腾的巴通人，如果在万不得已的情况下杀死一头狮子的话，随后就会深深感到悔恨。他们连死狮子都不敢看，怕突然瞎了眼睛。但如果这类事不可避免地发生了，他们就用兽皮仔细地擦眼睛，以求宽恕，以防危险和以示尊敬。

非洲某些民族、部落和家族的名字深刻打上了图腾崇拜的烙印。例如南非洲的贝川那人（Bechuanas），分为鳄族人、鱼族人、水牛族人、象族人、豪猪族人、猴族人、狮族人、藤族人等，直白地表明鳄族人的图腾崇拜对象是鳄鱼，鱼族人的图腾崇拜对象是鱼等等。一些非洲人直接以图腾为姓。例如，津巴布韦政府原农业部长和我的司机姓"巩博"（gongbo），这是一个绍纳语姓，其含义是"大腿"。其实，姓氏与图腾有着密切的关系，古今中外，概莫能外。我们完全可以从中国人的姓氏上得以印证，如"牛、马、羊、龙"等，原始社会把崇拜之物作为氏族称号，后来也就成了这个氏族的姓氏了。

非洲人的图腾崇拜同中国人"十二生肖"在某些方面类似。例如，图腾为马的非洲人和生肖是马的中国人一般都本能地喜欢有关马的艺术品,喜欢收藏关于马的作品。但是,中国人对于"十二生肖"的态度似乎没有非洲人对图腾崇拜那样执著。例如,图腾崇拜对象为猪的非洲人十之八九不会吃猪肉,生肖属猪的中国人恐怕不会因其生肖是猪而不吃猪肉;生肖为老鼠的中国人一般照样讨厌老鼠,见到老鼠照样会喊打,而图腾崇拜对象为老鼠的非洲人不仅不会打老鼠,相反,还会顶礼膜拜。

艺术中的图腾崇拜

图腾崇拜是人类文化史上一种古老的、普遍的文化现象,图腾文化和原始的宗教文化相互联系,不可分割。自古以来,非洲各民族就喜欢将自己的图腾文化、宗教文化应用于本民族的艺术实践之中。在一定意义上可以说,没有非洲图腾,就没有非洲艺术。图腾文化在一定意义上本身就是艺术。非洲图腾和宗教是非洲艺术的思想元素之一,非洲艺术是非洲图腾和宗教的艺术表现形式。现实中的图腾崇拜现象体现在文身、绘画、舞蹈、雕刻和装饰等非洲黑人艺术中。图腾崇拜是非洲黑人创作的主题之一和艺术灵感的源泉之一。黑人舞蹈中许多模仿动物的舞姿是他们对图腾崇拜的一种艺术的表达方式。木雕、石雕、骨雕、竹雕等雕刻,漆画、油画、装饰画等绘画作品中,大象、狮子、豹子、河马、野牛、犀牛、斑马、长颈鹿等的雕像或画像比比皆是,层出不穷,这反映了非洲黑人的图腾崇拜。有的居家装饰以羚羊为基本图案,有的家族的族徽是雄鹰,有的村庄家家都放着鳄鱼石雕或是其他动物的石雕,其原因就是图腾崇拜。

绍纳人的图腾工艺美术品

非洲的图腾崇拜与非洲文身艺术有着内在联系。历史上,奉某物为图腾的人往往在自己身上文上该图腾的形象。特维人的豹氏族有成员死亡时，哀悼者要用红色、白色和黑色黏土在自己身上涂一些斑点，作为豹的象征，还要在死者的脖颈上涂一些斑点，否则据说死者将会变成一只豹。尼日利亚一些部族人们的脸上分别文着蝎子、公鸡等图腾图案。在苏丹的罗图佳部族里，每个男人在成丁礼后都要在自己脸和身上文有青龙、白虎、雄狮、兀鹰等图腾形象。

图腾崇拜与图腾舞蹈是联系在一起的。现代舞蹈艺术已越来越融入非洲图腾文化的元素。图腾舞蹈即模仿、装扮成图腾动物的活动形象而舞。图腾和舞蹈都具有集体性，特别是在人类原始部落里，图腾和舞蹈还具有社会性，在当时组织散漫和生活不安定的状况下，需要有一种社会感召力使他们团结在一起，图腾和舞蹈就是产生这种感召力的重要手段。不论是狩猎还是战争，都是整个部落一起行动，所以原始舞蹈总是集体性的。部落为了有个共同标志，这就出现了图腾。图腾不仅作为部落区别的标志，同时亦是一种最原始的宗教信仰。每逢祷告或庆典，都对着图腾跳舞蹈，这叫图腾舞蹈。图腾舞蹈在世界各地原始民族中都是有的。塔吉克人舞蹈作鹰飞行状，朝鲜族的鹤舞、龙舞都明显带有图腾舞蹈的痕迹。再有北美洲印第安部落跳的野牛舞蹈，他们迷信野牛和自己部族有血缘关系，跳这种舞蹈野牛就会出现并让他们狩猎；澳洲土人跳他们的图腾蛇舞蹈时，舞蹈者文脸文身，作为对自己部落祖先的怀念。非洲舞蹈的图腾遗风遗韵则更加明显。许多黑人部族的舞蹈都直接模拟图腾动物的动作，并因所崇拜的动物不同而各有所异。例如，如果一个博茨瓦纳人想了解对方属哪个氏族，只须询问"你跳什么舞"即可知晓。在乌干达人中，以蟋蟀为图腾的氏族在跳图腾舞时，刻意模仿蟋蟀的动作，以求蟋蟀的数量和人口得到增长。非洲舞蹈是非洲劳动人民在生产活动中创造出来的，多用来表现烧荒、播种、收割、狩猎等场面以及人们对图腾的崇拜，保持着淳朴的民族风格。非洲舞蹈动作粗犷有力，旋律强烈感人。舞蹈者常常剧烈地甩动头部、晃动手脚、转动眼珠、起伏胸部、屈伸腰部、摆动胯部、扭动臂部等，几乎身体的每一个部位都在剧烈地运动，个个表演得如痴如醉，非常投入。在非洲的许多地方舞蹈中，男人们赤裸着上身，涂着黑白相间的花纹，下身围着用各种各样兽皮制成的裙衣，头上插着各种颜色的羽毛。妇女们身着古典式民族服装，手腕和脚腕上缠绕着一串串贝壳、兽骨片以及小铃铛，贝壳和铃铛发出悦耳的响声，羽毛和兽皮似彩云飘动，使观看者眼花缭乱，耳目一新。

图腾崇拜必然体现在服饰上，图腾艺术的一个重要表现形式就是服饰艺术。现代服饰艺术越来越受到非洲艺术，特别是图腾艺术的影响。历史上，以豹子为图腾的某些非洲原住民喜欢将豹皮披在身上，以求得豹子神灵的保佑；同样，以羚羊为图腾的香巴人则必披羚羊皮；以某种树为图腾的族群则将树叶作为服装材料，以体现与神灵在一起；以鸡鸭为图腾的部落老小，则往往喜欢将鸡鸭毛插在头上或身上，既体现对神灵的敬重，又起到打扮的作用。在安哥拉以蛇为图腾的黑人中，青年人用树根或纤维织成的蛇皮般的衣服包裹全身。随着棉布绸缎等服装面料的出现，图腾则被运用到面料图案的设计之中。图腾崇拜是非洲人服饰设计中的一个主要因素。崇拜斑马的族群其服饰图案往往是斑马，图腾为狮子的族群其服饰图案则多为狮子。世界现代服饰艺术借鉴非洲图腾在非洲民族服饰中的应用及多元化表现，在现代服装中自觉运用非洲图腾文化元素，不只是对原始图腾及少数民族服饰简单的堆砌和照抄照搬，而是赋予其新的意义，从而在现代服装中艺术地体现出了图腾所蕴涵的深厚文化底蕴。在近年来的春夏服饰中，著名设计师瓦塔纳贝（Junya·Watanabe）对非洲部落主题情有独钟，其服饰设计中不但充满了树叶、图腾等非洲风情的印花图样，还创造性地改良了非洲妇女的传统服饰"坎加"（Kanga）这一非洲妇女用来缠裹身体的长方形花布。设计师重新解构了坎加的裹布技巧，将之与多彩的印花图案拼接起来，并采用了束腰剪裁，更利于突出女性曼妙玲珑的身体曲线，也容易打造多变的混搭风格。这种风格大受潮流明星欢迎，她们纷纷以此作为秘密武器走在红地毯上，展现别具一格的异域风情。近来，国际上不少知名品牌刻意采用非洲遥远神秘的图腾文化来装点自己的春夏系列服饰，它们参照了著名画家对非洲大陆的灵感，天马行空般地制造出亮点，在冷峻的蓝、灰色调的映衬下，以图腾的造型来引人注目。非洲部落的原始风情与摩登的现代风格碰撞出可穿性极强的时髦单品，成为时髦和前卫的不二选择。迷人的兽纹特别是蟒蛇纹、豹纹大行其道，从高跟鞋到手提包，再到太阳眼镜，都可以看到这些猛兽的踪迹。蛇皮虽然没有鳄鱼皮、鸵鸟皮昂贵稀罕，但是它的纹路细密、重量轻、皮质较软，制作出来的女装紧贴身体，能够营造出迷人的婀娜曲线。例如，好莱坞名媛如今也喜欢不时耍耍非洲风情，帕列莫（Olivia·Palermo）的兽纹披挂与黑色短裤及缎质上衣搭配时，让你想到的更应该是非洲的一个高贵的大酋长的公主到了纽约，既经典，又时尚。美艳狂野的梅根绝对是演绎"非洲风"的最佳人选，其出席颁奖典礼时，就以一身低胸性感仿兽皮连衣裙出席，左手戴金色手镯，右手绘梦露"文身"，抢尽一切风头。毕竟，在服饰艺术的世界里，城市的随性浪漫曾经吹过绅士们的肩头，田园风的甜美可爱也拂过淑女们的脚畔，接下来，人们盼望尝试另一种风格，那就是将非洲风更多地吹进时尚世界，让图腾艺术更多融入服饰设计，说白了，也就是让服饰更贴近自然，使人们仿佛置身在非洲部落的原始状态中，既更多释放人们的野性美，使人们的一切变得火辣起来，又体现人们自然率真，俏皮可爱的一面。

图腾崇拜对非洲黑人的民间文学产生了很大影响，非洲黑人各族有关氏族起源的神话传说大多与图腾有关。例如，加纳以青花鱼为图腾的部族的传说认为：本族是由祖先与青花鱼结婚而生育的子女的后代。阿佩人的起源神话说：因撒拉夜间外出打鱼，得一阿佩鱼回到家里。当因撒拉要杀鱼时，鱼说："请不要杀我，我将成为你的妻子，你就是我的丈夫。"阿佩鱼不久变成一个美丽的少女与因撒拉结婚。他们生儿育女，今天的阿佩族便是其后裔。

图腾崇拜与非洲绘画有着内在联系，不可分割。非洲有大量的古代岩画，多以图腾崇拜为主题。神秘的史前岩画艺术是津巴布韦文化遗产的重要组成部分。以2003年被列入"世界文化遗产"的马托普山为例，该地区具有最丰富的岩石地貌，这些巨石提供了大量的天然石洞，成为岩画艺术的汇聚地。这里有超过5000处岩画景点，是世界上史前岩画艺术最丰富的地区之一，它们记录了史前文化以及距今大约2.5万年前非洲的历史，特别是保存了古代许多图腾崇拜的形象和仪式。我曾几次前往津巴布韦首都哈拉雷郊区山脉的洞穴中观赏岩画，岩画的图腾主题给我留下了深刻印象。

图腾艺术还体现在雕塑、音乐等艺术形式中。西非的乌木雕和青铜雕，许多是以所崇拜的图腾为对象的，多为半人半兽状。不少津巴布韦石雕以女性为雕塑对象，以写意、抽象、夸张的手法，对乳房等女性特征极尽雕绘，生动体现了图腾崇拜中女性崇拜的遗风。人们可以在许多雕塑作品里看到蛇的形象，这来源于当地早期对蛇的崇拜。许多动物形象木雕都有具体的象征意义。例如，两栖动物代表着杰出人物、鱼象征着和平及土地肥沃、鳄鱼是执法者的化身、鲇鱼代表王权等等。而木雕中的男人和女人往往是家族祖先的形象或神的代表。事实上，非洲各个地区都有自己独特、源于各自历史的文化遗产。在村落中，造型艺术体现在生活和劳动的各个细节中，其意义远远超越了雕刻品和人像本身。此外，非洲黑人在跳舞时还模仿动物的声音，形成图腾音乐。总之，非洲黑人各族的文化艺术既反映了图腾崇拜的内容和仪式，又充溢着神秘的图腾主义精神。

图腾崇拜中的非洲艺术或非洲艺术中的图腾元素是世界艺术宝库中的一个重要的瑰宝，是毕加索等世界级艺术大师们获得创作灵感的一个重要源泉。在当代世界，中国和世界其他各国的艺术家们都越来越重视从非洲图腾文化中吸取艺术养分，激发创作灵感。非洲元素，特别是非洲图腾文化，让世界艺术变得更质朴，更火辣，更粗犷。

理论中的图腾崇拜

人类学、民族学、民俗学、历史学、宗教学等各种学科，都已对图腾现象作了大量的研究，这种研究还将继续下去。说句实在话，出使非洲前，只知道有图腾这个词和图腾的大概意思是什么，但对图腾现象既没有认真观察过，也没有仔细思考过。但到非洲后，司空见惯的图腾现象促使我不断地思考：什么是图腾？

什么是图腾呢？《辞海》载："图腾崇拜"是一种宗教信仰，约发生于氏族公社时期。图腾系印第安语，意为"属彼亲族"。原始人相信每个氏族都与某种动物植物或其他自然物有亲属或其他特殊关系，一般以动物居多，作为氏族图腾的动物，如熊、狼、蛇，即是该氏族的神圣标志，照例为该全族之忌物，禁杀禁食；且举行崇拜仪式，以促其"蕃衍"。最早把图腾崇拜现象介绍给学术界的是一位叫朗格（J·long）的英国人，他在1791年出版的《印第安旅行记》一书中强调图腾是个体之保护者，认为氏族成员的个体命运与图腾紧密联系。美国著名的民族学家摩尔根在其名著《古代社会》一书中较早使用了"图腾"这个概念，随后"图腾"这一概念逐渐为人们所熟知。在我国，最早使用"图腾"这个概念的人是清末著名学者严复，他在翻译英国学者甄克斯的著作《社会通诠》时加了一个按语，指出了图腾与少数民族的关系："图腾者蛮夷之徽帜，用以示于众者也。"图腾信仰实质上是原始的自然崇拜和原始的祖先崇拜观念相结合的产物，是一种人格化的自然崇拜观念。

图腾现象起源于什么地方？应该说非洲是人类发源地之一，也应该是图腾现象最早的起源地之一。非洲是动物的王国，非洲先民相信人类与自然界，特别是与某些动物有着亲缘或其他特殊关系，认为本氏族人都源于某种特定的物种，此物即为该民族的图腾、崇拜物、标记。非洲原始人对动物既依赖，又畏惧，更多的是恐惧，因此把动物当神膜拜。在原始人信仰中，大多数情况下，既然认为人与某种动物具有亲缘关系，于是，图腾信仰便与祖先崇拜产生了关系。在非洲许多图腾神话中，认为自己的祖先就来源于某种动物或植物，或是与某种动物或植物发生过亲缘关系，于是某种动、植物便成了这个民族最古老的祖先。图腾崇拜是人与动植物同属一体的信仰产物，把与先民们生产、生活关系密切的动植物与无生物视作自己的亲族、祖先和保护神，对它们采取尊敬、爱护的态度。在同大自然的斗争中，人类认识了许多与自己有关的动物、植物或无生物等，由于它们能给人类造福，使人类得以生存下去，人们出于爱护它，产生了崇拜；还由于那时的人，思维单纯而又简单，他们幻想自己的祖先可能是某种动物、植物或无生物，并加以崇拜，有的由于面对大自然的威力而无法战胜，敬畏他，产生了崇拜；也有的是为了战胜其他氏族，而想要依靠某种神灵的力量，因此，把他们认为最有威力的东西，作为自己的图腾而加以崇拜。图腾崇拜反映了当时原始社会精神文化的基本特征，它的产生和一切宗教信仰一样，是当时人们认识能力低下，而错误歪曲大自然的结果，同时也说明了当时的人类在大自然面前的无奈。因此，图腾崇拜与其说是对动植物的崇拜，还不如说是对祖先的崇拜更准确些。当然，人们崇拜的动、植物对象并不是某一具体的物体，而是全部，通常为特殊的动植物，与部落联系紧密，要么看作祖先，要么看作保护神，这就是图腾崇拜。当然，图腾是指同一类动植物的全体，而不是指某一个个体，如豹部落崇拜所有豹子，而非某一个特定的豹子或某一类豹子。图腾崇拜的出现，反映出人类综合能力提高。

图腾崇拜有什么作用？"图腾"这个词的第二个意思是"标志"，就是说图腾还要起到某种标志作用。处在氏族社会时期的原始人类，用一定的动物、植物与无生物等为氏族组织的名号，此物便被奉作氏族的图腾。图腾标志在原始社会中的重要作用在于：它是最早的社会组织标志和象征。原始人用图腾把氏族全体成员、亲族，即都出身于同一个母系的亲族，不管有多少分支，通过同一图腾把这一系的亲族联系起来，以区别于其他氏族部落。许多非洲黑人把图腾当作本群体赖以产生的本源，因此认为同一图腾的人们彼此有血缘关系。在这个意义上我们说，图腾乃血缘的旗帜。图腾的文化意义是它是一个氏族中同一血缘的象征。认为在同一图腾的氏族成员都是源于同一种血缘的，属于同一种图腾的氏族成员都深信他们都来源于一个共同的祖先，具有相同的血缘关系。因此，共同的信仰与义务感把他们紧紧地团结在一起。图腾也是维系氏族成员团结一致的有力纽带。它不只是一种宗教信仰，而且是一种社会结构和一种凝聚力。因此，图腾具有团结群体、密切血缘关系、维系社会组织和互相区别的职能。同时通过图腾标志，得到图腾的认同，受到图腾的保护。图腾标志最典型的就是图腾柱，在印第安人的村落中，多立有图腾柱，在中国东南沿海考古中，也发现有鸟图腾柱。浙江绍兴出土一战国时古越人铜质房屋模型，屋顶立一图腾柱，柱顶树立了一个大尾鸠。古代朝鲜族每一村落村口都立一鸟杆，这都是由图腾柱演变而来。图腾是一个集团的标志，它深入于本集团的生产、生活以及社会发展的各个方面，甚至在人的出生、青春期、成丁礼、婚礼、葬礼等方面都有明显的表现。图腾崇拜有利于加强家族、氏族、部落和部落联盟的团结，维持其稳定。既然同一图腾的人们是亲属，彼此有血缘关系，那自然意味着本是同根生，相煎便不合情理了。图腾禁忌也约束着人们的行为，起到强化对图腾崇敬的作用。另外，某些部落的习惯法也与图腾崇拜有关。如中非一个奉青藤为图腾的部落，当发生有关土地、房舍以及杀伤、盗窃等较为重大的纠纷时，酋长就会召集双方的当事者，取来青藤的叶子，让巫师念过咒语后请双方嚼吃。据说，心亏理屈的人吃了就会死掉，临场怯食就等于自己认输。在南非的巴罗朗部族里，如果发生纠纷，酋长又难断曲直或断后一方不服，酋长就会拿出珍藏的图腾标志即铁锤,让双方对着铁锤发誓,然后理亏的一方据说就会受到图腾神灵的惩罚。人们用这种图腾判决法来管理社会。

  图腾有没有地域性?回答是肯定的。图腾崇拜有一定的地域性。如河滨地带的部族多崇拜大鹰和鲜鱼,草原游牧部族多崇拜野生动物,平原丘陵部族多崇拜家畜等。一个氏族或部落因自然环境恶化、战争等原因难以在故地生存下去,只好迁徙到另一个适合其生存的地方居住,他们所崇拜的图腾也随之发生变化。南非的莫佩利部落原来以猴子为图腾,迁徙到一个豪猪很多的地方后就改用豪猪为图腾。巴罗朗人最初以蹈石为图腾,后来迁到一个产铁很多的地方莫西加,便以铁和铁锤为图腾;之后又迁到一个湖边以渔业为生,又换用鱼为图腾。

  图腾是固定不变的吗?不是。非洲黑人各族的图腾都经历了明显的历史演变过程。从图腾的形象来看,初期,它们完全是某种自然物,明显地保留着从自然崇拜中脱胎出来的痕迹;到中后期,图腾形象逐渐地向半人半兽和全人形转变。从经济基础来看,图腾产生于狩猎采集经济的鼎盛时期,因此崇拜对象主要是某种动植物;嗣后,随着非洲黑人各族的社会转入畜牧业、农业阶段,生产门类不断增加,于是,图腾种类也不断扩大。由于人口增长的压力或争夺剩余产品等原因,氏族或部落产生分化,所崇拜的图腾也随之分裂。如巴卡特拉部落奉猴子为图腾,当它分裂后,巴佩利部落改用豪猪做族徽,而马富信部落以羚羊为图腾。图腾崇拜是人类生产力发展到一定阶段的曲折反映。图腾的种类随生产力的提高而变化,崇拜程度的高低也依其在生产中重要性的大小而变化。如对铁锤的崇拜只有在人类掌握了冶铁技术之后才有可能。从社会单位来看,最初奉某一物种为图腾的是氏族,后来出现了家庭、部落、部落联盟和部族甚至个人的图腾。随着社会生产力的发展,组织大规模的社会群体已成为可能,通过兼并战争和不断融合,便产生了综合式图腾。据说,莫桑比克的班图人各部落既有自己的部族总图腾,各家族还有自己的家族图腾。在尼日利亚南部、今贝宁中南部和南非的文达人中,氏族图腾崇拜都曾演化为图腾的地域性公社崇拜,这是由于从血缘性氏族公社向地域性公社演化所形成的。

  图腾崇拜是当时社会经济发展的曲折反映,反过来,图腾制对当时的社会进化及人类生产和生活的发展也产生了很大的影响。图腾崇拜既有一个产生和发展的过程,自然也有一个衰落的过程。从历史上来看,原始社会进入野蛮时代后期,血缘氏族渐次演变为地域性的村社群落。而在以大家族为基础的村社中,祖先观念大大增强,于是,图腾崇拜的神圣地位就不可避免地要受到祖先崇拜的强烈冲击。

第十九章　非洲黑人的性行为和性文化

非洲黑人的性行为和性文化特点突出，引人入胜，具有鲜明的本能性、传统性、随意性和娱乐性，最大的特点就是自然、开放、不压抑，给双方以充分的满足感。了解非洲黑人的性行为和性文化，对于了解非洲民情民俗、文化习惯很有帮助。

性爱：非洲黑人的第一需要

按照马斯洛关于人需求的定义，吃喝与性爱都是最基础、最原始的需求。那么，吃饭和性爱哪一个对非洲黑人更重要？据我的观察，性爱似乎比吃喝对他们更重要。

恩爱

黑人对性爱的需求，就像我们对一日三餐的需求一样。从文化上讲，性爱对黑人就是娱乐，就是身体需要，本能的意识更强烈些，不少性行为带有自然主义的色彩，根本没有上升到我们通常所理解的爱情层面。因而，对于不少黑人男女来说，性爱就是一种游戏，就是一种本能的享受，就是每天的必需品。也就是说，相爱与否意义不大，交往多久无关紧要，关键在于有没有吸引力和"能力"。

黑人性活动的频率之高完全超乎国人的想象，他们精力旺盛，无论何时，何地，何种场合，只要愿意，男女之间非常容易达成性行为的意愿。或许这同黑人仍保持着游牧民族的某些特性有关。最文明的社会和最原始的社会同样少不了性爱，少不了吃喝。但是，在非洲黑人看来，性和每天吃饭一样，虽然都绝对不可缺少，但饭可以减少，性交不可以减少。津巴布韦近几年来一直闹经济危机，粮食严重不足，我常见到不少老百姓一天只能吃一顿，但津巴布韦的人口数量并没有因此减少，婴儿出生率并没有减少，中国驻津巴布韦使馆老馆舍临近的街区以前是红灯区，直到现在，只要夜幕降临，浓妆艳抹的性工作者就会按时就位，生意并没有因闹饥荒而受影响。非洲黑人血液中天生充满了追求极乐的基因，他们本能地倾向于肆情纵欲，更乐意在欢欲中结束生命。

黑人性伴侣很多，性行为也随意，男人和女人都热衷于谈论性伴侣的人数和模样，如果你在街头瞧见几个男人，或是几个女人，谈兴正浓，乐不可支，哈哈大笑，前仰后合，那十之八九他们是在谈与性有关的事。

正因为如此，对不少非洲黑人来说，乐极生悲，性爱已变得不再是轻松的享乐，反而成了一种死亡游戏，非洲成了世界上艾滋病人数最多的地方，尤其在南部非洲，不少国家艾滋病毒携带者达到了40%以上。

女人：非洲男人的最爱

如果你来到非洲，要问非洲男人的最爱是什么？他们的回答一定是："女人和酒"。

不少黑人男人不论走到哪里，第一件事就是看看周围有什么样可以"钓"到的女人。一位华商告诉我，他雇的一位黑人司机往往在停车等人的片刻就能搞定一次性交易，或者是沿街叫卖的女小贩，或者是停车场看门的女保安，或者是旅店里的女杂工，或者是邂逅而遇的女司机，只要看上了的，很少能让他失手。

非洲男人为了解决性饥渴，常常越轨，强奸现象司空见惯，强奸的对象有年过花甲的老太太，未成年的小姑娘，甚至包括自己的妹妹、姐姐、妈妈或女儿。我来津巴布韦后，经常可以读到、听到关于强奸亲人特别是强奸女儿的报道。2008年10月7日，津官方《先锋报》报道：一个3岁的女孩和兄弟们托养在18岁的叔叔家后，被这位叔叔当着女孩兄弟们的面多次强奸致死。6天以后，该报又报道：来自于北马省的54岁的一名男子，因强奸自己4岁的女儿被判20年徒刑。他在法庭上供称：他妻子去年12月去世，他不想找别的女人，所以就找了女儿。该报同一天还发表题为《考问津巴布韦强奸文化》的文章，文章沉痛地写道：

我们是妇女和女孩，我们想知道，为什么我们的父亲、兄弟、儿子、叔父、表兄或侄子要强奸我们这些妇女和女孩？

我们是那些男人的妈妈、女儿、姐妹或奶奶，为什么他们要强奸我们，毁了我们的未来？

我们是男人们强奸的盲人女孩，是男人们摧残的智障女孩，是男人们性侵犯的残疾女孩，试问：谁来关心我们这些被强奸后怀孕的女孩？

社会对强奸行为和强奸受害者的态度使我们妇女和女孩感到：女人已被出卖！

这些现象和文章说明，非洲黑人男性对异性多么向往，多么渴望，性饥渴时一些黑人男性会走得多远。

南非是目前全球强奸案发案最多的国家，据司法部的调查认为，当地妇女即使蒙羞也大多不愿向警方报案，因此南非实际上每发生36起强奸案才有一起报警，也就是说南非每17秒就有一名妇女遭到强奸，而在每两名南非妇女中便有一个在一生中可能遭到过强奸。南非现行法律规定强奸犯一经定罪便被判终身监禁，除非有足够理由才可获得减刑。然而在现实操作中，却常有强奸犯逍遥法外。

随缘：非洲女人的性取向

紧挨着赤道、位于几内亚湾的非洲国家科特迪瓦，以前叫象牙海岸，这名字听起来很动人，令人向往。这是一个信奉伊斯兰教的国家，但是有许多习俗却并不合教义。象牙海岸人民是个随便惯了的民族，对任何事情都觉得无所谓，甚至连妇女的贞操观念都淡漠得惊人。妇女们喜欢裸露上身，即使到世界文明无远弗届的今天，也不例外。她们常常狂歌热舞，通宵达旦。在风光旖旎的森林原野上，击鼓作乐。而野地上的奇花异卉，飘香阵阵，倍添欢愉之情。这也

许是象牙海岸女人保留下来的一种野性，但正是这点野性使这个国度的女人早熟，十七八岁就情不自禁地追求男女之情、异性之欢。而她们接近男人的欲望，总是毫不保留的显露在外，十分强烈。象牙海岸的女人对节育，普遍浑然无知。因此这一地区的人口繁殖力相当高。对于生孩子，女人们任其自然。男女两性的社会地位，并不彼此斤斤计较。虽然象牙海岸盛行一夫多妻的风俗，但是那里的妇人，在"食色性也"的观念里，在婚前大都可以接受男人的爱抚，甚至新娘出嫁时，往往拖了几个私生子去新郎家里报到，而不少新郎对于那些别的男人替他所生的小家伙，也并不讨厌，反而表示无上的欢迎！

巨乳肥臂

如果认为非洲黑人女人也如传统的中国女人那样在两性交往中往往处于被动地位，往往会羞涩脸红，那就大错特错了。黑人女性在这方面的大方主动绝对强过不少中国男人对女人的主动和"轻浮"，含蓄对黑人女性来说不是美德，倒和懦弱联系到一起。常有朋友告诉我：有时男性顾客在超市买完物品付款，女店员在找零时，会用手在男性顾客手心上轻轻画几画，意思是她对你这个顾客有好感，希望能约会她。一位来非洲的国人说：在一次私人朋友的圣诞舞会上，一位黑人女孩与这位国人跳舞跳得很兴奋，舞会到了 11 点，这位中国人不得不回去，与这位黑人舞伴告别时，她却说想与男性舞友一同回家。望着她的两眼，这位国人头直摆，连连说"不行，不行"。

津巴布韦黑人妇女与白人男子结婚成家者不少，但在 5000 左右华侨华人中，黄皮肤的男人极少娶黑人女子为妻，或者说仅有一两个当地女孩嫁给中国男子，为什么呢？有人对我说，黑人女子潜意识里认为中国男人野性不足，太文雅，太白面书生，担心与中国男子在一起不能尽床笫之欢、鱼水之乐。而有的在津华侨却认为与有病的当地女子生活怕得艾滋病，与没病的在一起生活又怕"吃不消"。

割礼：男人应尽的义务

男子的割礼，大多在11岁到18岁之间进行。我国古时有"男子二十而冠，冠而列丈夫"之说。非洲的男孩子不论岁数大小，只要经过这一刀，就算成年了，可以"列丈夫"。不经这一刀，无论活多大年纪，也被视为"孩子"，不算成人。因此，每个男孩子都要割礼。即使在外地学习或工作，到割礼时也要赶回家乡挨此一刀。"一刀割出个男子汉"，不是戏言，而是对这一习俗的生动概括。

在非洲不少国家，判定少男少女是否成年，不是根据其年龄，而是看其是否举行过成年礼。所谓成年礼，就是割礼。长到一定年龄，男子必须割除阴茎的包皮，而女子则必须部分或全部割除阴蒂和小阴唇，甚至将阴道口部分缝合。

割礼这种习俗据说起源于犹太教，有2000多年的历史。在犹太人中间，割礼实际上是履行与上帝的立约、确定犹太人身份、进入婚姻许可范围的一种标志。现在，割礼早已不局限于犹太人，也不限于男子，而是盛行于世界很多民族的少男少女之中。在非洲，50多个国家中有30多个在不同范围内实行割礼。其中，肯尼亚、埃塞俄比亚、乌干达、苏丹、索马里等国家，大约有80%的男女实行过这种手术。

男子的割礼不仅没有人要求废止，而且在一些地区还在热热闹闹地进行着。在肯尼亚和乌干达等国家，男子割礼一般在偶数年份举行，而个别部族，如乌干达西部的布孔乔族，则是每隔15年才举行一次。割礼的时间，一般选择在每年七、八月或年底的农闲时节。谁家的孩子要割礼，首先把亲朋好友、同事乡邻请来，飨以酒宴，当众宣布。赴宴者则带来牛肉、啤酒、锄头或其他礼物，以表示祝贺。

准备割礼的少年们要天天沐浴，净身洁体，迎接人生的新阶段。信教者，还要到教堂祈祷上帝保佑。不信教者，则到墓地去祈求先祖的神灵相助。割礼的日子临近，家长们会联合恳请或由酋长指派有经验的长者，带领少年们作准备活动。

在准备活动中，长者带领准备割礼的少年们，头插鸟羽，脸涂垩粉，肩披兽皮，腰系树枝，手携木棒，一边喊叫，一边在田间小路上奔跑。如果跑累了，孩子们会找块草地停下来小憩。刚刚休息片刻，一阵激越的鼓角声起，他们又会跳起来，摇臂扭臀，手舞足蹈。这样反复锻炼的目的是为了使少年们强身健体，磨炼意志，以便他们勇敢地迎接割礼的考验。

割礼仪式总是隆重而热烈。在选定的割礼日，村民们不分男女老幼，一大早就聚集到村头空旷的草地上。他们击鼓吹笛，狂歌欢叫。即将受礼的男孩子们整队跑步，刚来到现场，上身近乎赤裸的姑娘们便会一拥而上，拽着他们狂舞。在场的其他人先是围观，后来也会因抵御不住鼓声和舞步的诱惑，自觉或不自觉地扭动身躯，加入到狂欢的队伍之中。狂欢是为了给男孩子们壮胆，随之而来的割礼无疑会给男孩子们带来痛苦，不过，男孩子们割礼的痛苦较女孩子们的割礼，则是小巫见大巫。

北京大学李安山教授在其著作《曼德拉》一书中，这样描述科萨人的割礼仪式：

> 曼德拉科萨人的割礼是很隆重的。举行割礼时，要摆设盛大的宴席。因为这种宴席需要不少的牲畜和粮食，因而往往在一年的收获季节才举行割礼仪式。仪式在清晨举行，这以前是持续一夜的宴会和舞会：整个地区的年轻人从各个村庄赶来，参加这个传统的典礼，向孩提时代告别。因为第二天天一亮，他们将成为成年人了。许多年轻的小伙子都在这样一个传统典礼上作最后一次角斗，这是他们艰苦训练的一部分，也是挑选合适继承人的最佳方法。其次是晚宴，一壶壶科萨人自制的啤酒，一块块烧烤的熟肉，一碗碗香喷喷的玉米粥。人们尽情地享用这丰盛的宴席，以表达对行割礼青年的衷心祝福。随后是黑夜的狂欢。人们聚在一座宽大的克拉尔的中央，姑娘们靠着墙，男人们和青少年跳着雄壮活泼的舞蹈，速度飞快，节奏明晰，旋转快得令人目眩。舞蹈在系在舞蹈者脚上的许多小铃的伴奏下，和着全体参加者的合唱进行。大家都重复着一种柔和而单调的歌声。随着歌声的节拍，舞蹈者的手相互搭在肩上，从而连接成一个坚实的圆圈。即将行割礼的青年们赤裸着身子，手拿一根系有白色带子的长棍，不时地一起冲出圈子。这种动人心魄的战斗舞蹈持续一段时间后，舞蹈者又加入到围在火堆边的人群，开始听老人们的叙述：披荆斩棘的创业和祖先战胜敌人的欢乐。到午夜时，村子里又重新活跃起来，啤酒、烤肉、玉米粥和更多的舞蹈和歌声。直至黎明将至，人们已经筋疲力竭，这才拖着沉重的步伐，回到了自己的村庄。清晨……将要行割礼的科萨小伙子重新裹上白布，他们经过一夜的折腾，早已筋疲力尽。但他们尽力克服一夜的疲劳，强打起精神，随着几个村里的长者向离村不远的一间茅屋走去。他们身后，祭司拿着一把锋利的长刀，在酋长的陪同下，缓慢持重地走着。随后，他们到达了那间茅屋，祭司口里念念有词，弯腰轮流给青年们行割礼。长刀的刀面在阳光下闪闪发光，一滴滴鲜血洒在沙地上。接着，祭司开始把泥沙和鲜血在手掌上混合，然后涂在小伙子脸上。祭司熟练地完成最后几个动作，即将青年人安放在事先准备的床上。这时候的青年人脸上涂满了自

己身上的鲜血。经过一夜的兴奋之后，他们可以休息了，正式进入康复阶段。然而，他们在伤口愈合之前是不许离开这间茅屋的。这是因为他们身上"不干净"，不能在众人面前露面。只有一位特选的看护可以送食物到他们这个自愿囚禁的地方。在夜晚，他们可以在夜幕的掩护下出来走走，但必须把脸涂白，以免过路人认出他们。

李安山教授这样描述曼德拉的割礼经历：

曼德拉16岁时，荣欣塔巴决定让他一起参与专为贾斯提斯准备的成年割礼仪式。这样，他与其他25名小伙子一起经历了这一渴望已久的激动人心的洗礼。为了显示勇敢精神，在独居期间，他们用啤酒渣诱来了一只肥猪。将它宰了以后，燃起篝火饱餐了一顿。曼德拉在他的自传中风趣地说，"在此以前或以后，没有一块猪肉吃起来有这么香。"曼德拉和25名伙伴在山间茅屋度过了几天，直至伤痊愈。"我成年了！"他和贾斯提斯一起由衷地笑了。按照一般习俗，行过割礼的青年要回到自己家族的克拉尔，然后各方家长在经过一番长时间的洽谈之后，将为自己的儿子们操办婚事。

在非洲，割礼时的欢庆已逐渐发展成为演唱，随之产生了一些专门在割礼时演唱的歌曲。这些歌曲的内容主要为取乐，大多秽亵，平时是不能演唱的。但也有一些割礼歌是给男孩子鼓劲的。譬如，肯尼亚的罗族有这样一首割礼歌：

湖水在汹涌，风起掀波涛。孩子们，不要怕，谁都要挨这一刀。挺住劲，不要颤抖，憋住气，不要哭嚎。你马上就要长大成人，要勇敢地迎接这一刀。

割阴：女人面临的梦魇

女性的割礼通常是一种宗教仪式，一些国际援助组织指出，中东地区女孩子们的割礼不仅要割去阴唇，还要割去阴蒂，其宗教思想是彻底否决女性的性快乐，让她们保持忠贞不贰。而在非洲，女人的割礼只要割去阴唇就行了。女性割阴在半数以上非洲国家相当普遍，它被视为当地传统的一部分，人们认为行割礼可以让女孩子更加贞节。尽管一些国家颁布严厉法令，严惩为女性施行割礼术的人士，但这个传统陋习仍然屡禁不止。世界卫生组织估计，目前至少在36个国家中的1.2亿妇女被割去了阴唇。联合国紧急援助基金会指出，大多女孩在4—10岁进行了这种仪式。

女子割礼与男子割礼不同，不仅没有狂欢，而且历来都显得有点神秘，因为都是私下个别进行。除少数人到医院去做之外，大多数人一如既往，都由民间巫医、助产婆或亲友操持。传统的切割工具是铁刀或小刀片，缝合使用的是一般针线，有的地方甚至使用荆棘。用这样落后、原始的器具切割女孩身体最敏感的部位，且经常又不使用麻醉剂，那该是多么痛苦而难以名状的惨景。手术过程中，不但疼痛难忍，还经常发生大出血。最常使用的止血剂不过是树胶或草灰。简陋的医疗条件，器具从不消毒，因而手术后经常发生感染。据肯尼亚的瓦吉尔地区统计，手术后发生破伤风、闭尿症、阴道溃烂者约占30%。而阴户缝合手术不仅容易引起这些疾病，还往往导致婴儿难产，造成母婴双亡。

尽管割阴给女人带来了极大的痛苦甚至灾难，然而，不少女孩却被迫接受割阴以适应其他女人，适应整个社会。奇怪的是，割过阴的妇女总是会想方设法去帮助别人割其他没有割过阴的女孩的生殖器。女孩被割阴时因疼痛难忍会扭动翻滚身子，会撕心裂肺般的尖叫。这时，往往是自己的奶奶、妈妈或姐姐等已割过阴的女子使劲按住她，使她动弹不得。女孩被割阴后，双腿绑缚在床上，至少要这样躺一周，只能吃一些粗糙的食物，以防止排尿。

对于今天文明社会的人来说，割阴无疑是最原始的陋习，是最惨无人道的。割阴的执行者通常被西方人看作是践踏孩子心灵、侵犯人权的暴徒，因为这种行为常常会引起感染、难产甚至死亡。然而，在实行割礼的非洲一些国家，未被割阴的妇女被人瞧不起，被人认为是不值得娶的。社会对此已约定俗成，在很长一段时间内，这种情况也许根本无法改变。许多家庭的奶奶、妈妈和姐姐，作为这种制度的受害者和亲历者，又把这份痛苦强加到下一代女孩子的身上，她们认为这是理所当然的，如果不这样做，反而是对祖制的践踏。可见，忍受和承认这种制度，已经固化为她们心中不可或缺的法则，是一条神圣庄重而让人超脱和净化的必经之路。而这些国家的男子，受传统观念的影响，非割礼的女子不娶，这种态度使废止割礼这一陋习增加了难度。

1997年，来自于索马里的国际名模特华莉丝迪里很荣幸获得邀请，担任联合国人口基金会反女性割礼运动特使，按照这位特使的说法：割礼主要流行于非洲，28个国家有此习俗。全世界每年至少有200万女孩可能成为下一批受害者，即每天6000人。手术通常由村妇用刀、剪刀甚或锐利的石片在原始的环境中施行，不用麻醉剂。手术致残程度最轻的是割去阴蒂，最重的是封锁阴部（80%的索马利妇女曾如此受害），以致终生无法享受性爱的乐趣。

大红大紫、珠光宝气、富贵逼人的华莉丝迪里（WarisDirie）是沙漠之女，她受过炎热、干旱和贫穷侵害，也经历过人生中最可怕的考验：残忍的割礼。她这样回忆她的割礼经历：

索马里人传统的思想认为女子两腿的中间有些坏东西，妇女应该把这些东西（阴蒂、小阴和大部分大阴）割去，然后把伤口缝起来，让整个阴部只留下一道小孔和一道疤。妇女如不这样封锁阴部，就会被视为肮脏、淫荡，不宜迎娶。请吉卜赛女人行这种割礼要付不少钱，索马里人却认为很划算，因为少女不行割礼就上不了婚姻市场。割礼的细节是绝不会给女孩说明的，女孩只知道一旦月经来了就有件特别的事情将要发生。以前女孩总是进了青春期才举行割礼，如今行割礼的年龄越来越小了。我五岁那年，有一天晚上母亲对我说："你父亲遇上那吉卜赛女人了，她应该这几天就来。"接受割礼的前夕，我紧张得睡不着。……母亲把我安置在石头上，然后她自己到我后面坐下，拉我的头去贴住她的胸口，两腿伸前把我夹住。我双臂抱住母亲双腿，她把一段老树根塞在我两排牙齿中间。"咬住这个。"我吓得呆住了。"一定会很痛！"母亲倾身向前，低声说"孩子，乖。为了妈妈，勇敢些。很快就完事的。"我从两腿之间望着那吉卜赛女人。那老女人看着我，目光呆滞，脸如铁板。接着，她在一只旧旅行手提包里乱翻，取出一块断刀片，上有血迹。她在刀片上吐了些口水，用身上的衣服擦干。然后母亲给我绑上蒙眼布，我什么都看不见了。接着我感到自己的肉给割去，又听见刀片来回割我皮肉的声音，那种感觉很恐怖，非言语所能形容。我一动不动，心里知道若动得越厉害，折磨的时间就越长。但很不幸，我的双腿渐渐不听使唤，颤抖起来。我心里祷告道"老天爷，求求你，快些完事吧。"果然很快就完事——因为我失去了知觉。到我醒来，蒙眼布拿掉了，我看见那吉卜赛女人身旁放了一堆刺槐刺。她用这些刺在我皮肤上打洞，然后用一根坚韧白线穿过洞把我阴部缝起来。我双腿完全麻木，但感到两腿中间疼痛难当，恨不得死去。我又昏过去了，等到再睁开眼，那女人已经离去。我的双腿用布条给绑住，从足踝一直绑到臀部，不能动弹。我转头望向石头，只见上有一大摊血，还有一块块从我身上割下来的肉，给太阳晒得就要干了。母亲和我姐姐阿曼把我抱到树荫里，又临时为我盖了一幢小屋。在树下建小屋是我们的传统，我会独自在小屋里住几星期，直至伤口愈合。几小时后，我憋不住了，想小便，便叫姐姐帮忙。第一滴尿出来时我痛得要死，仿佛那是硫酸。吉卜赛女人已把我阴部缝合，只留下一个小孔供小便和日后排经血，那小孔只有火柴头大小。我躺在小屋里度日如年，更因伤口感染而发高烧，常常神志模糊。我因双腿给绑着，什么都不能做，只能思索。"为什么？这是为了什么？"我那时年纪小，不知道男女之事，只知道母亲让我任人宰割。其实，我虽挨切肉之痛，还算是幸运的。许多女孩挨割之后就流血不止、休克、感染或得了破伤风，因而丧生。过了两个星期，我的伤口才渐渐愈合。

这位国际名模痛苦地回忆说：

> 割礼之后我的阴部只有一小孔，小便时尿液只能一滴滴流出，每次小便都要花上十分钟。来月经时更苦不堪言，每个月总有几天无法工作，只能躺在床上，痛苦得但愿就此死去，一了百了……割礼不但使我健康出了问题且至今未愈，也令我终生体会不到性爱的乐趣。我感到自己残缺不全，而且知道自己无力扭转这种感觉。第二个理由是我希望让大家知道这种习俗至今仍存。我不但要为自己讨公道，也要为数以百万计曾遭此苦甚至因之去世的女孩仗义执言。

割礼对妇女身心健康造成的危害，已引起非洲各国以及国际社会的高度关注。从1979年开始，非洲妇女组织在世界卫生组织的帮助下，先后在卢萨卡等地召开专门会议，通过了从最盛行女子割礼的东非和北非开始，逐步在整个非洲废止这一陋习的决议。肯尼亚、索马里等国的议会，经过激烈辩论，也都通过了立即废止的法令。

2008年10月14日，来自7个西部非洲国家的第一夫人聚会布基纳法索首都瓦加杜古，商讨结束女性割礼的方法。据英国广播公司报道，来自贝宁、象牙海岸、加纳、马里、尼日利亚、多哥和布基纳法索等西部非洲国家的第一夫人参加了这次会议。

陪睡："驱除恶魔"的把戏

在大多数非洲国家，如果妻子死了丈夫或少女死了父亲，当地村民们就会请来一名男子，陪这位寡妇或未婚少女睡上一晚来"驱除恶魔"，这些专门从事"陪睡"行业的男子则被当地人称做"清洁者"。

然而，这个古老的非洲传统已经成为艾滋病病毒传播的元凶，这些所谓的"清洁者"事实上却是非洲大地上"最肮脏的人"，他们属于艾滋病感染率最高的人群，并肆无忌惮地将这些可怕病毒传播给数十万无辜的女性。

世界卫生组织的网站报道说：在非洲国家马拉维的姆钦吉市，23岁的年轻妇女穆蓓维3年前死了丈夫，就在她的丈夫死后几个小时，穆蓓维就从人们的视线中消失了，她既没有为她的丈夫服丧，也没有接受朋友和亲属的安慰，而是一个人躲到了她姐姐的家中，因为她害怕"清洁者"找她"陪睡"。不幸的是，她丈夫的家人还是对她穷追不舍，并最终将她"挟持"了回去。穆蓓维最担心的一幕还是发生了，村中的长老和丈夫的家人强迫她接受"性清洁"的仪式，并威胁她若不服从，村里每死一个人她就要受到一回诅咒。最终，她还是和自己丈夫的堂弟发生了性关系。穆蓓维近日在接受媒体采访时说："一想起我的丈夫，我就会哭泣。他死了，我却要接受这样的事情，我感到很害怕，我非常担心自己因此被传染上艾滋病，如果我死了，我的孩子们将无人照料。"

在那些依然流行"性清洁"风俗的村庄中，艾滋病毒传播的速度快得惊人。然而，即使如此，当地人仍然认为抵制这一风俗不容易。他们说："我们从生下来就已经接受这样的教育，如果我们劝人们抵制这样的事情，他们就会问：我们为什么要改变呢？"

性福：非洲性旅游的基点

中国驻津巴布韦大使馆旧馆舍同一个临街的院落是邻居，白天，这个大院子很少开门，但到了晚上，门外总有一些打扮入时的女孩子，眼睛盯着来来往往的过客，如果是中国大使馆的车或是明显的中国人乘的车，这些女孩子会原地不动。如果是其他人的车在门口停下来，或是其他人走到门口，女孩们会与来人搭讪，然后一男一女或男男女女进入门内。我每天乘车上下班，这个现象慢慢引起了我的注意。一问，果然这里是买春卖春的地方，整个这条街都是地下红灯区。由于津巴布韦经济危机持续10年之久，老百姓生活极为困难，地下红灯区便兴盛起来。

但是，是否仅仅是因为生活困难才走上卖春的道路？不是。是否只有男嫖客来非洲寻找女性伴侣？也不是。越来越多的妇女，特别是白人妇女来非洲找男性伴侣寻求性的刺激。黑人男士与白人妇女发生一夜情，是否为了钱？也不完全是。

神秘的非洲有原始的生态，独特的文化，奇异的风俗，浪漫的沙滩，秀丽的山峰，神秘的森林，狂野的动物，加上黑人肌肉发达，皮肤细腻，富有弹性，耐力超群，吸引了来自全球的大量游客。但其中不少游客来的目的不在玩，而是在性，用他们的行话说，是来非洲享受"阳光里的快乐"。非洲的尼日利亚、贝宁、喀麦隆、冈比亚、肯尼亚、埃及、突尼斯、摩洛哥等国家，性旅游业尤为繁荣。性游客主要来自德国、英国、瑞士、瑞典、西班牙、意大利、法国、挪威、丹麦、美国、加拿大、日本、澳大利亚、新西兰和一些发展中国家。而非洲的贫穷，非洲黑人的性能力，为性旅游业的兴起提供了土壤。

联合国世界旅游组织对性旅游的定义是：旅游或非旅游部门利用其机构和网络安排的外地游客以与当地居民的商业性活动为目的的旅游。定义实在拗口，简单而言，就是到外国寻妓的旅游。据估计，全球大约有100万人从事性旅游服务，每年交易额数十亿美元。

在非洲许多国家，从事职业性的性服务并不违法，即使在性服务非法的国家，给警察点小钱，他们也就不干涉了，这使非洲性旅游产业的发展成为可能。但值得注意的是，在这些性工作者中，有不少童妓。据联合国的一份调查显示，在肯尼亚4个沿海地区有多达15000名12—18岁的女孩偶尔卖淫，有超过3000名女孩和男孩是全职性工作者。

非洲性旅游兴盛的原因是多方面的：

一是在贫穷的非洲，性旅游对来自发达国家的人来说价格低廉；

二是外国游客来这里寻花问柳可以"为所欲为"，在自己国家，做这些事情遭人鄙视，但在这里，他们可以尽情享受所谓"性福"。也就是说，境外游可以让游客忘却自己的身份，摆脱国内各种清规戒律，在国外尽情放肆：他们大把大把地花钱，追求个性解放和自由，寻求更开放、更刺激的消遣，性放纵无疑成为国外游客在非洲的一种"娱乐"形式。毕竟，黑人女子，皮肤光滑细腻，丰乳肥臀，细腰长腿，柳眉大眼，一口天生整齐洁白的牙齿，足以令那些皮肤生来粗糙的欧美男子羡慕不已。这是非洲性旅游繁荣的主要原因。一些游客为了尝鲜，与不同种族的人发生性行为，想从中找到不同的感觉。

三是不少女游客来非洲进行"浪漫之旅"。并非为了浪漫或者爱情，也是为了性。因为她们认为，黑人性能力更强，更能让她们得到肉体满足。数以万计的白种女人到非洲酒吧、沙滩寻找艳遇，带着"男友"去夜总

翩翩起舞的黑人艺术家

会、下馆子，最后到豪华酒店销魂。她们把男妓称为"舞男"、"假日狂欢"或"沙滩男孩"。有的游客和当地男妓发生"一夜情"后便保持长久关系，定期来此约会。据估计，从1980年到现在，大约有100万妇女体验过性旅游，其中多是常客。

四是非洲黑人本来在性事上就有随缘的心态，不像中国人讲究所谓贞洁。同时，他们认为，性服务也是一种服务，也是一种劳动，性服务所得不是偷，不是抢，而是劳动所得。因此一些提供性服务的非洲妇女并不认为自己是受害者，她们反而认为，与嫖客交往，既享受了性福，又控制男人，显示了自己的魅力；更重要的是通过性旅游服务中赚了不少钱，过上了富裕的生活。在贝宁最大城市科托努的一个英语培训中心，19岁的卡迪姑娘直言不讳地说："我和其他贝宁人一道来到尼日利亚的阿布亚，从客人那里挣了不少美元和欧元。"对男士来说，他们为女游客提供性服务有的是为了钱，有的是为了性，有的为了其他目的。男性陪伴的价格通常每天50－200美元，当然，也有不要钱的男性工作者，女游客通常给他们衣服、食品和礼物。也有什么都不要的，他们把为女游客提供性服务当作是一种性交换，在愉悦了顾客的同时，自己也从性活动中得到满足，并炫耀自己泡了多少个白妞。

五是非洲一些国家的政府或默许，或乐观其成，或公开鼓励。他们认为，性旅游虽然有诸如艾滋病、暴力、毒品等负面影响，但也有些积极因素，如有利于航空、饭店、宾馆、出租车、语言教学等行业的发展与繁荣。高层次的性服务要求性工作者必须学外语，必须了解异域文化，这就促进了文化交流与融合。在非洲，越来越多的人开始学英语，有的是因为适应经济全球化的需要，有的是想通过从事性旅游服务来赚钱。

同性恋：非洲到处存在

在加纳中南部的花园城市库玛西，存在着同性恋男女俱乐部，它们大多设在库偌穆、班特玛、黑索、阿萨佛这些街区。这些俱乐部大多被那些穿戴时尚、开着豪华汽车的上层社会的男人和女人资助。最值得注意的是他们当中大多数人漂白了皮肤，双耳或单耳戴耳环。一些年轻的拉拉来这儿之前都曾受雇于大城市商务和时装领域富有的商人们；而一些人也曾经是保洁人员。在她们做工中禁不起富婆们给的高薪、礼物以及奢华的私人用品的诱惑来到这里。拉拉们穿着性感且举止诱人，他们大多通过社交集会加入俱乐部。

同性恋并非只在加纳流行。非洲受同性恋在国际上存在的环境趋于宽松的影响，受南非等非洲国家同性恋合法化的影响，同性恋现象呈上升趋势。联合国大会不顾许多伊斯兰国家和梵蒂冈的强烈反对，首次公开谴责歧视反对同性恋的行为。66个国家对由法国和荷兰联合提出的在全世界废除反同性恋法律的声明表示支持。法国、荷兰的此项声明不仅得到许多欧盟国家的支持，同时还得到5个非洲国家，其中包括两个伊斯兰国家组织的两个成员国加蓬和几内亚比绍的支持。

南非是非洲第一个同性婚姻合法化的国家，议会以210票对41票通过了同性恋合法的法案，南非的同性恋婚姻现象可以说在稳步发展。当议会投票同性婚姻合法化后，一位名叫莫格基·齐瓦（Mongezi Chirwa）的亚历山德拉男性居民迅速对此作出反应，他声明想和自己同性朋友举办第一对同性恋婚姻。但是他的这个申明还是落在了来自索卫托的两位妇女之后，其中一个人的名字叫林迪微·拉狄德（Lindiwe Radebe），当时25岁，另外一个叫巴西尼·芭布扎（Bathini Dambuza），22岁。她们为结婚的事情已忙乎了一年，早就在电视上公开了彼此想要结婚的计划。在约翰内斯堡，一年一度的同性骄傲大游行已经有将近20年的历史。

虽然同性恋实际上在非洲一直存在，但在不少国家仍然非法。非洲长期以来是反对同性恋的大本营之一，一些非洲国家对同性恋仍实行严厉的法律。乌干达、卢旺达、津巴布韦、尼日利亚等国家至今公开禁止同性恋。在这些国家，同性恋者之间在大庭广众之下如果手拉手，很容易招来指责，甚至吃上官司。在尼日利亚，从殖民统治时期开始，就制定了严格的强制反对同性婚姻的法律，违者将会被处以5年的监禁，并且不允许保释。1999年，肯尼亚前总统莫伊就说："同性恋的行为是违背非洲传统和圣经教义的，我不会因为自己禁止国人搞同性恋而感到羞耻。"

穆加贝对他的前任"香蕉同志总统"巴拉拉（Canaan Banana）所谓"鸡奸"案件的态度能典型地说明这个问题。巴拉拉是一名牧师，本来穆加贝想让津巴布韦资格最老的反殖民主义的革命家恩科莫担任开国第一任总统，但恩科莫不干，认为总统是礼仪性职务，他情愿屈就内阁的内政部长。巴拉拉地位、声望远不能与穆加贝、恩科莫相比，在津巴布韦政坛本来并不属于教父级人物，但由于当时黑人接收白人政权时同意搞三权分立政体，掌握实权的穆加贝便钦点这位欠缺竞争力的党内同志担任虚君总统，自己则出任握有实权的总理。巴拉拉的名字Canaan解作"天国"，姓氏Banana是"香蕉"，因此被戏称为"香蕉国王"，夫人也变成"蕉后"。巴拉拉对这一玩笑很不高兴，认为这是他得不到国民尊重、不能和穆加贝平起平坐的深层原因，于是下了一道行政指令："禁止国民取笑总统的名字"，也就是禁止国民无缘无故提起"香蕉"。1987年，穆加贝决定津巴布韦实行总统制，他要当美国式的有权有势的国家元首，决定修宪废除总理，并由自己出任集行政和立法权力于一身的总统，巴拉拉不得不下台，被委任为巡回各国的高级特使，依然享有"党和国家领导人"的待遇。然而，穆加贝不久后出现管治危机，个人的不安全感与日俱增，开始怀疑巴拉拉阴谋取而代之。正巧，在津巴布韦步向混乱的1997年，巴拉拉被揭发出是一名同性恋者，而同性恋在津巴布韦是要坐牢10年的严重罪行。这宗震撼性新闻源自一场审判：巴拉拉的私人保镖被控谋杀，他在庭上自辩时，供出自己的杀人动机是被人辱骂为"香蕉夫人"，因为他担任总统护卫的3年期间里，一直被总统鸡奸，而且人尽皆知。巴拉拉已婚，育有4名子女，从不承认自己是同志，直到事发前依然说"同性恋是错误的"，声称一切指控都是政敌的阴谋。但保镖交代后，巴拉拉从前的学生、同学、同事、士兵、厨师、园丁乃至其他人纷纷爆料，全部自称曾被巴拉拉鸡奸，令国际舆论哗然。各式各样语带双关的标题潮涌而来，例如"一名男子被香蕉蹂躏"（Man Raped by Banana）。结果巴拉拉不得不入狱服刑，假释后不久病故，死时妻离子散，留下的最大"遗产"，就是由名字演化的一堆烂笑话。

值得注意的是，穆加贝在处理巴拉拉一案中，故意将同性恋和殖民主义挂钩，从而增加他的民粹本钱。根据他的说法，同性恋在非洲历史中"从不存在"，只是英国殖民主义引进来破坏非洲传统文化的"阴谋"。为了彻底实现非殖民化，为了黑人捍卫自己的权益，自然必须坚决取缔"英国的同性恋"。1995年，他亲自下令取缔同性恋。英国首相布莱尔一些私人助理是公开的同性恋者，穆加贝嘲笑他们为"联合同志王国同志政府的同志大佬"，并指"英国同性恋者猪狗不如"。将反同志和非殖民化、民族主义联成一气，一般人听来觉得不知所云，但这说法其实在非洲颇有市场。

第二十章　非洲的饮食文化

非洲50多个国家，国与国之间饮食文化有区别，有的甚至有较大的区别。我曾先后担任驻埃及大使馆的二把手和驻津巴布韦大使，感到埃及和津巴布韦的饮食文化有明显的不同，例如，前者是穆斯林国家，猪肉基本上没有，酒不能公开流行，即使有啤酒，也不含什么酒精；后者基本上是基督教国家，酒、猪肉等大行其道。我在非洲工作期间，既注意非洲各国饮食文化的差异性，更对其相似性感兴趣。

几乎人人手抓饭

2006年12月21日，抵达津巴布韦只有几天，时差还没有倒过来，我就出席了中国2亿美元买房信贷项目下出口津巴布韦第一批化肥交接仪式，仪式在津粮食贸易局仓库举行。交接仪式后，津方邀请我和他们一起用餐。餐台上肉食、蔬菜、面包、萨扎（白玉米面做成的浓粥）等一个不缺，就是找不到刀叉、汤匙，拿什么东西帮助吃饭呢？我正准备问服务员刀叉在哪里，忽然看到出席仪式的津财长、经济发展部代部长穆雷瓦、农业部长马蒂、司法部长奇纳马萨、政策实施部长沙姆、科技发展部长穆奇纳、津驻华大使穆茨万格瓦等都是用手抓着食物，正吃

捣碎粮食

得津津有味。我忽然明白了，原来津巴布韦人吃东西，和埃及人、印度人一样，也是手抓饭。于是，我左手端盘子，右手拿食物，一边聊天，一边吃了起来。好在我在埃及、印度工作时，已学会了吃手抓饭，虽然几年没有手抓饭了，但一点也不陌生。

不久，我应邀出席为穆加贝总统在津巴布韦宫举行的生日宴会，吃饭时，我坐在总统右边，尽管桌上摆了刀叉，看到总统和同桌的人都是用手抓饭，我也毫不犹豫地用手抓饭。总统夫妇看着我娴熟地用手抓饭，眼中露出赞许的目光。

其实，世界上多数人吃饭都是用手，而不是用筷子和刀叉，非洲人、印巴人、印尼人、尼泊尔人、印第安人、乌兹别克人、哈萨克人以及许多新疆人等等，在家里用饭一般都不会用刀叉，更不会用筷子。

西方人用刀叉吃饭，两只手左右开弓。中国人、日本人、朝鲜人、越南人等用筷子吃饭，通常用右手拿筷子，如果用左手，就显得有点与众不同，但大家只会把他（她）看成所谓"左撇子"，不存在失礼的问题。但手抓饭就不同了，用左手抓饭就等于在中国用左手与人握手，是失礼的，因而也是严格禁止的。其原因之一是左手在许多国家用来做清洗下阴的事（不少人方便后用水冲洗，而不是用卫生纸，卫生纸至今在许多国家很昂贵，平民百姓消费不起），被认为不干净。

有时，看非洲人手抓饭就好比是看艺术表演，是一种难得的享受。指法灵活，上下腾飞，还能把碗擦得溜光瓦亮。"满把抓"是小孩子的功夫，大人使不得。抓饭也有抓饭的技巧和章法，了解了这些技巧和章法，才能欣赏手抓饭的艺术所在。

非洲流行手抓饭，同非洲人喜欢吃什么东西有很大的关系。他们不喜欢吃油腻的东西，不喜欢吃蔬菜，他们喜欢吃玉米面（下面再详细讲到），喜欢大块烤肉，用刀叉筷子还不如用手方便。

因为是手抓饭，在非洲很多地方，吃饭就蹲在地上，因为不需桌子摆放刀叉和筷子。吃饭时，大家围坐一圈，一个饭盒和一个菜盒放在中间。每个人用左手按住饭盒或菜盒的边沿，用右手抓自己面前的饭和菜，送入口中。

非洲人喜欢手抓饭，但不等于在非洲的酒店里，在当地官方宴会上也是手抓饭，该摆桌椅时照样会摆桌椅，该摆刀叉时照样会摆刀叉。在大型宴会上，侍者打着蝴蝶结，桌上摆着鲜花，菜单设计得新颖别致，乐队演奏着温馨动听的世界名曲，除了肤色不是白的，同巴黎、伦敦酒店里的豪华宴会没什么区别。

大米白面非主食

北非人主食是麦面，但多数非洲人虽然吃大米，吃麦面，但主要是吃白玉米面。大米不是很普遍，原因是旱地多，不大适宜种水稻，由此导致大米价格昂贵，一般人消费不起。但马达加斯加、马拉维、埃及等国的大米质量很好。一次，穆加贝总统夫人请我们夫妇吃饭，吃的大米口感非常好，我问这是不是津巴布韦产的大米，第一夫人说是他和总统在埃及沙姆沙伊赫参加非盟首脑会议时从埃及带回来的。中国人听到非洲人主要吃白玉米面，很容易把白玉米面误认为是中国的杂粮，其实，白玉米面较黄玉米面要黏得多，口感很好，营养也很丰富。非洲也种黄玉米，但主要用来榨油、做饲料或做药，人一般不吃。近几年，中国因津巴布韦闹饥荒先后两次援助津巴布韦黄玉米，数量达7000吨，津都拿去榨了油，做了饲料。

磨玉米

津巴布韦人叫玉米面为"萨扎"，坦桑尼亚人叫"乌伯瓦伯瓦"，赞比亚人叫"希玛"，在另一些英语国家叫"乌嘎里"，在一些法语国家叫"契咕契咕"。名字各异，东西却是一样。做的时候先把掺了一些玉米面的水烧开，然后，不断地加玉米面，一面熬，一面搅，直到熬成很稠的面糊糊，散出香味为止。吃的时候就用手掐成一团往嘴里送。家里条件好的，可以将玉米面团蘸一些另外准备好的肉汁、沙丁鱼汁或蔬菜糊糊吃，也可以事先往玉米面里加点"菜"，通常是小干鱼或某种虫干，非洲黑人非常爱吃这种玉米面粥。例如，马拉维人吃白玉米面时，就喜欢在面里放白蚂蚁，味道既鲜美，营养又丰富。

白玉米面对非洲黑人来说很神，几近威力无穷，想起它浑身是劲，看到它两眼放光，吃着它满口香甜。几个当地人和我聊天时就很直白地说："中国饭吃起来香，但不经饱，很快肚子就饿了，不像白玉米面，早上吃了，一直到晚上都不觉得饿。"他们说的八九不离十，因为在津巴布韦，我亲眼所见，许多人中午确实不吃饭，或者顶多喝茶，也就是一杯茶，几块饼干，当地开会、常常开到下午二三点都没有完，我肚子饿得咕咕叫，当地人却没事，照样讲话、唱歌、跳舞。我曾分别问津巴布韦副总统穆菊茹、众议长恩科莫、参议长马宗圭、总理茨万吉拉伊等人：他们最喜爱的主食是什么？回答无一例外，都是白玉米面。对他们来说，大米白面可以半年不吃，白玉米面一天不吃就心慌，中午晚上最好都要有。穆加贝总统以总理、总统身份多次访华时，都要带上白玉米面和自己的厨师。在非洲有的国家，当地人待客可以没有大鱼大肉，但白玉米面断不可缺，否则客人会说没有主食，说你饭不管饱。非洲人也喜欢像中国人一样，把玉米烤着吃、煮着吃，街头巷尾常有小贩沿街叫卖，香喷喷的气味诱人。

许多非洲国家，除了玉米、麦面、大米这些主食外，木薯很流行。非洲是世界木薯的主要生产地，产量占全球一半，行走非洲，尤其是在偏僻落后的村落，木薯更是大行其道。木薯是一种适应性很强的植物，能抗旱，抗虫害，在贫瘠的土地上也可以生长。然而，木薯含卡路里颇高，蛋白质却不多，并且含带毒性的氢氰酸，阻碍人体吸收碘质，导致甲状腺肿胀。在不少国家，木薯是多数贫穷黑人的主粮，因木薯便宜，而且耐饿。不过，木薯粉有点酸，难以消化，且有催眠作用，不少黑人中午尽量不吃木薯粉，因为吃了会发困。木薯的制法有煮、烤、炸、熘等多种，还可以把它晒干，然后压成粉。非洲人不习惯用磨子，宁愿用桩捶打。压成的木薯粉，加水加热，可以煮成稀糊、粉团，然后加上汁液和作料拌食。生活条件好一点的黑人把木薯粉和羊肉、牛肉、土豆等配在一块吃。联合国粮农组织曾向非洲当地人传授以木薯粉烤制面包和饼干的方法。

芭蕉在非洲也很流行，非洲人食芭蕉并非当作水果，而是以此当主食。芭蕉不是香蕉，吃芭蕉离不开煮和炖。

鱼翅燕窝非所爱

非洲人喜欢吃什么菜？可以简单地说，中国人认为高档的他们基本不吃，或不喜欢吃；中国人认为值钱的，他们并不看重；中国人喜欢的一些菜，他们觉得不可思议。反过来，非洲人喜欢的一些菜，中国人也许会反胃。譬如"鼋鱼"，这种被中国人称为"高营养"的佳肴非洲人绝对不会吃。不仅不吃，如果哪一位多事者把它圈养在家里也近乎罪孽。如果太平无事，就一切OK，但是，如果遇到哪一年风不调雨不顺，邻里就会找你算账，甚至举着棍子请你搬家。

世界上有不少地方养蜗牛、卖蜗牛、吃蜗牛，甚至搞吞食蜗牛比赛。非洲报纸就把这当做"世界奇闻"登在报纸上。非洲蜗牛到处乱爬，但你要当心，不要说吃，就是不经意赤脚踩着都要小心，因为很可能因此得血丝虫病。

非洲的野味——野牛肉

我到津巴布韦不久，宴请津巴布韦驻中国大使穆茨万格瓦一家。考虑到他们在中国生活已较长时间，给他们上了鱼翅。想不到穆的小儿子刚尝了一口就再也不吃了，连说"一股怪味"。我离开津巴布韦前，安排厨师到总统官邸为穆加贝总统家人做了一顿中餐，我坐在总统右边，向总统家人详细介绍了鱼翅等菜点，猪肉、豆腐、白菜等普通菜肴吃完了，除总统把鱼翅慢慢吃完了外，其他7人对鱼翅基本上没动。总统基本把鱼翅吃完，我猜测同他10次访问中国，了解中国饮食文化，知道鱼翅的身价有关。是不是使馆厨师做鱼翅功夫没有到家呢？不是，因为如有国内来的客人喝到厨师做的鱼翅汤，总是一遍赞扬声。

对多数非洲人来说，鲍鱼、海参、燕窝、甲鱼等高价食品，他们既不知道其价格高昂，也基本上不吃。猪血、鸡血、牛血等动物的血，不少非洲国家在屠宰时当废水倒掉了（也有例外）。动物内脏在许多国家被做成了狗食。中国人喜欢吃鱼头，在非洲绝对是鱼肉比鱼头贵，甚至把鱼头当废物扔掉。中国人喜欢吃活鱼，喜欢生猛海鲜，非洲人没有这个概念，城里吃的一般是经过冰冻的，只有某些沿海城市是例外。在中国，蛇肉进餐馆，在非洲则不可能。至于狗肉、猫肉，是绝对不能吃的。津巴布韦首都最红火的中餐馆是香格里拉饭店，有一段时间，饭店遭遇了"滑铁卢"，生意一下子垮了下来，把老板娘急坏了。原因是当地一家报纸毫无根据地报道：香格里拉饭店卖狗肉，饭店的冰箱里有几条狗的狗肉，食客们立即对饭店进行抵制。过了好长一段时间，做了不少工作，饭店生意才缓过劲来。

别看非洲人整体上生活不那么宽裕，这不吃那不吃的人还真不少，不少非洲人比国人还讲究。有一次，使馆工作人员到国会议员、新闻部长沙姆的选区与村民联欢，使馆带去不少整条的生黄瓜，既当蔬菜用，又当水果吃。中国人连皮连肉都吃了，当地人却用嘴把皮啃出来扔掉，只吃肉。吃鱼讲究事先将刺去掉，将鱼切成大块大块的，去掉头尾，不像中国人，将一整条鱼烧好放在一个大鱼盘子里。市场上卖的鸡都是加工冷冻过的，所谓加工过的，就是已经把鸡头、鸡脚、内脏等去掉了，想吃鸡杂，在非洲难得。到屠宰场去，找他买鸡头、鸡爪之类，往往不要钱，连带会问你："养了多少条狗？"当地人以为你是为狗准备的。一次，一位在中国留过学的津巴布韦人和几位非洲伙伴去北京做生意，在北京一家饭店用餐，按菜谱点了几样菜，包括"红烧田鸡"。他们心里琢磨："田鸡"是野生的，吃起来想必比家养的鸡更有味儿。然而当服务员把一盘"田鸡"摆上餐桌时，他们瞪圆了眼睛，怎么端详也看不出那是鸡肉，问之方知是青蛙腿。他们赶紧让服务员撤走这盘"美味"。谢天谢地，幸亏没点"龙虎斗"（蛇肉和猫肉）。

非洲人喜欢吃牛肉、羊肉、猪肉（穆斯林国家除外）、鸡肉和鱼，但中国式的烹调方法并非他们最爱。他们一般不喜欢将肉切得过小，不喜欢清蒸、腌制、凉拌、卤制，有红烧的（但放的不是酱油），制成牛排、羊排之类的西式吃法也流行，但更多是烧烤。非洲的烧烤确实地道，大块肉，大块鱼，大块鸡，烤熟后，肉很嫩，很酥，很香，奇怪的是烤熟后肉看上去很干爽，拿在手上吃，吃过后手上基本上没有油，吃中餐、西餐如果用手抓着吃，肯定必须洗手。

谈到"生猛海鲜"，不少非洲人吃东西确实显得"生猛"。据了解，非洲牛的背上多有一个峰，类似驼峰，那块肉细嫩无比，经常牛未杀完，那块颤悠悠的玩意儿早就血淋淋进了屠夫的肚皮。至于一些部族吃生牛肉、喝鲜牛血的事例就更多了。对某些非洲人来说，牛血就是家常"饮料"，在牛脖子上"噌"地捅上一刀，插进管子就喝，虽然满嘴血红，他们却感到满口香甜，味道好极了。埃塞俄比亚人以喜欢吃未经煮熟的牛肉，特别喜爱吃生牛肉而驰名世界。

非洲人是食肉的"高级动物"，喜欢一块接一块地吃肉，蔬菜品种较少，特别是叶子菜较少。食量一般都很大。我几次坐在穆加贝总统夫妇身边用餐，亲眼看到总统食量不小，这应该是他身体健康、得享高寿的原因吧。第一夫人饭量也不小，她不吃鸡肉，不吃牛肉，不吃羊肉，就喜欢吃猪肉和海鲜，一次，我见到她吃了3大块烤猪肉，至少有半斤吧。喝汤，吃蔬菜，对非洲人来说，不那么重要。

烈性酒总的来说不那么流行，伏特加和茅台酒知名度远不如威士忌，除了高官和与中国人打过交道的，一般人不知道茅台酒。说津巴布韦众议长恩科莫、土地部长穆塔萨等是茅台酒的"拥趸"，一点也不过分，但这样的人很少。多数人更愿意喝香槟、白兰地和南非葡萄酒。绿茶不如红茶流行，许多非洲人喝茶远比中国人复杂，在茶中要放糖和牛奶，跟印度人喝茶差不多。有一次，我请津巴布韦总理茨万吉拉伊喝龙井茶，他端起杯子，喝一口后，连忙又把喝进口中的茶吐回杯子里，皱起眉头，似乎在说："什么味道？"许多非洲人不喝开水，他们说开水不解渴，越喝越渴，还是咕嘟咕嘟灌凉水痛快。住在海边上的人喜欢喝椰汁，那里的男人几乎人手一刀，专为削椰子用。他们爬树本领极好，用从芭蕉叶上扯下的麻皮盘成"8"字横扣在树干上，脚蹬着"8"字的两个洞，然后腰背一弓一弓地往上爬，不一会儿就爬到了树尖上了，砍下几个椰子连吃带喝，拍拍肚子，饱了！

野味品种非常多

非洲的野味非常丰富，品种众多，有些更是闻所未闻。非洲虽然是野生动物的王国，城里人吃野味也不容易，我仅在津巴布韦维多利亚瀑布市和肯尼亚的内罗毕看到有野味店，并在那里品尝了非洲野味。维多利亚瀑布市的野味店名为"皇冠餐厅"，45个美金一位，愿意吃多少就吃多少，不限量。一面吃，一面看当地歌舞表演。野味有大象肉、鸵鸟肉、羚羊肉、野猪肉、野牛肉、鳄鱼肉、珍珠鸡肉，等等，还有鱼。所有的肉都是当场烤的，调料自己选配。我的感觉是所有的肉在生的时候，看起来确实不一样，但熟了以后，却是一个味道，因为弄熟的方式一样（都是烤的），调料大体一样。肯尼亚内罗毕野味餐厅同津巴布韦瀑布市皇冠野味餐厅的区别是，前者将不同的野味依次送到顾客桌上，后者则是自己去取食。此外，内罗毕的野味似乎做得精致一点，歌舞的场面也要大一些。

非洲一家野味餐厅

野味在有的国家出售已定点化、专营化、限量化、合法化，如在赞比亚。中国驻赞比亚大使李强民在津巴布韦物资供应紧张期间，不时托人将鳄鱼肉送来驻津巴布韦使馆，缓解了驻津巴布韦使馆正常交际的困难。但在多数国家不容易买到野味，因为狩猎要经过批准，专业猎人已越来越少，猎物数量有限，难以形成规模，一旦打到了，出手也不容易，因为想卖的一下子找不到想买的。有些打到了还不能公开卖，因为猎物是被保护动物。尽管如此，在非洲品尝野味比在中国要容易得多，方便得多，价格要便宜得多，品种也要多得多。我问过津巴布韦一些部长，了解到他们的野味食谱中有鳄鱼肉、穿山甲肉、猴子肉、野猪肉、果子狸肉、大象肉、长颈鹿肉、斑马肉、河马肉、鸵鸟肉、蛇肉、羚羊肉、孔雀肉等等。最难忘的是农业部长马蒂说象鼻子肉很好吃，因为象鼻子肉是活肉，哪个动物的活肉都比不上象鼻子肉的肉活。

南非是野味比较流行的国家，鸵鸟肉、鸵鸟蛋、羚羊肉、鳄鱼肉和野猪肉是南非菜中最常见的野味。烧烤是他们烹调野味的主要做法，同时，对鸵鸟肉等野味也采取烩、炸、煎和扒等烹饪手段。鸵鸟蛋比人的拳头大两三倍，蛋壳厚约五毫米，一些饭店配以洋葱、蘑菇、火腿肉等多种配料供游客选择，客人吃鸵鸟蛋时，可根据个人的喜好选好配料，用煎熟的鸵鸟蛋皮卷起来吃。当地人也常以野猪肉炒洋葱、炒辣椒等，肉质香嫩软滑。

不少非洲人喜欢吃昆虫。在维多利亚瀑布皇冠餐厅，游客如果吃一只烤熟的虫子，餐厅会给你颁发一张"勇者证书"。本书前面提到的我请津巴布韦驻中国大使全家到官邸做客，入席前，可能是要下雨了，餐厅里飞进几十个白蛾，招待员连忙将这些白蛾往外赶。津巴布韦大使却对我说，这种白蛾很好吃，当地人都喜欢吃，当地人遇到这种情况会把门关上，几十只蛾子，刚好美餐一顿。第二天，我把大使的话告诉担任我司机的当地雇员巩博，他说，津巴布韦大使的话不假，这种蛾

烧烤是黑人的最爱

子实际上是飞蚁,几乎每次大下雨时,他们家都会抓飞蚁,特别是夜间下雨时,飞蚁总是纷纷扬扬地扑向灯下,脱掉翅膀在地上到处爬,一拾就是一脸盆,还边捡边朝嘴里塞。当地人常用小木棒插进蚁窝里引白蚁,插进去是黑的,拔出来是白的,然后用手一搂,幼虫纷纷落盆,然后炒着吃。非洲人还特别喜欢吃蝗虫,蝗虫袭来,吃掉庄稼,带来麻烦。可是,非洲许多国家的人民却期盼蝗虫。原来,蝗虫对他们来说是非常难得的美味佳肴。据说,一位法国科学家计算过:一大群蝗虫所含蛋白质和糖的含量相当于2500头非洲大象。此外,人体对蝗虫蛋白质的吸收胜过任何一种其他的蛋白质。这个发现引起一家专门生产运动食品的公司的兴趣:用蝗虫制造蛋白质片剂。非洲当地人从经验中感受到了蝗虫的营养价值和储藏价值,每当发生蝗虫虫灾时,他们就把蝗虫储备起来,以备不时之需。

第二十一章　石雕艺术的王国津巴布韦

说到非洲艺术，大家一般自然而然地会联想到木雕。确实，在整个非洲大陆的各个角落，几乎都盛产木雕，而只有少数几个国家拥有石雕艺术。其中南部非洲津巴布韦的石雕艺术是最为典型的。石雕是津巴布韦这个国家的国粹，石雕艺术在津巴布韦人心中的地位，就如同中国人心中的长城和兵马俑一样。我原以为到津巴布韦后会看到连绵不绝的沙漠，但是我在那里看到的不是沙漠，而是在蓝蓝的天空下、绿绿的树草中和亮亮的厅堂里，看到了数不尽的独具特色的石雕艺术品。全国政协主席贾庆林2007年4月访问津巴布韦期间，在参观津巴布韦石雕博物馆时曾对津巴布韦的石雕艺术赞叹不已，并说：一个人要懂得石头艺术，这是君子的表现。我听后深以为然。津巴布韦懂得石头艺术，热爱石头艺术的人真不少，津巴布韦是一个君子国度，真不愧为石头艺术的王国。

扎根群众的大众艺术

津巴布韦独有的石头资源为津石雕艺术的发展提供了丰富多彩的石雕材料，如铬云母、蛇纹石、豹斑石、灰岩石、皂石和花岗岩等。前三种为半宝石，刻制的艺术品尤为贵重。津巴布韦雕刻艺人非常注意利用石材天然形状和纹理，他们认为石材本身也是有灵性的，倾其天然质地，可将石料的灵性显现出来，变成有生命的形式。

津巴布韦的石雕艺术首先是一种大众艺术，以"石匠"为业的人很多。在津巴布韦，从事石雕创作最有名的当属塔卡威拉家族，家族中的父亲、母亲及三个儿子都从事石雕创作，老祖母也不时地向小孙子传授石雕技艺，他们的作品十分有名，曾多次被送往国外展出。津巴布韦的石雕艺术品多出自祖传民间艺人之手，他们子承父业，只有少数人受过专门训练。津石雕艺术与其他国家的雕刻有着很大的不同。津石雕不讲究缜密严谨的艺术构思，完全由创作者依凭不同的石头型材即兴雕琢，自然夸张而又充满生命的活力。津巴布韦石雕艺术彼此之间很少有相似类同之处。即便是同一个艺术家创作的作品，在风格上也往往大相径庭。

在津巴布韦全国各地，几乎都有石雕村，其中，最著名的是在首都哈拉雷以北110公里处的坦戈南戈石雕村，它是蜚声西方世界的津巴布韦石雕艺术发祥地，也是非洲乃至南半球最大的石雕创作基地。1967年，雕塑家亨利·芒亚里齐第一次发现了坦戈南戈石雕村，在那里，全村男女老少都从事石雕工作。有趣的是，他们在创作时并无设计图纸，只是凭借自己的想象，随意创作。我曾有幸到那里参观，亲身感受了石雕村独特的魅力。

从哈拉雷前往坦戈南戈，一路上到处都有石雕艺术品。开过100公里的时候，土路两旁出现仪仗队一样排列整齐的石雕。一尊尊、一排排石雕展品，竖立在草丛里、山坡上，石雕或大或小，或高或低，

街头石雕

一般都黑得发亮，在阳光的照射下熠熠生辉。这简直是一个天然的石雕艺术展厅：它以大山为背景，绿地为衬布。

在坦戈南戈，人们与石头有着天生的亲近感，很多艺人都是自学成才，而且男男女女都能创作石雕，甚至孩子也能创造作品。今年12岁的女孩库比尔在其父母的影响和指导下，4岁就独立完成了自己的石雕作品。而在2004年获得津巴布韦国家艺术奖的维克托·法亚，从事石雕创作已经有18年的历史。维克托告诉我们，他女儿4岁和儿子6岁时都能拿起凿子和锤子进行石雕创作。

游客们随意走动之间就能发现石雕作品，它们被安放在房前屋后甚至是墙上、窗台上。这么大量的创作主要得益于坦戈南戈拥有上好的石料，即蛇纹石。目前石雕艺人们一年要消耗1000吨的石料，但是这里有超过2000万吨的储量。艺人们通常直接参加石料采集工作，以观察石料原生状态，以便雕刻出更好的作品。坦戈南戈的艺人来去自由，可以免费使用石料，但要向管理者上交作品销售收入的35%作为管理费。

当时有200多位石雕艺人在坦戈南戈创作和生活，艺人中既有当地的绍纳人，也有来自于安哥拉、赞比亚和坦桑尼亚、马拉维的艺人，甚至偶尔会有来

自于欧美和澳大利亚的艺人。每个人带来了自己独特的文化传统，又与其他人不断地进行交流，使得津巴布韦石雕艺术颇具多样性。每位艺人都有自己的编号，在道路两侧按编号摆放各自的作品，吸引外国游客、商人和展览经纪人的光顾。现在作品展区有超过2万件石雕作品，形态风格迥异。

艺术为本的专业艺术

津巴布韦现代石雕艺术是全世界唯一由土著艺术家创作而在国际上享有盛誉的现代石雕艺术。这些雕刻作品以简洁朴素的雕刻语言讲述了非洲的传统与精神；以粗犷奔放的风格表现了原始的唯美与宁静；更以独特的夸张变形强调了生命的本质与内涵。津巴布韦石雕艺术既是扎根群众的大众艺术，也是艺术为本的专业艺术。也就是说，津巴布韦不少石雕艺术家，既重石雕艺术品的商业价值，更重其艺术价值。津巴布韦石雕的精彩之处在于挖掘现实生活的想象力，它的形态、人物来源于津巴布韦神秘宗教及古老民间故事。虽然许多艺术家生活贫困，但他们献身艺术的热情和执著却令许多人感动。

津巴布韦工匠在制作石雕

正因为津巴布韦不少石雕艺术家不以赚钱为目的，他们追求的是一种纯艺术，是源于生活、高于生活基础上的一种"为艺术的艺术"，所以津巴布韦石雕艺术品才达到了深刻的前所未有的艺术境界，才使其不少作品中蕴含了、体现了非洲的民族艺术文化和信仰，才显示出它们是一幅完美的非洲艺术手册，才能将真正的非洲灵魂展现在世人面前。

1957年津巴布韦建立了哈拉雷国家艺廊，这促使艺术家们不断提高在石头上表达他们内心思想和价值取向的技能，也促使他们不断地创作出承载着他们艺术生命和天才的杰出的石雕作品。

对于石雕艺术这一民间古老的精神宝贵财富，津巴布韦政府十分重视挖掘保护。1985年在首都哈拉雷郊区恰巴谷建立了"恰巴谷雕刻公园"，风景秀丽的石雕公园占地15公顷，收藏了3000多件大大小小的作品。20世纪80年代以来，养育了300多名石雕艺人，他们把普普通通的石头变成蜚声遐迩的艺术作品，他们造就的艺术价值难以用金钱来衡量。多年来，该公园在组织石雕的展览、收藏、出版资料和与国际交流方面做出了积极贡献。另外还有哈拉雷国家画廊和政府组织也经常组织石雕艺术展，并促进艺术家参加在国外举办的展览。1970年在法国巴黎市现代艺术博物馆举办的津巴布韦"绍纳石雕艺术展"曾轰动一时，至今在国外已成功举办了几十次展览，使津巴布韦石雕艺术走向了世界，为各国人们所欣赏。

与欧洲艺术拟真分析的观察方式不同，非洲艺术强调生命的关照和心灵的注视。津巴布韦是石雕之国，从一个个古老的原始部落中诞生的充满想象力的石雕，曾使毕加索找到了现代绘画语言。津巴布韦石雕艺术品，以充满着原始生命冲动的力量和对自然、对身体、对情感的崇拜与表达，打破了语言与文化的藩篱，直接抵达观众的心灵。

自2000年津巴布韦遭遇经济危机以来，津巴布韦石雕业也深受影响，到津巴布韦观赏、采购石雕艺术品的人在减少，从事石雕艺术的艺人在减少，石雕艺术的行业生存和发展的环境明显不如以前，即使在恰巴谷石雕公园里，陈列的艺术作品不是在逐步增多，而是在逐步减少，以前摆放石雕的地方杂草在增多。尽管如此，献身石雕艺术的人仍然不少，愿意在恰巴谷石雕公园，或坦戈南戈石雕村，或其他石雕艺术中心进行创作的石雕艺人仍是络绎不绝。他们很多人看中的是恰巴谷、坦戈南戈等的艺术环境，他们乐于在石头世界里不断进行精神追求，并以此作为自己的创作动力，只要这种动力存在，他们的雕塑工作就会继续下去。正如津巴布韦石雕收藏家吴江涛所说："这些艺术家有思想、有内涵，是一群充满活力、充满灵慧、有着可爱性格的非洲人。跟他们在一起你不会为生活烦恼，即使明天的面包还没有着落。他们就是为雕刻石头而生。一块石头，一把锤子，几把凿子就是他们生活的全部。许多艺术家没有受过正规教育，但是他们要雕的一切就在他们脑子里，依附于古老的、神秘的部族精神世界，技巧与生俱来，随心所欲，朴拙、原始，表达的就是他们自己的心灵感受和强烈情感。他们只要有一棵大树，遮住烈日，就是最好的工作场所；席地而坐，靠着大树，这样的工作就是生活；用简洁的雕塑语言和朴素的技巧完成创作冲动，是他们生活的信念。"

我曾多次前往恰巴谷石雕公园参观，发现公园艺人中不乏世界一流的雕塑家，其中有些甚至多次在国外举办展览。当然，最令人欣慰的是，津巴布韦不断有新的艺术家出现，许多有潜力的年轻艺人精于运用石头的语言，所创作的作品往往令人惊叹。这些有才华的津雕刻家在世界顶尖艺术家中占有他们的一席之地。一些艺术家的作品得到了国际上的首肯，新一代的观众也更容易接受他们作品。

给人启迪的纯粹艺术

本来，津巴布韦有的石雕是工艺美术品，同时具有使用价值和艺术价值，有的石雕则是纯艺术品，只具有观赏价值、审美价值。值得注意的是，一些石雕艺术家无怨无悔地献身给纯艺术的事业。他们在创作时，考虑的不是卖多少钱，而是作品的艺术价值。

在金钱的影响越来越大的今天，不可否认，越来越多的艺术家体现出越来越明显的功利

穆加贝总统石雕像

性、趋利性，不少艺术家的心已难以沉寂下来，市场的喧嚣，金钱的诱惑，利益的驱动对他们来说，已越来越难以置身度外。难得的是，不管经济多么困难，生活多么潦倒，金钱的诱惑多么强烈，津巴布韦一些艺术家始终坚持纯艺术的创作方向，穷其一生创作纯艺术的作品，他们没有任何外界压力、没有任何强加教学、没有外来干涉的主题和建议，创作来源于艺术家个人的技能发挥、精神及自然的欲望，创作过程是激情的不断爆发，不断释放。这无疑是津巴布韦纯艺术的石雕艺术家与其他现代艺术家的区别。

津巴布韦石雕艺术充溢着原始的漂泊，给我们带来了无与伦比的清新，她以原始的质朴与沉默的震撼体现了黑色文化的激情，强烈的装饰性与不凡的艺术品位促使了新时尚的快速流行。她那粗犷的节律，神秘的悟觉，沉默中崛起

的震撼在朴实无华中极限升华。艺术家们想展示的是一种精神，是百折不挠中的豁然开朗，是反复痛楚中的酣畅坦然，是对艺术真谛探求中的共鸣领悟。津巴布韦的石雕给世界各地的艺术家以激情，展示给世界各国人民的是当代非洲社会的文化与精神力量，这对于任何现代文化生活都极具意义。石雕作为物质是永恒的，艺术家将精神转化在作为物质的石雕上也是永恒的。津巴布韦艺术家在对艺术的追求中往往忘掉了自身的存在，而是通过锤子和凿子，孜孜不倦地抒发着自己的心灵。

非洲的津巴布韦石雕艺术家的创作是在内心极其平静的状态下进行的，在这种和谐的忘我的境界中，他们那充满神话色彩的集体潜意识开始显现，此时就像神灵通过他们的身体，灵感闪耀在他们古老原始而淳朴的心上，这种带有神性的舞蹈艺术显然直接来源于他们的心灵。功利、名誉不是他们创作的动机，他们活着就是为艺术而献身，他们信仰这种纯洁的艺术，大自然投射在他们的艺术作品中，偏见在这里窒息了，他们对大自然神性的领悟、洞察的能力是现代艺术家无法与其相比的，他们说万物有灵，万物便有了神的意义。

石雕的创作题材多与神灵有关，因为津巴布韦人相信万物有灵，且支配和保护着每个部落、每个家庭成员所享有的一切。这类表现神灵的石雕造型奇异，想象丰富，每件作品都代表着一种精神象征，隐含着特定的文化信息。一位津巴布韦雕刻艺术家说："在我雕刻时，祖先的灵魂不断地给我以灵感，民间格里奥传说常常给我启迪。"除此之外，人和动物也是津巴布韦石雕经常运用的题材，艺术家们常用变形简约的手法塑造形象，塑造极为概括，结构远离正常比例，抽象成分居多，很少写实。雕刻常以质地光滑、纹理流畅的材质与粗犷豪放的表现手法形成对比鲜明的审美情趣。有的作品刚雕完时呈灰白色，后反复沾水打磨并经太阳晒，逐渐变成黝黑光亮，极富装饰感。

欣赏津巴布韦石雕艺术，如同欣赏诗歌艺术，津巴布韦石雕艺术家往往具有诗人的气质。如果说单纯地追求为写诗而快乐的诗人往往会写出很好的抒情诗，那么，单纯追求石雕艺术价值的雕塑家往往能创作出传世的石雕作品。津巴布韦的石雕艺术又有点像舞蹈艺术，舞蹈艺术中的造型美、曲线美、飘逸美，你在津巴布韦石雕作品中都能看到。

津巴布韦石雕启迪了无数西方现代艺术大师的创作思路。曾经有人问西班牙美术大师达利：你这一生对何种艺术留下的印象最深？达利毫不犹豫地说：津巴布韦石雕艺术。在展厅的中央，一组题为"古老与现代"的石雕群引起了记者的注意。这组作品共有6个不同形状的"国"字形面具，整组石雕几乎保存了石头的原始状态，充满动感的头发以粗犷的刀法凿出，只有面颊部分精心雕琢磨光，但也是极简练而富于幻想。充满无尽含意的双眼仅以两条线表达，鼻梁被随心所欲地拉得又细又长，嘴唇曲线生动而有力度。无声无息的石头仿佛生化出生命和哲理的思索。令人称奇叫绝。津巴布韦艺术家说：是有灵性的石料让艺术家产生创作的冲动。他们往往根据石料的形状勾勒出充满艺术魅力的作品。因此，他们的石雕作品很少有人工雕琢的痕迹，看上去是浑然天成。

轰动世界的独特艺术

津巴布韦石雕艺术自20世纪50年代后期以一种崭新的艺术形式第一次出现在国际舞台上后，很快赢得了国际上广泛的承认，几十年来一直风靡西方世界。

英国艺术家最先发现津巴布韦石雕艺术的独特价值。1954年，当津巴布韦还处在殖民统治下，国名被称为罗得西亚时，富兰克（Frank Mcewen）应邀担任了国家艺廊总监。他曾是大英帝国驻巴黎的艺术代表，在欧洲艺术圈里是很有影响的重要人物。刚开始，富兰克的重点是放在油画上。但是，随着与当地艺术家的接触，体会到最能体现非洲艺术家想法的艺术载体是石头，当时他周围聚集了75位艺术家，每天在一起交谈、创作，使西方艺术与非洲文化及艺术融汇在一起。1958年，他举办了第一届英联邦艺术展，展出各类罗得西亚艺术家的作品，其中最成功的是石雕作品，并引起了世界重要艺术中心的兴趣。许多作品被各大博物馆购买成为永久展品。

娘和仔

随后，津巴布韦石雕艺术作品开始流行于欧美地区。虽然当时白人世界对黑人艺术充满了歧视，但是欧美世界对黑人石雕艺术兴趣却越来越浓厚，1971年，在巴黎举办了津巴布韦石雕展，展览非常成功。展出的每件作品都被收藏家及艺术爱好者买走，一些作品至今仍是重要收藏。接着1972年，在伦敦的 I. C. A 画廊和纽约现代艺术展览馆举办"绍纳雕塑展"（津巴布韦人中第一大民族是绍纳族），这些展览使世界艺术界及收藏界真正认识并接受了津巴布韦石雕艺术。在英国、欧洲及美国接连举办的津石雕展览引起了媒体的注意，1987年9月，《每周新闻》（Newsweek）称它"是本世纪非洲出现的最重要的艺术形式"，认为"他们的作品不仅仅是古老的传统作品，而且是在传统基础上成长起来的、朝气蓬勃、拥有一大批新观众的现代艺术"。在纽约现代美术馆和罗丹博物馆的藏品室里，津巴布韦的绍纳石雕已经成为最有收藏意义的非洲艺术品，并且进入了洛克菲勒家族和威尔士王子（英国皇室）的家中。

　　津巴布韦石雕艺术一步步走向亚太地区，它在继澳大利亚、新西兰引起轰动之后，又成功登陆日本、中国香港，并于几年前首次在中国北京亮相，创造了一星期内全部展品订购一空的神话。从1980年至今，津巴布韦第二代、第三代青年艺术家不断涌现，并在国外举办了许多展览。这些展览使津石雕艺术在西方世界找到更多的知音，同时在亚太地区，特别在中国也得到了观众强有力的反响。在北京、上海、广东等地举行的津巴布韦石雕艺术展览的巨大成功就是一个有力的证明。例如，2006年1月，重庆见证了非洲艺术在该市的首次巡礼——津巴布韦石雕艺术展。据统计，在开展的近40天内，有6万余市民欣赏了非洲津巴布韦的石雕艺术，参展的300余件作品中，更有90%被收藏，并"安家"重庆。由于展品本身都不是城雕作品，更偏向室内装饰性雕塑，风格上也突出生活趣味，对观众来说很有亲和力。为方便观众收藏，展品最重的200公斤左右，最轻的只有250克，最高的也只有1米多一点。此次重庆展品并非昂贵的天价作品，价格从200元到5万元，在普通人的收藏承受力内。自开展以来，每天前往欣赏、购买展品的市民络绎不绝。为了满足市民的收藏愿望，展馆又紧急调运来70余件非洲石雕。

　　在津巴布韦，我认识了一个与津巴布韦石雕"相恋"了17年的华侨吴江涛，他的英文名字叫Wolf。他与津巴布韦石雕的故事从一个侧面反映了津国石雕的巨大影响力——一种足以改变一个人的生活选择的影响力。1992年，公安大学毕业已经在上海做了3年交警的吴江涛背着相机到了非洲。起初只是为了摄影，但第一天就被石雕深深吸引。他开始购买收藏，直到身上带去的2000美元花个精光，又开始做生意挣钱去买卖。现在，津巴布韦大多数的艺术家都成了他的朋友，他收藏的作品达到了5000多件，成为在津巴布韦收藏石雕最多的中国人。吴江涛这样向我谈起了石雕艺术对他的影响和他对石雕艺术的看法："1992年，我背着相机来到非洲，为的是摄影事业。然而到了非洲，我就被当地独特的艺术作品所吸引，并开始收购当地的石雕。当钱全部花光之后我开始做

女人

生意,用赚来的钱继续收藏石雕,雕品成了我生活的一部分。为了收集石雕,我经常到他们的部落里去。黑人本身是很排外的,你需要长时期去和他们交流,他们才会消除戒心,他们很淳朴,一旦驱除戒心就会像对自己人那样对你,非常热情。"谈到对津巴布韦石雕艺术的感觉,吴江涛说:"我失落了,童年的梦消失得无影无踪。我们需要现代,也怀念远古精神。那些所谓的原始风格,给予人的显然不仅是令人震惊的远古遗风,希望人们能从非洲石雕中或多或少体味到一些原始的豁达和激情吧。都市里的人习惯了拼命挣钱,用钱去购买幸福。而在非洲人看来,他们虽然物质贫乏,但是幸福时时刻刻都在他们的身边。"他说:"我喜欢摄影,被石雕的线条和构图深深地吸引了,经常与这些摊主交谈并与他们交上了朋友,开始了初步收藏。通过他们又认识了许多艺术家,大多来自津巴布韦的绍纳族。我要把非洲带回家,就是要把非洲人最原始、最热烈的情感带回家,带回中国。他们是天才,他们是天生的艺术家。我被他们的生活所感动着迷,也去买了套工具,跟着他们一起享受雕刻带来的快感。于是几天后,有了我第一件作品 —— into Africa(进入非洲),抱着自己的作品陶醉了好一阵。""随着很多很多梦想变成了现实,我的收藏基金得到了保证。我开始了大规模的收藏活动,那是充满艰辛的过程,也是探奇和冒险的经历。由于津巴布韦的艺术家大都分布在各个偏远地区,我与艺术家的交流便遍及整个国家的各个角落。为了艺术，我放弃了许多机会，执著地追随着自己的梦想。我开始在许多部落与很多艺术家共同生活，体验他们的创作情感，不断邀请艺术家到我家小住创作。与艺术家的交流中，我得到了艺术创作过程的美妙情感。我带回来的是非洲艺术家丰富的激情和多年沉淀的文化底蕴。随着时间的推移，许许多多黑人艺术家成了我的朋友甚至兄弟，每当他们有最新作品时，总是最早通知我，我经常能在第一时间选择我喜欢的石雕而得到最好的价格。但有时也没有运气，为了收藏一件中意的作品，得来回奔波五六次，历时数月。有的成了，也有失败的，那是一种过程，让人刻骨铭心。日积月累，我的家成了一个石雕艺廊。每次有朋友来我家，他们都会惊奇于这些石雕。"

吴江涛决定把他的收藏品从非洲带回中国展出，让中国人欣赏到第一流的津国石雕艺术。他成功了，这些崭新的不同凡响的艺术品在北京的国贸大厦、上海的刘海粟美术馆、上海虹桥友谊商城和深圳的佳宁娜友谊广场展出，给国人提供了一顿精美的艺术大餐、视觉大餐、精神大餐。吴说"我把非洲带回家了"，一点不错。

第二十二章　驰名世界的非洲木雕艺术

　　早就听说过非洲的木雕艺术。2006年底到津巴布韦工作不久，即将离任的我国驻赞比亚大使李保东托马德云参赞送我一对赞比亚乌木雕（国人常称为黑木雕），雕刻的是一对酋长夫妇头像。使我深感兴趣的是木质出奇的好，这种木头生成很慢，要很多年才能长成，很重，搁在水里浮不起来，这是黑木同其他木头的一个很大区别。栩栩如生的头像造型、雕镂细密的艺术风格给我留下深刻印象。不久，新任驻赞比亚大使李强民又托临时信使送来一对赞比亚乌木雕，雕刻的仍是一对酋长夫妇头像，但显示的则是苍劲有力而又细腻精美的另一种艺术风格。这两对艺术品激发了我对非洲木雕的喜爱之情、鉴赏之乐、收藏之意。以后，我到南非、博茨瓦纳、肯尼亚等非洲国家，都特别留意当地的木雕艺术。

别具一格的木雕原料

　　中国的木雕艺术品不少是木根雕，国人对根雕艺术情有独钟。到津巴布韦后，发现根雕艺术品几乎没有，在其他非洲国家也少有发现，但看到不少用整棵树干雕成长颈鹿或人物的艺术品，在取材、创意、工艺等方面显示出独到之处。很多树一丈多高，木雕作品也就一丈多高。非洲木雕艺术家善于利用材料，他们雕刻的人物，

津巴布韦商贸城中的大象木雕

小的只有手指大，而大的则是真实人体的两三倍，这完全是他们根据木材大小、质地、色泽来决定的。我在津巴布韦家中的"茅草屋"里，有一头"长颈鹿"就是用一棵树雕成的，其高度与成年长颈鹿差不多，就是比真的长颈鹿瘦多了，因树干不可能有长颈鹿的身躯大。尼日利亚国家博物馆里展出一件2米多高的木雕作品。初看好像是两根木头拼在一起，不知表现的究竟是什么。细一瞧，原来是一根独木中间镂空，两端仍连接在一起。再从整体上审视，才发现这是一对男女紧紧搂抱，四肢纠缠在一起，显示出无限的柔情与蜜意。

非洲木雕用材多种多样，但总的来说，工匠一般选用质地坚实、纹路鲜明的硬木作材料。根据材料的形状、大小、色调来确定雕刻的题材。

非洲许多国家产乌木，这种木头成长很慢，乌黑透亮，质地坚硬，非常适宜雕刻。黑得发亮的乌木用来雕刻黑皮肤的非洲人真是一绝。乌木之乡自然成为乌木艺术之乡。例如，马孔德本是聚居在莫桑比克东北部和坦桑尼亚东南部一个跨界民族的名字，马孔德的民间雕刻艺术家多以热带原始森林中特有的乌木作材料，这个民族具有木雕的传统，大多数人似乎生来就是木雕艺术的高手。"马孔德"在坦桑尼亚已经成为木雕的代名词。达累斯萨拉姆博物馆陈列着一个大酋长的乌木雕像，巍巍然在展室中立地顶梁，竟有6米多高。

加蓬特产一种灰木，纹路清晰、色泽明亮、质地细密，雕镂出来的作品特别招人喜爱。由灰木雕刻而成的灰木艺术品自然具有独特的艺术品位。

肯尼亚东南部马查科斯地区盛产的紫檀、橡木等硬质木材，雕刻各部族装饰不同的人头像，还有大象、长颈鹿等东非常见的野生动物。蒙巴萨生就一种叫"穆胡古"的木头，天然半边黑色、半边赭黄色，雕刻出来的动物显得更加栩栩如生。

刚果（布）的黄木雕是该国巴特克、巴邦贝等部族的传统工艺品。这些部族的艺人利用原木的天然黄色和自然形态，雕琢出当地人高高的鼻梁和深陷的双眼。简洁的线条，分明的轮廓，不求人物的形似，而是在几乎变形的高度抽象中追求神似，颇有点中国国画中写意画的艺术风味。

科特迪瓦木雕用料种类较多，既有乌木、红木等硬质木材，也有黄木、灰木、纯白木等质地稍微松软的木材。科特迪瓦有60多个部族，据说每个部族都有独具特色的用木头雕成的面具。他们制作面具主要是在跳舞时佩戴。每当重大节日或婚嫁、婴儿命名等喜庆活动，亲友和四邻不分男女老少，都戴上自己心爱的面具载歌载舞。面具的用料多数是纯木制作，也有的镶嵌上象牙或涂抹上油彩。

别有用途的木雕作品

非洲不少木雕是工艺美术品，一方面他们具有艺术品的效能，具有观赏价值；另一方面具有普通商品的效能，具有使用价值。2007年，我前往维多利亚瀑布市出差，期间我到艺术品市场游览，一只木雕果篮深深吸引了我，果篮很大，是用一棵很大的树的树干雕成的，仅把树镂空就费了不少工夫，同一棵树的树干，一劈两半，上面是篮盖，下面是篮筐，篮子外面雕了南部非洲有代表性的"五大兽"：狮子、水牛、大象、豹子和犀牛。镂空后的篮子可以从外面看清里面的水果。这个果篮既非常好看，又非常实用，可以装下10斤水果。望着这个用一棵完整树干雕成的果篮，尽管价格不便宜，我在讨价还价之后仍毫不犹豫地买了下来。为了完整无损地把这个果篮带回国内，如何包装它还费了我一番脑筋。

不少木雕艺术品既用于观赏，更用于宗教或部族、家族传统的目的，非洲不少地方可以买到基督教为内容的木雕艺术品，如耶稣受难像等，就说明了这一点。津巴布韦土地部长穆塔萨曾送给我一只水牛木雕头像，他也不吃牛肉，原因就是水牛是他家族的图腾。非洲是多民族、多宗教、多文化的多元化社会，每个民族或部族都有自己的宗教、神话和历史传说，都有自己崇拜的神灵、先祖和英雄人物。每个民族或部族的艺人总是满怀崇敬之情，尽力把这些神灵、先祖和英雄超凡入圣的形象和气质用刻刀表现出来。这在比较强大或历史比较悠久的民族和部族中最为常见。

在非洲不同地区或国家，不同的民族或时期，相当一部分木雕作品，如纸托、刀架、果盘、烟碟、手杖、巾托、书挡等，虽然反映了一定的社会内容，有一定的社会历史内涵，但其主要目的在于创造具有商品价值的生活实用品，希望创造出更多的经济效益，因而，更多地讲究造型、工艺和实用。

别有特色的木雕文化

一些非洲人说，他们的祖先是"口衔刻刀来到人世的"。意思是说，木雕艺术与人类同生并存。非洲可以说是世界上最繁荣的雕刻艺术之乡。津巴布韦、科特迪瓦、苏丹、肯尼亚的象牙雕世界驰名，刚果（金）、赞比亚、多哥的青铜雕大气粗犷，津巴布韦、加蓬、埃及的石雕别具匠心，尼日利亚、贝宁、尼日尔的陶雕明快古朴，还有津巴布韦的羚羊角雕、长颈鹿腿骨雕、塞内加尔的牛角雕创意独特，桑给巴尔的贝雕，乌干达的葫芦雕，刚果（金）的白沙雕和蝶翅雕，都以造型奇诡、风格别致著称。但是，非洲最流行、最具特色的雕刻恐怕还是木雕。无论你走到哪里，都可以看到精美的木雕在制作、在展览、在销售。木雕被誉为非洲艺苑中最艳丽的一枝奇葩，非洲木雕是人类艺术宝库中的一个具有特殊价值的瑰宝。

非洲木雕艺术历史悠久，但时间究竟有多长，说法不一。据考古工作者发现，早在史前时期的非洲岩画中，就有木雕存在的遗迹。照这样说，木雕在非洲恐怕至少有五六千年的历史。西非最古老的木雕作品出现在尼日利亚。北部的诺克和西南部的伊费，原是尼日利亚的两大文明中心。早在公元2世纪之前，诺克地区就出现大量陶器、铜雕、牙雕、石雕和木雕。只是由于年代久远，木雕已经朽毁，未能流传下来。但我认为，严格意义上的木雕艺术应从铁器的诞生开始，应始于利用铁器"雕木为具"。这样算起来，非洲木雕艺术的历史大约2000年吧。

非洲木雕（二）

非洲木雕作品有的反映非洲国家和民族争取民族独立和解放的历史；有的反映人们的日常生活，诸如少女思春、男子打猎、艺人击鼓、妇女顶水、母亲哺婴、艺人歌舞；有的表现野生动物，例如，津巴布韦卫生部长帕里伦亚特瓦博士和北马贝塔莱兰省省长马图图女士分别送给我的礼物都是当地驰名的"五大兽"木雕。这是因为撒哈拉以南的非洲，特别是东部和中南部非洲，野生动物比较集中，其中最常见的是大象、狮子、豹子、犀牛、长颈鹿、河马、斑马、羚羊、野牛、野猪和角马等。

非洲木雕中，较常见的有面具、人物雕像，特别是酋长夫妇雕像和"五大兽"三大类：木雕面具种类繁多，工艺高超。面具的造型，有的似人非人，令人敬畏；有的笑容可掬，惹人喜爱；有的仪态凛然，使人肃然起敬；有的青面獠牙，面目可憎，但也不失强烈的审美情趣。在尼日尔河上游，有一种水平式羚羊面具。其特点是两角向上而又向外弯曲，口形大张，似乎在欢叫；后背有一个优美的曲度，刻有表示羚羊毛皮的刻纹；表面光滑，图案匀称；羚羊腿用曲折线表现。人物雕像中，最使我难忘的是我在肯尼亚见过的一尊乌木的女性半身雕像。那编制细密的根根发辫，那乌黑闪光的双眸，那厚厚的欲言又止的嘴唇，那高高隆起的胸部，显示出黑人女性独特的青春美。酋长夫妇雕像，一般雕成一对，大的比真人还大还高，小的比鸡蛋还小。不少酋长夫妇雕像雕出了一根根乌亮的发丝，雕出了炯炯有神的眸子，镂刻得清晰而又逼真，显示出作者高超的镂刻功夫。在马里共和国，有一种叫"塞古"的雕像，其鹰钩鼻从头越额而下，身躯细长并呈圆柱形；半圆形的乳房，雕刻在胸部较下的部位；两臂自然下垂，手部宽大，呈爪状或手掌张开，有突出的蛙嘴，发式也很别致，而且很少涂颜色，但附加装饰品和金属钉，有的嵌入贝壳或珠子作眼睛，鼻子和耳朵上附有精美的铜环。"五大兽"作品虽然雕刻的都是狮子、大象、犀牛、水牛和豹子，但每一个造型都不一样。这些或凶猛威严、或憨态可掬、或性情灵动的野生动物，大多被刻画得栩栩如生，具有一种独特的活力和美感。

非洲许多国家领导人把非洲木雕作为国礼礼品。例如，1973年7月刚果总统马里安·恩古瓦比来我国访问时送给毛泽东主席的礼品就是一个90厘米高的木雕老者胸像。刚果盛产珍贵木材。这座木雕所用的红木就是其中之一，它木质坚硬，纹理细腻，是雕刻的上选材料。雕像头部几乎占作品高度的一半，表现的是一位饱经风霜、德高望重的部落酋长形象。老人额上、眼角一道道深深的皱纹及面部凹凸不平的肌肉，无一不是岁月留下的痕迹。自眉心至脑后的一排整齐的肉瘤是部落酋长独有的标志。老人深邃的目光、悬阔的鼻头、厚实的嘴唇，透露出坚忍不拔、沉稳刚毅的性格。裸露的前胸斜挂着海螺、兽角等装饰物。整座雕像比例协调、造型大方、雕工洗练，给人一种淳朴、庄重、粗犷之感。

非洲的木雕作品千姿百态，但大多具有共同的艺术特点：

夸张的非洲木雕

一是写实与夸张的统一，突出夸张手法的运用。木雕作品严格写实的不能说没有，但比较少见。比较多的是在似与不似之间，或者说是神似大于形似。例如，我看到一个母亲哺乳的木雕作品，它刻意突出了乳房，谁都一眼可以看出那是乳房，但乳房比例明显被故意放大很多。我还看到有的人像具有男女两性的特征：面部有胡须，乳房突出，脐带显著，后背弯曲，臀部线条突出并猛然折断。这说明，非洲木雕大多是抓住反映对象的某个最突出的特点，诸如女性高耸的乳房和多彩多姿的发辫，男性浑厚刚毅的嘴唇，羚羊活蹦乱跳的长腿，长颈鹿优雅修长的脖颈，运用极度夸张的手法加以表现，给人以鲜明、深刻又决不失真的印象。

二是粗犷与细腻的统一，突出两者的有机结合。非洲木雕艺术体现了精致的稚拙美、粗犷美，既张扬了最自然的人性，又蕴含了最原始的神性，是从材质中透出的生命的本能。特别是当你走近木雕人像，用手触摸着这些非洲人顶礼膜拜、同神灵与祖先沟通的"圣物"时，仿佛抚摸着非洲的灵魂，灵犀相通间能感觉到它的呼吸和体温，也仿佛能听到非洲远古密集的皮鼓声和高亢的歌声，那是一种由艺术传递的强烈的心灵震撼！非洲多数木雕作品的总体线条趋向粗犷，但人物和动物某些最具传神力的部分，诸如眼睛、嘴唇、鼻子、耳朵等，细节的刻画却又特别细腻。这种粗与细的巧妙结合，使作品自然产生出来源于生活又高于生活的艺术美感。

三是节奏感和动感的统一，突出动态美。野生动物的狂奔和打斗且不说，就是男女人物的活动，从捕猎、农耕到娱乐，都激烈而紧张。这生动如实地反映了非洲人民同大自然搏斗的惨烈。

四是原始色彩和现代色彩的统一，突出贴近现实生活。例如，不少刻画武士、猎人的作品手里有的拿的是长矛、弓箭，有的拿的却是来复枪；有的作品部分是手工完成的，部分是机器完成的。不少作品，力图把强烈的社会历史内涵与高度的审美观念结合在一起，成为几乎所有国家木雕艺术发展的新趋向。不管是艺术形式还是创作观念，非洲木雕本身是传统而古老的，但是，非洲木雕经历了并将继续经历着文明的轮回、艺术的演绎和手法的创新。艺术的新与旧、现代与传统、前卫与古典，这一辩证的过程无穷无尽。随着岁月的流逝，像其他不同的艺术形式一样，前卫理所当然地变为传统，若干年后，又可能被艺术家们重新发掘，变为新的艺术形式。

非洲雕刻艺术，包括木雕、石雕、骨雕及铜雕等艺术的魅力，曾使欧洲殖民者惊诧不已。这些自以为高人一等的欧洲人漂洋过海，在非洲大陆曾肆意掠夺非洲艺术品，如同晚清时抢劫遥远东方的圆明园一样，那些价值连城的非洲雕刻艺术品，很快沦为他们的战利品，充斥于欧洲私人收藏室、国家博物馆以及艺术品市场之中。他们不可能想到，那些来自蛮荒之地的作品，竟然颠覆了整个西方20世纪的现代视觉。在西方古典艺术传统叙事技法穷途末路之时，一大批艺术大师把目光投向非洲木雕艺术，他们从中不断吸取灵感和艺术创造原动力，最终掀起了野兽主义、立体主义、表现主义、抽象主义以及超现实主义等多种现当代艺术思潮。于是，毕加索有了《格尔尼卡》，布拉克有了《曼陀铃》，马蒂斯有了《舞蹈》……

我认为，对非洲木雕艺术品，如果仅以纯美学的观点来阐释作品，必会遗漏作品本身的象征意义以及它丰富的内涵。在黑非洲地区，要真正理解一件木雕作品，必须从它的渊源、意图和代表的宗教意义各方面着眼。否则，一件杰作很可能因无法被我们认识而丧失其真正价值。

别具功底的木雕巧匠

非洲木雕艺术是一种传统的工艺美术，艺人的成长环境有点像中国从事山西剪纸、天津杨柳青年画、湖南湘绣工艺的民间艺人，上一代人传承给下一代人，言传身教、耳濡目染。非洲木雕艺人绝大多数是世家出身，技艺代代相传。他们没有受过正规的艺术教育，是在长年的创作实践中成长起来的民间艺术家。我曾亲眼看津巴布韦木雕艺术家当场雕刻，金光闪闪的雕刀在手指间飞转，没有图纸，没有样雕，然而，他们就这样使一块块枯木显露出勃勃生机。在他们的刀下，雕出了扬蹄狂奔的长颈鹿，雕出了酣态可掬的大犀牛，雕出了扭臀狂舞的激情少女，雕出了拉弓射箭的部族武士。非洲木雕艺术之神奇，委实令人惊叹。

非洲各国地域虽然不同，但木雕制作的过程则大同小异。雕刻时，有的工匠眼前摆着图纸或样雕，而大多是什么都没有。非洲木雕老匠人的雕刻设计都深藏在心中，对他们来说，没有必要先搞出雕刻图纸，许多人也没有能力搞出图纸，因他们不少人可能根本不识字。这些民间艺术家雕刻时，只需对材料稍加审视，捉刀即砍。说是"砍"，一点也不夸张。大刀大斧，几刀几斧，几下就砍出个称之为"坯子"的粗略形体。对坯子，他们再用不同类型的刻刀雕琢，用不同型号的木锉打磨。定型之后，再用砂纸打光，然后着色和打蜡。这样，一件木雕作品就完成了。大的工厂，采用流水线方式，不同的工匠负责不同的工艺，而在规模较小的作坊，则往往是从砍坯子到打磨，从粗雕，然后到细雕，最后到上漆，一个人一贯到底。

为保护和促进木雕工艺和其他民族传统工艺美术行业的发展，不少非洲国家建立起类似于合作社的组织，以提高创作水平，制定行业规范，扩大生产规模，提高经济效益。例如，塞内加尔在首都达喀尔的大西洋岸畔，就建立了一个"工艺村"。村里集中了来自全国各地的上千名能工巧匠，生产和展示木雕和其他雕刻工艺品。在坦桑尼亚，马孔德人本来是利用农闲进行雕刻。但随着木雕市场的扩大，不少人放弃农耕，甚至离开家乡，到城镇专门从事木雕谋生。于是，木雕行业的规模、产量、效益和影响也随之扩大，这些又为木雕工艺和其他民族传统工艺美术的进一步发展创造了良好的条件。

别有风情的木雕市场

如今的非洲木雕，依然以神秘而博大的内涵吸引着世界的目光。非洲木雕以其特有的艺术价值赢得了巨大的国际声誉。西欧、北美和日本已成为其热销市场，在北京等地，也开设了专门销售非洲木雕的商店。同时，每年有千百万人从世界各地涌向非洲，除领略原生态的自然风光、观赏野生动物、品尝非洲葡萄酒、果酒等当地美酒之外，也欣赏以木雕为代表的非洲造型艺术之美。非洲之行的一个亮点，就是到木雕市场逛一逛，一面欣赏，一面砍价，带几件回去，或馈赠朋友，或悬挂在客厅的墙壁上，或摆放在书房的案头，不时把玩和欣赏，对许多游客来说更是非洲之行难以忘怀的纪念。这样，木雕不但给非洲增添了迷人的魅力，而且也把非洲人民的勤劳与智慧传播到世界各地。从这个意义上说，木雕艺术在非洲与世界各国人民之间搭起了一座沟通心灵的桥梁。

非洲的艺术品零售市场

非洲木雕最繁荣的国家东非有坦桑尼亚、肯尼亚、乌干达和莫桑比克，西非有尼日利亚、科特迪瓦、刚果（布）、喀麦隆和加纳。

只要是中国人，或者只要是黄皮肤的人走进非洲木雕市场，经常可以听到卖主用汉语对你说"你好！"有趣的是，还经常可以听到用汉语的叫卖声。在津巴布韦首都哈拉雷和在维多利亚瀑布市，在旅游纪念品市场里都可以看到大量的木雕艺术品。津巴布韦商人看到中国人走进市场，总是一面把各种木雕艺术品拿给你看，一面用汉语说："便宜，便宜！"在加蓬首都利伯维尔，一段时间里，只要中国人走进远近闻名的工艺品市场，往往能同时听到几个摊主用生硬的汉语高喊："买这个，假的！"搞得新来刚到的中国人丈二和尚摸不着头脑。原来，国内来的人选购灰木雕，总担心不是真货。他们往往一边挑选一边议论真假。摊主误以为中国顾客所说"假的"是赞誉之词。因此，他们一看到中国人，就高喊"假的，假的"。这真令人有点哭笑不得。

　　肯尼亚的木雕不仅闻名非洲，而且享誉世界。肯尼亚木雕艺术的中心是首都内罗毕和海港城市蒙巴萨。从事木雕行业的多为坎巴族人。现在，肯尼亚全国从事木雕制作与销售的据说有10万多人。木雕已成为肯尼亚最兴盛的手工艺行业。在肯尼亚各旅游点和大的民族特产商店里，都可以买到木雕艺术品。内罗毕的马赛市场类似北京的潘家园，专营新老工艺品。因只在星期二开放，故被华人称做"星期二市场"，几百个摊位，卖什么的都有，贩卖的就是"非洲生活"过去现在的方方面面，不仅有用天然石榴石、水晶、玛瑙、孔雀石雕琢的头饰、项链、手镯、挂件，更有琳琅满目的木雕，甚至还有木雕老家具。初来乍到的中国游客很难不被这些充满异域风情的木雕和家具所迷住，在这里淘一些非洲小木雕、小家具的多的是，也有人完全是出于爱好，竟然淘得酋长的一整套百年木雕家具！

　　喀麦隆首都雅温德的木雕市场也驰名海外，那里不仅出售琳琅满目的现代木雕，而且有几个店铺专门出售破旧甚至有点朽烂的作品。其中，有帝王和部族首领的头像，也有辛勤劳作妇女的整体雕像，件件作品要价都很高。店主称，这些都是三四百年前的作品，可以说是文物。

　　我10次到津巴布韦维多利亚瀑布，几乎每次到那里，我都会到木雕地摊市场逛一逛，每次去几乎都会有收获。地摊市场很大，那里出售的木雕比商店里卖的要便宜不少。津巴布韦木雕市场卖的艺术品，主要有酋长雕像、"五大兽"群雕和其他动物雕像、木雕拐杖、茶具等实用品，大部分是从赞比亚进口来的，材质出奇的好，尽管如此，价钱并不很贵。

第五篇

走进非洲华人

孤儿们成了少林弟子

津巴布韦独立老战士、华人费琼（右）

津巴布韦华商会成员慰问孤儿

津巴布韦津华协会会长夫人屈婉芬（左一）和日本大使夫人（中、华裔）、马来西亚大使夫人（右一，华裔）

陪同津巴布韦内阁部长与中津艺术家合影

向慧礼法师赠送奥运福娃

与慧礼法师交谈

在山西应县拜佛的津巴布韦总统夫人和慧礼法师

著名华人费琼(左二)在使馆观看魔术表演

第五篇

走进非洲华人

第二十三章　非洲的华人

有史可考的第一个到达非洲的中国人，是中国唐代著名史学家杜佑的族侄杜环。公元751年，唐军与阿拉伯帝国大军激战于中亚重镇恒逻斯，杜和大批唐军随军人员被俘，随阿拉伯军西行，游历了包括北非地区在内的阿拉伯帝国各地，直至762年才回到广州。回国之后，杜环把他在西亚、北非一带11年的经历撰写成《经行记》一书。杜第一个到非洲，但他不是现代意义上的华人。1405—1433年，郑和曾率领中国船队七下西洋，其中第五、六、七次都远航到非洲东海岸。据说，肯尼亚现在发现了船队人员留下的中国人的后裔，这些后裔恐怕也不能说是现代意义上的华人。

非洲有现代华人的历史约300年。非洲是五大洲华人最少的地域，现有华人10万左右，其中客籍华人就有5.4万之多，分布在23个国家和地区。较多居住在毛里求斯、留尼旺、南非，都在万人以上，不足万人的有塞舌尔、马达加斯加、尼日利亚等国。改革开放以来，大批中国人前往非洲创业，其中一部分人放弃中国国籍，成为持有所在国护照的非洲新华人。新老华人在非洲这个大舞台上，承前启后，继往开来，演出了一幕幕，有的令人悲伤，有的令人感叹，有的令人激动，有的令人思考剧目。我有幸在非洲工作，常能走进华人之中，与他们分享喜悦，分担烦恼。

华人的血泪

非洲华人的历史是从晚清时开始的，那时中国国力渐衰，生存条件恶化，致使不少农民不得不移民海外。东南亚是首选之地，但也有一些人来到非洲。华人到非洲，先到毛里求斯，再到马达加斯加、南非及其他地区。据目前所知，1783年运到法属留尼旺的132名华工，是最早被拐卖到非洲的"猪仔"华工。

华商开办的福乐旅游品店

据统计，在1700—1910年间，共有14.2万契约华工来到列强在非洲的殖民地，几乎遍及整个非洲，其中以1904—1907年到南非金矿的华工为最多。早期华人中，相当一部分是契约华工，也有一些是生活所迫而出洋闯荡的。例如，我非常熟悉的津巴布韦著名华人政治家和教育家朱惠琼，她就亲口告诉我：她的祖父和外祖父都是在20世纪初从台山来到津巴布韦谋生的，主要从事中餐业，并在津逐步站稳脚跟，成为有一定经济实力的华商。

客籍人并非最早涉足非洲的华人，却是最早定居非洲的华人。1815年，广东梅县、南海、顺德的一批乡民，远涉重洋到非洲谋生。1830年，受雇于毛里求斯种植园的华工开始定居该岛，成为华侨移居非洲的先驱。1858年，又有一批华工奔赴留尼旺。此后，从1875年起出现中国向留尼旺的移民热潮；1899—1902年英布战争结束后，英国殖民者从荷兰人的后裔布尔人手中夺取了金矿和钻石矿，并开始进行大规模开采，为了攫取最大的利润，他们到中国招募低廉的契约华工，1904年6月，第一批契约华工抵达南非兰德金矿区。据有关资料统计，1904—1910年间，共有63695名契约华工被运到兰德地区开采黄金和钻石，其中，广东人占900多名。客籍华人在非洲的打拼，不是限于一地一处，而是不断移动，不断发展，不断开拓的，正如他们流传的一句话说描述的那样："有钱转（回去）唐山，无钱番（外洋）过番"（在海外发了财才好回国，否则只好从这个侨居地转到另一个侨居地，以求谋生）。英国殖民者入侵南非后，曾以多种手段掠夺华工开发南非，其中客家人和广府人中就有相当部分是从毛里求斯、加尔各答等地转来的。客籍华人在非洲的打拼，客观上促进了非洲各地区间的联系的加强、资源的开发。

早期华人的历史是一部血泪史，他们在非洲的生存、立足和发展饱含了屈辱、奴役和辛酸。华人干的是最苦的活。早期华人到非洲后，开矿修路，在种植园做苦工。开采要垂直打井下去,矿井深达1800米。华工们在矿井下以手钻和斧锹挖掘,分成日夜两班轮流作业,每班劳动10小时,还要常遭监工头无端辱骂,拳打脚踢,或以莫须有罪名送官惩办,有的被囚禁,有的被罚款。华工们工资极低,医疗条件极差,食不果腹,加之水土不服,无安全设施,以致常发生工伤事故;劳动条件恶劣,又使华工多患矽肺病、脚气病和因劳累过度吐血,许多华工因工伤事故或疾病导致死亡。华人和当地黑人一样受尽了白人的欺骗、压迫和剥削,此外,他们还有离别亲人、离别家乡的苦痛。

华人的贡献

非洲华人的作用和贡献足以写成几本大书,根据我个人的观察和思考,华人的贡献至少体现在如下方面:

——华人对非洲经济建设和社会生活起到了促进作用。例如,历史上,华工为南非金矿的开采作出了重大贡献,如1903年,黄金产量只有297.2897万两,1907年则达到645.0940万两。华工的血汗铸就了约翰内斯堡市的繁荣,使它从一片荒野变成南非的经济中心和最大的城市。

即使在殖民地时代,华人的小买小卖起的作用也是不能低估的。初到非洲的华人一般都身无分文,他们唯一的谋生之路就是出卖自己的劳动力,然后用自己辛苦积蓄下的钱开小商店。这种小规模的经商似乎已成一种模式。在早期华人中十分普遍。相对于其他民族而言,非洲华人华侨的

华商面包厂的工人师傅

经商活动非常成功。华人生性勤奋,吃得苦,经商业如同水银泻地、无孔不入,欧洲商人不愿去的地方他们去,其他人不愿涉足的行业(如长途买卖或流动商贩)他们干。在毛里求斯和留尼旺的甘蔗种植园地区、马达加斯加的山区、南非的边远地区以及所有的农村地区和移民聚居区,都可以看到华商的足迹。华

商做买卖手段灵活,初到当地时,他们不懂当地语言,他们就在柜台上放上一根手杖,以供顾客用来指点所需货物或用硬币来讨价还价,在非洲各地区经商的华人大多以货易货。当时,华人商店多实行赊账制度,给予穷顾客诸多方便。如南非华人对穷白人家庭,毛里求斯和留尼旺华人对糖厂工人以及马达加斯加和塞舌尔的华商对当地人,都是通过这种方式。这种制度在毛里求斯也称为"周转制"。顾客每天到同一商店买东西,到周末或月末付一部分欠款。这样店主和顾客形成了互相依附的关系。虽然,非洲华人多从事小本经营,但是华人经商已经成为当地经济发展的一个不可或缺的因素。1898年2月28日,南非约翰内斯堡的穷白人在要求政府让华人在社区留下来的请愿书上写道:"我们有时仅有一个先令,在华人商店里,我们可以买上例如3便士面包、3便士奶酪、3便士糖和3便士咖啡。对于我们这些穷人来说,这是很大的帮助。如果能让华人生活在我们中间,我们这些穷人将把这看作是政府方面的很大让步。"毫无疑问,华人开设的商店已构成了当时穷白人生活的重要部分。

——在促进中非相互理解和友好往来方面起到了桥梁作用。华工的到来使非洲人对中国有了初步认识,而华工回国后对非洲知识的传播,也让中国人对非洲有一个初步认识。华人在非洲的创业基本都比较成功。在成功之余,他们并未忘记他们祖宗生活过的故土,以各种方式关心着祖国,巩固与故乡的联系。他们为故乡办学捐款,有的为中国经济建设投资,有的在家乡遭受自然灾害时及时伸出援助之手,有的为发展中非经贸往来与文化合作牵线搭桥。许多非洲华人的社会和家庭生活,仍然长期保留着中国的文化习俗。

——在反独促统方面起到了呐喊作用。非洲华人利用每个机会表达他们的思乡之情,老一辈非洲华人落地生根。新一代华人枝繁叶茂。无论老一辈还是新一代,他们都未忘记自己炎黄子孙的血脉之根。全非洲中国和平统一促进会自2002年4月19日在南非成立以来,在会长黄斐元和叶北洋的领导下,高举反独促统大旗,经过五年发展,在非洲大陆先后设立30多个分会,掀起一波又一波反独促统的巨涛。津巴布韦和平统一促进会团结在津大陆和台湾同胞,在反独促统的斗争中总是能够及时地发出有力的声音。

——在中国现代化建设方面发挥了支援作用。例如,沈文伯1959年与朋友来到尼日利亚,在黎巴嫩厂主的搪瓷厂打工。1972年,他与友人买下这家搪瓷厂,并扩大为北方搪瓷有限公司。尼日利亚采用的原料为德国瓷釉。中国瓷釉不仅质量上毫不逊色,价格也便宜,但在当地没有销路,沈文伯决定向尼日利亚推介中国瓷釉,他提出承担厂家试用风险及经济责任,并鼓励和帮助尼同行采用中国搪瓷机器及生产工艺。这样,尼搪瓷业开始使用中国瓷釉,改变了德国瓷釉一统尼日利亚的局面。他还积极将中国产品引进尼日利亚。南非华人苏华杰于1985年投资中国，先后在广东、北京、深圳、西安等地投资房地产。他还大力促进中南之间的民间经贸合作。留尼旺华人朱俊翔对故乡梅县的建设时时关心，不仅在家乡遭受洪水时专程送来善款，而且热心捐款办学、修公路、建桥梁。

——在回馈非洲当地社会、关心弱势群体方面发挥了积极作用。例如，津巴布韦华商会、湘商会领导成员积极带头，华人华侨踊跃参加关爱行动，他们定点为黎明艾滋病中心的数千名患者、为达尼科残疾人学校的残疾学生送爱心，不时送去一车车的面包、面粉、牛肉、桌椅等用品，出资认养了数百名孤儿。南非华侨华人社团经常组织活动，积极捐赠物资及善款，体现了华人社区关心当地贫困居民，主动回馈当地社会的社会责任感。

华人的骄傲

华人当年在非洲同黑人一样受歧视，许多年后被南非白人政权恩赐为"荣誉白人"，经过千辛万苦，终于逐步融入到非洲当地社会，与黑人取得了同样的当地公民资格。更有一些华人精英当上议员、市长、部长，由被领导者成为领导者，这个过程走了几百年。华人议员、华人市长和华人部长等杰出人物的出现是华人的骄傲。

津巴布韦华商会成员慰问孤儿

非洲华人从政在毛里求斯比较典型。毛里求斯是历史上华人到非洲最早涉足的国家，毛国1947年颁布的宪法规定，年满21岁、会几种语言（英语、法语、克里奥语、印地语或汉语），就有权利参与选举，这就为华人参政提供了机会，一批华人政治家脱颖而出，在该国政治舞台上扮演了重要角色。文化艺术娱乐部长曾繁兴、财政部长朱梅麟、检察总长兼司法和人权部长陈念汀、首都路易港市长李国华

（后出任旅游部长）、驻法国大使陈凯等均为华人。被誉为"毛岛出口加工区之父"的毛里求斯大学原副校长林满登教授等也是华人。

华人从政在非洲总体来说仅是个开始。随着非洲华人一步步融入当地社会，他们中一部分人的活动不再仅限于商界，而开始走上政治舞台。以南非为例，虽然目前南非政坛华人很少，但在当地产生的影响不容小觑。20世纪80年代华人霍成坚担任南非总统咨政委员，1996年黄士豪当选为夸祖鲁纳塔尔省新堡市副市长。在2004年南非国会选举中，黄士豪、张希嘉、陈阡蕙以及王翊儒脱颖而出，成为南非首批华人国会议员，改写了南非议会中没有华人身影的历史。2006年3月，33岁的孙耀亨成为约翰内斯堡首位华人议员。

我认为，最值得骄傲的非洲华人之一是津巴布韦的惠琼女士。她是非洲华人的女性之光。非洲大陆是华人华侨最少的一个洲，在政坛上取得成功的人士不多，参加过反对殖民主义的斗争，独立后在政坛上发挥重大作用的女性杰出人物更是寥若晨星，津巴布韦的朱惠琼可能是唯一的人士。惠琼女士姓朱，但津巴布韦人误以为"朱"是名，"惠琼"是姓，人人称她"惠琼"，以至几乎无人知道她姓朱。她祖籍广东台山，生于南罗得西亚（今津巴布韦）。祖父及外祖父都是1904年移居南罗得西亚的，主要从事中餐业。她从小受到良好的家庭教育，通晓英、法、葡语和绍纳语、恩德贝莱语两种当地语言，这在华裔特别是妇女中是非常罕见的。她在英国里兹大学获文学硕士学位，返津后在大学任教。1973年加入津巴布韦非洲人民联盟，成为穆加贝总统反对殖民主义、争取民族独立的同志和战友。1980年津独立后，在新政府中担任副部长，负责制定教育政策。她的杰出才干深得穆加贝总统的赏识，1988年被委任为教育与文化部长，她努力普及国民教育，提高青少年的文化水平，津巴布韦能成为非洲第一教育大国（入学率一度达到92%），同她的努力和贡献是分不开的。1992年调任就业创造及合作部长，致力于促进津国工商业的发展。我多次邀请她到官邸做客，每年春节前夕必定请她和她的亲友吃饭，每年中秋，必定请她和家人来官邸赏月，吃各种各样的月饼。一些大的活动，如国庆招待会、春节华侨华人招待会、中非、中津国际关系研讨会等等，也少不了请她。我常常就津巴布韦政局走向和津巴布韦民族解放运动历史方面的情况，专门请教她。使馆还请她给馆员讲非洲妇女运动。她一米五八左右的身材，讲话发音清晰，慢条斯理，丈夫巩博是黑人，也是穆加贝总统的老战友，曾先后担任津政府贸工部长、农业部长等重要职务，后离异。惠琼离婚后住在妹妹惠华家里，惠华的丈夫李玉海是津巴布韦资深华人之一，他们家族在津巴布韦知名度很高，生意也做得较大。

我见过的非洲现在最驰名的华人政治家、外交家是让·平。2008年年底，让·平作为非盟秘书长，出席津巴布韦总理茨万吉拉伊、副总理穆坦巴拉和另一名副总理库贝的就职仪式。仪式结束后，与会贵宾应邀出席午宴。我的席位离让·平刚好不远。他和穆加贝总统夫妇、斯威士兰国王夫妇、南非总统、茨万吉拉伊总理夫妇等坐主席台上。他仪表堂堂，睿智沉稳，脸上带有东方人的特征，讲话语调平稳。与坐在台上的黑人政治家相比，皮肤不如他们亮，牙齿不如他们白，嘴唇不如他们厚，但已不是黄皮肤了。

让·平先生是华人的后裔。他具有加蓬和中国血统。其父程志平祖籍浙江温州，早年旅居法国，1933年，在法国闯荡天下的程志平来到加蓬的让蒂尔港贩卖瓷器，原本打算再回欧洲，却因误了船期而留在了当时还是法属殖民地的加蓬。没有工作的程志平刚巧遇到一家法国面包房的师傅病故，便去应聘烤制面包，老板感觉程志平三字发音拗口，便按照法国人的习惯称他为"平"。三年后，程志平图谋发展，搬迁到让蒂尔港以南150公里的埃丁布埃州首府翁布埃镇。埃丁布埃州是一个楔形半岛，直插大西洋，半岛东面是泻湖，西临大海。凭借捕鱼和伐木，程志平很快成为这里最能干、最有本事的人，并且娶了当地米耶内族首领的女儿为妻，正式在加蓬安家落户。让·平的母亲是加蓬人，他们的婚姻曾是当地的一段佳话。让·平1942年11月24日出生于加蓬奥果韦省的翁布埃市。满月时，程志平尊重妻子天主教的习俗，带他去教堂接受洗礼。神父为孩子起了一个教名"让"。让·平的名字由此被人叫起来。有的时候，亲友们习惯他的名字前加一个家族的姓氏，叫他"程让平"。1965年，他留学法国，在那里获经济学博士学位。他的外交生涯始于1972年。先被派到联合国教科文组织工作，当过项目管理员、副总干事执行助理。以后又被任命为加蓬驻法国使馆首席参赞，加蓬驻联合国教科文组织的副代表、代表。从1990年起，他先后担任加蓬新闻部长、矿业部长、水利部长、财政部长、计划部长职务。他曾任加蓬民主党全国经济贸易和财政事务书记，并担任过总统民事办公厅主任。1999年，他被任命为加蓬外交、合作和法语国家事务国务部长。他每天7点半会准时出现在外交部的大楼里，通常是外交部第一个来上班的人。每次出访归来，他总是从机场直接到办公室。对他来说，没有工作日和节假日周末之分，只要工作需要，他总会出现在办公室里。

让·平5次访华，其中4次回到温州寻根。在全村人的簇拥下，皮肤黝黑、高大俊朗的让·平踏上了故乡温州的土地。在鹿城区临江镇驿头村，他拉着从未见过面的亲人的手，抱起邻家害羞的小姑娘，搀扶着族中长辈的臂弯。他的目光凝望着村口的老榕树、古亭、石碑，眼神中充满了激动和好奇，也掠过一抹深深的怅惘……他是在中国和非洲两种文化传统的熏陶下成长起来的，对中国和故乡有着很深的感情。出于对中国的情结和文化上的认同，让·平十分关注中国的改革开放与发展，坚决拥护加蓬政府坚持的"一个中国"的立场，衷心希望早日看到中国的和平统一。他曾公开说过，即使金银铺地他也不会与台湾发生任何官方关系。他有着处理国际事务的丰富经验，曾担任过石油输出国组织主席、77国集团副主席等职务。在第59届联合国大会上，他当选为本届联大主席，当选那天，让·平曾站在主席台上激动地说，当选联大主席对他和他的国家来说都是一种莫大的荣幸。他希望在全体成员国的共同努力下，联合国能继续在消除贫困、制止战争、为人类的未来创造一个更美好的社会方面发挥作用。2008年2月1日，在埃塞俄比亚首都亚的斯亚贝巴出席第十届非洲联盟首脑会议上，非洲各国领导人推选时任加蓬副总理兼外长的他担任非盟委员会主席。

此外，其他非洲国家也有华人政治家的身影。如塞舌尔的第一任总统詹姆斯·曼卡姆（中文陈文咸，祖籍顺德）；原警察总监安东尼·加米尔（中文韦怡和，父亲为顺德农民）；原工程部副部长李华荣都是华人。在法国海外省留尼旺，曾宪建是法国第一位海外华人议员，此外圣但市副市长和留尼旺省议员李传毫也是华人。尼日利亚华人朱南扬被政府授予"伊凯贾工业区酋长"职位，参与政府决策。

当然，也应该看到，非洲华人参政在可预见的将来不会形成规模，主要原因是：非洲华人群体规模相比起其他地区的华人来说要小很多，难以形成族群参与政治活动。其次，大多数华人来非洲是为了做生意，对于参政兴趣不大。最后，语言障碍是阻碍华人参政的一个十分关键的因素。

华人的社团

华人社团是中国移民在海外谋生创业的团结纽带。在贫穷落后、谋生艰难的非洲，华人移民更需要团结互助、互相扶持的社会组织。非洲华人社团经历了一个从传统到现代、从靠忠义维系社团到靠会章组织社团、从组织单一到组织多样、从生存诉求到多种诉求的发展过程。非洲华人社团的发展有如下四部曲。

第一部曲：以庙宇、祠堂开团。据资料记载，非洲最初的华人社团是以建立关帝庙的形式出现的，关帝庙是祭奉三国时期名将关羽的庙宇。海外华人聚居的地方，都能寻觅到关公文化的踪迹。目前，美国纽约、旧金山，日本神户、横滨、长崎、函馆等地，新加坡、马来西亚、泰国、越南、缅甸、印度尼西亚、澳大利亚等国，都建有富丽堂皇的关帝庙。关帝庙构成中华传统文化的一个主要组成部分，与人们的生活息息相关，并与后人尊称的"文圣人"孔夫子齐名，被人们称之为"武圣关公"。早期华人，特别是非洲华人，在国外生存环境恶

劣，既迫切需要相互帮助，也十分需要精神慰藉。关公的仁义智勇满足了华人生存的精神情感需要。仁就是爱心，义就是信誉，智就是文化，勇就是不怕困难。非洲第一座由中国侨民兴建的庙宇是毛里求斯路易港的关帝庙。19世纪上半期，移居毛里求斯的华侨达到千人左

津巴布韦津华协会会长夫人屈婉芬（左一）和日本大使夫人（中、华裔）、马来西亚大使夫人（右一，华裔）

右，他们迫切需要一个联络乡亲情谊、从事祭祀活动的场所。1842年1月29日，在华侨领袖陆才新的倡议下，移居毛里求斯的福建、广东和客家籍华侨集资在路易港果州区兴建了一座关帝庙，由陆才新和其他4位华侨知名人士主持日常事务。陆才新去世后，他的继任者阿衡、邓云于1895年又修建了另一座关帝庙。后来，随着信奉者不断增加，非洲华侨修建的关帝庙也逐渐增多。除毛里求斯外，在马达加斯加等非洲国家，也先后兴建起一些关帝庙。非洲大大小小的关帝庙以毛里求斯路易港的关帝庙作为总庙，一直受到旅非华侨的尊崇和崇拜，百十年来香火不绝，它不但是非洲华侨进行宗教祭祀活动的场所，而且是当地全体中国移民集体活动的中心。它代表中国移民同当地政府打交道，维护华侨的正当权益；用忠义精神维系华侨社会，规范和要求每一个成员的言行品格，保持其与祖国、民族在思想感情上的联系；裁决纠纷，纠正歪风；募集捐款，为新移民安排工作和住宿，为贫苦华侨提供福利保障等等。可以说，非洲的关帝庙既是华人社会的一个民事和司法机构，又是一个社会救济中心，具有相当广泛的社会职能和较大的权威，在相当长的历史时期内起着领导和管理非洲华人社会的作用。即使在今天，在老一代非洲华人中，"不征询关帝就作出重大决定的情况依然是少有的"。

最初的华人社团有的还采取祠堂的形式。祠堂本是族人祭祀祖先或先贤的场所，除了"崇宗祀祖"之用外，各房子孙平时有办理婚、丧、寿、喜等事时，便利用这些宽广的祠堂作为活动场所。另外，族亲们有时为了商议族内的重要

事务，也利用祠堂作为会聚场所。在中国古代封建社会里，家族观念相当深刻，往往一个村落就生活着一个姓的一个家族或者几个家族，多建立自己的家庙祭祀祖先。这种家庙一般称作"祠堂"，其中有宗祠、支祠和家祠之分。祠堂文化在广东人中特别流行，早期华人又多是结伴出洋的广东人，他们在非洲最初建立社团自然采取宗祠形式，如李家宗祠、刘家宗祠。

第二部曲：以地域建团。关帝庙严格说来还不是现代意义上的社团。随着非洲华人移民的增多，关帝庙已不能适应华人华侨社会发展的需要。于是，在早期的非洲华人社会中，出现了许许多多较小型的华人社团。这就是不同形式出现的同乡会、互救会、宗亲会等。这些小型华人社团建立在团结互助、自给自足的原则上，其成员可能是同一祖先的后代，或可能是来自同一乡府或同一地区的老乡。这些社会团体实质上是家庭互助形式的延伸，是一种扩大了的家庭。当时移居非洲的几乎每一个家庭都建有或与其他家庭联合建有这种形式的华人团体。其职能是赈济每个遇到困难的成员，向寡妇、孤儿分发救济品，协助病人就医和提供药品，协助新移民或失业者寻找工作，救济贫苦老人和帮助他们返回故土；负责办理丧事和儿童教育工作，努力使会员保持高洁的道德风尚和同祖国的联系；保护会员的安全，调解彼此间的纠纷等等。这些同乡会、宗亲会散布于非洲的每一个华人居住区，仅毛里求斯一岛就有 25 个之多。它们对到非洲定居谋生的中国侨民，尤其是初来的和贫困的华侨，无疑起着十分重要的作用。

从 19 世纪末 20 世纪初起，非洲的国家社会福利设施进入萌芽状态，相当广泛的人口开始得到国家社会部门的赈济，青年一代华人受到西方文化和宗教的影响，传统观念逐渐淡薄；同时，竞争在一定程度上左右华人社会命运的关帝庙首领的职位，不断引起华人各派之间的矛盾和斗争。所有这一切，都致使庙宇式、宗族式的华人社团的活动开始衰落，其职能受到削弱，各个成员间的

津巴布韦独立老战士、华人费琼（右）

密切联系于无形间趋于瓦解。因此，有必要建立一种新的、被华人社会所承认、具有物质基础和精神力量的合法组织，来取代业已落后于政治经济发展的庙宇和祠堂，于是，具有现代意义的非洲华人社团便应运而生了。随着华人增多和交通、通信手段日益现代化，原来的同乡会、互救会、宗亲会发展成跨地域、跨行业的以籍贯为纽带的现代意义上的社团。原来的同乡会是狭义的同乡会，局限于来自于中国的同一县、同一乡，局限于在非洲某一国家的同一城。现在的同乡会不少则是由来自于中国同一省区，旅居在某一国家各地的华人组成。例如，进入21世纪后，南非华人社团有100余个，其中具有台湾地区特色的团体43个，具有香港地区特色的团体1个，在具有中国大陆特色的32个团体中，福建同乡会、上海工商联谊会、黑龙江同乡会等由旅南侨胞所筹办的社团组织如雨后春笋般成立起来，南非侨社开始呈现出繁荣发展的局面。福建同乡会由一批福建新移民自发成立于1997年。2002年7月他们又自愿赞助98万兰特（当时1美元约合10兰特）购置房屋设立福建会馆。开馆当天，福建省长习近平为会馆揭牌。这充分体现了福建籍同胞的团结精神和中华民族的奉献精神，会馆为南非的福建同胞和赴南非访问的中国同胞提供了一个必要的活动场所。第二任会长李新铸先生说，福建同乡会成立10年来已拥有1000多名会员，成为南非侨界及当地社会具有相当影响力的社团组织。不少同乡会的会址很气派，旅居南非的印度国父甘地对南非约翰内斯堡的广东人协会曾作过如此描述："华人创建了一个专门从事公共事务的华人协会。为此，他们拥有一间用砖砌成的大厅，宽敞明亮，结构坚固……既做聚会场所，又用作住处和图书馆……大家自由自在地过着群居生活。室内非常整洁，从室内室外看，都像一座赏心悦目的欧洲式俱乐部。他们又把俱乐部分成若干单间，设有绘画室、饭厅、会议室、主任办公室及图书馆等。"

第三部曲：以整个华人社会为基础组团。非洲华人社会的发展需要将建立不是以同乡为基础，而是以整个侨界为基础的侨团的任务提上了议事日程。据1896年12月12日马达加斯加报纸报道，该年末塔马塔夫港的中国移民成立了侨协，这是马达加斯加最早的恐怕也是非洲最早的具有现代意义的华人社团。1904年，南非第一个华人社团"开普敦中华总会"成立，1908年毛里求斯华人建立了自己的商会，1913年"南非德兰士瓦华人协会"也在约翰内斯堡成立，著名侨领梁金任该协会主席。1916年，留尼旺中华商会宣告成立。之后，各种各样的现代华人团体陆续建立。现代华人团体有明确的章程、会章，对本侨团的宗旨、任务、会员的权利等作出明确的规定。如留尼旺中华商会章程规定：商会由"中国籍人士，或者保留了中国籍，或者加入了法国籍、由于法律好处而成为法国人的人组成"。商会的任务是"研究和保卫殖民地的经济和贸易利益，使它的成员所从事的商业活动正规化，保卫和保护其成员的一般利益、个别利益与特殊利益"。毛里求斯中华民族俱乐部明确宣布，该团体只接纳华人。现代非洲华人社团有完整的组织机构。非洲侨团一般都设有会长、副会长，秘书长、副秘书长等。社团领导由全体成员民主选举产生，经地方当局备案，一般都是在当地华人社会中颇具威望的华人。

第四部曲：以服务多样化兴团。非洲侨团代表侨界与当地政府联系，与中国大使馆联系，协调解决华人华侨内部矛盾和纠纷及与其他族群的矛盾和纠纷，为侨胞搞福利事业，接济侨胞中的困难户，为国内灾民组织募捐，组织大型文体活动，创办与管理侨校，创办和发行侨报，等等。津巴布韦华商会每年春节前后举行华侨华人卡拉 OK 大赛，参加人数达五六百人，成为当地的一大活动品牌。津巴布韦湘商会会员定期开展各种活动，如郊游、球赛、扑克比赛，只要是会员遇到麻烦，如当地税务、警察、海关等部门查扣会员企业的商品或人员，会长谢重辉就会代表湘商会出面交涉，尽可能维护会员利益。毛里求斯中国书报社规定建会宗旨是：（1）建立以讲授中文和中国文化为主要课程的学校；（2）建立供成年人阅读的图书馆；（3）建筑会议大厅，传播中国文化。

华人的无奈

虽然华人在非洲的生存环境、经营环境和发展环境在稳步改善，但并非一帆风顺，华人仍然难免有时遭遇无奈。

津巴布韦驰名的香格里拉中餐馆

华人的无奈首先体现在不少国家的新老华人之间有代沟，有矛盾，甚至有冲突。老华人和新华人都是华人，但是，目前看来，老华人和新华人有明显的不同：一是文化背景不同，老华人虽然一般文化水平不高，许多人已不会讲汉语，但中国传统道德和文化教育的影响还在,在接人待物等方面显得老派一些,谦逊一些,低调一些,不少新华人教育程度比老华人要高,相当一部分受过高等教育,但他们的思想观念比老华人要现代得多,前卫得多,办事风格要张扬得多,胆大得多;二是不少人起步不同,老华人基本上靠的是勤劳节俭,一点一点积累起家,新华人中一些人则是借船下海,他们本来是国有企业派往非洲的代表,利用公家的资金、业务网络为自己起家打下基础,然后选择适当的时机亮出自己的旗帜单干,单干后,业务还是原来的业务,渠道还是原来的渠道,客户还是原来的客户,更有甚者,不乏有人坑蒙拐骗,将国有资产或他人资产以非法方式弄到自己名下,由此迅速起家,也就是说,新华人中一些人的第一桶金是说不清道不明的;三是致富的速度不同,老华人经历了多年奋斗才积累起一定的资本,有的甚至是毕生的努力才淘得第一桶金,可是一些新华人只几年时间便可暴富,难免使老华人看不明白,想不明白,道不明白;四是经营领域有所不同,老华人因文化水平不高,开饭馆、开百货商店、开服装厂等的多,涉及的一般是技术含量不高、劳动密集型的行业。新华人中不乏专业技术的人,因而开办的企业涉及电脑、通信等新型产业的多;五是经营手段有所不同。相比之下,实事求是地说,在不少地方,新华人较之老华人,涉嫌坑蒙拐骗、假冒伪劣的确实要多些,这是因为老华人已在当地站住脚,而一些新华人却急于完成资本的原始积累,诚信观念对老华人的影响比对新华人要大得多;六是与祖国联系程度不同,老华人已一代甚至数代在非洲,许多人在国内已没有直系亲属,新华人则是改革开放以后才来到非洲的,大部分直系亲属都在国内,同国内许多方面有着千丝万缕的联系,在为国内企业与非洲合作牵线搭桥方面作用显然比老华人要大得多,这方面也取得了有目共睹的成绩,但另一方面,新华人中的少数人,相对于老华人来说,更善于、更勤于把国内的假冒伪劣产品"倒腾"到非洲,更乐于当人贩子,当蛇头,通过非法移民捞取钱财,更有甚者,新华人中的个别人,甚至把国内黑社会的一套搞法移植到非洲,为了争夺利益,不惜大打出手,杀人越货。应当说,败坏中国人形象的种种行为,相当一部分是新华人中的这些个别人干的。当然,这远远不是新华人的主流;七是处理与当地人关系的方式有所不同。老华人来非洲时与黑人一样,都处在受歧视、受压迫、受剥削的地位,与黑人在一起摸爬滚打,已熟悉当地语言和生活习惯,较好地融入了当地社会;新华人没有这段经历,一般不熟悉当地语言与生活习惯,其中一些人以老板的眼光居高临下地看待当地人,对黑人尊重不够。新华人中存在的这些问题,同新华人中的一部分人通过非法移民到非洲有关,是中国国内问题延伸到非洲华人社会的产物。新华人与老华人虽然都是华人,但由于存在以上诸多不同,加上存在市场份额和利益冲突方面的矛盾,在非洲一些国家实际上形成了两个群体,有相互往来、合作和帮助,但也有明显的矛盾。一些老华人不理解新华人,一些新华人也搞不懂老华人,甚至互相指责。同新华人老华人现象联系在一起的是新华人社团和老华人社团的分别存在,随着岁月的流逝,老华人的影响、实力、社团相对来说呈下降趋势,而新华人内部又因为新华人的出现而出现新的分化。这既是老华人的无奈,也是新华人的无奈,但这是难以避免的。

非洲华人在有的非洲国家面临的第二个无奈是民族主义的影响。非洲民族主义的旗帜在反对帝国主义、殖民主义的斗争中起过巨大的作用,非洲民族主义的实质就是在非洲实现多数人的统治,也就是赶走帝国主义、殖民主义者,让占人口绝大多数的黑人自己领导自己,这是历史的正义。但是,在一些非洲国家民族主义明显走过了头,明显影响了包括华人在内的其他族群的利益。例如,在津巴布韦,政府出台了本土化法案,规定任何企业必须由当地人控股51%以上。而当地人仅指黑人,而不是拥有津巴布韦国籍的公民,不仅拥有津巴布韦国籍的白人最多只能控股49%,而且即使像朱惠琼这样贵为开国元勋、曾经当过部长的非洲华人也只能这样。这个法案一出台,无论老华人还是新华人都人心惶惶,仿佛天就要塌下来似的。于是,不少华人和其他族群办的企业、外资企业一起,联手应对本土化的挑战,一些人不仅该投资的停止投资,而且开始撤资,转移资产。极端本土化的政策吓跑了外国投资者,吓坏了本国非黑人企业家,使持续多年的津巴布韦经济危机雪上加霜,日益恶化。津巴布韦老华人李玉海讲到这一点时摇头叹息,他担心他在津巴布韦几十年辛苦得来的企业资产因本土化而极端缩水,更担心失去对企业的控股权后企业运转不灵,于是,他将他的生意重点移向巴西等地。非洲一些国家的黑人政党故意打族群牌,渲染黑人和其他族群,包括华人的矛盾,不时把黑人企业破产、黑人失业和当地经济不景气归咎于华人华侨,这是非洲华人面临的另一种无奈。

与化妆师合影

非洲华人还面临非洲一些国家社会治安状况不好的问题。我在津巴布韦工作期间，就听到穆菊茹副总统的车被偷、地区合作部长穆雄加家中被抢等案件的发生。中国援助津巴布韦医疗队队长龙铁牛在安装了铁丝网的医疗队集体住宅中被歹徒用枪顶住脑袋，抢走大量美元。医疗队是湖南省派出的，湖南省卫生厅领导到津巴布韦看望医疗队，在津巴布韦也被抢了。至于华人华侨被抢、被偷、被打甚至被杀的事更是时有所闻，报纸经常报道这方面的情况。

南非是世界上犯罪率最高的国家之一，2003年以来，由于枪支泛滥、失业率居高不下和贫富悬殊，各种刑事犯罪成为该国最突出的社会问题，治安不断恶化，绑架、抢劫、枪击、敲诈勒索等恶性案件层出不穷，华人社区内的犯罪活动也呈上升趋势。每年都有华人遭遇危险的报道，华人华侨人身财产安全遭到严重威胁。仅2004年就多达22名华人和中国公民遇害身亡。2005年江苏省经贸代表团一行遭遇武装抢劫。2006年10日湖南省3个代表团在约翰内斯堡"红日"中餐馆遭到10名武装歹徒的抢劫，损失50万余元人民币。2007年5月2日晚，南非华文报纸《华侨新闻报》的发行人冯荣生在约翰内斯堡家中遭遇武装抢劫中弹身亡。消息传开后，两岸侨界大为震惊。由于南非商人信誉不怎么样，在南非从事进出口贸易或经商的华人华侨大多使用现金交易，又不带枪，缺乏安全防卫措施，再加上语言不通，且不熟悉当地法律，因此经常成为武装歹徒袭击或抢劫的目标。

造成南非社会治安状况恶化的原因很多。首先，南非枪支管理松懈，一般人都能自由持枪，不受限制；其次，南非失业率高达40%左右，特别是自南非消除种族隔离制度后，强烈的贫富差距，让一些黑人铤而走险走上快速致富的犯罪道路；南非的司法体制沿袭了白人政权时的英属法律制度，最大限度地保护嫌疑人的利益，犯罪分子容易被保释，而执法者的能力和腐败问题，也让惩治犯罪效果甚微。此外，南非法律中没有死刑，在一定程度上助长了恶性犯罪案件的增长。南非现有警察12万多人，由于素质差、工资低，未能形成很强的战斗力，很多警察为了生计还干起了第二职业。在这种环境下，南非华侨华人只能依靠自己，花费大量金钱雇用保安，或在家中安装红外线保安系统，甚至架设高压电网、设置安全护栏，以求自保。这是华人华侨面临的一个最大的无奈。

第二十四章　见证佛教传到非洲

佛教是世界三大宗教之一，自创建2500多年来，始终未能传播到非洲。这是佛教人士多少年来发愿期许的目标，也是许多国人引以为憾的事。然而，近年来，佛教成功专播到非洲，使这一遗憾画上了句号，并永远成为过去。我出使非洲以后，不仅与非洲的法师、和尚、居士、施主亲自打过交道，而且为这一传播实实在在做了一些事情，亲眼见证了这一世界文化史、宗教史上的重要事件。

千年一悟：非洲有了和尚

非洲长期以来是基督教、天主教和伊斯兰教的天下，当地几乎无人知道佛教究竟是怎么回事。有人以为释迦牟尼是个能千变万化的魔术师，还有人以为出家人就是会中国功夫的人，以为到非洲传播佛教就是传播功夫。

然而，非洲如今有了本土和尚，人类历史上第一次有了黑人和尚。1992年4月1日，台湾星云大师选派的慧礼法师，漂洋过海到南非，开始了建造佛庙及相关设施的工程。1994年10月，法师创立的非洲佛学院招收了第一届学员，即10名刚果学生。

非洲有了黑和尚

招来这10名学员很不容易，因为，当地人听到佛学院要在非洲免费招生时，都相当好奇，有的想探讨佛教如何去变魔术，还有的想搞清楚中国功夫到底怎样。招生学历要求起码必须是高中毕业，这在教育水平普遍较低的非洲，已是高标准了。学院对学员进行两年短期出家教育，学费全免，并提供食宿书籍，这对当地某些人可能是一个吸引力。

一天，慧礼法师在一家餐厅吃过晚饭后步出餐厅。忽然，一位黑人用流利的"京片子"说："你们打哪儿来？"闲叙后才知道，这位黑人曾就读北京大学，如今失业在家。慧礼法师即刻领悟到了这冥冥之中的机缘，想到何不找他来学习佛法呢？更何况实现法传非洲的目标，需要更多的当地人了解佛教，弘扬佛法，皈依佛门。佛教在非洲扎根必须依靠非洲本土的出家人来推动，来传承，培养当地的僧人是非洲佛教本土化的必由之路。于是，慧礼法师首先找了这些会讲中国话的黑人，像热内、玛丽君这样的北大留学生，他们经受过中国文化的洗礼，对什么是佛教，什么是中国传统文化，两者当中有何关系，有一定的了解。通过当地知识分子的解说与帮助，佛教终于得以有机会进入非洲人的心中。

佛法东传西播，在20世纪末终于绕过印度洋，进入黑色大陆。没有谁预见到，有朝一日，在非洲大陆上会有黑人出家，皈依佛祖。瞧：高大的身躯，黝黑的皮肤，挺直的腰杆，汇聚的神情，穿着袈裟，捧着经书，随着木鱼、钟磬的节奏，洪亮地念着中文经文。他们礼佛、绕佛，行径间威仪十足，当"阿弥陀佛"声起时，标志着佛教真正开始传入非洲。

当然，不同的宗教文化刚开始接触难免发生撞击，法传非洲要走本土化的道路，办非洲佛学院除了资金的困难，更多的还有文化的差异。两年的学僧脱产教育是一种短期出家培训，因此，在为学生剃发时，自然遭到学生的集体抗议。他们告诉中国法师，在非洲只有父母过世时，他们才剃光头的。慧礼法师下了不少工夫，解释学拂去烦恼与剃度的意义，终于让学生服从。另外，中国的寺庙每天都是喝粥、吃稀饭，结果学僧们也接受不了，要面包吃。

在两年短期出家生活中，学僧课程包括基础佛学、佛教史、学佛行仪、法句经、佛经选要及佛光学等等，语言课程则有中文、英文和巴利文，此外，还要学电脑、烹饪及中国武术。两年学僧教育完成后，如愿继续深造，则送学生到台湾佛光山接受丛林教育，学僧若无法适应出家生活，还可以选择还俗。自佛学院创办以来，先有慧今、慧醒、慧然等四位刚果学生到台湾继续深造，发愿终生出家，后来，于印度接受星云大师三坛大戒。这四人成为佛教史上第一批黑人和尚。十几个寒暑过去，非洲佛学院已经培养了数百名学僧，成绩斐然。一批又一批黑人剃度出家，皈依佛教。即使没有剃度出家的毕业生也有明显改变，他们毕业回家后受到父母肯定，许多家庭写信给慧礼法师致谢。非洲男人本不做家务事，从佛学院毕业后，他们变得懂事了，显示出礼貌、温和和乖巧，常常会主动扫地、做饭、洗碗。这些因信仰佛教而发生的变化深深影响着周围的人，佛陀教育由此一步步扎根。

如今，在斯威士兰、莱索托、刚果、马拉维、肯尼亚等非洲国家，都已有了佛光会。一个个身披袈裟的洋和尚都成了传承佛教文化的使者。

千年一叹：非洲有了佛庙

南非，在首都比勒陀尼亚和第一大城市约翰内斯堡之间的布朗贺斯特市，伫立着一片雄伟壮丽的中式建筑，初次经过这里的人不得不心生疑云，为之惊叹，这是什么建筑？地球的最南端怎么会有如此规模的中式建筑？

这就是南华寺，慧礼法师在非洲建造的已度化许多当地民众的第一座寺庙，它现今既是佛教在非洲的传道地，也是当地贫民救济的一个座标，还是中国传统文化在海外的传播源，已成为旅居异国的华侨华人寄托精神的异域家园，更成为展示博大精深的中华文明的窗

和慧礼法师在一起

口。第一期工程——普贤殿和朝山会馆，于1996年4月6日完工，第二期工程——大雄宝殿及地藏殿、纳骨塔，随后完工。先后建成的"普贤殿"、"大雄宝殿"和"观音殿"等殿堂的琉璃瓦、佛像、钟鼓都来自中国大陆或台湾，庞大的寺院象征着中华文明在非洲的延伸。

南华寺用地是由布朗贺斯特市捐赠的，占地25公顷，布朗贺斯特市政府决定把南华寺及其周边一带规划为"中华文化特区"，使它成为南半球的第一个"中国城"。

慧礼法师是台湾佛光山星云大师的弟子，1978年出家后，曾担负寺庙工程的营建工作。1992年，佛光山因缘际会地获得南非赠地时，慧礼法师主动请缨，跑到非洲打天下，尽管他当时对非洲的认识仅仅只是看过几场关于非洲的电影。然而，历经10年工夫，他把"南华寺"盖得庄严堂皇、气势雄伟。

走进南华寺，带给你的心灵震撼自不待言。这是一座在山丘上建造的寺庙，大小错落有致的中式建筑不下数十座。在非洲难得见到如此恢弘景象，其气势在国内庙宇中也数翘楚。步入南华寺，映入眼帘的是整齐的道路，瑰丽的庙宇佛堂，慈眉善目的佛像，诵经说法的僧侣……让人们不仅感受着佛陀的教义，也体味着浓郁博大的中华文化。庙前一座牌楼上，金匾手书"传灯"二字，苍劲有力，颇有佛性。下挂金匾对联一副，右书"传法非洲茁壮菩提法种"，左书"灯传佛光长养如来慧命"。走过牌楼，穿过前殿，一座气势磅礴的大雄宝殿进入视野，这样规模的庙宇建筑群恐怕在国内也难以见到。

走进南华寺，既可以看到黄皮肤的华裔和尚，也可以看到黑皮肤的当地和尚，还可以看到白皮肤的白人和尚，也许只有在南非才会看到黑白黄三色皮肤的佛门中人同聚一个庙宇的奇特景象。当听到三种肤色的僧人用中文齐声说"阿弥陀佛"，你心中的佛性是否会得到更多的启迪？

慧礼法师对我讲过："我刚来的时候，其实只是有一个想法而已，想要怎么建寺，我自己当初也拿不准，因为我口袋里面空空的。不过这有一个很有趣的过程，我来的时候，白人就拿了一本书给我看。""什么书呢？"我问道。"是一本名为《Words of Prophet》（先知的话）的书"，慧礼法师说，这是一本收录西方预言的书。其中，一位名叫舍尔·凡·伦斯贝克的预言家在1920年就预言说："70年后，将有东方人在布朗贺斯特市盖起异教寺庙。"

慧礼法师说："当初，我也不以为意，我哪里晓得我能不能盖起来，这一路走来，我们集合了很多的善心人士，很多的有缘之人，我们把共同的理想讲出来，他们愿意捐献，就把它建起来，这不是我一个人做的。"

历史可以见证，笔者也可以见证，预言变成了现实！

千年一绝：非洲有了法师

慧礼法师已入籍南非，从宗教史上说，他是非洲的第一个佛门法师。他多次对笔者说过："如果在西方，我是一个传教士，而在佛教中，我是一个弘法布教的法师。"

慧礼法师1955年出生于台湾屏东万峦一户普通的乡下人家，在8个兄弟姊妹中，他是长子。因家境贫寒，小时便不得不帮助维持家计，很早就磨炼出庄稼人吃苦耐劳的品格。在同龄人里，性格内向的他有着别人所没有的坚毅。13

慧礼法师出席驻津巴布韦使馆春节华侨华人招待会

岁时,为贴补家用,他到邻村鼓楼国立小学当夜间保安。国小毗邻坟场,夜间漆黑一片,一般大人也会害怕,但是年少的他却一待就是3年。高中后,因大姐的关系,他借宿在屏东潮州的明心佛堂。这期间,他不仅节省了交通费,而且饱览佛堂藏书,从此与佛教结缘。24岁那年,他选择了皈依佛门,成为日后法传非洲的佛门龙象。当年,佛光山正大兴土木,早就赏识慧礼法师、负责建寺工程的心定法师急需用人。于是,他提前结束佛学院的学业,转而投身工程监院的工作。先是跟着心定法师不断学习与磨炼,后来更受心定法师之托负责整个工程建造。14个寒暑在一天天的辛劳中度过,这为他日后在非洲莽原弘法打下了坚实的基础。

慧礼法师在非洲的建寺传佛之路很不平坦。当时,他跟很多的华人工商团体提出建寺的构想,但是,很多华人并不认同。他们说,我们来这里只是做生意,你要盖庙,给谁盖呀,我们还是要回去的。他刚到南非就遇到布朗贺斯特教堂的牧师领着教徒上街游行,抗议兴建佛教寺庙。建寺伊始,盖临时佛堂时,教会人士更成群结队举着十字架围在左右,不仅发英文传单,还发中文传单。在盖山门牌楼时,又有教会人士前来"拜访",他们静立在牌楼左右祷告,离去时在每一根刚刚浇筑好的水泥柱底部插上十字架,并在上面用英文写着:"我们是唯一的真理。"一些教会人士甚至直接挑明说,他们反对偶像崇拜,佛教是东方来的撒旦(撒旦,在基督教中被视为魔鬼),他们要赶走东方来的"异教"。

"佛陀不是歌星,不是影星,也不是迈克尔·乔丹,你们怎么把他当偶像呢?"慧礼法师用坚定的目光回应着教会人士。

教会人士说:"有了耶稣,有了上帝,为什么要你们的佛陀?"

慧礼法师据理反驳:"你们搞错了,佛陀比耶稣早得多。佛陀据现在2500多年了,耶稣才2000年,佛教早到了500多年。应该说是既然已经有了佛陀,为什么还要你们的耶稣呢?"

非议对着南华寺,也对着慧礼法师纷至沓来。有人在英文报纸上称他是"毒草",称佛教是"邪教"。也有黑人在1994年总统大选前扬言:"等曼德拉当上总统,我们就来清算你们的财产。"一些人甚至叫嚣:"中国人滚回去,这是我们的领土!"

慧礼法师耐心地对当地人表明,传法非洲,并非是让佛教取代基督教、天主教和伊斯兰教,而是使非洲的宗教生活更丰富,更精彩。"世界上有很多不同的河流,比如说埃及有尼罗河,巴西有亚马逊河,中国有长江、黄河……不管哪一条河流的河水,流到大海以后就都叫海水。亚洲有亚洲人,欧洲有欧洲人,不管是黑人、白人、黄种人,还是有色人种,不管什么样的人种都叫做人类。这个世界上,因为有不同才会多彩多姿。就好像花园,因为有不同的花草树木才会漂亮;就好像彩虹,不同的颜色它才会美丽。如果说只有单一的文化、单一的信仰,就很单调。"他极力使当地人,特别是宗教界人士相信:"世界要有很多的不同,不同的种族,不同的文化,不同的语言,不同的历史,不同的传统,不同的信仰,不同的风俗……比如说,我们华人说汉语,也可以学英文;我们信佛教,也可以去了解基督教、天主教和其他宗教,互相尊重、包容、接受、欣赏,其实每一个都是好的,只要它是善的、美的。因为不同,世界才多彩多姿。所以,不同不是不好,这些种族、文化、历史、传统、信仰、风俗等等的不同,都是全人类共有的资产。"随着时间的推移,教会和黑、白族群看到的是佛教的寺院道场一直在做慈善、救济的事情。随着彼此了解逐步增多,大家建立起了互信,也就变得相安无事了。

慧礼法师全身心投入法传非洲的事业中,将自己完全置之度外。1996年,南华寺普贤殿落成典礼前夕,他遭遇了车祸。事故发生那天下午,大雨滂沱,为了不麻烦别人,他坚持自己开车送自己俗家的弟弟和弟媳去机场,不料,雨中的车子出现机械故障,翻滚出一二百米远,弟媳不幸罹难,弟弟满脸是血,生死不明,他自己也严重受伤。但是为了保证信徒的供养,车祸时散落四处的纸钞,他竟强忍剧痛,将沾满血迹的钞票一张张捡了回来。曾见过那辆在事故中扭曲变形的车子的人都说:车子撞成这样,能活命真是不可思议。

为了筹款,慧礼法师马不停蹄奔波往来于南非和中国大陆和台湾、巴西、日本和美国之间,奔走于有佛教信徒的地方。尽管潜心化缘得到了各地信众的理解和支持,但是,耗资巨大的南华寺工程还是常常让他觉得压力太大,拆东墙补西墙的窘境是难免和常有的事。但是,他深信:有佛法就有办法。他对我说过这样一句实话:"不管做什么事,做这件事情本身就是一种修行。对于筹款,有时候我个人觉得是个很低俗的事情,一个出家人应该很清高啊,很超俗

啊，为什么天天就好像睁开眼睛就是要钱，变成了国际乞丐？我觉得很低俗啊，但是，我现在很多的理想没有钱也没办法落实啊。"

慧礼法师确定传佛的基本思路是："以中文学习佛法，以本土化传播佛教。"自担负起修庙传教的重大责任后，他一边大兴土木，一边招兵买马。他说，人能弘道，非道弘人，佛、法、僧三宝缺一不可，僧是决定佛法兴衰的关键要素。两千年前佛教从印度东传至中国时，是中国僧侣继承并发扬光大为具有中国文化特色的佛教。即使后来再从中国向东传到日本、韩国以及东南亚，也是仰赖当地的僧侣才得以生根宏大的。他认为法传非洲只有培养黑人和尚，只有走本土化的道路，佛教才能在非洲落地生根。本土化，就是要有非洲本土的出家人，将非洲的人文思想、风俗习惯、历史文化等与佛教思想融合，发展成为具有非洲特色的"非洲佛教"。

慧礼法师认为，高度的物质文明对人性是一种严重的考验。"富贵之地学道难。"于是非洲佛学院就从东非、西非很穷困的国家招收学生，带到南非来研习佛法。但是，面对南非高度发达的物质文明，花花世界，人心容易慢慢变质。即使是从东非、西非很穷的地方招来的学僧，来到南非后，"红尘滚滚，白浪滔滔"，人性很难经得起冲击，很难耐得住繁华的物质世界的诱惑。因此他们中终生出家的比例还不是很高，这也是佛学院现在面临的一个问题。但是，慧礼法师认为："只有在非洲很穷困的国家办佛学院才能成功，因为对穷人家的孩子来说他们虽然有明天，但没有未来，我们让他们出家可能就是最好的选择。贫穷、疾病、蛮荒，可能对现代人来说是困难和障碍，但对我传播佛教来说就是机遇、希望和光明。"唯有穷困的环境才是培养出家人的最好沃土、最好摇篮。一个普遍贫穷、疾病、蛮荒的非洲，将是出家人蕴藏量最丰富的"矿产"。所以，慧礼法师乐观地认为："第一个十年在这里培养的非洲出家人虽然不多，但是，不管怎样，他们回去了，带回去的佛教观念就会慢慢产生很大的影响。"

千年一遇：非洲有了施主

对佛教在非洲的传播来说，非洲有两位大施主：一位是津巴布韦总统夫人格蕾丝·穆加贝；另一位是马拉维总统夫人，她为马拉维阿弥陀佛关怀中心的成立一次捐赠土地就达34公顷。这两位夫人虽然不是在家人，但对佛教在非洲的传播施舍了大量财物，并提供了有力的支持。

津巴布韦第一夫人对佛教素有好感，对佛教在津巴布韦的传播持赞成态度，不仅为海峡两岸的中国人共同援建能容纳1000名孤儿的津巴布韦孤儿院提供用地，拨出穆加贝总统家的部分私人农场为孤儿院种植粮食蔬菜，而且支持慧礼法师对孤儿进行佛教、中文、中国武术等教育，使孤儿们从小接触、学习进而有利于掌握佛教基本思想。第一夫人还计划为津巴布韦孤儿院拨地盖一个配套的中国佛庙。

津第一夫人曾有过两次与佛教有关的大的行动：一

慧礼法师为建立孤儿院、佛学院等募捐

是到中国礼佛。经笔者协调，2007年5月，穆加贝夫人访华，开始她的佛教之行。离开津巴布韦时，我特意前往机场送行。慧礼法师提前到大陆做接待和陪同准备。22日，夫人一行参观了少林寺，受到释永信方丈的热情接待。第一夫人一行中午在斋堂品尝少林素斋。随后，在方丈室，释永信方丈会见了夫人一行，并向总统夫人赠送了《少林寺》大型画册。第一夫人在少林寺就请少林寺武僧来津巴布韦孤儿院教授中国武术作了详谈。24日清晨7点，第一夫人在结束对少林寺访问后，前往山西应县访问。她在参观完应县佛教木塔以后，出席了在应县龙首山佛宫寺举行的仿应县木塔建造的108米高释迦牟尼佛钢塔安基大典。二是到南华寺礼佛。2007年7月3日上午，南华寺住持依淳法师率众僧徒和信众前往迎接第一夫人——南华寺建寺以来最重要的客人之一。佛学院学生及众信徒在大雄宝殿前齐声高唱欢迎歌。依淳法师向穆加贝夫人介绍了法传非洲的过程，并简要介绍了佛教有关知识。第一夫人多年前就有参访南华寺的愿望，却一直未能成行；这次终于在依淳法师的邀请下成行，对此她表示非常高兴。她在参观大雄宝殿时表示，她为能在非洲大陆建设这样极具中华文化和佛教特色的建筑物感到高兴，这有许多值得津巴布韦和非洲其他国家学习的地方。她说，早在慧礼法师担任南华寺住持时，她就知道有中国人在非洲弘传佛法；今天亲眼所见，为这些善良人的付出所感动。在众多佛教信徒的帮助下，目前津巴布韦已开始兴建一所孤儿院，同时也将兴建一座佛庙，以利佛教在非洲的全面传播。穆加贝夫人说津巴布韦是一个宗教信仰自由的国家，在这个国家有多种宗教的存在，她个人虽然对佛教不很了解，但通过这次参访，进一步增强了了解佛教的兴趣。

马拉维总统夫人也是一位大施主,这两位第一夫人虽然本人没有成为佛门中人,但由于她们身份特殊,她们支持、赞助法传非洲的行为,对佛教传播起到了常人难以起到的作用。

千年一乐:非洲有了佛缘

佛教在非洲的传播,使古老的非洲大地结下了佛缘:

——结下了福田广种之缘。非洲人感受了佛教"普度众生"的济世情怀,直击了佛门弟子和其他中国人,在"救人一命,胜造七级浮屠"的佛教思想影响下,慈悲为怀,功德广播,济世救人的种种慈善行为。慧礼法师先是在马拉维创立了阿弥陀佛关怀中心,收养了2000多名当地孤儿,后又在津巴布韦建立能收养1000名孤儿的阿弥陀佛关怀中心,能容纳600名孤儿的第一期工程已竣工。他还计划在赞比亚等国开办阿弥陀佛关怀中心,救助更多的当地孤儿,这既是慈善大动作,也是法传非洲往下扎根的大动作。阿弥陀佛关怀中心在祖国大陆南部地区2008年发生雪灾,四川汶川发生7.8级大地震时,在津巴布韦华侨华人中第一个主动通过使馆捐出巨款。信仰佛教和受佛教思想影响的华侨华人,也在广种福田、认养孤儿、帮助艾滋病患者和家属、资助残疾人等方面做了大量的事情。

慧礼法师在诵经

——结下了中国文化之缘。随着南华寺的建立,中文诵经之声时有所闻;随着一个个阿弥陀佛关怀中心的创办,数千当地儿童集中学习中文、佛教、武术、中国烹饪的现象已非个别;随着在非洲的佛教机构经常举行带有中国文化色彩的活动,人们对中国文化的感知越来越频繁,印象越来越深刻。南华寺逢年过节总是举行各种各样有助于传播中国文化的活动,如中国画展、天官赐福、喜童送喜、财神绕境、游园摊位、祈福法会、嘉年华会、中医针灸、中国茶道、剪纸、书法艺术、龙须糖艺术表演等。正如慧礼法师所言，在异国他乡，对中华文化的这种寻根，在华人心中相当重要。所以，许多华侨华人到南华寺并非全为信仰，不少人来到这儿就是要感受一下，我们中国的这种建筑、这种文化、这种艺术，几千年来蕴藏在华人心里这样一种共同的认同感。随着佛教在非洲的传播，中国武术的影响不断扩大。2008年4月，马拉维阿弥陀佛关怀中心邀请河南嵩山少林寺的延林法师等三名武僧到非洲弘法，希望通过融健体与禅修为一体的少林功夫，让孤儿们的身心得到切实的关爱；同时也让佛教在非洲这片广袤的土地上得以生根发芽。4月10日，少林寺武僧延林法师、延宇法师、延侗法师由北京启程，到达马拉维阿弥陀佛关怀中心后，很快适应了当地艰苦的生活环境，并开始为关怀中心的孤儿们传授少林武术。通过一遍一遍地示范、一招一式地拆分，一点一滴地讲解，孩子们在强身健体的同时，渐渐走入博大精深的禅武殿堂，潜移默化地亲近佛法本怀。2008年7月23日至8月1日，慧礼法师率领"非洲马拉维圆通友好访问团"一行45人，到香港、北京、上海等地进行了为期10天的文化交流活动。访问团主要由非洲孤儿组成，一路上表演了中国功夫《木鱼功》、佛曲演唱和歌舞《欢乐非洲》等十多个节目。28日到达河南嵩山少林寺，与少林慈幼院缔结为姐妹学校。

——结下了信众礼佛之缘。我们不妨看看《南非华侨新闻报》对南华寺组织2007年大年初一礼佛活动的报道："2月18日是农历大年初一，寺院内外热闹非凡，来自全国各地的佛教徒、南非民众从除夕夜起就围绕在院区内参加一系列的中国新年祈福法会暨中华文化嘉年华会"，"一整天的活动吸引了中外人士超过万人，其中热爱中华文化的南非人士超过了一半。18日（年初一）午夜零时整，浑厚的108响钟鼓声划过长空，传到10里以外，500名佛光会员和善男信女在南华寺住持依淳法师的带领下诵

黑和尚展示少林功夫

经礼拜，烧上今年头一炷香，祈求一年好运，大吉大利；大雄宝殿内信众诵经祈愿，殿外香火朝天，今年从各地赶来上头炷香的人们比往年都多。从人们争先恐后烧香跪拜的情形可以看出，他们正在为自己和家人衷心祈愿，祝大家平安顺利。新年零时礼赞团拜时，依淳法师带领众人向佛陀诉说新春十大愿望："第一愿眷属和谐、家庭美满；第二愿生活满足、行善济世；第三愿情绪正常、性格稳重；第四愿扫除习气、增加修养；第五愿发心做事、慈善待人；第六愿事业顺利、身心康泰；第七愿修行进步、增加慧解；第八愿佛教兴隆、众生普渡；第九愿社会安定、人民快乐；第十愿世界和平、普天同庆"。依淳法师勉励众人："把过去种种视为昨日已过，把未来种种当作今日新生。"报道说，记者在礼拜后拦住一位来自约翰内斯堡的男士，问他为什么要在新年午夜大老远赶来上头炷香，他回答说："心诚则灵吧！我们在福建老家时，从小就跟着大人到庙里烧头香。"他说："现在我们远在南非，更要祝愿家里的老人身体健康，我们人在海外事业顺利，家庭平安。"大雄宝殿当夜香火不断，年初一整天的法会及嘉年华会活动吸引了上万人潮，浓郁的节日气氛，厚重的文化气息，紧扣着"南非老外"的心，从他们兴奋的眼睛，闪烁的相机，兴奋的交谈，不难看出他们来参加这场活动不仅是为了满足好奇心，更有一种对中华文化进行深层探索与追求的愿望。

津巴布韦总统夫人和慧礼法师在山西应县佛教木塔外

我很幸运，我目睹、见证了佛教在非洲的传播。我坚信，在非洲的将来，佛教将发挥基督教、天主教、伊斯兰教等宗教一样的作用，将真正起到世界性宗教的影响。

（此文经慧礼法师本人亲阅）

第六篇

走进非洲奇观

开普敦风光

开普敦公共休闲区一角

南非海湾

南非好望角

瀑布晚霞

神砌石

维多利亚大瀑布

像一座山，更像一堵墙

彩虹奇峡

第六篇

走进非洲奇观

第二十五章 世界上最大的瀑布
——维多利亚大瀑布

维多利亚瀑布，多么令人神往的名字！她位于非洲南部赞比西河中游，地跨赞比亚和津巴布韦两国国境，是世界上最大的瀑布。1989年联合国教科文组织将维多利亚瀑布作为自然遗产，列入《世界遗产名录》。世界遗产委员会评价："这是世界上最壮观的瀑布之一。位于赞比西河上，宽度超过两公里，瀑布奔入玄武岩海峡，水雾形成的彩虹远隔二百公里以外就能看到。"维多利亚瀑布对旅游者来说具有无法抗拒的吸引力。我担任驻津巴布韦大使期间，因公因私曾9次游览瀑布，每次展现的不同景观，都给我留下难忘的印象。

维多利亚大瀑布的盖世之美

走近大瀑布，我第一个感觉是它的壮观之美。维多利亚瀑布被巴托卡峡谷上端的4个岛屿划分为5段，它们是东瀑布、峡谷最深的彩虹瀑布、魔鬼瀑布、新月形的马蹄瀑布和高60—100米的主瀑布。位于最西边的魔鬼瀑布只有约30米宽，因其流水侵蚀严重，比其他段平均落差线低10米左右，故水势凶猛，水流湍急，汹涌翻腾，恰如魔鬼一般，虽在旱季也气势不减。魔鬼瀑布流量最大，气势最为磅礴，以万马奔腾、排山倒海之势直落深渊，轰鸣声震耳欲聋，强烈的威慑力使人不敢靠近，中间被礁石隔出一条裂缝。东边一段因被岩石遮挡为马蹄状而被称为马蹄瀑布。像巨帘一般的彩虹瀑布位于马蹄瀑布的东边，空气中的水雾折射阳光，映现出美丽的彩虹。彩虹瀑布即因时常可以从中看到七色彩虹而得名。水雾形成的彩虹远隔20公里以外都能看到，彩虹经常在飞溅的水花中闪烁，并且能上升到305米的高度。在月色明亮的晚上，水汽更会形成奇异的月虹。我认为，彩虹瀑布是整个瀑布中最高也颇具神秘感的一段，最高处达

维多利亚大瀑布

122米，在这里除可欣赏巨帘似的大瀑布外，还可以经常看到出现在翠谷间一条条五彩缤纷的彩虹。彩虹随瀑布此起彼伏，有时能凭借其广阔的活动空间形成多层的或几乎能闭合成圆形的彩虹。赞比西河涨水而恰逢满月时，人们可以看到月光下的彩虹，这就是神奇的"月虹"。游人至此，恍如置身于仙境。2007年4月，我和津巴布韦外交部长穆本盖圭一起欣赏彩虹瀑布，当时，雨声淅沥中脚下石子已很滑，部长阁下被彩虹深深吸引，只顾看，没注意脚下，一脚下去，差点摔倒。东瀑布是最东的一段，该瀑布在旱季时往往是陡崖峭壁，雨季才成为挂满千万条素练般的瀑布。除部分东瀑布在赞比亚境内外，其余均在津境内，因此，从津观赏瀑布，最为壮观。

走近大瀑布，我感到了莫名的神秘之美。维多利亚大瀑布被津巴布韦人称之为"曼古昂冬尼亚"，赞比亚人则称之为"莫西奥图尼亚"，两者的意思都是"声若雷鸣的雨雾"或"轰轰作响的烟雾"。瀑布是这样壮观，这样险峻，这样令人生畏，令人产生神秘之感。据考证，远在公元90年时即有少数农业人口在赞比西河两岸定居。多数原住民则在距瀑布半径128公里范围内以渔猎为生。今日当地部族有汤加人、洛齐人、莱雅人、托卡人和苏比亚人。邻近的汤加族人视瀑布为神物，把彩虹视为神的化身，每年在东瀑布旁举行雨祭，将黑色公牛扔入峡底祭奠河神。所有的游客来到津巴布韦，都会遇到探险家利文斯敦当年"发现"这个瀑布时所描述的场景："那些倾泻而下的急流像无数拽着白光的彗星朝一个方向坠落!"我多次来到瀑布边,瀑布溅起的水珠多次模糊我的视线,瀑布的轰鸣声多次让我失语,巨大的水流朝着地心的方向坠落,在我眼前多次传递震撼,这是一种怎样的神秘之美啊!

大瀑布有一种悲壮之美,这种美不能不使人受到震撼。沿着水流的方向前观数百米,一座150米宽的铁桥飞架大河两岸,那是维多利亚大瀑布桥,它记载着这样一段历史:利文斯敦的大"发现"打破了当地居民的平静生活,1890年,英国人统治了大瀑布南面的津巴布韦,四五年后又控制了大瀑布北岸的赞比亚。殖民者始于"发现",继而占领,原形至此毕露无遗。1903年至1905年,殖民者又建造了这座公路铁路桥,打通赞比西河在此形成的天堑,企图为英国实现从开罗到开普敦的殖民统治铺平道路。就在这座桥建成六七十年后,大瀑布南北两岸发生了翻天覆地的变迁。有人这样形容:魔鬼瀑布冲走了殖民者强加在非洲人民头上的厄运,马蹄瀑布鼓舞着非洲人民的斗争士气,主瀑布的怒吼声震碎了殖民主义的黄粱美梦,大瀑布两岸的人民先后赢得了国家独立和民族解放。

大瀑布有一种刺激之美。想知道世界上最刺激的游泳池在哪里吗?那你一定要前往维多利亚大瀑布,那里有一个令世人叹为观止的"魔鬼游泳池"。之所以得名如此,是因为它地处110米高的维多利亚大瀑布之巅,是天然形成的,那些想挑战自己胆量极限的游客可以趴在"池边",亲历奔腾的瀑布擦身飞流直下的刺激。每年大部分时间瀑布的水量

人间仙境

都十分充沛,波涛汹涌的河水会拍打着岩石奔流而下,选择在这个时候去游泳显然是不明智的,那样的话你肯定会"顺流而下"。特别是每年3月到5月的洪水季里,其水流量是旱季的15倍,这时到"魔鬼游泳池"游泳就等于是拿生命开玩笑。只有到每年9月到10月的旱季时,水池的水量相对较少,也相对较平

静，不会顺着岩壁流下瀑布。这时，"魔鬼游泳池"才会变成冒险者的乐园，届时人们可以在相对舒缓的水流的"按摩"下，一边尽情饱览秀美壮丽的景色，一边在水中嬉闹游戏，有的趴在池边举着相机拍照，有的趴在崖边作出飞的动作，更有勇敢的父亲抱着刚长满乳牙的儿子向悬崖下张望。"看起来比较危险，其实挺安全的。"这是大多数游泳者的亲身感受。导游们从津巴布韦将那些胆量十足的游客护送上这个游泳池，一般每个人收取5美元的小费，而游客们一旦到达了这个"极限运动者天堂"，无一不被眼前的壮观景象所折服。一些"孤胆英雄"站在悬崖边上，品味着这"极限运动者的天堂"。一次，一个来这里举行结婚周年纪念活动的老外，兴奋地说道，在"魔鬼游泳池"的感觉简直比蹦极运动还要刺激，因为在"魔鬼游泳池"里游泳你能明显地感到肾上腺素在直线上升。当你身处相对平静的河水中却同时害怕会被卷入激流并顺着飞溅的浪花直落而下的感觉会让你头晕目眩、心惊胆战。一些人喜欢安静地享受池中的时光，他们在里面游泳、发呆、思考，而另一些人则不停地尖叫。有一两次，我看到有的游客在"魔鬼游泳池"里尽情游玩，更有甚者，有的游客竟然趴在悬崖边上望着河水汇入下面的激流。也许，正因为瀑布如此凶险，才吸引了世界各地的勇敢的游客，挑战者总是络绎不绝。有人这样描述刺激之美："你站在瀑布边缘，看着瀑布一泻而下，发出如雷般的轰鸣，你无论如何大喊大叫，都听不到自己的声音，你的肾上腺素在体内涌动，你似乎体会到了临近死亡的感觉。"我注意到，来"魔鬼池"的游泳者，不论是大人还是孩子，都以男性居多。

　　大瀑布还为游客提供难得的机会以欣赏人与自然的和谐之美。沿着利文斯敦发现维多利亚瀑布的路线巡游，在数公里外的下游，仍可看到赞比西河水沿着悬崖峭壁飞流直下，飞身跌入千丈峡谷，升起数百米高的水雾，但是在上游，河面宽阔而平静。这是津巴布韦和赞比亚的界河，河的南岸是津巴布韦，北岸是赞比亚，两岸是郁

彩虹奇峡

郁葱葱的原始丛林，河心的沙洲和岩岛也被茂密的植物所覆盖。飞鸟掠过水面；河马在水草丰茂的地方探出脑袋，又悠然潜回水里；鳄鱼在岸边安静地匍匐着；大象和斑马在河畔自由漫步；长颈鹿高昂起头，警惕地注视着河中游客们的一举一动；成群的狒狒坐在岸上，不知是它们在检阅游艇上的游客，还是游客们在检阅它们。河中，津巴布韦和赞比亚的游船你来我往，相互交汇，此时游客们羡慕的是动物们不需护照，通过游泳，在津巴布韦和赞比亚之间自由来往。船上不时会传来欢声笑语，总会有人舞着手臂呼喊，总会有人拿着相机不停地拍照，总会有人在说："看！那里有一群羚羊。""瞧！又有一群野猪。"当地船工眼睛出奇地好使，老远就能看清有什么动物，每当大家沿着他们手指的方向能看清对象时，大家会特别高兴，河水顿时也欢快起来。当然，赞比西河上最精彩、最开心、最惬意的节目是观看落日，那是世上最美的落日。似乎是在转瞬之间，落日熔金的光芒已经在四周蔓延开了，所有人的皮肤都镀上了一层动人的色泽。很快，一整片天空都被染成绯红，与平阔的水面融为一体。水波将最后一点余光摇碎，游船调头划出平滑的弧线。随着太阳沉入远处的丛林，赞比西河为她最华丽的演出拉上了帷幕。那一刻，在这"天使飞过，也会回首顾盼"的地方，我多次庆幸自己能够越过万水千山，到达它的面前。

谁"发现"了维多利亚大瀑布

1855 年 11 月，苏格兰传教士、医生和探险家戴维·利文斯敦（1813—1873 年）成为第一个到达维多利亚瀑布的欧洲人。在 1853 年与 1856 年之间，苏格兰传教士和探险家戴维·利文斯敦与一批欧洲人一起首次横穿非洲。利文斯敦此行的目的显然是希望非洲中部能向基督教传教士们开放，他们从非洲南部向北旅行经过贝专纳（现在

远眺维多利亚大瀑布

的博茨瓦纳），到达赞比西河。然后，他们向西到安哥拉的罗安达沿海。考虑到这条线路进入内陆太困难，这位伟大的探险家又头东向，沿着2700公里长的赞比西河进行考察，了解赞比西河的通航潜力，希望把这条大动脉般的河流开拓成为非洲内陆的交通要道，成为开拓中非的"上帝高速公路"。他乘独木舟顺流而下，于1855年11月16日抵达该瀑布。1856年5月他们到达莫桑比克沿海的克利马内。

利文斯敦初次听到大瀑布是在1851年，那时他和威廉姆·科顿·奥斯威尔正在赞比西河岸以西100多公里的密林深处探险。4年后，即1855年11月，利文斯敦"发现"了大瀑布，成为第一个到达这个瀑布的欧洲人。当时他乘独木舟顺流而下，于11月16日抵达该瀑布，老远就已看到瀑布激起的水雾。他登上瀑布边缘的一个小岛，看到整条河的河水突然在前方消失，利文斯敦写道："这条河好像是从地球上消失了。只经过80米距离，就消失在峡谷对面的岩缝中……我不明所以，于是就战战兢兢地爬到悬崖边缘，看到一个巨大的峡谷，把那条1000多米宽的河流拦腰截断，使河水下坠了有100米。瀑布下面峡谷的狭窄与上面河道的开阔形成极大的反差，整个峡谷好像受到了突然压缩，宽度只有15—20米。整条瀑布从左岸到右岸，其实只是个坚硬玄武岩中的裂缝，然后从左岸向远处奔腾。三四十公里之内，除了一团白色云雾之外，什么也看不见。瀑布形成的白色水链就像是成千上万颗小流星，全朝一个方向飞驰，每颗流星后面都留下一道痕迹。"后来利文斯敦指出当时低估了瀑布的宽度和高度。他认为这些瀑布"是我在非洲见过的最壮丽景色"。

第二天利文斯敦回到他第一次观看瀑布的小岛（现名为卡泽鲁卡或利文斯敦岛），种下桃、杏核和一些咖啡豆。他还在一棵树（据说是猴面包树）上刻上日期和自己名字的简写。他后来承认这是他在非洲唯一一次做了一件无聊的事。

奇怪的是，探险家们并没有因这个重大"发现"而兴高采烈，尽管他后来对此事有"如此动人的景色一定会被飞行中的天使所注意"这样的描述。对利文斯敦而言，该瀑布实质上就是一垛长1676米、下冲107米的水墙，也是基督教传教士们试图到达内陆土著村落的实际障碍。对他而言，旅行的重点是发现瀑布以东的巴托卡高原。如果赞比西河被证实是可全线通航的话（赞比西河到现在也没有全线通航），在他看来，这一地方可作为潜在的居民点。尽管他以感觉有所"进展"的方式表达对发现瀑布的失望，但利文斯敦还是承认瀑布是如此壮观，以至于用英国女皇维多利亚的名字来命名它。

1860年8月他率探险队第二次来到瀑布，测量峡谷的深度。他垂下一条绑了几颗子弹和一块白布的绳子。"我们派一人伏在一块凸出的悬崖上看着那小白布，其他的人放出了310英尺长的绳子，那几颗子弹才落在一块倾斜而凸出的岩石上，那里距下面的水面可能有 50 英尺。当然水底还要深。从高处下望，那块白布只有钱币大小。"因此他估计峡谷有 108 米深，大约是尼亚加拉瀑布的两倍。1905 年在瀑布附近的峡谷上建成跨度 200 米的拱形铁路公路两用桥。赞比亚一侧建有两座水电站，发电能力共 10 万千瓦。利文斯敦狩猎公园邻近地区则有维多利亚瀑布国家公园。瀑布地区已成为非洲著名的旅游胜地。

　　利文斯敦被誉为人类历史上最伟大的探险家，他将自己的一生奉献给了非洲的探险事业。1840 年，他第一次去非洲探险。在随后的几年里，他又几次进行探险，包括 1849 年穿越卡拉哈里沙漠，以及 1855 年在赞比西河发现由他命名的维多利亚瀑布。他在几次旅行中所做的详细记录，使非洲地图原来的许多空白处逐渐得以填满。1866 年，利文斯敦回到非洲。这次他率领一支探险队去寻找尼罗河的源头。他的一队人马面临着热症、奴隶贩子的威胁以及食物和药品补给品被盗之虞，最后终于在坦噶尼喀湖边的乌吉吉安营扎寨。1871 年，正当世人许久没有听到利文斯敦的消息时，美国《纽约先驱报》发起了由亨利·莫顿·斯坦利带队对他的寻找。1871 年 10 月，斯坦利在乌吉吉找到了利文斯敦。两位探险家成了忠实的朋友并一起旅行。利文斯敦强烈反对当时在非洲仍很普遍的奴隶贩卖。他和所遇到的非洲人交朋友。1873 年他去世后，他的非洲仆人背着他涂过香油的尸体走了 1600 公里来到海岸边，尸体由船载运回英国。他被视为英国最伟大的人物之一，安葬在伦敦威斯敏斯特大教堂，与牛顿等长眠在一起。不久之后，欧洲殖民者在瀑布东北 11 公里建立了殖民点，命名为利文斯敦镇，即今天的马兰巴，现在赞比亚境内，有人口 7.2 万人，镇内有一个利文斯敦生平事迹博物馆，在津巴布韦境内瀑布入口处，矗立着一个高大的利文斯敦铜像，与铜像合影的游客人次我想至少已过亿了吧。

维多利亚大瀑布入口处

维多利亚大瀑布是从哪里来的？

关于大瀑布，有一个动人传说：据说，在很久以前，在瀑布的深潭下面，每天都有一群如花般美丽的姑娘，日夜不停地敲着非洲的金鼓，金鼓发出的咚咚声，变成了瀑布震天的轰鸣；不一会儿，姑娘们开始浮出水面，她们身上穿的五彩衣裳的光芒被瀑布反射到了天上，被太阳变成了美丽的七色彩虹。姑娘们跳舞溅起的千姿百态的水花变成了漫天的云雾。多么美妙、令人神往的景色呀！

赞比西河是非洲的第四大河流，维多利亚瀑布位于津巴布韦西北部与赞比亚交界处的赞比西河中段。赞比西河全长2700公里，是非洲大陆向东流入印度洋的最大河流。据地理学家推断，该瀑布约形成于1.5亿年前。赞比西河刚流经赞比亚与津巴布韦边界时，两岸草原起伏，散布着零星的树木，河流浩浩荡荡向前进，并无出现巨变的迹象。这一段是河的中游，宽达1.6公里，水流舒缓。突然河流从悬崖边缘下泻，形成一条长长的匹练，以无法想象的磅礴之势翻腾怒吼，飞泻至狭窄嶙峋的陡峭深谷中，宽度缩减至只有60米。赞比西河的流量随季节而变，当赞比西河河水充盈时，每秒7500立方米的水汹涌而下，在宽近1800米的峭壁上骤然翻身，万顷银涛整个跌入约110米深的峡谷中，形成世上最宽的瀑布。水量如此之大，且下冲力如此之强，以至卷起千堆雪，万重雾，出现雪浪腾翻，湍流怒涌，万雷轰鸣，动地惊天的景象。溅起的白色水雾，有如片片白云和轻烟在空中缭绕，远达40公里外均可以看到。倾注的河水产生一股充满飞沫的上升气流，游客站在瀑布对面悬崖边，手上的手帕都会被这强大的上升雾气卷至半空。更迷人的是，彩虹经常在飞溅的水花中闪烁，它能上升到305米的高度。离瀑布40—65公里处，人们可看到升入300米高空如云般的水雾，其景色极其壮观！

维多利亚瀑布的形成，是由于一条深邃的岩石断裂谷正好横切赞比西河。断裂谷由1.5亿年以前的地壳运动所引起。维多利亚瀑布最宽处达1690米。河流跌落处的悬崖对面又是一道悬崖，两者相隔仅75米。两道悬崖之间是狭窄的峡谷，水在这里形成一个名为"沸腾锅"的巨大漩涡，然后顺着72公里长的峡谷流去。

大瀑布所倾注的峡谷本身就是世界上罕见的天堑。在这里，高峡曲折，苍岩如剑，巨瀑翻银，疾流如奔，构成一幅格外奇丽的自然景色。大瀑布倾注的第一道峡谷，在其南壁东侧，有一条南北走向的峡谷，把南壁切成东西两段，峡谷宽仅60余米，整个赞比西河的巨流就从这个峡谷中翻滚呼啸狂奔而出。大瀑布的腾空水汽，使这个地区布满水雾，若逢雨季，水沫凝成阵阵急雨，人们站在这里，不用几分钟，就可浑身湿透。

飞流直下的"魔鬼瀑布"、"主瀑布"、"马蹄瀑布"、"彩虹瀑布"和"东瀑布"这5条瀑布都泻入一个宽仅400米的深潭，酷似一幅垂入深渊中的巨大的窗帘，瀑布群形成的高达几百米的柱状云雾，飞雾和声浪能飘送到10公里以外，声若雷鸣，云雾迷濛。数十里外都可看到水雾在不断地升腾，因此它被人们称为"沸腾锅"，那奇异的景色堪称人间一绝。赞比西河经过瀑布后气势依然壮观，河水冲进峡谷，汹涌直奔过的"沸腾锅"的漩涡潭，沿着Z字形峡谷再往前奔腾64公里向下游进发。

今天对维多利亚瀑布形成的原因，已比利文斯敦时清楚许多：赞比亚的中部高原是一片300米厚的玄武熔岩，熔岩于二亿年前的火山活动中喷出，那时还没有赞比西河。熔岩冷却凝固，出现格状的裂缝，这些裂缝被松软物质填满，形成一片大致平整的岩席。约在50万年前，赞比西河流过高原，河水流进裂缝，冲刷掉裂缝中的松软物质形成深沟。河水不断涌入，激荡轰鸣，直至在较低边缘找到溢出口，注进一个峡谷。第一道瀑布就是这样形成的。

这一过程并未就此结束，在瀑布口下泻的河水逐渐把岩石边缘最脆弱的地方冲刷掉。河水不住侵蚀断层，把河床向上游深切，形成与原来峡谷成斜角的新峡谷。河流一步步往后斜切，遇到另一条东西走向的裂缝，再次把里面的松软物质冲刷掉。整条河流沿着格状裂缝往后冲刷，在瀑布下游形成Z字形峡谷网。

维多利亚瀑布的"发现者"利文斯敦

今天，在下游可看到七个这样的峡谷，每一个都是已消失的瀑布遗址。第八个峡谷就是今天的维多利亚瀑布，但是这个峡谷也在侵蚀当中。侵蚀速度是每一万年约1.6公里。第九道瀑布可能出现在西端的魔鬼瀑布处。

维多利亚瀑布一直在后退。过去50万年里，其曲折河道上出现过多条瀑布，今天所见的是第八条，每一条都出现在河床满布裂缝的熔岩断层上，河水冲刷掉断层里松软的填料后，落入因此形成的隙缝中，并立即侵蚀较脆弱的裂缝，逐渐向后深切成峡谷，直至遇上另一断层。

目前的瀑布最脆弱处位于西端的魔鬼瀑布。该处已侵蚀至比主瀑低30米左右，而且会逐步加深，直至整条赞比西河进入其裂缝中，因而可能就是将来后撤至第九条瀑布的地方。

第二十六章　大津巴布韦：南部非洲的世界文化遗产

"大津巴布韦"是非洲南部迄今发现的最大的古代建筑群。1871年，德国地理学家卡尔·莫赫最先把这个遗迹公之于世，之后世界各地不少学者和探险家相继来到石头城考察。中国的高中《历史》选修课中有"大津巴布韦遗址和非洲文明探秘"这样一课。我曾两次前往大津巴布韦遗址参观。北京大学国际关系学院院长王辑思教授、北京大学非洲研究专家李安山教授、李保平教授、中国人民大学国际政治系主任刘青建教授等访问津巴布韦期间，我曾特意安排他们参观大津巴布韦遗址，我们都感到，在南部非洲有大津巴布韦遗址这样的世界文化遗产，非常难得；参观这一遗产，非常值得。

遗产之谜

石头城遗址坐落在一片幽静开阔、景色秀丽的丘陵之中，由于规模庞大、保存完好，1986年被联合国教科文组织列入《世界遗产名录》。关于石头城的身世至今仍是一个谜，没有人能确切地说出它的建造时间和建造者的来历。

现在见到的石头城遗址由两部分建筑组成：一部分是建在一片开阔地带的椭圆形围城，人们称之为"大围场"，是遗址的主体；另一部分是建

大津巴布韦遗址

在一座小石头山上的"卫城"。"大围场"由花岗石砌成，墙高10米，长约240米，面积为4600平方米。围墙内还筑有一道内墙，呈半圆形，长约90米。这些椭圆形建筑都是当年国王及其大臣和贵族们的住所，此外，还有一座著名的圆锥形实心塔，高达15米，是当时王室用来祭祀的。"卫城"建在石壁陡峭、地形险要的小山上，一道道厚度不同的围墙，依山傍崖，蜿蜒而下。沿着陡峭崎岖的古老石道拾级而上，眼前出现一条由两块巨石相间而形成的一人宽的窄道，大有"一夫当关，万夫莫开"之势。北墙下面的狭窄的小石门，只能容一人侧身而过，通过它便可到达"卫城"。到达山顶时，一道用长方体花岗石砌成的高墙横在眼前，我们走到高出地面百余米的瞭望台。从瞭望台俯瞰，整个石头城的风光尽收眼底，可见当初设计者的别具匠心。从整座遗址的地形布局看，"卫城"是护卫"大围场"的防御屏障。

由于处于贸易中心，石头城曾经辉煌一时。石头城遗址经历了近十个世纪的风雨侵蚀，虽然只剩下一片残垣断壁，但当年的雄姿风采仍依稀可辨。从遗址及周围的考古发掘来看，石头城历史上曾经是相当繁荣的经济、贸易和文化中心。在其附近有古代梯田、水渠和水井，还有铁矿坑、冶铁场、炼铁用的工具以及用泥土做的造币模型；石头城内发掘出波斯的彩色瓷器与阿拉伯的玻璃和黄金，还有印度的佛教念珠、中国明代的南京陶瓷。由此可见，当时南部非洲已与世界上许多国家有着广泛的贸易交往。

围城的城墙如堡垒一般，砌石工艺令人惊叹。石头城的围墙石块之间未用任何黏结物但砌缝严密，虽历经数世纪的风雨侵蚀仍挺拔牢固。石头城遗迹是一个大面积的复合体，各部分自成风格，又浑然一体。围城的西墙头上矗立着4个圆锥体实心角塔——烽火台。要建造这样的围城，需要石匠花大力气将花岗岩修凿成形，然后按很规则的组合堆砌起来才行。东墙脚下是隶属于山顶围城的建筑群，其中有

大津巴布韦遗址之二

一个奇特的石洞，具有扩音作用，朝它大声喊话，远处建筑群里的人皆能听到。可见当时的人们已经知道运用声学原理了。

据考证，当年的国王曾居住在这里。公元 11 世纪，当时的津巴布韦马卡兰加古王国就开始大兴土木，营建石头城，并经历过几个世纪才最终建成（另一说，石建筑群大约建于 8—10 世纪）。13 世纪时，石头城成为莫诺莫塔帕王国的京都，大津巴布韦又被大规模扩建，到 14 世纪，为一个非洲强大的部族占据，成为当时部族的统治中心。15 世纪达到鼎盛时期，后来，由于天灾战乱和其他尚未查明的原因，大津巴布韦逐渐衰落下去，以致湮没无闻人们最终弃城而走，只留下孤零零的石头建筑群，默默地见证着这段历史。

目睹当年占地 1 万亩的石头建筑群如今只剩下断壁残垣，目睹历史上一个已经湮没的帝国留存下来的遗迹已失去了昔日风采，不禁令人扼腕叹息。

立论之虚

大津巴布韦遗址在历史上究竟是什么？德国考古学家卡尔·莫赫给予了第一个答案：大津巴布韦就是《圣经》中记载的盛产黄金和宝石的古城——俄斐。

据《圣经》说，俄斐是一个黄金和宝石遍地的古城。当来自俄斐的士巴女王来到耶路撒冷觐见所罗门王时，她被要求带上"大量财宝——黄金、宝石"。据记载：俄斐的金矿是所罗门王难以置信的财富源泉。大约公元 10 世纪时，俄斐与东南非洲开始交往。那时，在东南非洲海岸从事贸易的阿拉伯人开始购买黄金。这些黄金也就找到了从非洲内地出口海外的途径。

可是，这个遍地是黄金的城究竟在哪里？几个世纪以来，人们一直想知道俄斐古城的确切地理位置，但都未能如愿。直到 1871 年，随着一个叫卡尔·莫赫的德国人的到来，非洲黄金之城的秘密才渐渐被揭开。这个自幼就立志到非洲探险的德国人历经千辛万苦，终于在林波波河的南岸，最先找到了黄金、钻石的矿脉（直到现在，这一带仍以"津巴布韦矿带"驰名世界，黄金、钻石、铬、铂金、镍等矿产仍在被大量开采）。后来在林波波河背面一个叫马绍纳的地方，发现了我们今天所见到的大津巴布韦遗址。卡尔·莫赫坚信，这里就是当年以盛产黄金、宝石而闻名的俄斐，他把它重新命名为"津巴布韦"。

卡尔·莫赫为什么宣称位于马绍纳的大津巴布韦就是《圣经》上说的财富之乡——俄斐呢？因为士巴女王曾经到过所罗门王的宫殿，所罗门王用黎巴嫩的檀香木建造他的宫殿。而卡尔·莫赫发现，大津巴布韦遗址大门所用的就是檀香木。至于在山顶所发现的那个圆形围场，卡尔·莫赫推断一定是士巴女王模仿所罗门的宫殿建造的。除此之外，卡尔·莫赫并没有发现士巴女王的任何宝藏遗址。因此，尽管大津巴布韦遗址一带确实矿产丰富，但卡尔·莫赫关于大津巴布韦遗址就是《圣经》中记载的盛产黄金和宝石的古城——俄斐的推断缺乏依据。

1872年3月，卡尔·莫赫离开非洲回到欧洲，俄斐被发现的消息也迅速传遍了欧洲。

后来数十年间，探险家、寻宝者接踵而来。卡尔·莫赫发现的大津巴布韦遗址成为考古学上的一个热门话题。1899年，大津巴布韦一带，连同整个马绍纳地区的所有权，都被掌握在英国老殖民主义者塞西尔·罗德斯的手里。后来他在此基础上建立了名为南罗得西亚的英属殖民地。

偏见之谬

虽然欧洲人愿意接受卡尔·莫赫的说法，即大津巴布韦遗址就是《圣经》上描述的那个遍地黄金的俄斐，但他们并不认为大津巴布韦是来到非洲的腓尼基人所建，而是由埃及法老宫廷的流放者所建；或由从北非来的阿拉伯人所建；或由《圣经》中提到的流失的以色列部落所建；或是由在海难中流落至此的北欧海盗所建，一句话，大津巴布韦不是非洲黑人建造的。

卡尔·莫赫的发现唤起了人们对大津巴布韦的记忆，但也引起了一场持续多年的争论，即大津巴布韦究竟是谁建造的？

大津巴布韦遗址之三

现在，这个问题已得到根本解决，因为越来越多的史料证明，石头城并非外来文明的产物，而是出自当地的非洲黑人之手。1970年，一位代表津巴布韦官方的考古学家不得不承认大津巴布韦属于非洲文明，是非洲人创造了这种文明。

那么，欧洲人为什么一再否认非洲人创造了大津巴布韦，为什么在这个问题上如此贬斥非洲人呢？这是因为欧洲人在非洲的攫取、传教、商业冒险都基于一种观点——非洲人"低人一等"，他们需要"较开化"的文明来"指引"。那时多数的欧洲人认为，撒哈拉沙漠以南的非洲人总是住在泥土茅屋里——这是原始的象征。他们无法想象具有如此高度的组织性和创造性的大津巴布韦会是非洲人创造的。

大津巴布韦是怎么形成的？现代考古学家们解释是：津巴布韦曾是一个强大的非洲国家中心。这个中心曾支配着津巴布韦高原——一片富饶的丘陵地带，南边有林波波河，北边有赞比亚河。津巴布韦高原以西是一片起伏的平原。该平原越来越干旱，最后成了非洲西南部的卡拉哈里沙漠。向东是一片低洼的平原。古代津巴布韦人发现津巴布韦高原是一个适合人居的地方，气候温和，雨量充沛，无边的草地提供了广阔的牧场，牛羊成了物物交换的中间物。这个地区盛产铜、铁、锡，还有黄金，而黄金是高原的主要出口物。到公元 9 世纪时，黄金从津巴布韦的东部流到非洲和阿拉伯商人手里。这些商人活跃在当今的肯尼亚到莫桑比克的非洲沿海港口，他们用黄金换回世界各地的产品，然后再运到非洲内地。在津巴布韦，考古学家已经发现东非基尔瓦港口的古币、中国的瓷器、印度的珍珠、伊朗的地毯。黄金贸易给以游牧为生的津巴布韦高原带来了财富，大约在 1250 年，津巴布韦向莫桑比克沿岸贸易港口源源不断地供应黄

蓝天下的大津巴布韦遗址

金，此时的津巴布韦达到了它的鼎盛期，这种状况一直持续了两三百年。今天我们见到的仍然矗立的大津巴布韦遗址就是那个时期修建的。津巴布韦高原有许多裸露于地面的花岗石。古代津巴布韦人加工花岗石的工艺非同一般：他们利用昼夜温差使花岗石自然裂变成薄片；他们知道在花岗石上生火，加快裂纹的生成，然后用冷水浸泼，岩石的薄片就很容易分开。古代津巴布韦人还发明了一种建筑艺术，这种艺术非常适合于使用这样的花岗石片，建筑上的一些设计与今天许多南部非洲人在自己家墙上绘制的图案非常相似。古代津巴布韦人不使用象形文字。因为没有档案记载，考古学家就无法确切知道各类建筑物的用途是什么，生活在大津巴布韦的古代人日常生活是什么样的。

20世纪70年代搜集的材料揭示，曾经有18000多人居住在津巴布韦的山顶上。当时，这些津巴布韦人的生活属于"城市型"，但还是有一些社会底层的生活区拥挤、喧闹、充满煤烟。据考古发现，当时，大津巴布韦控制下的王国手工业，包括工艺美术行业已具有规模。众多能工巧匠利用各种原材料制成各种各样的物品。他们制造铁枪铁炮、金铜饰物；制造陶器，并绘上图案；还能把平滑光亮的皂石雕刻成石碟和石像。考古学家还发现了大量的编织工具，说明津巴布韦有发达的纺织业，不过，这个国家的经济基础仍然是散布在农村的畜牧业和金矿开采业。在农闲季节，牧民和农民都会到矿山打工。大约1450年，津巴布韦开始衰败。可能是因为战争，也可能是因为人口增长，造成食物、燃料短缺，牧区耕地匮乏。到了16世纪，葡萄牙人开始在沿海港口进行贸易，使黄金贸易遭受挫折，津巴布韦的地位每况愈下，马绍纳政权中心迁到他处。之后的数百年，西南非洲在欧洲人、沿海地区的石瓦希里人以及非洲内地的马绍纳和其他地区的人之间的冲突中，备受苦难。逐渐地，津巴布韦被人们忘记了，只有津巴布韦古城建筑者的后裔，仍然生活在这里。

1980年，南罗得西亚举行了第一次民主大选，曾在南罗得西亚监狱里被监禁10年的黑人领袖穆加贝获胜，当选为开国政府总理（第一任总统为黑人巴纳纳，当时采取德国、印度式国家体制，实际上的最高领导人是内阁总理），一切权力重新归属于占绝大多数的黑人。这个国家自豪地更名为津巴布韦，成为世界上第一个恐怕也是唯一一个以世界文化遗产命名的国家。

国鸟之贵

津巴布韦的国名来源于该国最著名的古代文明古迹——建造于13至15世纪的大津巴布韦遗址，它在当地绍纳语中的含义为"石头大房子"。皂石鸟就是在这个遗址中被发现的。它是用当地出产的一种名叫皂石的软质石材雕刻而成，高约 14 英寸，线条俭朴，体态浑厚，充分展示了非洲古代文化艺术的高超水平。1980 年，津巴布韦独立后，皂石鸟"上了"国徽，其形象也飘扬在国旗上，成为津巴布韦国家的象征。

平衡石

当年在大津巴布韦遗址发现的皂石鸟雕刻共有 8 件，但在 100 多年以前，殖民者掠走了其中的 6 件半。津巴布韦独立后不久，南非政府送回了其中 5 只流落他乡的皂石鸟，但那只身首异处的皂石鸟却一直没有得到"团圆"。据说，当年那只鸟的头被切了下来，丢弃在大津巴布韦遗址的西侧围场里，而底座则被当时的南罗得西亚殖民统治者罗斯送给了一位德国传教士，后者又将其卖给了柏林人类学博物馆。第二次世界大战期间，苏联攻入德国之后把这个底座带回了列宁格勒。两德统一后，这只石鸟底座又回到了柏林。

1998 年比利时皇家中非博物馆举办的一个津巴布韦石雕展上，这只被分割的皂石鸟才有了第一次短暂的重逢。展览结束后，津巴布韦政府开始同德国政府商讨有关皂石鸟底座的回归问题。经过磋商，双方于 2000 年达成了一致。2003 年 5 月 14 日上午，津巴布韦国家宫内歌声飞扬，掌声不断。津巴布韦总统穆加贝亲手从德国驻津巴布韦大使施密特先生手中接过一只皂石鸟雕刻的底座，将这件身首异处 100 多年的工艺品重新拼接在一起。皂石鸟回家了，皂石鸟的家乡沸腾了。穆加贝说，作为津巴布韦国家象征的皂石鸟此番"重返故乡"，标志着津巴布韦的国家尊严得到了恢复。

皂石鸟的返回见证了津巴布韦兴衰荣辱的历史。穆加贝总统表示，当他亲手将皂石鸟分离的两个部分重新连接到一起时，看到的不只是文化遗产的回归，更看到了津巴布韦人民在各个领域里为争取真正的主权所作的斗争。他说，前面的路还很长，还有很多的挑战，津巴布韦人民将继续战斗下去。

这只重获"新生"的皂石鸟被送往位于大津巴布韦遗址的国家博物馆，和保存在那里的另外6只石鸟一道向世人展示着津巴布韦灿烂的古文明。当然，它们也在盼望着最后一只依然流落在南非的皂石鸟能尽快地"飞"回来与它们团聚。

神砌石

第二十七章　走进开普敦

　　南非是世界上唯一有着三个首都的国家，其三个首都分别为行政首都比勒陀利亚（Pretoria 现已更名为茨瓦内 Tshwane）、立法首都开普敦（Cape Town）、司法首都布隆方丹（Bloemfontein）。此外有人把约翰内斯堡称为经济首都，我个人觉得不无道理。尽管南非的政府机构都设在行政首都比勒陀利亚，但法律规定，政府的部长们每年都必须有半年时间在开普敦办公。

　　2009 年年中，我到南非旅游，先后到了约翰内斯堡、比勒陀利亚和开普敦，深为开普敦的美丽所吸引，至今仍惊叹和回味着开普敦的优雅与迷人。开普敦，这个南非最古老的城市，有着不同于非洲其他城市的旖旎风情、悬崖峭壁、澄净蓝空，连第一位抵达此地的德瑞克爵士都忍不住赞叹这里是"地球上最美丽的海角"。在我看来，开普敦最有魅力，最具特色，给我留下了终生难忘的印象。开普敦是南非第二大城市，仅次于约翰内斯堡，是世界著名的重要港口和好望角省的首府，它位于好望角北端的狭长地带，濒临大西洋特布尔湾，南部插入印度洋。地处非洲却充满多元欧洲殖民地文化色彩的开普敦，集欧洲和非洲人文、自然景观特色于一身，因此成为南非的文化古都，并名列世界最美丽的都市之一，也成为南非最受欢迎的观光都市。如果说在约翰内斯堡、比勒陀利亚，我读到的是她的经济、历史与文化，在非洲最南端的开普敦，展现在我面前的便是她充满无

开普敦风光

穷魅力的奇特风光。从约翰内斯堡到开普敦，我内心的热情在慢慢地加温，有种渐入佳境的美好感觉。我的兴奋是从开普敦开始的，我也是在那里深深地爱上了南非。可以这样说，没到开普敦，就等于没到南非。

海角之城

我是先知道好望角，再知道开普敦的。开普敦的意思就是"海角之城"，她位于南非最南端，其实是一个半岛，前拥波光粼粼的大西洋海湾，背依一座乱云飞渡、形似长方形条桌的奇山，是非洲的一颗海上明珠。好望角写进了中国的初中教科书，是中国人家喻户晓的地方。这是欧亚商船古老的航线必须绕行的海域，

我对好望角的好奇和向往一开始实在是缘于它的名气。卡尔·马克思在《共产党宣言》中曾说："美洲的发现，绕过非洲的航行，给新兴的资产阶级开辟了新的活动场所。东印度和中国的市场、美洲的殖民化、对殖民地的贸易、交换手段和一般商品的增加，使商业、航海业和工业空前高涨。"马克思将好望角的发现与资本主义的开展和经济全球化的演进联系在一起，使人不能不重视好望角的特殊意义。

7月初的南非正处于冬季，与中国季节正好相反。驻南非大使钟建华、政务参赞陈绪峰等嘱咐我们夫妇必须带毛衣。到那里后，我发现并无多大的严寒之意，只觉得气候有点阴冷干燥，茫茫荒原上只有一些开始枯黄的野草和灌木，其间偶尔有狒狒和羚羊出没。一位来自于台湾地区、已入籍南非的导游带着我们从开普敦驱车沿着西海岸南下，行驶大约40分钟后，我们来到了好望角。

好望角：非洲大陆最西南端

好望角因常年风暴肆虐，曾叫风暴角，又因通向富庶的东方而更名好望角。好望角是南非西南端一个长 4.8 公里的岩石岬角。所谓"岬角"，即伸向海中的尖形陆地。在葡萄牙文和英文中，岬角均称"开普"（cabo 和 cape）。南非西南沿海多岬角，其中好望角名气又大，因而这一带的好些地方都以"开普"命名。

车进入好望角的路上，不知是大西洋还是印度洋的洋面透过车窗奔来眼底，只觉得开阔、冷峻、恬静和美丽。车停下后，我们沿着石砌的小径拾级而上，走了大约 60 多米，就抵达建有气象观测站的山顶。站在山顶举目南眺，我却深深感到一股莫名的肃杀之气。没有太阳，说蓝天不是蓝天，说乌云不是乌云，说遍布暗灰色的云团比较合适。天空比我通常看到的要矮，天际比我通常看到的要近，这种天气的云团之下，眼前奔涌的浩渺无垠的万顷碧波，留给我的却是几丝恐惧。有人说这是大西洋，有人说这是印度洋。我无心听他们争论，蹑手蹑脚走到山崖边上。我一时忘记自己是站在高出海平面 250 米的山巅，探首俯视，只见灰蒙蒙的悬崖飞空，莽苍苍的峭壁陡立，几只海鸟在其间振翅翻飞，似有一股幽秘可怖的气氛。左侧的半山腰上，矗立着一座白色的灯塔，被人称为"绕开死神的航标"。山脚之下，只见黑黝黝的浪涛从天边滚滚而来，撞击到悬崖峭壁之上，化作冲天而起的冰浪雪涛，发出撼天动地的吼声。此情此景，令人不由把心提到喉咙口，额头沁出几道冷汗。好望角终年面对波涛汹涌的大西洋。据说，一年 365 天里，至少有 100 多天，好望角都是狂风怒吼，巨浪滔天。即使在最平静的日子里，海浪也有 2 米高；当风高浪急时，那冲天的大浪甚至有 15 米以上。加上好望角经常乌云密蔽，连绵不断，很少见到蓝天和星月，终日西风劲吹，一个个涡旋状云系向东飞驰，海面上奔腾咆哮的巨浪，发出的阵阵吼声，会时时震撼着每个海员的心灵。这时，我才突然领悟到，这个岬角何以曾被人称为"风暴角"。

"风暴角"本是个历史的称谓。据古希腊历史学家希罗德记载，早在公元前 500 多年，埃及法老尼科就曾派遣熟悉航海术的腓尼基人驾船出红海，沿着非洲东海岸南下，绕过非洲最南端，驶经非洲西海岸，最后进入地中海。他们创造了人类航海史上极其不平凡的业绩。但是，他们究竟是怎样绕过非洲最南端的，希罗德却语焉不详。1487 年 8 月，葡萄牙著名航海家巴托洛梅乌·迪亚士奉国王约翰二世的命令，率领由三艘大船组成的船队从里斯本出发，沿着非洲西海岸南行，企图找到一条通往"黄金之国"——印度的新航路。第二年 5 月的一天，他们到达南非的西南端，发现了现今好望角这个险峻的岬角。岬角附近地势奇诡，岩礁密布，风大浪险，水流湍急，暴雨不时袭来，船队处境十分危险，迪亚士等人死里逃生，见此情状，迪亚士脱口而出，称之为"风暴角"。迪亚士回国受到英雄般的欢迎。国王认为，绕行"风暴角"便可通东方，这个里程碑式的发现是个好兆头，便将"风暴角"改名为"好望角"（cape of good hope）。从此，随着这条新航线的发现，随着越来越多的船队从这里来来往往，好望角这个神奇的名字，也传遍了世界的许多地方。

好望角上面临的肃杀海景

迪亚士这一发现，成为欧洲人后来一系列重大地理发现的先声，在世界航海史和地理发现史上书写下重要的篇章。迪亚士绕行非洲最南端的成功，再加上印度和东方黄金满地的种种传闻，促使葡萄牙作出更大规模远航的决策。葡萄牙人伽马在迪亚士发现的基础上首次开辟了欧洲经好望角到亚洲的新航道，使葡萄牙成为当时称霸东方的海上强国。在伽马首次远航印度之后，曼努艾尔国王还曾派遣另一位贵族出身的著名航海家佩德罗·阿尔瓦雷斯·卡布拉尔率一支由13条船组成的更加强大的船队远航印度。这次，有经验的迪亚士奉命随行。

1500年3月9日，他们由里斯本出发往西南行驶，旨在远远绕开凶险的好望角。岂料，他们绕的弯子太大，无意中竟来到另一个新大陆。4月22日，他们抵达并发现了现今的巴西。遗憾的是，发现巴西后不久，5月29日，在绕过好望角时，船队遭遇狂风暴雨，有4艘船只沉没，船上人员全部罹难。最为不幸的是，发现好望角的迪亚士，竟也被他称之为"风暴角"的滚滚波涛吞噬掉了。从此，葡萄牙远航人员每提到这个岬角，无不谈虎色变，感到心惊肉跳。岬角一带风急浪高，船只遇险失事事件不时发生，因而一直被称为"世界上最危险的海域之一"，这确是几百年来从未改变的事实。

据统计，仅从1647年到1821年，在这里曾有61艘船只沉没，其中有的船上还载有中国的瓷器。洋流不断掀起巨浪漩涡，风暴中不知颠覆沉没过多少满载的货船。至今，那惊涛骇浪下的海底还躺着久已远去的文明和众多水手、海客的安睡的亡灵，伴之以无数中国的瓷器和印度的香料瓶。所谓"好望"云云，既反映了欧洲一些人对东方财宝的垂涎渴望，也反映了多数人对在两洋之间平安航行的美好希冀。

好望角的发现，促使许多欧洲国家把扩张的目光转向东方。荷兰、英国、法国、西班牙等国的船队都先后经过这里前往印度、印度尼西亚、印度支那、菲律宾和中国。1652年，荷兰的东印度公司掠取了好望角的主权，并在现今的开普敦建立居民点，为本国和其他国家过往的船队提供淡水、蔬菜和船舶检修服务。19世纪初，在海外已攫取大量殖民地的英国人看到掌握好望角制海权的重要性，遂侵入南非取荷兰人而代之。在苏伊士运河1869年开通之前的300多年时间里，好望角航路成为欧洲人前往东方的唯一海上通道。苏伊士运河开通后，这条航路的作用虽有所减弱，但仍然是欧亚之间不可或缺的重要通道，一些巨轮还必须从这里绕道。据在好望角的南非人士讲，现在每年仍有三四万艘巨轮通过好望角。西欧进口石油的三分之二、战略原料的百分之七十、粮食的四分之一都要通过这里。极目远望，不难发现海面远方不断出现游动的巨型船只。说好望角航线是欧洲国家的一条海上生命线，并非妄言。

好望角不是非洲大陆的最南端，但立于好望角的标志牌上仍确认它是。到南非来的游客大都必到此地游览，恐怕出于对"好望"的期待。其实非洲大陆真正的最南端在厄加勒斯角，这个角分割了大西洋和印度洋。我站在巨大的礁石上，从侧面扑来的是掠过大西洋和印度洋的海风，这是南北中纬度常年不息的强劲西风。好望角对我来说曾经是遥远而神秘的。此刻的它，却通过我脚下实在的岩石和绵软沙滩和我亲近着，使我感受到了波澜壮阔的气势。我呼吸着那洋面上戏耍着的大风不断运送来的清新空气，从容面对那只有在好望角才能感受到的难以形容的肃杀、凛冽和严酷……

好望角之角

傍山之城

人们常说,开普敦因好望角闻名,其实开普敦的美景绝不仅仅只有好望角,如景色天成的桌山就是值得一游的地方。说"开普敦背山面海"一点不假,她背靠的这座山就是塔布尔山,英文译名为"桌山"。听到山岭以桌子名之,起初我曾感到有点奇怪。但亲眼看到之后,我不但不感到奇怪,反而觉得委实贴切和传神。开普敦的这个桌山,是实实在在的平顶之山。据记载,15世纪末,随着绕过好望角通往印度航路的发现,大批葡萄牙人来到这座山的脚下。其中,著名航海家安东尼奥·德·萨尔达尼亚见此山"状貌奇特",就于1503年攀上山顶。他发现山顶无峰无巅,开阔而平坦,"平坦得犹如一张特大的桌面",遂以"桌山"名之。从此,桌山的名字就流传下来。

从桌山鸟瞰开普敦

桌山常被南非政府选来当作代表南非之美的宣传陆标,它其实是一组群山的总称。狮子头、信号山、魔鬼峰等,千姿百态,气势磅礴,郁郁葱葱。桌山顶宽3200米,这也是桌面的长度,高度1086米,已成了开普敦居民每天观察天候的指标。桌山有时看上去灰突突的,并没有什么奇特之处。可是,一看山顶,它的奇特之处就全部显现出来了。一般的山顶,或说峰巅,莫不是屹然耸立,直插苍穹,显露出一派巍峨险奇的风光。而此山自东向西绵延,长不足7公里,而作为主峰的山顶却有3公里长。山顶没有峰峦叠嶂,而是像墙头一样平直,刀削一样整齐。那平坦的山顶,曾被不少欧洲航海家描绘为"旅途上难得一见的餐桌",总是"慷慨地将自己的热诚奉献给远方的来客"。每当山顶上覆有白云,开普敦人会说那是上帝餐桌上已铺上"桌巾"准备用餐,无暇顾及天气,所以当日天气必定多云转阴。

我们从约翰内斯堡乘飞机到开普敦，下飞机后，不是直接去宾馆，而是去桌山。导游说我们很幸运，因为桌山有雾的天气很多，山顶经常是云遮雾罩，整个山顶隐没在浓浓的雾色里，四处迷迷茫茫，三五米开外就什么也看不见了，面前只有看不透的乳白色的混沌。很多游客因雾天无法登临桌山而深感遗憾。有时，上山后开始时没有雾，但过一会儿又雾满重重，什么都看不见。而今天天气特别好，所以应先上桌山。他特别解释：由于地处两洋交汇的特殊地理位置，加上地中海的奇特气候环境，山顶终年云雾缭绕，充满神奇莫测的气氛，有时云雾也会偶然散去，但这样的日子一年中屈指可数，而且每次也就持续数个小时。今天是天赐良机，正好可以环绕山崖放眼远眺。他帮我们买好了上山的缆车票（缆车单程27兰特，往返36，可以刷信用卡），既为节省体力，又为节约时间。

上山最好搭乘缆车，缆车自1929年即开始载客营运，一直是上桌山山顶最便捷的工具，原来仅供白人探奇览胜而用，现在，它向所有的人开放。坐上缆车，6分钟即达山顶。我和一大批中国游客乘上了这个只有一节车厢的旋转缆车，360度回旋上山，眼前云与海之间产生出一种微妙的形态，山峦在云海中若隐若现，桌山下的开普敦似是刚刚苏醒一样，慢慢从迷雾中起来。视野角度的一步步变换使游客将开普敦市区和开普半岛的蔚蓝海岸线一览无遗。

桌山，正如其名，它就像是一座本来坚挺的巨峰被人拦腰砍去，成了光如

桌山远眺

平镜的桌子，似乎等待着你来做客。它有如开普敦的守卫者，把美丽的城市温柔地揽入怀中。桌山山顶怎么会这么平呢？导游说，桌山原本像其他山岭一样也是崎岖颠连。但是，此山的山体是由一层层几近水平状的砂岩构成。来自大西洋的强风终年刮个不停。山顶雨水四季丰沛，降雨量可达1525毫米。在风雨的交互侵袭之下，年深日久，山顶表层的砂岩一道道剥蚀，逐渐形成目前这种整齐平坦的板状山体。

走上桌山，那建于140多年前的古老灯塔让人对建塔者肃然起敬。身在桌山，环顾四周，确实令人无比惊诧。淡淡的白云覆盖在山顶上，头顶着蔚蓝色的天空，人在山上走，物在云中游，犹如遨游在太空。恰值太阳冲破云层，放射出耀眼的光芒。整个山顶像个特大台面，平平整整，除几方供观赏的巨石横斜之外，没有什么峭岩断道，乱石杂陈。远方静如淑女的印度洋和汹涌澎湃的大西洋两种迥然不同的奇丽景色尽收眼底。北边山脚下，那一片巍然林立的白色高楼，就是开普敦城。越过开普敦，则是浩渺无垠的大西洋。大西洋岸边有一个海湾，因桌山而得名桌湾。桌山南边，是狭长的开普半岛，像蟒蛇一样蜿蜒南去。桌山东边，近处是辽阔的开普高原，远方则是黑黝黝的霍屯督—荷兰山脉。桌山西边，著名的十二圣徒峰隐约可见。那实际上是个海拔约1000米的峰群。12个高低不等的山峰拱卫着桌山，就像《圣经》上所说的12个圣徒同耶稣坐在一起，共进"最后的晚餐"。此喻惟妙惟肖，虽然不知最早提出这个说法的是谁，但十之八九是熟悉《圣经》中那个著名故事的基督教徒。

南部非洲的彩虹

桌山山坡上，好像刀刻一样布满一道道白线。那是人们披荆斩棘，用脚踩出来的攀山小道。整个山麓上有350多条这样的羊肠小径，条条都可直通山顶。桌山主峰两侧尚有两条余脉。其中，东北方的余脉叫魔鬼峰。此峰高1004米，原叫风山，因为这里的风刮起来特别刚烈。早年荷兰人在这里开采锡矿，后来又有英国人在这里构筑要塞，他们都觉得这里的气候"恶劣难忍"，遂以"魔鬼"名之。西北方的余脉俨然像一只头朝南、尾向北而卧的狮子。这个狮子山的主峰叫狮头山，高669米，离我们所在的桌山主峰大约10公里，其轮廓清晰可见。它那兀然挺立、高高扬起的情状，确实像一个昂首怒吼的雄狮的头颅。狮头山由南往北逐渐倾斜，就像狮子的躯体。而到最后，躯体又稍稍翘起，形成一个高约350米的山包，就像狮子的尾巴，称为狮尾山。

从桌山俯瞰大西洋海湾，有一座占尽风光的海岛，它像一叶扁舟漂泊在惊涛骇浪之中，

显得那样孤独和渺小，那就是罗本岛，因关押曼德拉而闻名世界。在曼德拉为黑人人权奔走多年后，南非的黑人才得以拥有投票权，进入真正的民主时代。我望着孤岛，想象着一个人要用多大的勇气和毅力对抗日复一日无望的铁窗生涯，又如何在磨折的经年中不失去对理想的激情，用疲倦的双眼带着希望，风雨中依然抱紧自由。

其实，整个桌山就是一座航标。因为在非洲大陆南端的近海地带，桌山是唯一的一座高山。狮尾山离桌湾不到5公里。来自欧洲的海员，在150公里之外的海上就能看到这个狮子屁股。而一看到它，他们就知道桌湾在即，可以进去稍加歇息，然后再绕过好望角。据说，从荷兰殖民时代起形成一个习俗，即每天中午12点，在狮尾山上鸣放信号炮，向过往的船只报时。因此，狮尾山实际上成为一个航海的信号台，故又叫信号山。早在16世纪，一些葡萄牙的海员就曾爬上狮头山和狮尾山，并在那里镌刻巨大的十字架，既表示他们曾到此一游，也表示他们对这些峰峦的崇敬。到达此山脚下，来往于东西方的船只就等于完成一半的航程。他们之所以这样动情地称颂桌山，主要是因为桌山下的桌湾和开普敦，几百年来一直是往返于欧亚之间的船只的休憩站。令人难忘的是，山顶上，灯塔上的指示标，指向中国……

下山之时恰逢日落之时，太阳已隐去它那明丽的身影，天空越来越变得灰蒙蒙的，只有乱云飞渡，雨丝飘零，东南风起，使人顿生飘飘欲仙之感。每当东南风起，来自陆地上的暖气流恰好同来自海面上的冷气流在山顶相会，迅速形成很厚很厚的雪白的云层，如同烟缭雾绕，将整个桌山顶端笼罩起来。当地人把这种奇妙的白云称为"洁白的桌布"，把这种独特的山景称为"白纱笼桌面"。此中的诗情画意，细细琢磨，令人不禁产生朦胧欲醉的感觉。

走进桌山

桌山山上没有见到水源，但植被却十分茂密，且种类繁多，据说达1470种，即使是植物学家来到这里，也会感到目不暇接。虽然时值冬天，地面上依然青草丛生，一些不知名的树木郁郁葱葱，焕发着勃勃生机。其中有一种以"白银"命名的树木，叶子毛茸茸的，闪光透亮，据说是世界上硕果仅存的稀有树种。凭海临风，满山怪石间的灌木奔来眼底，到处呈现着苍翠和葱绿，一切都出于大自然的馈赠。山上的鸟类多得出奇，岩石上，小道旁，三个一群，五个一伙，四处转悠，根本不躲避游人，热衷赏鸟的人在桌山能够享受到前所未有的乐趣。还有豚鼠、岩兔之类的可爱小动物在游人身边跑来跑去，有的甚至顽皮地蹲在岩石上让游人观赏、拍照。

临港之城

深藏在大西洋海湾里的维多利亚港可以说是开普敦的发源地，也是开普敦最热闹的地方，得天独厚的条件，使港区成为开普敦旅游、休闲、购物和娱乐的最好去处。不过，真正的港口已经外迁。现在的维多利亚港更多的是一种旅游意义，人们来这里，是感受这个城市的历史。走进维多利亚港，每个人都会油然而生"时光倒流"的感觉。欧洲19世纪维多利亚鼎盛辉煌时代的建筑、遗物、印迹、标志，满目皆是，时钟仿佛在这里停止了脚步，或者说我们仿佛"穿越"了时光隧道。

维多利亚港内有许多欧洲古典建筑。美丽宁静的港湾区里集中了大量商店、工艺品市场、高档酒店、码头酒吧、大众餐厅、咖啡馆、影院和星级宾馆。区内的 Water Front 是开普敦最大的购物中心，每天前来消费的人络绎不绝。港口一带是游客在开普敦的必去之处。复活节的日子里，这里更是人头攒动，来逛街或购物的人潮，让街道和广场处处显得非常拥挤。

来开普敦旅游，必到维多利亚港乘游船观光。游船（约30分钟）环游于维多利亚港，游客可在船上吹着海风，观赏美丽的维多利亚港风景，远处云雾弥漫的桌山跃入眼帘，别有姿色。停靠在码头上的各种游船，桅杆上的旗帜高高飘扬，在大海和天空蔚蓝色彩的衬托下格外好看。泊岸快艇不时把人们拉回时尚生活的现实中。海边码头上，脸上涂抹了黑人传统纹饰的年轻人常常露天表演他们的音乐节目。沿海边石砌的街道，在人丛中漫步，不时可以碰到各种表演的场面：或是广场上观者众多的摇滚音乐会，或是街边树荫下几人自娱自乐的乐手组合表演，或是杂耍艺人令人眼花缭乱的技艺表演……歌声、乐声和处处传来的嘈杂声糅合在一起，各种肤色在炫目的阳光下斑驳闪耀，一派歌舞升平的喜庆气氛。

南非海湾

在海滨一处空地上，并排矗立着几尊2米多高的雕像。走近一看，原来都是南非诺贝尔和平奖获得者的雕像，小小南非，获得过诺贝尔和平奖的就有：1961年的非国大主席卢图利大酋长、1984年的图图大主教、1993年的曼德拉和德克勒克，这种荣耀在国际上是绝无仅有的，他们都可以称得上是南非那段特殊历史的标志性人物。过来与雕像合影的游人兴致勃勃，络绎不绝。

在水门广场维多利亚港购物区的自由活动是游客们惬意的事情，导游一般安排游客们自由活动时间约2小时。漫步在维多利亚港购物区，游客似乎仍徜徉在19世纪，古老的钟楼、古战船、防波堤码头，处处显现出维多亚时代的雄伟风格，透视出维多利亚王朝的辉煌岁月。红屋顶咖啡馆里木质的长桌条椅，是维多利亚时期的。人们来这里喝咖啡，既为提神，又为怡情，更为怀旧。堤岸码头拥有多座商场，以贩卖各种非洲雕刻艺术品为主，在此"瞎拼"，乐趣大于采购。

维多利亚港内的不少露天餐厅，既实用，又好看。许多餐桌一排排摆在搭建于海面的木板平台上，在与阳光和海风的亲密接触中就餐，倒是别有风味的体验，只是一餐饭下来，一些游客的双臂很可能被晒得通红。码头边的餐厅有数十家，口味各具特色，大啖龙虾、生蚝再配上一杯冰啤酒，坐在靠码头的座位，欣赏在湾内浪里跳跃的海豹，浪漫而令人陶醉。

维多利亚港的水门区对游客们有特殊的吸引力。夜幕降临，华灯初上，各地游客和水手从四面八方熙熙攘攘地拥向戏剧广场；此时，整个水门区逐渐平静下来，夕阳余晖，港畔帆幡垂落，只闻海鸟鸣叫或偶尔远方传来的轮船汽笛声，此时人人屏息拭目以待。突然优雅的琴声划破了这份宁静，海面回照着金色阳光，成了剧场中最佳的自然射灯。此时水门区小剧场已人山人海，座无虚席，大家都仰首凝视，企盼着欣赏今晚即将登场的舞剧。此时此地，仿如在维也纳金色大厅或悉尼歌剧院，人人充满着温馨及艺术的浪漫。如此景象，日复一日，年复一年，夜夜在维多利亚港区内重现。维港之夜，体现了开普敦的浪漫情怀、艺术追求和文化底蕴。游客们来到这里，好像进入了艺术爱好者的"圣殿"，愈深入洞悉，愈被其璀璨与温馨所深深吸引。

昔日的北码头仓库已改建为五星级的维多利亚旅馆，68间客房常年爆满，因为此地拥有以桌山为背景，观看大船进港的最佳视窗。水门已如同旧金山的渔人码头，成为国际观光市场中，一颗耀眼的熠熠之星。

查阅南非十佳或十五大旅游景点，维多利亚港并不占有一席之地。但凡是去过南非开普敦旅游的人，回来细数南非之行的最爱，维多利亚港十之八九位列其中。

生态之城

开普敦的生态之美世界一绝。上帝赐给了开普敦一个无与伦比的原生态，同时，开普敦在生态建设方面的成就也有目共睹。我在开普敦时间不长，但强烈感受到了在生物多样性保护、节能减排、生物产业发展、生态旅游开发、生态创建、环保基础设施建设、生态意识提升、民族生态文化保护和生态文明保障体系建设等各个方面，开普敦所作出的努力。作为多民族省份，开普敦每个民族的传统文化都保留着对自然环境、动植物的崇敬爱护以及人与自然和谐相生的内容，这种独特的生态文化形式，为生态文明建设提供了良好的人文基础。对游客来说，最能感受到的是当地的珍稀濒危动物保护率。

我在开普敦的第二天，导游安排我们夫妇甩开开普敦市内的喧闹，去"约会"著名的海豹岛和企鹅海滩。在开普敦坐车真是一种享受，沿着宽阔的道路飞驰，可以看见开普敦众多的海湾犹如一颗颗蓝宝石镶嵌在漫长的海岸线上，围绕桌山而建的丽舍香居，处处花团锦簇，树影婆娑，恬谧娴静，宛如人间仙

企鹅成群

境，沿途带给我无数的惊喜。

　　到开普敦必看海豹岛，海豹岛位于豪特湾，生活在豪特湾的海豹与纳米比亚十字湾的海豹同属一个种群。为了方便游人去岩石岛附近观看海豹，豪特湾上的数家租船公司数十分钟就往返一次。历史上渔夫先于海豹来到豪特湾，正是他们对"外来客"海豹的宽容，成就了今天的海豹岛，使之成为一个难得的观光点。离陆地约200米的一个海岛上挤满了海豹，数以千计的海豹蔚为壮观，它们有的在晒太阳，有的在玩耍，有的慵懒地栖息在礁石上，让你尽情拍照，还有一些海豹待烦了就滑落到水里畅游一番。大洋里，海豹妈妈们在教小海豹潜水，其亲情尽在不言中。游船载着我们围绕海豹岛转了一个圈，海豹们与游客虽然近在咫尺，游船经过虽然总是伴随着喇叭声声，浪花滚滚，海豹们对此已司空见惯，对游客们爱搭不理。

　　第一次从我妻子口中听说在非洲有企鹅时，就有点惊讶。2007年春节前，她到纳米比亚旅游看到了企鹅，并给我看了她拍的照片。从小接受的教育是企鹅生长在南极，北极熊生长在北极。怎么在非洲还会有企鹅呢？后来通过查资料得知：南极地区现有企鹅近1.2亿只，占世界企鹅总数的87%，占南极海鸟总数的90%。数量最多的是阿德利企鹅，约5000万只，其次是帽带企鹅，约300万只，数量最少的是帝企鹅，约57万只。也有几个品种的企鹅来自温带地区，其中包括非洲的企鹅。在开普敦企鹅海滩公园里，我还看到了有关非洲企鹅的详细介绍：非洲成年企鹅体重约3.4公斤，体长约65厘米，在企鹅中算是中等体型。通体羽毛细小呈鳞状，背部黑色，腹部白色，并杂有1—2道黑色横纹。皮下脂肪很厚，因此看起来腹部丰满，煞是有趣。生长在南非、纳米比亚的企鹅，最大敌人始终还是人类：由于油轮翻沉造成的漏油事故和开发资源导致企鹅栖息地被破坏，非洲企鹅的数目在过去30年来大为减少。1930年时在非洲约有1200万只企鹅，然时至今天却仅剩2万只，在短短的60年间，非洲企鹅已锐减了90%，而且数量仍在持续递减中。其最大的原因在于人类大量掠取企鹅蛋及海洋污染。对企鹅，我深感自己的孤陋寡闻。

博尔德斯海岸国家公园，即博尔德斯海滩（Boulders Beach Boulders Bay），俗名企鹅岛，这里是著名的南非企鹅的栖息地，因为周围被岩石包围所以不受风浪影响。位于开普敦至好望角的路上，距离开普敦约40公里，也就在南非海军基地附近，占地150公顷，约有企鹅1000只左右，海岸边的矮灌木树丛是它们最常筑巢及栖息的地方。

来到企鹅海滩，可以看见成群的憨态可掬的企鹅，这是非洲独有的珍贵品种。非洲企鹅个头很小，同鸡的体量差不多，喜欢顺风而立。企鹅在海水中冲浪、戏水、觅食或是在沙滩上享受阳光。1982年，当地渔民在这里发现了最初的两对企鹅，在当地居民自发的保护下，经过20多年的繁衍，企鹅数量大大增

企鹅岛

加，并与人类和平共处。海湾附近丰富的海产品为企鹅提供了充足的营养。人们用木板搭建了一条长长的走廊，一直延伸到企鹅们栖息的海滩，使我们可以游走于企鹅群中，近距离地观赏企鹅。

每天下午固定的时间，南非企鹅就会从觅食地准时返回博尔德斯。南非企鹅不怕人，它会大摇大摆地从游客面前旁若无人地走过，样子十分可爱。我们到达企鹅海滩时，企鹅已经开始上岸了，它们从海里冲上来，站稳后，便直着

腰昂首阔步地行走着，很多都已到达了自己的领地。其中有几只企鹅，我怎么看怎么都觉得它们像小天鹅在跳舞。几个企鹅步伐一致，蹒跚着，最后只留个背影给游客。企鹅眼睛周边是红色的，那白色的肚皮在阳光的照耀下，熠熠发亮。由于个子小，有时看起来像鸭子，有时只看局部，如头部，又很像某种鸟类。其中有一个企鹅之家吸引了我，企鹅妈妈正给几只小企鹅喂食，小企鹅争先恐后地将自己的嘴伸进妈妈的嘴里抢夺着食物，企鹅爸爸在旁边憨态可掬地看着。吃饱了，一家几口，天真可爱地看着镜头，摆个姿势。随后企鹅妈妈像人似的用自己的翅膀一边一个，拥着自己的小宝贝，走"鹅"了。还有几对企鹅蹲在地上一动不动，有人说那是在孵小企鹅，这些准企鹅妈妈非常投入，十分敬业。导游说，企鹅在陆上的步态笨拙可笑，但在海里却是一流的游泳健将，它们以鳍肢作为推进器，游泳速度极快，高速前进时则跃离水面，每跳一次前进约一公尺，并在此期间呼吸。

　　企鹅得到当地政府和动物保护组织的大力保护。我在企鹅岛注意到两个方面：一是到开普敦一年四季皆能欣赏到企鹅的丰姿，二是公园内许多注意事项必须严格遵守，否则严厉的罚则最高可达4.5万兰特或10年监禁。为了保护企鹅，博尔德斯海滩不允许狗和其他大型宠物入内。开普敦与世界动物保护协会紧密合作，对非洲企鹅进行保护。协会与南非政府在西开普省的蓓蒂湾、开普半岛的西门镇，以及那密比亚的橘河出海口设置了企鹅保护区，其中，南非境内仅有企鹅岛，即博德斯海岸国家公园对外开放，供旅客参观这些稀有的非洲海鸟生态。

　　开普敦鸵鸟园位于西海岸的一片丘陵地上，周围风光非常优美，一望无垠，延伸到远处的绿色，一丛丛树木和醒目的民居点缀其中，草甸上漫游着星星点点的羊群，到处是自由夸张的生长着的野生植物，景色着实提神养眼，不亚于国人向往的呼伦贝尔大草原。鸵鸟园中几个分隔开的围栏里散养着一群群鸵鸟，有的在散步，有的在抱窝，有的则东张西望地等着游客来给它们送吃的。围栏里的鸵鸟看到游客来了，立刻围拢了过来，伸着长长的脖子，摇摇晃晃要吃的，显然他们它们对游客并不陌生。鸵鸟看起来笨重丑陋，但却是禽鸟一类动物里长相最滑稽、最有趣的一种。每当看到这些家伙那长长的睫毛、圆圆的眼睛和宽大的嘴巴，总会忍俊不禁。还是开普敦的鸵鸟友好逗趣，摆起一个个滑稽的姿势，两眼直直地盯着相机镜头一眨也不眨，顺利地给游客留下了一张张倩影。沙窝里的鸵鸟蛋挺有意思，一个足有斤把重，而且蛋壳极结实，路边的小棚子里专门有个架子，让游客手扶着架子踩到鸵鸟蛋上，成千上万游客依次踩，居然踩不破。鸵鸟园安排的活动内容还挺丰富，有骑鸵鸟、参观鸵鸟制品工艺、免费品尝咖啡、购物等，午餐则可享用美味鸵鸟肉大餐。

走进非洲

非洲鸵鸟

　　到开普敦看鲸鱼真是大饱眼福。每年7月到12月，南露脊鲸都会不远万里洄游到南非开普半岛南部海岸，并在滨海小镇赫曼纽斯附近的海湾中交配繁殖。赫曼纽斯镇每年都举办鲸鱼嘉年华，届时游客们大饱眼福，欣赏这种庞大而壮观的动物。成千上万的人在危崖峭壁顶部沿着奇特的"悬崖小径"一字排开组成一条人链，迎接激动人心的"赏鲸潮"的到来。这些悬崖峭壁使赫曼纽斯成为了"世界上最佳的陆地赏鲸胜地"。世界上独一无二的鲸鱼呼叫着在悬崖小径上不停地走动，与众多的游客"交谈"，为他们的游览观光提供帮助。当地广播电台在俯瞰老港区的中央地带建立了移动演播室。只要天气允许，当地商铺陈列的商品可一直延伸到人行道上。

　　虽然每年从6月到11月人们都能欣赏到鲸鱼，但是举办这个一年一度的嘉年华的目的是为了增加人们对赏鲸的注意。这个时节最经常看到的鲸鱼是南露脊鲸：尽管雄鲸常常远离海岸，雌鲸却会带着幼鲸经常出现在非常接近海岸的岩石地区。许多人认为观赏鲸鱼的最好方式是乘船出海做近距离观赏。但是经验表明，尽管乘船出海可以欣赏到非常壮观的鲸鱼景象，但是对于大多数人来说，他们更喜欢沿着赫曼纽斯的悬崖小径赏鲸，感受那种特有的舒适和惬意。游船不能太靠近鲸鱼，尤其是在沃克湾（赫曼纽斯镇）。但是，鲸鱼却经常自己游到赏鲸船前。在鲸鱼接近游船时船必须保持原地不动，这会造成有些游客晕船。另外，海水潮气中的盐分也会对游客的照相机镜头造成损害。

开普半岛上的好望角自然保护区,面积有7750公顷,是全球最富有魅力的旅游胜地之一,那里成片的葡萄园、稀有的灌木每年都吸引着大批世界各地的游客。这里除乘观光汽车游览以外,任何汽车禁止入内。自然保护区内,绽放着各种花卉植物,生活着南非羚羊、鹿、斑马、猫鼬、鸵鸟、狒狒等动物。生态之城开普敦因好望角自然保护区而增光添彩。

母亲之城

开普敦是南非的发祥地,17世纪中期,荷兰东印度公司号称世界上最大的贸易公司,拥有6000多条船只和48000名海员,日夜奔波于东西方之间,任何一艘船,任何一个海员都曾在开普敦歇过脚。1652年,荷兰东印度公司计划在非洲建立一个补给站,专为往来于欧亚间的船提供淡水、蔬菜和船舶检修服务,于是选择了南非开普敦省的桌湾作为据点,这是西欧殖民者最早在南部非洲建立的据点,整整一部南非现代史在这里写下了第一章,所以,人们至今称开普敦为"南非诸城之母",或叫做"母亲之城"。作为西方殖民者在南非建立的第一个殖民点,开普敦似乎从一开始即注定了多舛的命运——她曾是葡萄牙人、荷兰人、法国人与英国人争相拥有的海上客栈。由于这座——南非母城300余年来数度易主,历经荷、英等欧洲诸国的统治及殖民,使她自然集欧洲和非洲的人文、自然景观特色于一身,自然而然成为了南非的文化古都。当年,开普敦尚是一块不毛之地,历经几个世纪的演变,今日的开普敦却成了南非最古老且最富特色的城市了。

开普敦的历史同南部非洲白人殖民者的先驱罗德斯分不开。罗德斯一生的大部分时间在开普敦度过,他一生的事业同开普敦、南非乃至整个南部非洲的历史关系极大。19世纪中叶,罗德斯生于英格兰。当这个十多岁的小伙子坐船抵达南非金伯利开始探采钻石的时候,谁也没有想到他将在南部非洲的历史上抹上如此浓重的一笔。凭借钻石,罗德斯在20岁的时候就已经家财万贯,逐步控制了南非金伯利的全部钻石矿,并于后来创立了著名德比尔斯(De Beers)钻石公司。他积极地利用金钱堆砌自己的政治生命。罗德斯进入开普殖民地议会(当时管辖今整个南非),说服当时的英国政府吞并了北部的Bechuanaland(今博茨瓦纳)并极力压制由布尔人建立的德兰士瓦共和国。罗德斯在开普敦期间,积极参与、影响了布尔战争,从而影响了南非和整个非洲的历史进程。

为了建立"日不落"殖民帝国,英国在布尔战争前的近400年时间里,发动了230多场战争,而派出兵最多、斗争最为残酷的要数布尔战争。所谓"布尔"系荷兰语,意为"农民"。布尔人是指到南部非洲殖民的"海上马车夫"

荷兰人的后裔。1652年，第一批荷兰人来到南非的开普，建立了殖民地。经过百余年的殖民活动，布尔人已成为当地的主要民族。但是，布尔人并没有在南非造成独霸局面。1795年，英国舰队在南非开普登陆，开始了和布尔人在南非长达百年的争夺战。经过多年的冲突，在英国的强大实力面前，布尔人被迫向北面迁徙，于1852年和1854年分别建立了德兰士瓦和奥兰治两个布尔人共和国。

1886年，在南非中部的约翰内斯堡地区，一位叫乔治·哈里森的澳大利亚青年在一次偶然机会中发现了世界上最大的黄金矿区。矿区以约翰内斯堡城为中心，向东南和西南两翼扩展，形成了长约500公里的金弧带，占世界黄金储藏量的1/4左右。这一重大发现鼓舞着成千上万的欧洲殖民者潮水般地涌来。在接下来的四年中，殖民者组织了141家矿业公司，疯狂地开采矿区的钻石和黄金，获得高额利润。见此巨利，英国人和布尔人矛盾进一步尖锐。

1895年，英国政府秘密指示开普殖民总督罗德斯吞并德兰士瓦共和国。于是，罗德斯派遣一支装备精良的800人军队，偷袭德兰士瓦首府，同时事先策划城内的英国侨民暴动作为内应。但是，这一机密被想与英国争夺世界霸权的德国政府获悉，并转告德兰士瓦政府提前做好准备。1896年1月2日，在克勒克斯多普城郊，2000多名布尔军伏击英军，打死134人，缴获所有英军枪械。在这次惨败后，罗德斯被迫辞去开普总督的职务。胜利后的布尔人鼓吹"布尔非洲"计划，计划把整个南非地区联合起来，夺回100多年来英国从布尔人手中夺去的土地，并与德国联盟，以此抗衡英国。这显然与英国的"二C计划"，即打通非洲南部的开普（Cape）和非洲北部的开罗（Cairo），形成贯穿非洲南北的殖民大帝国相矛盾。为此，英国政府一方面用外交手段拆散德国与布尔国家的军事同盟；另一方面加紧运兵到开普，对布尔人施加压力。大战一触即发。

1899年8月，英国殖民大臣约瑟夫·张伯伦密令与布尔人谈判的代表提出解除布尔军的武装等要求。与此同时，英国报刊和在开普敦的罗德斯进行了大规模的反布尔人宣传，声称南非的欧洲移民受到布尔人的欺凌、剥削和勒索，为挑起布尔战争造舆论。10月9日，自负的布尔人统治者向英军提出最后通牒，要求英军在次日下午5点前撤走。布尔人恰恰中了张伯伦的诡计，因为英军正是想借对方的先开枪来博取国际同情。10月11日，布尔人先向英军开火，英国人正式宣战，布尔战争爆发。通过1899—1902年的布尔战争及和谈两面手法，英国人最终囊括了整个布尔人的疆土，并于1910年将开普、纳塔尔、德兰士瓦以及奥兰治4个自治州组成南非联邦，南非正式成为一个国家。现在的总统府建筑上依然保留两个塔，一个象征着英国人，另一个象征着荷兰布尔人。

尽管布尔战争使双方损失惨重，老百姓当时蒙受了极大苦难，特别是布尔人几乎全国成年男子都被动员当兵，土地缺少人手耕种，牲畜濒临绝种。英国则三易主帅，投入45万军队，伤亡近10万人，耗资2.23亿英镑。但布尔战争以英国胜利而结束这一结果为南非联邦的成立创造了前提条件。毕竟，布尔战争前的开普敦周围仍是独立小城林立，开普敦真正具有国际港口规模，是在1910年南非联邦成立后，由于地位的确定及组织的完善，造就了开普敦在80多年后的今天，成为一座缤纷多彩的美丽城市，备受世人欣赏与惊叹。

交汇之城

开普敦是大西洋与印度洋交汇之城。世界最大的风浪区位于开普敦好望角，来自于印度洋的温暖的莫桑比克—厄加勒斯暖流和来自于南极洲水域的寒冷的本格拉寒流汇合在一起。城市背山面海迤逦展开，西郊濒临大西洋，南郊插入印度洋，居两洋之会。其宁静美丽可与旧金山相媲美。不少书上说，好望角是印度洋和大西洋的交汇处。因此，我在岬角顶上看到，好多旅游者都在指指点点，寻找或分辨"两洋的分界线"。有人说，岬角以西的海水细浪粼粼，呈墨绿色。那是大西洋。

印度洋大西洋汇合处指示牌

而岬角以东的海水浪涛汹涌，呈蔚蓝色。那是印度洋。我仔细观察，好像看不出水流的不同或色泽的区分。南非的朋友告诉我，两洋的真正分界线，不在好望角，而是好望角东边200多公里处的厄加勒斯角。那里是非洲大陆的真正的最南端，地处东经20度，是公认的两洋在地理上的分界处。同时，他们还告诉我，好望角虽然不是两洋的分界处，但却是来自两洋的两股水流的汇流处。暖流造成气候湿润多雨，而寒流则带来阴冷干燥。因此，有人认为好望角也是两种不同气候的"界桩"。至于界桩两侧海水的颜色和海流的缓急有什么不同，恐怕就很难分辨了。好望角两边海水的水温相差大约4摄氏度，不用说温度计去测量，就是用手去触摸，也能明显地感觉到。

　　开普敦是欧洲文化与非洲文化的交汇之城。南非开普敦是欧裔白人在南非建立的第一座城市，市内多殖民时代的古老建筑，位于大广场附近，建于1666年的开普敦城堡是市内最古老的建筑。当年其建筑材料多来自荷兰，后用作总督官邸和政府办公处。在1685年南特赦令撤销之后，数百名胡格诺派教徒出于躲避宗教迫害的缘故，逃离法国并在南非的好望角定居下来。当时，统治南非的荷兰人给这些难民划分的土地位于一个风景如画的山谷——大象角，很快这里就改名为法国角。它位于开普敦以东大约80公里处，法国人在这里建造了农场和葡萄园，而今，法国角这个村落已经成为南非的美食之都，是数个南非顶级餐馆的所在地。在开普敦，这里的白人仍占50%，走在街上，是与约翰内斯堡完全不一样的感觉，整个城市更为干净，更为欧化。市区建有多座博物馆，替这些西式风格的历史建筑物留下最佳见证。与此同时，欣赏黑人舞蹈，聆听黑人歌唱，品尝黑人美食，购买黑人服饰，了解黑人民俗，等等，开普敦都是最理想的地方。

　　开普敦是自然景观与人文景观的交汇之城。开普敦和开普半岛及花园大道是全球各国游客到南非迎接春天脚步的最佳地方。开普半岛内，山谷葱茏，土地肥沃，野生花卉绵延不断，有雏菊、普洛蒂亚、爱莉卡、百合、鸢尾花和兰花。其中普洛蒂亚花超过了350种，是南非最具盛名的鲜花，其中超过一半以上的品种生长在开普花卉王国。而欣赏普洛蒂亚花的最佳去处就是开普半岛的好望角自然保护区。这里始终保持着原始状态，没有一幢别墅。还有许多鸟类和爬虫类及小型动物如鸵鸟、羚羊、狒狒等。古鲁特、康士坦夏等百年葡萄园农庄声名遐迩，到那里既品尝开普美酒，又参观古意盎然的庄园博物馆，是非常知性的安排。国家植物园位于特布尔山的斜坡上。它的上方是建于1825年的最古老的博物馆，山脚下是开普敦大学。圣乔治街是开普敦政府刻意为保存古迹建筑而辟建的行人步道，全长400多米，沿街除了古色古香的欧式建筑外，在骑楼内的精品店里，所陈列琳琅满目的小巧工艺品常使游客爱不释手，街道两旁时而可见艺人献艺或街头画家当街挥毫用彩，此情此景，常令人有置身于欧洲的错觉。

　　开普敦是古老文化与现代文化的交汇之城。开普敦的建筑呈现不同风貌，是一部浓缩的历史。建于1883年的维多利亚时代钟塔（Clock Tower）指针告诉游客们时光在这里止步。爱德华式与维多利亚式的建筑物比比皆是，在桌湾附近，许多18世纪的荷兰式建筑保存完好。例如，阿得利街的尽头有座南非最古老的教堂—古鲁特·科克（Groote-Kerk），它亦是荷兰改革派教会的发源地，教堂建于1704年，在1841重建，教堂讲道厅的雕塑全出自名雕刻家安德鲁·墨瑞之手，逾百年的雕像，每年都能吸引不少慕名一睹的艺术家。教堂钟楼至今仍保存完好。有8位荷兰驻开普敦的总督先后葬于教堂内。荷兰式建筑的门面呈现马蹄型屋顶，窗格多为长方形，房舍外涂满白色灰泥，在灰黑色的桌山这一背景衬托下，分外耀眼。徘徊在开普敦大街小巷，令人仿如置身在欧洲英伦或是荷京阿姆斯特丹，不过其中夹杂伊斯兰教风格的马来房舍，又使游客有置身南洋的感觉。由于数百年来的文化交替，使开普敦仿如一座大博物馆，街道古迹林立，细心探访如进宝山般，必可收获满满行囊。南非博物馆就坐落在政府大道上，里面陈列着相当完整的哺乳类、爬虫类、鸟类、昆虫类标本和各种化石。特别值得一提的是，它拥有世上最齐全的栩栩如生的鲸鱼标本，那份硕大的震撼令人动容。开普敦的两洋水族馆规模非洲第一，可看的珍贵的印度洋和大西洋水生物极其丰富。此外，还有展示18世纪贵族家具的柏特兰博物馆；展示各种钱币、邮票、枪支的文化历史馆；展示犹太人节庆艺术品的犹太博物馆。在政府街公共公园的对面是1886年竣工又在1910年增建的国会大厦和美术馆。西面是建于1818年，收藏达30万册书的公共图书馆，城中还有1964年建立的国家历史博物馆，南非各土著文化及生活形态，于此皆有详尽的介绍，如布希曼人的绘画作品，朴实有力、利落原始的线条让人印象深刻。开普敦的跳蚤市场有水门区、绿市广场、水车站前广场、阅兵场等大小不下十余座。不论规模大小，都是展示开普敦现代风情的橱窗。以绿市广场为例，进入这个市场犹如走进联合国，各色人种均有，可听见英语、黑人土语、印度语、汉语的叫卖声，此地就是开普敦的缩影，代表了数百年历史所造就的民族的熔炉。

开普敦七彩缤纷的人文文化，就像这片古老的非洲大陆一样悠远宽广。古老的非洲历史让她有着狂野的血脉，而其现代化程度也令人惊叹不已。开普敦常常让人迷惑：她无疑是高度文明的，但却又挥不去原始与苍凉；由于盛产黄金、钻石，她无疑

维多利亚港边的地摊

恬静的非洲

是富裕的，但黑白民族的复杂相处却常常遮掩了经济的光芒。也许，正因为复杂，才更具魅力！世界上没有哪个城市能将现代文明与原始自然美结合得如此天衣无缝。在开普敦，人们能真正看到梦里的世界：从原始时代开始就未改变过的辽阔荒野，茂盛的野草和怒放的野花，蓝得透明的天空，保持完全自然风貌的荒凉海滩。夜深人静时，游客们在皎洁的月光下躺在沙滩上，听着阵阵的涛声，每个人都难免会有从未有过的激动。我敢说，这种激动，只有在开普敦才能真正体会到。

第二十八章　非洲高尔夫球运动的魅力

高尔夫运动是本世纪最受欢迎的运动之一，而非洲是全世界打高尔夫球最理想的地方之一。高尔夫是英文"golf"一词的音译，由绿色（green）、氧气（oxygen）、阳光（light）和步履（foot）的第一个字母组成。由此可见，高尔夫是一项在阳光下、绿地上进行且氧分充足的强身健体的休闲运动，适合各种年龄、不同性别的人们参加。它对维护生态，保护自然环境非常有益。在任何高尔夫赛事中，没有吹哨或喧嚣等不良行为，它把文明礼貌与健体竞技融为一体。它是世界公认的可接触时间最长、温和而智能的运动。现代高尔夫运动大概在1457年起源于苏格兰。1744年，高尔夫被当作一项体育产业来运作，这一年，在苏格兰诞生了世界上第一家高尔夫俱乐部——"绅士高尔夫球社"，即现在的"爱丁堡高尔夫俱乐部"。1860年，世界首个高尔夫球赛事——英国公开赛举行，开创了现代高尔夫运动的先河。随着英国殖民统治不断地向外扩张，高尔夫运动从英伦三岛传播到欧洲大陆、美洲大陆、大洋洲和亚洲，也传播到了非洲。2006年，我到津巴布韦工作，在那里我爱上了高尔夫球，学会了打高尔夫球，充分领略了非洲高尔夫球运动的魅力。

赏心悦目的好地方

在非洲许多国家，走进高尔夫球场就等于走进了氧吧。南部非洲是世界气候最好的地方之一，四季如春，不冷不热，每天都可以打球，置身球场，真有人在画中、神交仙境之感，蓝天白云，奇花异木，珍禽异兽，让你不得不产生养眼、养脑、养肺、养心和养情的感觉。非洲的高尔夫球场，所处位置各有不同，有些在海边，有些在森林中，有些坐落在葡萄酒庄园，还有的背倚雄山峻岭，景色十分优美、宁静，他们的共同特点是，空气新鲜，是天然的大氧吧。豹岩（leopard rock）位于津巴布韦东部高地，是那里最大的高尔夫球场之一，有人说其绵延的场地延伸到了7公里以外的莫桑比克边境线。据说由于误打高尔夫球到他国境外被莫桑比克防军抓住的游客大有人在。那里是津巴布韦景色最美丽，空气最新鲜的地方，以至戴安娜王妃生前特意来这里呼吸新鲜空气。在

尼扬加高尔夫球场

肯尼亚，打高尔夫球是一个到户外享受新鲜空气，自由和欣赏美妙景色的大好机会。一面打球，一面野外观光，一面呼吸新鲜氧气，这在非洲太容易了。

　　走进高尔夫球场就等于走进了动物世界。非洲的许多高尔夫球场最奇特的是，打球时，地面上猴子、狒狒、羚羊、野猪、牯犊等野生动物看着你打；天上鸦群雁阵或不时在头顶盘旋，为你助兴，或落在球场绿草地里，与你同行。最为独特的就是位于野生动物保护区里的球场，在球场边上常可以看见黑野猪悠闲自在地吃草，成群结队的长颈鹿是球场的常客，水塘里有鳄鱼、河马，夜间的球道上、果岭上还会卧着成群的狮子……这样的场景恐怕在世界上任何地方的球场都是绝无仅有的，真正把高尔夫融入自然的精髓体现出来，所以世界上的高尔夫球爱好者每年都会找机会到非洲去打球。有人这样写道：假如你打球时，球场边上的观众是成群的大鸟、憨厚的野猪，或者是成群结队的长颈鹿，假如击入水里的球砸到鳄鱼、河马身上，你不要以为自己是在童话故事中，你是在南非，在津巴布韦，或在非洲其他国家。南非金色原野（Goldfields）球场是一个既可打球又可观赏野生动物的球场。游客们在这里可以欣赏到不计其数的野生动物，最常见的是黑臀羊羚。如果幸运的话，还可以看到"非洲五霸"——狮子、大象、犀牛、猎豹和野牛。肯尼亚的温莎高尔夫乡村俱乐部（Windsor Golf&Country Club），是首都内罗毕最好的球场，设施豪华，国际标准设计，18洞的球场周围总是有无数的猴子伫足观看，使球场富有非洲独特的野性韵味。南非开普敦的米涅顿（Milnerton）球场是个罕见的海滨高尔夫球场，球道蜿蜒至海边，远眺桌山和好望角，云雾缭绕，海天一色，带给球手们只有南非才独有的景象和感觉。肯尼亚的穆海咖高尔夫俱乐部（Muthaiga Golf Club），是肯尼亚高尔夫冠军公开赛的主场地，也是欧洲PGA巡回赛的一站，是非洲东部著名的球场。球场坐落于卡鲁拉（Karura）森林边缘，种类繁多的灌木丛匍匐

在每一个洞的周围，使它成为世界上最漂亮的球场之一。肯尼亚皇家内罗毕高尔夫俱乐部（Royal Nairobi Golf Club）景色特别，飘垂的灌木丛及各种各样的树木给予了球场无尽的美学和色彩效果。前九洞相对平缓，后九洞则位于小山坡上，错落有致的可爱山丘可以在球场从不同的角度被欣赏到。

高尔夫球场上，旁边是野猪

走进非洲高尔夫球场就等于走进了非洲上流社会。不少人把高尔夫球运动看成是贵族运动。美国总统大都喜爱高尔夫，而大部分打高尔夫的美国总统，又都能在职业高尔夫球星上找到参照对象，好像能在球星身上找到另外一个自己。《纽约时报》记者唐·范·纳塔写过一本书，特意谈到了美国总统的高尔夫习惯。我在津巴布韦高尔夫球场里常常见到名人的身影，政府部长、美国、日本、韩国、马来西亚等国驻津巴布韦的大使、津巴布韦电力公司和电信公司的老板等都是高尔夫球场上的常客。有钱的人、有权的人、有名的人，因高尔夫球而相识、而相交、而相助，因而成为有幸的人、有缘的人。高尔夫球场的有钱者、有权者、有名者，有缘者，平常西装革履，衣冠楚楚，如今，穿上高尔夫名牌运动服装，挥动高尔夫球杆，显示的仍然是上流社会的绅士风度。许多星级球场，本身是上流社会的象征。走进星级球场，自然有走进上流社会的感觉。例如，南非的丝特贝克（Sternberg）球场，坐落于葡萄酒庄园内，别具韵味，品尝美酒与打高尔夫相得益彰，实足的一个身轻、心甜、灵爽、气顺的享受。南非太阳城是南非的著名旅游胜地，有"世外桃源"的美誉，坐拥了两个超完美的世界级高尔夫球场——世界锦标赛级的咖利（Gary Player）球场乡村俱乐部与极富异国情调的失落城（Lost City）球场。它们背靠着险峻的山脉，是两个72标准杆的锦标赛级球场。咖利球场，自1981年开始成为年度百万美金高尔夫名人赛赛场，目前是世界上奖金级别最高的比赛球场。失落城球场，因其地势独特而闻名。这个球场的后9洞是山地，球场第13洞的水塘里甚至还有几十条鳄鱼在游弋，在满足球手们挥杆而起时的那份惬意时，自然也给他们带来了更大的挑战。每年，这里接受着数以万计的全世界"高手"前来挑战，精彩刺激性无与伦比。太阳城并非是一座城市，而是一个青山绿水的超豪华度假村。这里有创意独特的人造海滩浴场、惟妙惟肖的人造地震桥和人工湖，有南非最大规模之一的赌博城，太阳城的美丽景色和魅力令前来的观光者流连忘返。太阳城里总共移植了120万株各种树木和植物，建造出一座规模庞大的人工雨林和沼泽区，里面有清澈的小溪和河流，茂密的雨林和植物，可称得上是世界上最大的人造雨林公园。太阳城的另一出名之处就是有南非最大之一的赌场，每年都定期举办各类博采大奖赛。所有参赛者都可以免费享用太阳城内的宾馆。赌场内有各种玩法的老虎机，此外还有纸牌、轮盘赌、电子赛马等其他内容的赌场会。太阳城里面还有歌舞表演、迪斯科、电影院、游乐场、快餐厅、咖啡店、饭店等，可以享受和都市一样的豪华生活。咖利球场和失落城球场都是由南非籍的世界级设计师所设计的。一个度假村里有两个高尔夫球场，这已不是一般的上流社会了。

竞技斗奇的好擂台

高尔夫球与黑人、与非洲有不解之缘。最优秀的高尔夫球手老虎·伍兹是非洲裔美国黑人的杰出代表。他是第一个夺得大满贯冠军的美国球员，是当今高尔夫世界第一人，拥有这项运动的巨大影响力。非洲高尔夫球明星许多来自于南非，博比·洛克开创了南非优秀的高尔夫传统，他是第一个夺得大满贯赛冠军的非洲球员，传奇球星加里·普莱耶是9个大满贯冠军获得者，他还与尼克劳斯、帕尔玛一同并称"世界高坛三巨头"。近年来崛起的恩尼·艾尔斯和雷蒂夫·古森都是不折不扣的高尔夫超级明星。他们长时期位于世界排名榜上的前十名，在世界范围内一共赢得近100个冠军，其中包括4个美国公开赛的冠军。非洲高尔夫球星层出不穷，远的不说，近年来驰骋沙场的就有艾尔斯、古森等诸多名将。

天气对高尔夫运动的影响众所周知。独特的地理位置使得南非全年阳光明媚，风景如画，优越的气候条件让南非成为高尔夫爱好者的不二之选。因此，在非洲打高尔夫，南非是首选。这里球场数目极多，设施也较好。南非约有500多个高尔夫球场，其中300多个是A级以上球场。这些球场多是世界顶级的，每年承办各种不同级别的国际大赛。

由于南非综合先进的球场设施和丰富多彩的旅游资源，每年这里会吸引数个不同级别的国际大赛。2008年1月，第三届女子高尔夫球世界杯在南非太阳城咖利球场举行。中国有两名选手参加了此次比赛。南非本身也涌现出了很多优秀的高尔夫球手。50位世界最佳高尔夫选手中6个来自南非，在前10位中南非选手占2席。在南非，高尔夫已经成为了生活的一部分，这里是真正的高尔夫天堂。

2007年12月2日，被誉为非洲高尔夫球顶级赛事的南非莱利银行杯挑战赛落幕，以替补身份参赛的南非人伊梅尔曼在家乡父老面前夺冠，将120万美元奖金收入囊中。来自英国的罗斯以低于标准杆15杆的成绩名列第二，他的总杆数只比伊梅尔曼多了一杆。该挑战赛的三届冠军、南非名将艾尔斯以低于标准杆11杆的成绩位居第三。已举行了26届的这一挑战赛这年的总奖金高达438万美元。

南非高尔夫在世界各地的知名度就像这个国家的钻石、黄金、野生动物、好望角一样有名，在南非享受高尔夫的乐趣，已经成为南非旅游中最诱人的项目，这当然与南非高尔夫发展史休戚相关。1885年，非洲首座高尔夫俱乐部皇家开普敦高尔夫球场正式成立。而随后的十多年，约翰内斯堡和开普敦又陆续建起了好几座球场。另外，南非的许多高尔夫比赛也相当著名，创办于1983年的南非公开赛享有百多年的历史，是世界上第二古老的赛事，仅次于英国公开赛，而太阳城百万美元挑战赛则是世界上奖金最多的比赛之一。现在的南非高尔夫巡回赛也属于世界高尔夫五大巡回赛之一。在南非排名第一的球场就是凡科特（Fancourt）乡村俱乐部，并且是唯一一个被列入南非"世界著名高尔夫胜地"（Great Golf Resorts of the World）的国家级高尔夫球场。2003年度美国"总统杯"高尔夫球大赛在此举行，那是"总统杯"第一次在美国以外的国家举行，也许这正体现了凡科特的品质。除此之外，女子世界杯比赛、南非公开赛、BMW杯国际高尔夫巡回赛世界决赛等重要赛事都选择在这里举办。凡科特乡村俱乐部内设2个18洞标准高尔夫球场，供入住酒店的游客和高尔夫俱乐部会员使用。第三个高尔夫球场，即"林克丝"（Links）球场则专供来访的高尔夫球爱好者使用。这个18洞高尔夫球场对高尔夫球爱好者具有莫大的吸引力，因为在这里他们可以享受到站在临近海岸的球场上尽情挥杆击球的快乐。也有人评价凡科特的球场有老苏格兰球场的味道，因为它有着各种起伏的地形，与英国的球场一样诡异。凡科特不仅有好的高尔夫球场，同时也是一家四星酒店，因此它也常被称为南非最具魅力的高尔夫和休闲娱乐公园，被授予不少类似于"全球最受欢迎的酒店与胜地"等的称号。酒店内设有4个特色餐馆，可为客人提供各种各样的美食。

交友联谊的好地方

到津巴布韦前，前任大使张宪一向我移交工作时，说我担任驻津巴布韦大使，自然而然就是津巴布韦华侨华人高尔夫球协会名誉会长，这是协会章程规定的。他在担任驻津大使期间，支持建立了华侨华人高尔夫球协会，每个周末打高尔夫球，每月进行一次比赛。协会选举产生了会长、副会长、秘书长，参加协会的有中资中派机构人员和华侨华人，特别是华商。每到星期六、星期天，协会组织大家下球场，高尔夫球场上经常可以看到华侨华人在打球。津巴布韦几千华侨华人，以前相互之间来往不多，高尔夫球协会成立后，华侨华人中一度盛行的赌博风气竟随之消失了。

到津巴布韦的第一个周末，使馆商务处一等秘书吕东明就告诉我，星期天要举行华侨华人高尔夫球比赛，请我出席并为比赛开球。我说从未打过高尔夫球。他说不要紧，届时出席就行。比赛那天，他开车接我到球场，担任高尔夫球协会会长的华商俞义盛是华侨华人中的最佳高尔夫球手，他借给我一套杆子，教给我一些常识，然后，他、华为公司代表姜婷和吕东明一起，作为第一组就下场了。他们3位是正式比赛，成绩记分，我则一面打，一面学。俞会长则是一面比赛，一面对我进行指导。我的高尔夫球生涯是从到正式赛场参加赛事开始的。他们挥杆击球的潇洒风姿，推球进洞的绅士风度，让我心羡不已。尤其是一杆下去，"唰"地一响，球飞数百米之外，那感觉就一个字："爽！"

华侨华人不仅内部经常比赛，而且与韩国侨民，与当地选手之间也经常进行比赛。俞义盛、吕东明等还代表津巴布韦华侨华人到南非当地参加比赛。博茨瓦纳、赞比亚等周边国家的华侨华人也常来津巴布韦打球。高尔夫球场成了华侨华人之间、华侨华人与其他人员之间交友联谊的好地方。

在津巴布韦大选出现严重危机、社会治安状况明显恶化的一段时间里，我提出了华侨华人、中资中派机构人员要学会用好"四杆子"的口号，这是什么意思呢？用好秤杆子，就是要做好生意；用好笔杆子，就是要当好儒商；用好枪杆子（一些华侨华人合法持有枪械），就是注意人身安全；用好球杆子，就是提高高尔夫球水平。

高尔夫球场成了驻津巴布韦使馆馆员熟悉侨界、了解津情、结交朋友、锻炼身体的好地方。我在津巴布韦工作期间，中国使馆三分之二的馆员爱上了打高尔夫球。虽然这一比例当时仍低于日本、韩国、马来西亚等使馆，但我国使馆一些馆员显示了打高尔夫球的"天分"，例如，一等秘书黎平，一杆进洞，尽管他后来离开津巴布韦回国，球场上不断有人说起他的这一"奇迹"。厨师杨建国从来没有打过高尔夫球，在我的劝说下，"扭扭捏捏"地下场了，第一次就打出了106杆的成绩。华侨华人与韩国等亚洲选手比赛，华侨华人从赢得少逐渐变为赢得多，最后几乎变为百战百胜了。

也许有人会问，打一场高尔夫球费用不菲，津巴布韦的华侨华人、使馆馆员能承受得起吗？其实，在津巴布韦、南非、肯尼亚打高尔夫球一点也不贵。以津巴布韦为例，费用很便宜，我在津巴布韦期间，入会费津元折成美元仅10个美金，会员费一年不到200美元，交了这些费用后，天天打球不用再交钱，除非你请球童服务。即使请球童，一场球18个洞打下来，球童小费2美元足够了。如果说，在中国和欧洲，高尔夫球运动目前仍属于贵族运动，那么，在津巴布韦、南非和肯尼亚等地，高尔夫球运动则是最普及的平民运动，1300万人的津国，32个球场，平均40万人一个，从我家里出发，半小时内可到达4个球场。此外，在这些国家打高尔夫球不用出城，到球场很便捷。城市中心有高尔夫球场的国家世界上很少，津国总统府斜对面著名的"皇家"（royal）高尔夫球场就在城里，从我家到那里几分钟够了，持津国"皇家"俱乐部的会员证，到英国、南非、肯尼亚、香港等任何有"皇家"连锁球场的地方，你都可以打球，只需付球童小费即可。

纵横捭阖的好抓手

高尔夫运动已经成为一种时尚文化，是高层次会议、汇展、投资等商务活动的重要软环境要素。比如，世界高峰会议、亚太经济合作会议等国际性会议召开期间，高尔夫是其中一项必要活动内容。据专家估计，全世界商务、贸易成交量的20%是在高尔夫球场达成协议的。

我在津巴布韦的经历还可以说明，高尔夫球场还是理想的外交舞台。

在球场上，见到最多的是津巴布韦前驻中国大使穆茨万格瓦，他是高尔夫球明星，任职北京期间，曾赢得"大使杯"高尔夫球赛冠军。卸任回国后的他仍是政坛上非常活跃的人物，在球场上，我们常常交换对时局的看法。马来西亚、韩国、日本、印度尼西亚等国驻津大使既是球友，在应对津巴布韦大选危机方面又是合作伙伴，我们一面打球，一面磋商有关事宜，大家乐此不疲。

在津巴布韦打高尔夫球两年多，最难忘的经历是与总统、总理"侃"高尔夫球。津巴布韦这么好的打高尔夫球的地方，为什么不是与总统总理"打"球，却是"侃"球？原因在于我来到津巴布韦后，这里朝野对立，政局诡异，大选危机还没有尘埃落定。来自执政党的穆加贝总统84岁了，他年事太高，与其同打高尔夫球显然不那么合适，但见面时"侃"高尔夫球却"侃"得津津有味；来自反对党的总理茨万吉拉伊学打高尔夫球才9个月，不仅打球的天分极高，技术提升很快，不到90杆就可打完18个洞，而且球瘾大着呢。一天，我请他到官邸吃中餐，席间，"侃"到高尔夫球时来劲了，他邀我一块儿打球，我愉快地答应了，但没有约定具体时间。为什么？当时津巴布韦虽然达成了朝野两党三方分权协议，一致同意穆加贝任总统，茨万吉拉伊任总理，但内阁部长分配等不少实质性问题的解决远没有到位，朝野双方还需要下大力气加强政治互信。在不可能与总统打球的情况下，如果与总理打球，总统等会怎么看？津巴布韦政局现状决定了在这里与总统总理打球既事关体育与休闲，更事关政治与外交。

2008年10月，朝野双方就内政部的归属谈判没能取得进展，南非前总统姆贝基来津巴布韦调停也失败了，斯威士兰、安哥拉、坦桑尼亚等南共体国家领导人在斯威士兰首都开会集体进行调停，邀穆加贝和茨万吉拉伊与会。会议开始当天，世界媒体报道茨没有与会。津巴布韦官方报纸《先锋报》更是在头版显要位置报道：茨拒绝这次调停，当南共体领导人为津分权谈判调停时，茨却正与美国驻津巴布韦大使麦基在打高尔夫球。这次，茨打高尔夫球至少震动了南半球！

在津巴布韦打高尔夫球给我带来了很大乐趣，但相比之下，与总统总理等"侃"高尔夫球却为我带来了更大的乐趣。不过，我确信，如果能与总统总理打高尔夫球，我会得到最大的乐趣！但是，当我与津国政要打高尔夫球的条件成熟时，我却被调任驻苏里南大使。我对茨万吉拉伊总理等政要说，我希望将来有机会回津巴布韦，与他们打一次高尔夫球！

津巴布韦的小高尔夫球手

遇到国内有人到津巴布韦出差，如有时间我总是请他们打高尔夫球，因请人打球比请人吃饭不知便宜多少。再者，健身、会友、赏景、休闲，一举几得，何乐而不为？更重要的是，在球场上，你总能遇到将军、部长、议员、大使等上流社会人士，可以互通情报，交流看法；还可以与球童们深入接触，了解到社会底层的真实情况。2008年6月大选前夕，我到维多利亚瀑布市与来津巴布韦访问的湖南省政协主席胡彪一行见面，闲暇时，到象山饭店高尔夫球场打了9个洞。我问球童们：你们打算投谁的票？他们回答：警察已召集我们开会，说不许与外国人谈大选事情，否则就不让我们当球童了。虽然没有得到正面的回答，但我从他们的话中了解了公开媒体上所没有的东西。

日本、韩国不少人专门来津巴布韦打高尔夫球，为什么？因为即使这样也比在他们自己国家内打要便宜，而且还能享受到原生态的种种乐趣。我真希望更多的中国人来津巴布韦、南非、肯尼亚等国打高尔夫球，特别是津巴布韦首都哈拉雷与北京、广州每周都有直航，国人来此旅游和打球比日本、韩国人要方便得多。

中国体育界有一句老话："冲出亚洲，走向世界。"现在，当国内高尔夫产业迅速发展时，我常常对高尔夫运动发出这样的疑问：欧洲和美国的高尔夫球星济济，自不必多说；澳洲同样有许多世界级球星；非洲驰骋沙场的高尔夫名将也层出不穷；亚洲一些国家高尔夫这几年也在迅速崛起，崔金周、丸山茂树等一大批日韩球星征战美巡赛、欧巡赛，屡有不俗战绩。而我们，什么时候能有一位堪称世界级的高尔夫球星能在南非、在肯尼亚等非洲国家举行的世界级高尔夫球赛事上夺冠，从而，让国人骄傲一把！

第二十九章 走进非洲的动物世界

非洲无疑是世界上最令人神往的处女地，既有神秘深厚的历史文化，也有壮观瑰丽的自然风光，更有无数珍贵的野生动植物资源。由于现代科技的刀斧尚未来得及伤害非洲这片神奇的净土，野生动物才有幸获得生存的空间，拥有真正安全的家园，鸟类也才能免遭猎杀而自由飞翔。与发达国家相比，非洲一些国家还较贫穷。但是他们同样富有，因为这里有着丰富的动植物资源，是人与自然和谐相处的乐园。在非洲，驰骋于荒野之中，翱翔于蓝天之上的各种野生动物种类繁多，数不胜数，没有人怀疑非洲是野生动物的天堂。非洲野生动物种类最多，数量最多，大兽、猛兽、怪兽最多。看动物，首先要来非洲。野生动物游是非洲旅游业的一大特色。非洲各地都有野生动物保护区，以南非为例：除举世闻名的克鲁格国家野生动物园外，约翰内斯堡有狮子园，开普敦有海豹岛、企鹅滩、猴山、鸵鸟农场，东海岸有阿多大象园，等等，人们在旅游途中到处可以看到动物，同时也能在野外领略到最原始的大自然风光。我因到津巴布韦工作而有幸走进了非洲动物世界。

五大兽的故乡

在非洲的动物世界中，大象、狮子、猎豹、野牛和犀牛被非洲人称之为"五大兽"（Big Five）。五大兽最为人们所津津乐道，非洲黑人因五大兽而自豪。五大兽的各种形象在津巴布韦、南非等国几乎俯拾皆是。建筑装饰、城市雕塑、旅游介绍乃至工艺品市场，甚至货币上到处都可以看到五大兽威武的雄姿。五大兽已成为这些国家的骄傲和象征。我到津巴布韦工作不久，维多利亚大瀑布所在省的省长马图图送了我一个雕着五大兽的大木雕。我转任驻苏里南共和国大使前夕，津巴布韦国防部长穆南加格瓦为我举行欢送宴会，在宴会上送给我一个特制的有五大兽雕像的烛台。受当地黑人的影响，我也形成了五大兽情结，离开津巴布韦前夕，分别买了大象、狮子、猎豹、野牛和犀牛5个大石雕，摆在官邸的大花台上。

非洲大象总量最多的国家是津巴布韦，达12万多头，平均每100人1头大

象。人均大象最多的国家是博茨瓦纳，估计平均50人左右1头大象。非洲大象是现存陆地上体形最大的哺乳类动物。一头非洲雄性大象在长到15岁左右的时候，其身长就达到了8米以上，身高达到4米上下，体重达到7至8吨。母象

博茨瓦纳的群象

10岁左右初产，小象4—9岁独立，35岁不再生育。公象最晚在12岁会被逐出家门，与其他单身汉为伴。在自然界里，象的繁殖率比较低，大约要相隔五六年的时间才生育一次。正常情况下，其寿命可达60岁，个别的甚至能活到100岁的高龄。非洲象形象独特，大大的耳朵，带着突出的厚厚耳垂，弯曲的象牙向前伸展。非洲象喜欢群居，一个象群是一个母系社会。一头象每天要吃掉150—225公斤的植物，是毁林高手。非洲象记忆力超强，能够记得幼年发生的事情，并且是感情动物，用低频象语交流，互相帮助，甚至会全家到死难亲属遗骨前凭吊。60岁时臼齿脱落，许多大象晚年因牙齿脱落而饿死。

　　观象、骑象、喂象、猎象，这是只有在非洲才能实现的一种人生经历，也是非洲朋友对我的建议。在津巴布韦观察大象的机会太多了。我在津巴布韦和赞比亚两国的边界河——赞比西河上荡舟游览，几乎每次都看到了大象在两岸上漫步，大象能游泳，所以，我们对不需护照，不需签证就能自由地在津、赞两国之间往返的大象们"羡慕"不已。外交部一位领导同志结束对津巴布韦的访问后，前往博茨瓦纳访问，我在送他的路上，司机突然刹车，原来，一头非洲高大的大象突然从路边的树林里跑到大路上，车与大象之间咫尺之遥。我相信，如果大象发火，完全有力量将我们的车掀倒。在非洲，常常有机会看到几十头大象在一起，非常壮观。2007年，我在博茨瓦纳乔贝国家野生动物保护公园一次看到一大群大象，估计近20头，慢腾腾地走向溪边喝水。最具刺激性的是2009年上半年的一天，我陪同出席中非、中津国际关系研讨会的北京大学国际关系学院院长王缉思教授、中国社会科学院西亚北非研究所所长杨光研究员一行十余人，到维多利亚瀑布市访问，我们住在象山饭店。一大早，我们起床

到饭店旁边的高尔夫球场散步,羚羊、角马、牯犊、野猪、狒狒等各种野生动物不时出现在我们面前,时而聚在一起,时而闲庭信步,时而盯着我们,时而拔腿迅跑,忽然,导游说了一声:大家别动,不要讲话。话音刚落,4头大象忽然从树林里冒出来,出现在大家眼前,距离仅几米远。大家神经一下子都绷得紧紧的,既害怕,又刺激,还贪看,一方面尽量不弄出声音,另一方面又抓住这千载难逢的机会,拿出相机来拍个不停,还要注意关掉相机的闪光功能,以免刺激大象。

最使我难忘的一幕是在马龙德拉省到阿曼驻津巴布韦名誉领事凯马尔·卡发姆的私人农场做客时,名誉领事陪我一起喂大象。我们走到大象面前,准确地说是大象下面。因这头非洲大象实在太高,大象仿佛像一堵墙一样耸立在我的面前。我们拿橙子喂它,它用象鼻子将橙子、香蕉送进嘴里,根本不吐皮,一编织袋橙子,估计至少有80个橙子。一下子就吃完了。名誉领事将象鼻子拉到自己嘴唇边亲了亲,我则非常担心。名誉领事也建议我亲大象一下。一顿下来,大象很听话,吃完就心满意足地走了。一年以后,我在官邸宴请名誉领事,他告诉我,我喂过的那头大象因病去世了,我听了非常难过。

在津巴布韦期间,使我高兴的是有机会和我妻子、儿子一起骑大象。在美国留学的儿子来津巴布韦看望我们,我们一起到首都哈拉雷近郊的姆班加湖划独木舟,我和儿子骑着同一头大象走到湖边,旁边有几头斑马漫步。大象一边走,一边用鼻子将一束束青藤绿草从地里扯出来送进自己嘴里,我们坐在象背上,随着大象有节奏的步伐而有节奏地左右晃动,蓝天白云,绿树红花,青山碧水,我们感到无比的惬意。

大象是受国际社会保护的动物,猎象要经过批准,且手续复杂。我在津巴布韦工作时,联合国有关部门只允许津巴布韦每年猎杀大象500头。津巴布韦国防军司令齐温加上将2009年第二次邀请我去打猎。我说打一头斑马怎样,他说

非洲豹子

不，这次要打一头大象，地点在靠近维多利亚大瀑布的地方，等办完了审批手续就去。我因年中转往苏里南工作而未能成行，司令也感到遗憾。他定制了一个以大象塑像为底座的银制烛台送我作纪念，我只要看到这个纪念品，就会想起这次未能实现的猎象之行。

五大兽中的狮子仿佛代表了非洲的形象。狮子身高在0.8—1.12米之间，幼狮有斑点分布在肋部、腹部、腿部，通常会持续到成熟为止，雄狮的鬃毛长度和厚度因年龄及地域的不同而变化，有黄、棕红、黑色，广泛分布于东非，捕食迁徙动物，甚至包括长颈鹿、小河马、幼年猎豹，偶尔还会捕食野兔、田鼠、鸟类、蝗虫等昆虫，同时也是食腐性动物，孕期为100—113天。一天大部分时间都是在睡觉休息，捕食喂养幼师均由母狮完成，雄狮只起威慑作用，狮子是一夫多妻制，雄狮性欲极强，据统计每天最高交配纪录为80次，但每次不过1分钟，有时为了催情母狮子，雄狮甚至咬死小狮子。

每次到津巴布韦国家宫，在穆加贝总统正式会见外宾、接受大使国书的地方，门外左右两侧蹲着两个真的大狮子，不过已被制成标本。尽管如此，这两头狮子看上去仍然威风凛凛，目光逼人，不可一世。狮子被称为兽中之王，在非洲见到狮子不难，在哈拉雷近郊的动物园里，甚至可以和幼狮合影，但也就是在这个动物园，一日本游客走出汽车给狮子拍照，竟被狮子瞬刻之间活活咬死。

五大兽中的非洲猎豹类似于国内的金钱豹，看起来有点像亚洲的年幼的老虎。猎豹肩高约71厘米，身体瘦长，没有一点多余的脂肪，完全是大自然的杰作。猎豹广泛分布，斑点组成金钱状，捕食后通常把猎物带到树权上美餐，性情孤独，小群体通常是母亲带着孩子组成，发情期雌雄同行，是自然界奔跑最快、姿态最优美的动物，据说跑50米只要2秒，3秒可超过100米，短距离内瞬间时速达每小时146公里，一般追猎时速为每小时112公里，孕期90—95天，重约50公斤，尾巴几乎与身体等长，捕猎时可以像舵一样灵活的调整方向，是猫科动物中唯一不能伸缩爪子的，独来独往的习性使它的猎物常被其他群猎猛兽抢走，母豹捕猎时，幼豹常被狮子等吃掉，饥饿时，猎豹有时会吃掉自己的幼豹，这些因素导致其数量剧减，越发珍贵。穆加贝总统83岁生日庆祝活动时，有人送给总统一个猎豹标本，第一夫人邀我陪总统一起观看了这个猎豹标本。当时，总统详细询问了这头豹子是怎么打来的（因为豹子是被保护的动物），手在豹子头上轻轻拍了两下。

五大兽中的野牛外形与中国的水牛没什么区别。在非洲如看到类似于中国水牛的牛，切莫以为那是水牛，非洲人不用牛耕田，也几乎没有水田，凡类似于水牛的牛，就是野牛。野牛肩高在1.47—1.65米之间，广泛分布在津巴布韦、

第六篇　走进非洲奇观

肯尼亚、坦桑尼亚、乌干达等国家，数量巨大，成群活动，老年野牛则通常独居或形成小群体，孕期为300—330天。我多次看到几十头野牛在一起，在津巴布韦土地部长穆塔萨的农场里甚至一次看到一两百头野牛在一起。一次，我和津巴布韦国防军司令、安曼名誉领事凯马尔·卡发姆等在一起谈打猎，名誉领事说，下次打猎想打什么？我说，下次打猎打头野牛吧。司令说不能打野牛，因为在狩猎对象中，最危险的就是野牛，野牛集体行动，玩命，打这一只，其他的跟你没完。凯马尔·卡发姆名誉领事说，打野牛确实危险。但最危险的还不是野牛。大家忙问是什么，名誉领事故作正经地说，是司令的夫人。大家愣了一下，随即笑得前仰后合。

五大兽中的犀牛与其他动物相比，可称得上是野生动物中的贵族。不仅因为它们头上的角，更因为它们濒临灭绝的境地。很难说犀牛是一种招人喜欢的动物。犀牛那庞大的躯体、粗壮的双腿、粗糙无毛的皮肤、从鼻子上端向外伸出的两只粗短的角都给人一种史前动物的印象。从历史记载看，黑犀牛其实并不黑，而白犀牛其实也并不白。事实上，两种犀牛都是深灰色，只是黑犀牛比白犀牛肤色稍深而已。二者的区别主要在于嘴部不同，黑犀牛嘴部呈尖形突出，适合采食嫩枝、树叶、块茎、草本植物，肩高在1.40—1.60米之间，广泛分布在肯尼亚、坦桑尼亚、乌干达，脾气暴躁，莽莽撞撞，孕期为485—550天；白犀牛并非白色，名字来源于它宽大而平的嘴，wide音似于white，所以有了白犀牛之称，肩高为1.65—1.80米之间，体型比黑犀牛要大得多，主要食草，喜群居，性情温顺，不易激动，孕期547—578

非洲犀牛

天；二者均是重度近视，皮厚，胆小，但嗅觉敏锐。有时，体重超过一吨的犀牛非常具有攻击性。据说犀牛会向车辆或营地发起冲击，会用前角将人高高抛起。然而，犀牛的视力很差，全靠敏锐的听觉和嗅觉确定侵入者的位置。

说到五大兽中的犀牛，有必要说一说犀牛鸟。游客看到犀牛时，往往能看到一种鸟和犀牛在一起，这种鸟名曰牛鹭，俗称犀牛鸟，也叫剔食鸟，是专门"伺候"犀牛的。牛鹭停在犀牛身上，啄食犀牛皮肤内藏着的虱子之类的寄生虫，这样既填饱了自己的肚子，又给犀牛清洁了身体，可谓两全其美。原来犀牛的皮肤上有许多皱褶，其中的皮肤非常娇嫩，神经、血管密布其间，加上它喜欢在水泽泥沼中生活，时间久了皱褶里就钻进了各种寄生虫，叮咬它的皮肤，疼痒难忍。停歇在犀牛背上的犀牛鸟，嘴巴尖长，身披黑羽，它们结成小群，无拘无束地在犀牛背上走来跳去，不停地在犀牛的皮肤皱褶处觅食小虫，有时它还跑到犀牛的肚子下面或腿之间，或毫不客气地爬到犀牛的嘴巴或鼻尖上去。犀牛所以对犀牛鸟这样客气，是因为它在为自己捉拿寄生虫，所以有人称犀牛鸟为犀牛的"私人医生"。另外，犀牛眼睛很小，视力很差，听觉也不十分灵敏，每当发现险情时，这些视觉良好的鸟类盟友便会立即向自己的伙伴发出警报，先是跳到它的背上，然后飞起来，大声啼叫并在上空盘旋，所以有人又把犀牛鸟称为犀牛的"警卫员"。

五大兽在中国人的眼里都很威风，狮子、豹子还吃人，但实际上，人有三分怕五大兽，五大兽有七分怕人。非洲黑人拿根棍子就可以赶跑一群豹子。狮子大象在他们看来，就像我们这里的狗鸡一样。原始的野生动物见到人，也怕的，它们见到非洲人也跑。大象要跑到他们地里偷吃玉米，他们"砰"的一鞭过去，大象就乖乖地走开了。虽然发生过狮子、豹子咬死人，野牛用角顶死人，大象用脚踩死人或用鼻子摔死人的现象，但毕竟个别。

在非洲的动物世界里，还生活着长颈鹿、河马、火烈鸟、斑马、角马等中国甚至整个亚洲都没有的动物。即使是都有的动物，也有明显的不同。例如，非洲的鳄鱼不仅比亚洲鳄鱼，而且比美洲鳄鱼都要大得多，通常长达4—5米，最大的曾有6米长，年幼的刚孵化出的小鳄，通常会被鱼鹰、乌鸦、猎鱼、乌龟吃

河马嬉戏

第六篇　走进非洲奇观

掉，获得生存的几率非常低，曾有人做过统计，不高于1%。每窝蛋约有25—95个，尽管被埋在沙中，仍不时处于危险之中，由于受到惊吓或其他原因，母鳄离开时，一直在旁凯觎的蜥蜴会迅速挖出并尽可能多的吃掉鳄鱼蛋。但是一旦幼鳄长到2—2.5米，除了人类以外就不会有任何来自自然界的天敌。我多次去过津巴布韦维多利亚瀑布市的鳄鱼养殖场，那里饲养了几万条鳄鱼。我从那里了解到，鳄鱼的雄雌不是天生决定的，而是由温度不同决定的，太阳晒到一定时间孵出来的就是公的，否则就是母的。鳄鱼蛋必须小心搬动，如果造成震动，孵出来的鳄鱼就会是歪嘴瘸腿的残疾。我还从那里了解到，鳄鱼智商很高。由于以前围栏设计不科学，使鳄鱼有空子可钻。一次，一些鳄鱼甘愿做"梯子"，叠成一个坡道，几百条鳄鱼沿着这个坡道逃之夭夭，只有那数条甘愿做"梯子"的鳄鱼留了下来。

旅游者的天堂

非洲的野生动物得以保护和繁衍，得益于非洲各国建立的自然保护区，非洲人将其称为国家公园。不少国家都建有若干个特大型国家公园。野生动物在数千平方公里的国土上生活着。这种国家公园具有几大特点：其一是面积大，占了相当比例的国土面积。以南非为例，其克鲁格国家公园南北长350公里，东西宽65公里，其面积相当整个瑞士国土面积。其二是公园的数目多。南非有20个国家公园，50多个区域性公园。这些公园被分为3类，自然公园、私营公园和国家公园。肯尼亚共有59个国家公园，占国土面积的7.6%。首都内罗毕附近就有一个面积达100多平方公里的野生动物公园。其三是生物多样性丰富，形成了完整的生物链，每一种动物都能获取充足的食物。水量亦能满足动物的需求，公园内大多有河流经过，南非克鲁格国家公园（Kruger National Park）内

博茨瓦纳国鸟

有几条河流，肯尼亚玛塞玛拉国家公园（Masai Mara National Reserve）有水量充沛的赛马河及其支流。其四是有严格的保护措施。通向各大国家公园的公路都用铁丝网拦住，门口有警卫站岗。肯尼亚设立了动物保安队，由1000名士兵组成，他们持枪巡逻，并护送游客通过危险的区域。其五是全方位的服务，使旅行者和科学研究工作者在公园能在观光、用车、食宿、打猎等方面得到服务，从而为非洲国家带来了巨大的财富，成为旅游的重要资源和经济增长点，反过来为保护野生动物提供了资金。世界各国的游客正源源不断地登陆非洲，走向丛林。

不少闻名世界的非洲国家野生动物园，对旅游者来说，是观察非洲特有动物、观赏非洲独特美景、观看非洲土著歌舞、补充天然清新氧气的天堂。在养眼、养颜、养肺、养脑、养心、养情等方面，黑非洲野生动物园是最理想、最合适、最合算的地方。由于非洲许多国家都设立了野生动物保护区，而公路又时常在保护区中穿越，开车便成了苦差事。夜间行车，时常有蹿出的野兔追随你的车灯与车竞跑。突然出现的野鹿之类的动物，迫使司机们不得不机械式的猛踩刹车。大象和长颈鹿时而站在路中央，演绎人与野生动物之间"一夫当关，万夫莫开"的故事，令你无可奈何。被汽车撞死的羚羊、野猪等横尸路上是司空见惯的现象，汽车与公路上的野生动物相撞的事也时有发生。如夜间窗户未关，猴子、狒狒等不速之客总是不请自来，如找不到吃的东西，常常顺手牵羊，拿走相机、皮包等它们并不需要的东西，以发泄不满。然而，没有谁会因为上述现象而讨厌非洲，相反，这是在非洲以外的其他地方花多少钱都难以看到的一种景观。毕竟，潜入东非大裂谷欣赏湖光山色之美，听百鸟婉转鸣唱；在原始森

不是叶子

林里目睹野生动物的百态千姿，真正和它们交一次朋友；在迁徙季节看成千上万头动物从肯尼亚到坦桑尼亚"惊天动地"般的长征，所有这一切正是非洲生态独具的魅力。

正是在这个意义上，我们说非洲既是动物的天堂，也是旅游者的天堂。

如果说非洲是野生动物的天堂，那么，南非、肯尼亚、津巴布韦、博茨瓦纳、坦桑尼亚、赞比亚等东、南非国家就是野生动物的天堂的天堂。

南非境内的克鲁格国家野生动物园是世界上最大、最著名的野生动物自然保护区之一，它位于南非、莫桑比克和斯威士兰三国的交界处，占地21497平方公里。克鲁格始建于1889年，至今已有100余年的历史，它集旅游娱乐、科研教育及环保宣传于一身，每天可以接待4000多名慕名而来的旅游者。动物园内生长着336种树木，大小河流中游弋着49种鱼，灌木丛中栖息着507种鸟，147种哺乳类动物在树林中穿梭。其中作为五大兽家庭成员的大象有7600头，野牛有16000头、犀牛1800头、狮子2000头、豹子2000头。长颈鹿伸着脖子俯视来客，似乎在说"你好"；机警的非洲羚羊抬起头四处张望，生怕来的是天敌；路上玩耍的狒狒见有人走近，一把抱过它的孩子，敏捷地躲到了大树后面……人们很难从一般公园的意义上来认识这个野生动物园。它实际上就是一个各种野生动物弱肉强食、各取所需、自由自在地生活的动物世界，而作为万物主宰的人类在其间却只不过是走马观花、来去匆匆的过客。

津巴布韦有多个大型的国家公园，我去过的最大的一个是万基国家公园，万基国家公园（Hwange National Park）面积14650平方公里，相当于一个加利福尼亚州的大小，是津巴布韦最大的野生动物园。津巴布韦朋友告诉我，这里生活着105种津境内的受保护动物，包括非洲象8万只、水牛15000多只、犀牛2000只、狮子750只、豹2300多只。2007年，津巴布韦议会众议长恩科莫、议会执事（相当于秘书长）祖马和我一起视察中国公司承建的瓜伊—尚加伊水库，当晚宿于万基公园内的一个饭店。我们坐在露天餐厅里用晚餐，餐厅围栏外野生动物们来来往往：牯犊不慌不忙，大象三三两两，鸵鸟闲庭信步，野牛群来群往，好一派动物公园的风光！入夜，不明动物的吼声阵阵传来，有时凄厉，有时亢奋，有时高昂，有时沉闷。想不到有机会与野生动物们呼吸着同一股空气，想不到野生动物们的吼声如同催眠曲，竟使我早早进入了梦乡。第二天一大早，祖马和我等乘车进入万基公园内观赏动物，猴子、狒狒、羚羊、野猪、牯犊、角马、野牛等都看到了，遗憾的是没有看到狮子、豹子这样的猛兽，没有看到长颈鹿、大象这样的巨兽，没有遇见成群的斑马等。

驱车沿着哈拉雷市的马歇尔大道一直向西行驶，不出半个小时，你就能看到路边狮豹园（Lion and Cheetah Park）的牌子。狮豹园是布里斯托家族于1968

非洲角马

年建立的一个私人野生动物收养所,专门领养那些失去母兽的幼兽。如今,狮豹园内的狮子、大象、长颈鹿等动物大多是被收养的动物的后代。园内最引人注目的是狮子园,数十只狮子完全生活在野生状态下。驱车进入狮子园,你随处可以看到威武的雄狮,它们或是悠闲地在你的车边行走,或是卧倒在巨石上晒太阳。如果你的运气好,赶上园内有小狮子出生,你还可以亲手抱一抱那些可爱的小兽。

要想一次能看全五大兽,最理想的地方之一是肯尼亚的玛塞玛拉国家保护区,这里拥有世界上最庞大的大型野生动物圈。玛塞玛拉国家保护区与坦桑尼亚的塞伦盖蒂国家公园(Serengeti National Park)相连,在动物世界中这里没有国界之分,它们可以自由地进出两地,在书本上,在电视里常看到的百万动物的大迁徙,就是每年重复地在这里发生。每年5—6月间,由坦桑尼亚草地出发的角马、斑马、羚羊等汇聚成"百万大军",浩浩荡荡地由南向北行进,尘烟滚滚,蹄声阵阵,十分壮观。而抵达马拉河时,渡江动物不仅要与汹涌的河水搏斗,还要设法躲过狮子和猎豹等猛兽的伏击。当它们汇入到玛塞玛拉公园野生动物大本营后,又开始了新的生活和繁衍。可惜我2007年到肯尼亚的时候不是大迁徙的季节,无缘看到上成千上万的动物在草原上奔驰的壮观场面。但我有幸在这次的肯尼亚之行里看到了多头白犀牛,我多次到津巴布韦的野生动物园,看到犀牛却只有一次。玛塞玛拉是整个非洲野生动物的缩影。这个占地1510平方公里的国家公园已经吸引了世界的目光。在全球物种锐减的今天,它无疑给人类带来安慰和希望。

博茨瓦纳政府把全国38%的国土划为野生动物保护区,设立了3个国家公园,其中的乔贝国家公园对我们全家来说,是一个令人向往、流连忘返的地方。乔贝国家公园位于博茨瓦纳、纳米比亚、津巴布韦和赞比亚四国交界地区,建立于1968年，面积达1.17万平方公里。它是南部非洲地区野生动物最丰富的动物保护区之一。这个公园有大约6万头非洲大象，而且这个公园里斑马和狮子的密度也居非洲之首。保护区因乔贝河得名，乔贝河沿着公园的北端顺流而行，在夕阳的映照下，游人终年可以看到成百上千的大象在河中洗澡，非洲野牛在河边饮水，还有河马从河中张着大嘴在打哈欠，恐怕世界上没有一个地方的日出日落像乔贝这样与众不同了。乔贝国家公园是博茨瓦纳旅游业的"摇钱树"，每年它吸引着各国喜爱动物的游客前来观赏大象、水牛和狮子。美国总统克林顿和夫人曾到乔贝国家公园观看野生动物。很多中国人不知道，从津巴布韦维多利亚大瀑布到乔贝远比从博茨瓦纳首都哈博罗内到乔贝要方便，从哈博罗内到乔贝要坐飞机，从维多利亚大瀑布到乔贝仅60公里，乘车1个小时就够了，沿途不时可以看到长颈鹿、大象、羚羊、野猪、野牛、斑马等野生动物。

到非洲赏鸟是一种美好的享受，但真正大饱"鸟福"的是在肯尼亚的纳库鲁湖。这个湖又被称为火烈鸟天堂，聚集了300万只火烈鸟，生活于裂谷内的盐碱湖中。有两种之分，小型的身高82厘米，数量众多，有着黑色嘴尖、深红色的嘴，红玫瑰色的羽毛；大型的有

非洲的鸟

1.30米高，羽毛基本是白色，但有着粉色的嘴，黑色嘴尖。以螺旋藻为食。火烈鸟起飞时，火红一片，映红了湖水，成为挥之不去的鸟类奇观，让你不得不承认火烈鸟是鸟类的尤物，不得不由衷地赞叹造物主的神奇。阳光洒射下的湖水闪着金光，百万只火烈鸟把湖面充斥成粉红色，耳边空旷而悠远的鸟叫声萦绕徘徊。偶然发现两只火烈鸟深情地凝望着对方，用长长的脖子共同组成了一个"心"形，那种幸福会让游客羡慕得不好意思再盯着看。同火烈鸟一起生活的还有翠鸟、杜鹃、候鸟和太阳鸟等，这里已成为百鸟展翅的乐园。我国驻肯尼亚使馆提供的手册上这样解释纳库鲁湖鸟类聚集的原因。一是纳库鲁湖为盐

湖水滨，各种藻类和微生物繁殖迅速，能源源不断地为鸟类提供食物；二是这里没有任何污染，环境和气候适宜鸟类繁殖，有不少鸟类是从污染的地方迁居到湖滨。纳库鲁湖宣泄着湖水的纯清和野趣。火烈鸟伴着湖畔无数的生灵，成为生命的符号和环境的标志。到非洲赏鸟不仅会放飞美好的心情，而且会激发出爱鸟的激情。

对旅游者来说，参加一种带有探险性质的夜间追踪野生动物的行动，是克鲁格公园等推出的一项旅游项目，被称作"NIGHT DRIVE"。这样的活动虽然刺激，但带有一定的风险。参加者每个人上车之前，都填一张表，申明是自愿参加营地组织的这次活动，尽管活动带有一定的风险，但不少人都自愿在那张"卖身契"上画"押"。深夜，参加者乘上汽车，在动物保护区内小路行驶，夜风袭来，入骨三分，空中飞来的小虫不时迎头撞在每个人的脸上，将倦意和睡意驱赶得一干二净。车会不时停在路旁，游客们打开手提的大灯观看动物，司机兼导游则指点你看这看那，同时往往能如数家珍地道出每一种动物的学名。

非洲猫头鹰

其他非洲国家也有类似的项目，如肯尼亚的国家公园推出的热气球飞行，是从空中观看野生动物的项目。但有一次热气球发生爆炸，人从天降，被扑上来的狮子吃了。尽管在克鲁格不会发生这种"天上掉馅饼"的惨剧，但"与狮共舞"在野兽中穿行，危险亦可想而知。

在非洲，动物们无疑是幸福的，不用关在笼子里被人观赏，而是在大自然中自由自在地驰骋飞翔，是真实版《动物世界》最完美地呈现。旅游者们也是幸福的，非洲是他们从未触摸过的真实自然，有自由的空气，还有生命的丰满。非洲原野带给旅游者的，不仅是空气里有新鲜的青草和泥土混合的气息，不仅有带露珠的绿叶和不知名的野花，而且是人与动物共处画卷的浑然天成。你可以看到长颈鹿高傲地昂着修长的脖子，在晨晖里望着你沉思；吉普车外，大象一边悠闲的踱步，一边用鼻子卷倒碍脚的树木；近在咫尺的羚羊和角马轻快的从你前面跳跃而过……

狩猎者的乐园

美国著名作家海明威以自己先后两次到非洲游猎的经历为素材，写作了《非洲的青山》、《一个非洲故事》和《曙光示真》等作品。在这些作品中，他一方面承袭了白人的英语狩猎文学传统，书写自己看非洲奇观、追猎野生动物的主体欲望；另一方面，又质疑和反思工业文明的生态破坏性与文化扩张性，向往自然质朴的生活。

就打猎来说，在地球上再也找不到比非洲更好的地方了。非洲一些国家至今还有一些狩猎的农场，常年吸引着一些欧美人士前来打猎。但是，对捕猎区的野生动物每年都会有统计，捕猎区的主人会按照动物的生态链来决定，今年可以捕杀什么动物，可以有多少头。其实，保护野生动物同允许捕杀某些野生动物并不矛盾。

和总统夫妇一起看豹子标本

2007年，津巴布韦旅游部长奈马紧急约见我，说3个非洲国家以保护大象为由，将于不久在欧洲召开的关于野生动物保护的国际会议上提出一个提案，禁止津巴布韦20年内猎杀大象。奈马部长解释：津巴布韦不是大象少了，而是象满为患，津巴布韦的国土面积只能承受5万头大象，但现在却有12万多头，《国际濒危物种贸易公约》（CITES）批准津巴布韦每年只能猎杀500头大象，远远不能使津巴布韦保持生态平衡，多余的大象破坏林业，踩坏庄稼，也时而威胁人的安全。奈马部长请中国政府运用自己的影响，推动会议作出有利于津巴布韦的决议，使3个非洲国家的提案得不到通过。

旅游业是非洲的主要创汇行业，野生动物狩猎带来的外汇收入相当可观。

以津巴布韦为例，2007年，野生动物狩猎创汇竟占这一年旅游外汇收入的36%，达到了2000多万美元。毫无疑问，无论是在南非、肯尼亚、赞比亚，还是在坦桑尼亚和纳米比亚，野生动物狩猎都是利润丰厚的旅游项目。

说非洲是狩猎者的乐园，首先是因为野生动物狩猎在非洲是一种合法的旅游项目。猎杀羚羊、角马、野猪、野牛、斑马等不需批准或很容易批准，猎杀大象需经过《国际濒危物种贸易公约》和（或）当地政府批准同意，并对此进行额度控制和监管。对犀牛、狮子、豹子等濒危野生动物，则任何情况下都严厉禁止猎杀。

2007年10月12日，应津巴布韦国防军司令齐温加上将的邀请，我和田建军武官、胡明商务参赞及秘书小汤一起，前往马龙德拉省一农场打猎。农场为阿曼名誉领事、阿拉伯大商人凯马尔·卡发姆所有，他原在坦桑尼亚做军火生意起家，后到津巴布韦买下5000公顷土地，其中一部分种植烟草、玉米、甜豆等，一部分放牧，一部分为野生动物园，里面有犀牛、大象、长颈鹿、斑马、野牛、羚羊、鹿、野猪、豹子等。在人工湖上盖起别墅，钓鱼、赏景、划船、打猎等十分方便。

下午2点半，先到国防军司令部，与司令会合，从那里出发。司令邀我坐他的越野车，卡发姆先生开车在前面带路，后面跟着我的车、参赞车和其他随行人员的车。下午4点，到达农场，先到别墅安顿下来，卡发姆先生安排我住在单间里。然后，大家到宽阔无比的阳台上一边喝酒饮茶，谈今说古，一边欣赏湖光山色。

卡发姆先生的别墅很大，上千平方米，有3层，室内装饰有浓郁的中东格调、阿拉伯色彩，墙上有长颈鹿、野牛、野猪、羚羊等许多动物头颅标本，那都是在他庄园里打的动物。

吃过晚饭，将近9点，我们拿好猎枪，穿戴整齐，

打了一头牯羚（左为国防军司令齐温加上将）

并做好其他准备。9点半,我们开着两台越野车出发了。我、司令、卡发姆先生以及司令的副官坐第一辆车。我们使馆几人都是第一次打猎,颇有新鲜感、兴奋感。夜幕中,卡发姆先生右手举着探照灯,不停地照射左右前方。几次发现目标,没来得及开枪,动物就跑了。晚11点多,发现一群大羚羊,司令让我打第一枪,我担心打不准,把动物吓跑了,请司令打第一枪。目标离我们200多米,夜色中,我们唯一能看到的实际上是动物的眼睛,眼睛在探照灯下会反光。目标这么远,夜色这么黑,动物在走动,司令能打中吗?说实话我有点怀疑。司令从车上跳下去,蹲在地上射击。"砰!"一声枪响,打破了夜幕下的宁静,动物们开始狂跑。"你打中了!"卡发姆先生第一个说,然后,两个黑人跳下车开始跟踪目标,因为有一个铁丝围栏,汽车过不去。于是,我们把车开到围栏一个可以开门的地方,再追踪目标。离目标100米左右时,司令又打中一枪。后来,我们越来越接近目标,目标跑得也越来越慢。最后,我们跳下车,来到目标前面,司令用手枪照头部开了2枪。我们发现,司令第一枪打中羚羊的一条腿,子弹穿过去,把另一条腿也打伤了。卡发姆先生看到这只羚羊跑起来姿势不同于其他羚羊,故推断击中了目标。司令的随行人员和卡发姆先生的雇员把羚羊抬进车里面,这头羚羊重200斤左右。回到别墅,已是将近午夜2点。

  第二天,一早起来,发现昨晚装在阳台上的钓竿钓到一条七八斤重的鲇鱼,大家高兴不已。上午9点多,我们又出去打猎。数次发现目标,都因为动物警惕性很高没来得及开枪就跑了。后来,又发现目标,武官射击2次,未中。约10点多,发现一群牡犊(大羚羊)。司令让我打,我瞄准半天,越瞄越看不清。于是,我请胡明参赞打。参赞开枪后,说看不清,肯定没打中。想不到司令的副官说打中了。中国人谁都不信,司令却叫参赞追踪目标。我们跟着黑人往前走了500米,发现地上一滩血,这使得我们对这位副官另眼相看。我们又往前走1个小时,连影子都没有看见,自然开始认为目标跑掉了,想走回头路。这时,司令的副官指着地上的脚印说:"看!这里4个脚印,3深1浅,肯定脚受伤了。"我们将信将疑。每到一个岔路口,他观察一下,说这边或是那边,我们都不怎么相信。突然,他指着一片掉在地上的树叶,说上面有血印。开始使我们对他刮目相看。接下来,有血迹的地方越来越多。这时,我们走在一段铁丝围栏前,围栏上有几根毛,几滴血,副官断定目标穿过围栏进入了家畜地。于是,我们也穿过围栏,走不远,果然看见目标在艰难地逃跑。这时,参赞感觉有点紧张,连放2枪未中,于是,司令接过枪,一枪把目标打倒在地。我们赶到面前时,目标看着我们,但已走不动,也站不起。原来,参赞第一枪把目标左前腿的蹄子打成了粉碎性骨折。司令的部下拿出手枪连放2枪,使目标毙命。

  狩猎使我们看到了野兽和家畜的区别,枪响后,附近的野兽狂奔,家畜却围拢过来。一大群牛围在目标边，用蹄子把地上的泥土掀起，弄得尘土飞扬，同时哀号不已。

回家的路上，我们看到了许多动物。比许多动物园的动物还多。

下午3点半，我们开始返回首都，起程前，发现钓竿又钓了1条5斤左右的鱼，大家又高兴一番。钓竿搁在阳台上不用人管，到时自然会有鱼上钩，多美的事！

卡发姆先生家在首都，他和我们一起回城，自然又是他领路。我又和司令同车。途中，请司令谈谈对津巴布韦局势、对中津两国两军关系、对美国建立非洲司令部、对博茨瓦纳是否同意美国把美军非洲司令部建在那里等问题的看法，感觉在办公室里谈和不在办公室里谈效果就是不一样，不在办公室里谈虽然不如在办公室里谈那么正式，但谈时没那么多拘束，更放得开。这次打猎，不仅是一次健身之旅，休闲之旅，而且是一次难得的外交之旅。

不知不觉已回到首都，司令一直送我到官邸，走时，送了使馆3箱牦牛肉，使馆馆员们都分享到了野味，我还邀请欧美大使等品尝猎获的美味，他们异口同声地称赞美味，庆幸有机会大饱口福。牦牛的头后来由齐温加将军制成标本，挂在大使官邸的宴会厅里。

津巴布韦300年的老龟

走私者的战场

与合法狩猎相对立的是非法狩猎，非法狩猎的目的是走私象牙、犀牛角等，以牟取暴利。越禁止非法狩猎，非法狩猎的暴利就越大。非洲，一方面是野生动物的家乡、旅游者的天堂和狩猎者的乐园，另一方面又是非法狩猎者亡命的地方，也就是说，是走私者们的战场，他们把他们的财运押在非法狩猎、非法出境和非法交易这一赌场上。

联合国环境规划署帮助非洲成立了一个"野生生物国际刑警组织",即《禁止非法买卖野生动植物合作执法行动卢萨卡协定》。迄今,肯尼亚、莱索托、坦桑尼亚、乌干达、刚果共和国、赞比亚、埃塞俄比亚、斯威士兰和南非签署了该公约,以便减少并最终杜绝野生动植物非法交易。

为了采取全球性行动以保护地球上生物的多样性,联合国环境规划署执行了全世界涉及面最大的生物养护协议——《濒危野生动植物种国际贸易公约》(简称《濒危物种公约》)。该公约于1973年通过,两年后正式成为一部国际法。迄今为止,已有150多个国家的政府批准了该公约。《濒危物种公约》为35000个动植物种提供程度不一的保护,其中主要取决于物种在野生状态下的情况和国际贸易对物种可能产生的影响。公约禁止国际上从事濒危物种的商业性交易,如濒临绝种的熊猫、狮子、猎豹、老虎、犀牛、大猩猩、龟类、猛禽等。此外,公约也同样保护其他非濒危物种,因为如不对国际动植物贸易进行严格管制,可能导致这些物种面临绝种的危险。

暮色归鸟

采取一切有效措施保护濒危野生动物已成为非洲许多国家的国家意志和行为。1989年,肯尼亚总统莫伊在内罗毕国家公园亲自点火焚烧了重达2.5吨的象牙,以显示国家保护野生动物的决心和力量。为了教育后人,在内罗毕国家公园建造了一座具有历史意义的焚烧象牙纪念碑。有人说:"这是一座警示碑,对盗猎者将产生震慑作用。这也是一座爱心碑,寄托着人类对保护野生动物的希望和憧憬。这座历史的巨碑表达了世界的心声。如果野生动物会思维的话,想必他们都会来这里朝拜。"不仅如此,肯尼亚国家博物馆内还设立了一个禽鸟馆,900多种鸟类标本展示出一个生生不息的鸟类王国。

非洲大象数量急剧减少的原因是象牙交易。据英国《每日电讯报》2007年报道,象牙交易日趋猖獗,非法偷猎禁而不止,非洲大象(African Elephant)正以每年 38000 头的速度锐减，动物保护专家发出警告：如若长此以往，非洲大象将在 15 年之内灭绝。非洲大象目前的数量是 60 万头，但却在以每年 3.8 万头的数量锐减。《美国科学》杂志的编辑塞缪尔·瓦瑟（Samuel Wasser）指出，因非法象牙交易而遭到猎杀的非洲大象数量远远超过其出生率，该物种面临在 15 年内灭绝的危险。

非洲象已被美国濒危物种法案和世界自然保护联盟列为濒危物种。联合国《濒危物种国际贸易公约》执行机构曾在 1989 年全面禁止了涉及大象的国际贸易。自禁令实施以来，象牙走私价格迅速上涨，这大大刺激了国际非法象牙贸易，引发了对非洲象的新一轮捕猎。世界各地的野生动物非法贸易的价值有数百亿美元。国际爱护动物基金会（The International Fund for Animal Welfare）呼吁必须立即采取行动，欧盟和《濒危物种国际贸易公约》执行机构的成员停止支持合法象牙销售。敦促各成员国将目前的大象和象牙销售的"休眠期"从 9 年延长至 20 年。

犀牛角的走私也屡禁不止。20 世纪初期，犀牛生活在广袤的土地上，其活动范围最北到苏丹，最西到尼日利亚。然而，据统计，在过去 30 年中，黑犀牛数量从 30000 多只急剧下降到不到 10000 只。目前，黑犀牛数量最多的地区是南非、纳米比亚、肯尼亚和赞比亚。

2006 年，在几艘赴中国台湾和日本的船中截获了 11 吨非法象牙。乍得的扎库马国家公园在 2005 年时有 3885 头大象，但到 2009 年，数量急剧减少至 617 头，同时至少有 11 名护林员被偷猎者杀死。

当我走进非洲的动物世界时，我的身心不仅得到极大的愉悦，而且，最重要的是我懂得了一种新的哲学思维和新的生活方式，那就是"野生动物优先的原则"。那是我从非洲黑人兄弟那里学到的最重要的东西。南非不仅以法律的形式保

野生动物认养牌

护野生动物，同时还提出了野生动物优先的口号。这个口号现今已变成了交通法规。汽车在公路上行驶，如果遇到羚羊、狒狒、斑马等野生动物，必须停下来耐心等待。南非严格按法律程序保护野生动物。一次，国外一位游客在开普敦企鹅保护区捡了2个企鹅蛋，被当地告上法庭，并判罚重金。之后，他们将这个案例在市民和游客中宣传，以提高对野生动物的保护意识。野生动物优先的原则已经渗透到南非等非洲国家经济和生活的方方面面，渗透到百姓的心里。正是这些潜移默化的渗透，培育了全社会对野生动物的爱心，养成了爱护野生动物的习惯。非洲野生动物是幸运的，这种幸运也是人类的幸运，是全球的福音。

非洲拥有大量的野生动物资源，到非洲旅游的要义其实是寻找一种独特的体验，试想你在非洲万里晴空下，面对着湛蓝浩瀚的大海，品尝着著名的南非红酒，吸着全世界最好的津巴布韦烟丝制成的卷烟，看着角马、斑马狂奔，看着大象、犀牛信步，看着狮子、猎豹飞跑，看着几十头上百头鲸鱼在海上为你翩翩起舞，世界上还有比这更惬意的事情吗？还等什么，来非洲吧！

赞比西河畔的野鸟

第三十章　津巴布韦特色识趣

津巴布韦是一个富有特色的国家，有的特色自古有之，有的特色却与近年来持续遭遇经济危机，遭受西方国家制裁有关。感受和了解津巴布韦的特色，对于了解非洲很有帮助。

鸟语花不香

南部非洲是鸟的王国，这里栖息繁衍着数百种珍奇鸟类，这里是世界上最大的鸟类——非洲鸵鸟的家园，当地人把火烈鸟、黑鹭、猫头鹰等各种鸟类，看成人类的朋友，努力加以保护。无论在津巴布韦什么地方，都可以看到飞翔的鸟，都可以听到鸟的歌唱。津巴布韦首都哈拉雷，有著名的鸟公园，那里喂养了许许多多名贵奇异的鸟类。走进鸟公园，你可以听到鸟发出的各种不同的声音，可以欣赏鸟的不同凡响的交响乐。津巴布韦国旗和国徽中都有一只津巴布韦鸟的图案，津巴布韦鸟是该国特有的标志，也是津巴布韦和非洲国家古老文明的象征。自古以来，津巴布韦人就爱鸟、喂鸟、护鸟。一个名为"津巴布韦鸟"的大型石雕就证明了这一点。它发掘于13世纪国家"大津巴布韦"的遗址，是津巴布韦的国宝、国家和民族的象征。

南部非洲是花的世界，许多地方

非洲的花卉之二

的花是开在灌木或藤上，南部非洲的花却开在大树上，南部非洲的花不少是木本植物，中国的花不乏草本植物。也就是说，南部非洲的花是树有多高，花有多高。遍树是鲜花，数也数不清。其他地方欣赏花朵，是俯视花丛；在南部非洲欣赏花朵，既要俯视花丛，更要仰视花树。南部非洲一年四季都开花，红色的、黄色的、白色的、紫色的，同时开放时，真是百花争艳，目不暇接；轮流开放时，则如名模登台，轮番竞秀。津巴布韦首都哈拉雷被称为"花树之都"，生活在津巴布韦就好比生活在花的世界。津巴布韦花卉大量出口到欧洲，是荷兰国际花卉市场的第四大供应国。津巴布韦的花和中国的花相似之处不少，例如，人们都喜爱玫瑰、月季、玉兰。但细想之后，相比之下，津巴布韦的花特点真还不少，不少特点中国人压根都想象不到。

每年3月，大红色的凤凰花开遍全城；10月，紫薇花大街上两边的紫薇花大树形成巨大的拱形。哈拉雷有一条"紫薇花大街"，大街两旁是高达几十米的紫薇花树，两边的树枝向路中心倾斜并搭连在一起，阳光很少穿透照射到大街上，即使是阳光最厉害的时候，走在紫薇花大街上也是爽气宜人。紫薇花盛开的季节，驱车走过紫薇花大街，看到整个大街仿佛笼罩在拱形门下，好像整个世界都是紫薇般地美丽，真给人一种人间天堂的感觉。不光是紫色的紫薇花，红色的，金色的凤凰花，等等，都是木本植物，都是参天大树。中国人喜欢说不要做温室中的花朵，因为花朵不少由人工种在温室中，种在花园里，津巴布韦的花可主要不是在温室中，不是在花园里，而是漫布在自然环境里。

南部非洲一年四季都开花。当然严格地说，南部非洲没有四季，只有三季，一般来说，12月到4月为雨季，5月到8月为冬季，9月到11月为夏季，不同的季节开不同的花朵，也就是说这里每天郁郁葱葱，花红柳绿，即使在当地人感觉最冷，需烧柴或用空调取

红花扶绿叶

暖驱寒的冬天，照样可以欣赏到多种鲜艳的花朵。以我在津的官邸为例，即使在冬天，官邸中仍盛开着红艳艳的花，白凌凌的花，黄灿灿的花。

南部非洲不香的花比香花要多得多，而中国则很少有不香的花。说这里鸟语花不香是就一般情况而言，香的花是有的，如桂花、玫瑰。但多数花，特别是满城盛开的紫薇花、凤凰花等却不香。这是为什么呢？因为南部非洲天气实在太好，土地肥沃，阳光充足，空气新鲜，生物新陈代谢很快，适宜植物和动物生长。来津巴布韦不久，就发现头发、指甲、胡须长得特别快，1个月要理两次发。在这里，植物生长速度惊人，一场雨后，蔬菜叶子往往长一两寸。花朵也开得太快，"忽如一夜春风来，千树万树梨花开"，唐代诗人岑参描述的这一景象，在中国也许是诗情画意，在南部非洲确是实实在在的事实。正因为长得太快，开得太快，不少花朵自然来不及吸取天地精华，结果当然是有其形而无其香了。

水清山不秀

津巴布韦的水源主要是赞比西河。从空中看，南部非洲大陆像一个倒扣的盘子，沿海地区平坦，内地海拔多在1000—1400米。这促成了南部非洲的河流多瀑布，同时也有利于建设大型水库。赞比西河上因断崖形成的维多利亚瀑布及卡里巴大坝和卡博拉巴萨两处大坝世界驰名。

赞比西河全长2750千米，流域面积135万平方千米，年均流量1.6万立方

津巴布韦卡里巴湖

米/秒，河口年平均流量1.6万立方米/秒，源于安哥拉中东部的高原，距刚果河的源头约1公里，是非洲第四大河流、南部非洲第一大河流，也是从非洲大陆流入印度洋的第一大河流，又名利巴河，当地方言意为"巨大的河流"。河流上游大部分处在赞比亚境内海拔约1000米的巴罗茨高原，经过纳米比亚及博茨瓦纳的边境后，到达长130多公里的巴托卡峡谷时，形成了著名的维多利亚瀑布，然后沿赞比亚与津巴布韦的边境线冲过卡里巴峡谷进入莫桑比克境内的平原，水流开始趋缓，成为非洲东南部主要的航运河道，最后在欣代附近注入莫桑比克海峡。

赞比西河的狂野与气势，在非洲无与伦比。这条河在非洲大陆南部蜿蜒而行。赞比西河谷格外引人注目，这不仅因为它有众多的瀑布与深深的峡谷，而且它还是非洲野生动物最后的避难所之一，千万头牲畜可以吃到肥美的青草。赞比西河水清波静，象群、河马和鳄鱼时常漫游在河畔的草丛里。

赞比西河因水清而蜚声世界，从而吸引着众多的旅游者慕名来到它的身边，做一次终身难忘的旅行，每一个人来到它的身边，都要情不自禁地赞叹这是世界上少有的既清澈又美丽的河流。2007年，我陪同陕西省一位领导同志来到赞比西河，徐徐落日倒映在清澈的河面上，河中河马、鳄鱼起伏悠游，岸上长颈鹿、狒狒、大象等出没，真是空中群鸟飞翔。鸟鸣回响。

卡里巴湖位于卢萨卡南端197公里处。1938年在赞比西河的赞比亚一侧建成卡里巴水电站，截流形成巨大的卡里巴水库，水库大坝高128米，长127米，坝上路面宽12米，库容量为200万亿立升，也是世界上最大的人工湖之一——卡里巴湖，湖长282公里，最大宽度32公里，总面积2000平方英里。沿湖建有一些娱乐休闲的度假村，并可在湖上泛舟游览、垂钓。

山清水秀总是连在一起的，以前南部非洲也是山清水秀，现在怎么会水清山不秀了呢？主要原因是，不少地方大象太多，其他动物太多。例如，在博茨瓦纳乔贝国家森林公园里，因大象、长颈鹿、羚羊、角马、野牛、斑马等草食动物太多，公园里绿草绿叶稀稀落落，黄土尘沙到处可见。津巴布韦39万多平方公里，有72%的植被面积，最多可以容纳5万头大象，但现在大象太多，象满为患，平均100人1头大象，全国大象12万7千头，多了7万多头。大象为了练习鼻力、牙力，有事没事把树连根拔起，多了7万多头，每天要拔掉多少棵树，要踩坏多少庄稼！正因为大象太多，本来应该树木繁茂、郁郁葱葱的群山，死树枯滕却越来越多。加上津巴布韦连年经济危机，政府没有资金扶持林业种植，这就是水清山不秀的原因。

也许，有人会问：为什么不减少大象的头数呢？回答是减不了。联合国濒危动物保护大会仅允许津巴布韦每年宰杀大象500头。2007年下半年，肯尼亚、马里等国在联合国《国际濒危物种贸易公约》国家大会上提出禁止津巴布韦20年内宰杀大象的提案,津巴布韦确实着急了一番,担心如果大会通过此案,津水清山不秀的情况将更加严重。津求助于某些国家,包括我国,希望国际濒危动物保护大会能维持原来的决定。投票结果是津的要求得到了满足。然而即便如此,大象数目增加的趋势不会改变,在可预见的将来仍然是水清山不秀的生态。

风调雨不顺

津巴布韦是世界上气候最好的国家,常年不冷不热。如果说中国的昆明是"春城",是"天然的空调城市",那么,津巴布韦就是"春国",就是"天然的空调国家"。津巴布韦是内陆国家,难得有风灾,可是,近年来,风调雨顺的津巴布韦竟然遇上了风调雨不顺的不正常现象。

雨不顺有两个含义:一是雨季珊珊来迟,近几年来雨季比正常来临时间推迟不少天,雨季雨太少,形成旱灾。近几年来,连年旱灾,导致农业收成持续下降,粮食大面积歉收,不能自给,缺口常常达需求量的三分之一甚至一半。烟叶从原来的年产20多万吨,逐年下降到不到5万吨。二是雨太多。需要雨水的时候没有雨水,有雨的时候雨水又太多,该停雨的时候往往不仅不停,反而越下越大。2007年,津巴布韦从中国进口20万吨化肥,可是一年下来,农业收成反而比上年更差,粮食收成仅50多万吨,烟叶等其他经济作物也产量下降。为什么有这么多化肥产量反而下降呢?津巴布韦农业部的专家告诉我,在南部非洲,雨水意味着收成,意味着粮食,意味着幸福。

津巴布韦最大的猴面包树

但是，没有雨水或雨水太多了，那就必然是减产，必然是歉收，必然带来粮食不足。多年来，旱灾不断，津巴布韦人盼雨求雨，谁也没有想到，2007年雨水是不缺了，但又走到了另一个极端，雨季雨太多太大，持续时间太长，把撒在地里的化肥都冲掉了。

为什么会出现风调雨不顺的现象？我至今没有听到系统、权威的解释。我猜想，也许这至少同全球气候变暖有关吧。

人杰地不灵

津巴布韦多年来一直是人杰地灵的地方，人杰的津巴布韦带来了地灵的津巴布韦。津巴布韦被誉为"非洲的巴黎"、"非洲的粮仓"和"非洲的菜篮子"。津巴布韦是非洲第一教育大国，穆加贝政府重视教育，国民受教育率一度曾高达92%。津实行中小学低收费普及教育。现有小学4734所，中学1570所，高等学校13所。1996—2002年，小学入学率年平均80%。成人识字率为89%，其中男性为93%，女性为85%。津巴布韦大学是津最著名的综合性大学，始建于1953年，穆加贝总统兼任校长。较高的国民受教育率保证了津巴布韦拥有较丰富的人力资源和人才力量。

津巴布韦成人中拥有博士学位者的比例远远高于南部非洲其他国家，也高于中国等不少国家。在津巴布韦，拥有哈佛、耶鲁、牛津、剑桥等名校博士学位者不乏其人，政要中不少人毕业于世界名校并获得博士学位，如内阁农业机械工程部长马蒂、高教部长穆登盖、地方政府部长乔姆博、前财政部长穆雷瓦、独立总统候选人马可尼、反对党领袖穆坦巴拉等。津巴布韦人力资源丰富，在南部非洲国家中，津巴布韦人因有知识、讲礼貌、守纪律、会干活等特点，相对于其他国家的黑人，较容易在周边国家找到工作。如果，一个津巴布韦人和一个乌干达人、一个博茨瓦纳人或一个来自非洲其他国家的人同时申请一个工作职位，雇主通常更愿意雇佣津巴布韦人。目前，有350万左右的津巴布韦人流亡到南非，这些人虽给南非的就业、供给、治安等带来很大压力，但在那里不愁找到工作机会，因为他们给南非提供了优质、廉价的劳动力。

近年来，人杰的津巴布韦却并没有得到一个地灵的津巴布韦：多种条件在非洲名列前茅的津巴布韦竟成为非洲唯一的经济负增长的国家，粮食收成连年下降，制造业大面积停产，城市失业率高达80%以上，人均寿命从42岁下降到38岁。为什么津巴布韦这个人均耕地37.7亩、约相当于中国人均耕地面积的50倍，总面积相当于3个浙江省那么大的国家这几年没能生产出能养活1000多万人的粮食？从这个意义上说津巴布韦这几年是人杰地不灵，一点也不冤枉。不

过，也有人说"人杰地不灵"这个说法不准确，应当说是"地灵人不杰"，他们说津巴布韦土地这么肥沃，是最适宜农业发展的国家，地不灵的根本原因在于人。这种说法也有一定道理，但是，这里所说的地不灵，不是说地不好，也不是说条件不好，而是说投入与产出不成比例，付出的努力没能得到回报。例如，就像前面所讲到的，2007年，津巴布韦从中国进口20万吨化肥，农业产业不仅没有上去，反而下降，老天爷硬是不帮忙，使人不得不为"地不灵"而感叹。

挂满鸟窝的树

物阜民不丰

10年前，津巴布韦还是一个物阜民丰的国家。津农业部长巩博对笔者说过："津巴布韦开国前后，中国给了津人民反殖民主义的斗争以很大的援助，那时，他经常到中国访问，到了中国的许多地方。但是，说句实话，那时的中国真穷啊！相比之下，津独立后，与改革开放前的中国相比，当时津人民日子比中国人民过得要富裕得多，舒适得多。"巩博的话并非虚言。20世纪80年代，中国为津巴布韦援建国家体育馆，甘肃华陇公司承建这一工程。那时，当地人工资比中国人平均水平要高得多，因而，华陇公司不得不从中国雇请大量干粗活的人。那时，津巴布韦人自我感觉很好，有些人内心甚至还瞧不起中国人。例如，当时中国人想到当地的网球场、高尔夫球场打球，球场以中国人不是会员为由拒绝接待。即使我在2006年12月出使津巴布韦后，津水电费仍出奇的便宜，一家人用电烧饭、照明、取暖等，1个月水电费仅二三个美金；老百姓5岁以下、65岁以上在公立医院看病免费。津巴布韦在独立后相当一段时间里，确实是物阜民丰。津巴布韦拥有48种可开采矿业资源，其中包括世界上第二大铬矿和第三大铂金矿，铁矿石、镍矿石、煤炭、钻石、黄金等储量非常可观，能生产出世界上最好的烟叶和长绒棉等。很多人说,津巴布韦人脚底下有数不清的矿产,他们是躺在财富上饿肚子,此话一点不假。

水天相映的非洲

然而,近年来,物阜民丰的津巴布韦竟越来越变得物阜民不丰了。一段时间,说起来令许多人难以相信,一开始我也不信,津巴布韦大学教授月工资只相当于9个美金,政府副部长、常秘之类的高官月工资只相当于40个美金左右。津巴布韦国防部二把手马坡萨对我驻津巴布韦武官卓伟大校说到这一点时,把工资条拿给卓看,这样,我们才相信了。而在当时,在首都哈拉雷吃一次西餐却需要35个美金!山清水秀的地方,一平方公里只有23人,然而许多人的家里,地就是床,说家徒四壁、一贫如洗一点也不过分。

津巴布韦的另类特色,相当一部分是近几年才出现的现象,不是固有的,他们的出现是津巴布韦经济危机深化的结果,是生态环境遭到破坏的结果。另类特色的出现,值得反思,值得认真对待。

第七篇

走进非洲历史

津巴布韦首都"白人街"

津巴布韦首都一角

开普敦街区的罗德斯塑像

维多利亚大瀑布入口处

维多利亚瀑布的"发现者"利文斯通

罗德斯墓旁的白人纪念碑

罗德斯在津巴布韦的故居

纳米比亚街头

第七篇

走进非洲历史

第三十一章 寻找非洲殖民遗迹

在人类近代史上，奴隶贩运写下了最可耻、最卑劣的一页。踏进黑非洲的土地，脑子里闪现的第一个印象就是：这里曾经是世界上最大的殖民地。殖民时代已经过去了，殖民遗迹还在吗？老殖民者的后代是否还在非洲？前宗主国对前殖民地是否还有影响力？老殖民者在非洲除了干坏事，是否也干过好事？带着这些问题，我一方面努力寻找列强在非洲殖民的遗迹，另一方面对帝国主义在非洲殖民的作用和影响进行了多方面、多层次的思考。

寻找贩奴遗迹

从津巴布韦到莫桑比克，乘车仅几个小时的路程。莫桑比克的贝拉港离津巴布韦最近。我几次到津东部边境城市尼扬加，站在山头，莫桑比克景色尽收眼底。莫是葡萄牙语国家，以前是葡萄牙殖民地。葡是一个老牌蓄奴的国家，有些贵族之家的家庭生活使用奴隶，以蓄奴为时髦。不仅如此，因贩奴一本万利，葡萄牙殖民者首开贩奴记录。莫桑比克有天然海港，当年，葡萄牙在津巴布韦、赞比亚、马拉维等地贩卖的成千上万的黑奴就是经莫海港运到美洲

津巴布韦首都"白人街"

的。据资料统计，1486—1641 年间，葡萄牙从安哥拉运走奴隶达 138.9 万名，1680—1836 年间增至 200 万人。如果包括私人偷运及从刚果输出的在内，数目达到 300 万人，这些数字只是粗略的估计。至于葡萄牙人从莫桑比克（在 16—17 世纪中还包括莫桑比克以北的东非沿岸）运走多少奴隶，包括从津巴布韦贩运了多少奴隶，却找不到确切的数字。

绕过非洲新航路的发现，揭开了西方殖民强盗对非洲人民长期侵略与掠夺的帷幕。欧洲列强自侵入黑非洲之日起，就开始把非洲转化为商业性的猎获黑人的场所，他们用"黑色象牙"这种侮辱性的名词来称呼黑人奴隶，黑人成为他们贪得无厌、多方搜寻的"商品"。奴隶贩卖的暴利诱使英国、法国、瑞典、丹麦等国蜂拥而来，他们一踏上非洲沿岸，就按他们的主要掠获物给沿岸地带取上"胡椒海岸"、"象牙海岸"、"黄金海岸"和"奴隶海岸"等名称。利欲熏心的殖民者把人数众多、具有热带作物种植技术，又能适应热带劳动的非洲黑人当作猎获的对象，从塞内加尔河口到刚果河口的广阔地带，停泊着一艘又一艘欧洲殖民国家的贩奴船，乌黑的船首就像张开的血盆大口，等待着吞吃人肉。

18 世纪中期，英国成了世界上最大的人贩子。由于英国争得了世界范围内的海上霸权，在美洲占有了广大殖民地，国内的资本原始积累过程迅速发展，出现了资本主义工场手工业，为其贩奴和蓄奴创造了条件，英国仅从非洲运走的奴隶就比其他诸国运走的总数还要多出 4 倍，成为奴隶贸易的罪魁祸首。值得指出的是，许多英国城市的发展和繁荣，是和奴隶贸易紧密联系在一起的。例如，英国港口城市利物浦的发展就是一个典型的例子。利物浦在 1700 年只是一个港口小城市，人口勉强达到 5000 人。1709 年，利物浦第一艘运奴船开往非洲，利物浦当时拥有的船只中，运奴船只占 1% 稍多一点；1771 年增加到 1/3。到 18 世纪末，利物浦显然已成为欧洲最大的贩奴港口。1795 年，利物浦的贩奴贸易占英国贩奴贸易的 5/8，占欧洲贩奴贸易总额的 3/7。有人统计，从 1783 年到 1793 年，利物浦有 878 艘船只，共载运过 303 万多名奴隶，价值共达 1500 多万英镑，每年的利润平均在 30% 以上。估计 18 世纪 80 年代，单单利物浦市，从贩奴贸易中每年可得纯利 30 万英镑。

美国在南北战争后期才宣布废止奴隶制，废奴载入宪法，明令禁止奴隶贸易，但在实际上几乎是一纸空文。到了 19 世纪上半期，欧洲的奴隶贸易已近尾声，美国贩奴活动却变本加厉。官样文章的法律制裁和舆论谴责，并不能阻止美国商人广泛从事黑奴贩运。据美国驻哈瓦那领事的报告，美国船只经常从非洲把黑奴运到古巴，再转运到美国大陆去，运经得克萨斯州的奴隶每年达 15000 人，墨西哥湾的贝岛经常有 16000 名黑奴待运。最令人难以置信的是，在许多国家通过禁止奴隶贩卖的法令近 50 年后，美国奴隶贩子和奴隶主们竟公开提出废止禁贩奴隶法令，并争取把从非洲贩运奴隶的活动合法化。尽管黑奴死亡率高得惊人，美国在独立后黑奴人数还是直线上升。据估计，1760年，美国黑奴为70万人，1830年超过200万人，1860年则已超过400万人，由此推论，殖民列强从非洲运走的黑人奴隶中，有5%是由美国奴隶贩子运出的。

殖民者在长期贩卖黑人过程中，逐渐形成了一套一本万利的"奴隶贸易制度"。他们贩运奴隶一般采取"三角航程"：一艘商船载运廉价商品，从欧洲港口运到非洲西海岸，称为"出程"；从非洲满载黑人，横渡大西洋，驶往美洲，称为"中程"；用奴隶换取美洲殖民地的原料和金银，返回欧洲，称为归程。这种三角贸易使欧洲资本家从非洲黑人的鲜血中，榨取了巨额利润。一次三角航程通常需要6个月，奴隶贩子可作三笔买卖，获得百分之百到百分之二千的利润。美国巴尔的摩一条贩奴船"爱神号"，建造费为3万美元，第一次航运就赚得利润20万美元。奴隶的卖价一般为买价的50倍，许多奴隶贩子跑了几趟"三角贸易"，回到欧洲都成了巨富。

从16世纪初到19世纪末，历时400年的奴隶贸易，给非洲大陆造成了极其深重的灾难，在这期间被运送到美洲的黑人至少有1500万人；因"猎奴战争"互相残杀，从内地到沿海途中折磨致死的，以及在横渡大西洋被抛弃海底等等而死亡的奴隶更远远地超过运送到美洲的数目。按照每运至美洲一个奴隶，最少要牺牲10个左右非洲黑人的计算方法，美国黑人学者杜波依斯估计，从16世纪到19世纪，奴隶贸易使非洲损失一亿人口以上，这个数字相当于1980年非洲人口总和。据统计，17—18世纪，非洲人口占当时世界总人口的五分之一，而20世纪初则下降为十三分之一。连绵不断的奴隶贸易和"猎奴战争"，使原来繁华的城市变成了荒凉的村落，商路遭到了破坏，整个的部落被灭绝，致使非洲的农牧业和手工业完全衰落了。奴隶贸易和猎奴战争还破坏了西非、中非和东非各族人民历史发展的正常进程，中断了国家形成过程。

在加纳562公里的海岸线上，有40多处殖民者留下的城堡遗迹，当年用于掠夺黄金、象牙，从事贩卖奴隶活动，也算是一道独特的风景线。著名的有1482年开始建立的埃尔米纳奴隶堡和海岸角奴隶堡，虽然经历了500多年的风雨沧桑，但奴隶堡都基本保持了原貌。加纳政府1974年将海岸角奴隶堡辟为"西非历史博物馆"。

我从津巴布韦转往苏里南工作后，发现苏里南有不少黑人。因此，我特别注意留心谁的家族是从津巴布韦来的，特别希望能发现当年津巴布韦黑奴的后代。可惜至今尚未发现。不过，我了解到苏里南总统费里西安的家族来自尼日利亚，总统府原礼宾长的家族来自加纳。他们的先人作为奴隶，历尽千辛万苦，被贩运到美洲，绝对没有料到他们的后代会成为国家元首和政府高官。

寻找奴役遗迹

没有被贩运到美洲的黑人在非洲当地殖民者的统治下生存下来，黑人被禁止与白人上同一个学校，进同一个教堂，生活在同一个社区，坐同一辆车，和白人一起打球、看戏、跳舞等等，种族歧视和压迫政策在非洲大陆留下了明显的痕迹。人们常说的两个故事可以说明这个问题。

第一个故事是说：在约翰内斯堡飞伦敦的班机上，一名白人妇女坐在一名黑人旅客身旁。她把空姐叫了过来。空姐问："有什么问题，女士？"白人妇女回答："您没看到吗？我被安排在一个黑人的旁边，我不能坐在这些'肮脏的人'身边。请给我换个座位！"空姐说道："请稍等。我去看看是否还有空位。"空姐几分钟后回来了。她说："女士，经济舱和商务舱都没有空位了，但头等舱还有一个位置。"空姐继续说道："将一位经济舱的旅客提升到头等舱的确有悖常规。但是机长也认为，强迫一位旅客坐在一个令人厌恶的人的旁边非常不合情理。"

开普敦街区的罗德斯塑像

说着，空姐转向那位黑人旅客："如果不介意的话，请允许我帮您拿行李，头等舱的座位已经为您准备好了。"听到这里，周围的乘客全体起立为机长的明智之举鼓掌。这个故事以《头等舱》为名，发表在阿根廷《妇女》杂志上。

第二个故事是说，南非白人政权实施"种族隔离"政策，不允许黑皮肤人进入白人专用的公共场所。白人也不喜欢与黑人来往，认为他们是低贱的种族，避之唯恐不及。有一天，有个长发的洋妞在沙滩上晒日光浴，由于过度疲劳，她睡着了。当她醒来时，太阳已经下山了。此时，她觉得肚子饿，便走进沙滩附近的一家餐馆。她推门而入，选了张靠窗的椅子坐下。她坐了约 15 分钟。没有侍者前来招待她。她看着那些招待员都忙着侍候比她迟来的顾客，对她则不屑一顾。她顿时怒气满腔。想走向前去责问那些招待员。她站起身来，正想向前时，眼前有一面大镜子。她看着镜中的自己，眼泪不由地夺眶而出。原来，她已被太阳晒黑了。此时，她才真正体会到黑人被白人歧视的滋味！

日本人曾被南非白人政府授予"荣誉白人"称号。南非的种族隔离法将人分为四种人：白人、有色人种、印度人与黑人。其中只有白人享有自由迁徙的权利，其他三种人都要受到居住区域的隔离限制。在南非种族主义当局眼中，只有白种人是高级人种，只有白种人才能建设发达的经济、社会和国家。但日本的崛起却打破了他们的思维定式，面对日本人这个"有色人种"，南非种族主义当局觉得难以定义，于是就创造出了一个词"荣誉白人"（Honorary Whites）。1966 年，南非当局通过了"种族分区法修正案"，正式给予日本人以"荣誉白人"的待遇，规定日本人在种族隔离场所不必与"有色人种"为伍，也可以享受与白人相同的待遇。

津巴布韦伦敦街，中国人又把它叫做白人街，是独立前白人居住的地方。虽然独立将近 30 年了，这个街区仍然主要是白人活动的地方，这条街仍然是最漂亮的，最干净的，街上商店出售的东西档次仍然是最高的，商店里的服务态度仍然是最好的，街上行人穿着依然是最时髦的。所不同的是，独立前禁止黑人来这里，种族歧视和压迫在白人区明显体现出来。虽然包括津巴布韦在内的黑非洲国家都实现了多数人的统治，黑人已经掌握了国家政权，但城市里黑白还是分明的，白人生活区里主要是白人，黑人生活区里难得找到白人。这是殖民时代留下的一个基本的痕迹。

显示殖民时代的痕迹还体现在地名、校名等名称上。南非有三个首都，这是怎么回事呢？原来 100 年前，在南非这块土地上存在 4 个白人殖民者建立的国家（一说自由州），他们分别是开普共和

纳米比亚独立碑

国（首都开普敦），纳塔尔共和国（首都德班），德兰士瓦共和国（首都比勒陀尼亚）和奥兰治共和国（首都布隆方丹）。1910年英国将开普、纳塔尔、德兰士瓦、奥兰治4个共和国组成南非联邦。在确定南非联邦的首都定在哪里时，各个共和国互不相让，争得不亦乐乎。最后达成妥协，把行政首都定为比勒陀利亚、立法首都定为开普敦、司法首都定为布隆方丹。剩下的德班拿到了货物进出口的肥缺。结果皆大欢喜。1994年新南非成立以后，沿用了旧时的传统。比勒陀利亚是南非行政首都，建于1855年，以布尔人领袖、白人殖民者比勒陀利乌斯的名字命名，其子马尔锡劳斯是比勒陀利亚城的创建者，市内至今立有他们父子的塑像。比勒陀利亚市中心的教堂广场上还耸立着保罗·克鲁格的雕像，他是德兰士瓦（南非）共和国的首任总统，是当时白人殖民者的代表人物，市内的保罗·克鲁格大街也以他的名字命名。以他名字命名的还有成立于1926年5月31日的南非克鲁格国家公园。虽然举世闻名的津巴布韦大瀑布已不再叫维多利亚大瀑布，而是改叫"莫西奥图尼亚"瀑布，那是一种土著语，意为"雷声轰鸣的水雾"。但是，包括津巴布韦人自己在内，没有几个将大瀑布称之为"莫西奥图尼亚"瀑布，而是继续叫维多利亚大瀑布。即使是当地导游在解说中，大瀑布依旧是女王的名字，像从前那样被叫做"VictoriaFall"。更有甚者，许多殖民时代的地名、校名、酒店名等根本就没改。如在津巴布韦首都哈拉雷，"丘吉尔旅店"、"爱德华王子学校"、"乔治五世路"等，这些老名称一仍其旧。有趣的是，2010年，津巴布韦4所学校签约建立孔子课堂，这4所学校都以白人的名字命名：摩根技术学院、丘吉尔男中、罗斯福女中和亚历山大小学。

穆加贝本人在史密斯殖民政权的大牢里蹲了10年，津巴布韦国父恩科莫也长期被殖民当局所监禁。奴役非洲黑人、迫害非洲独立战士的这些刑讯房、监狱等，作为当年殖民者奴役非洲黑人的遗迹，都仍然存在。不过，独立后的穆加贝、恩科莫等津巴布韦领导人只是一再说不要忘记过去，倒没有去把那些地方改成什么"纪念地"，也没有挂什么牌，立什么碑。但是，体现殖民主义者"功绩"的一些遗迹却被作为文物保存得很好，这使我感慨很深。在南非开普敦，我见到了南部非洲殖民帝国的头子罗德斯的几个塑像。特别是在开普敦的一座山上见到了为纪念罗德斯去世而建的雄伟的纪念宫，宫内罗德斯的塑像威风凛凛，栩栩如生。狮子等雕塑非常气派。整个是一个纪念亚历山大大帝之类英雄人物的架势。罗德斯的陵墓在津巴布韦的第二大城市布拉瓦约的马托普山，津巴布韦独立后，他的陵墓不仅毫无损坏，而且还被作为国家管理的一个纪念地，纪念地有专职工作人员，有纪念罗德斯的图片展览，还专门立了一块牌子，牌子上明明白白地写着：不得大声喧哗。在津巴布韦东部城市尼扬加，罗德斯当年的故居被辟为纪念馆，里面陈列了他生前用过的家具、文具等用品，展出了大量有关他的照片,说明词中没有谴责他搞种族压迫和剥削的用语。

南非至今有以罗德斯名字命名的罗德斯大学,生于津巴布韦、南罗得西亚白人政权总理史密斯1938年进入罗德斯大学商学院学习。根据罗德斯遗嘱设立了罗德斯奖学金,包括美国前总统克林顿在内的不少人,通过获得罗德斯奖学金,得以到英国牛津大学学习。"发现"维多利亚大瀑布的世界最著名的探险家和殖民主义分子利文斯顿仍被当地人视为英雄,他的铜像仍然分别屹立在津巴布韦的维多利亚瀑布市和赞比亚的利文斯顿市,城市的名字至今仍然以他的名字命名。

在非洲,不仅我们可以轻易地发现殖民时代的硬遗迹,而且可以轻易地发现软遗迹。例如,在法国前殖民地喀麦隆,几乎所有上了年纪的老人,只要一见到黑人以外的其他人种,就会非常热情地打招呼,同时立即将双手高举过头顶。有的人甚至还会停在原地和你说话,等你走过去后再走,但和黑人打招呼就不会这样,这是为什么呢?原来在法国殖民时期法国殖民者对黑人的奴役极其残酷,当在路上遇见白人时,黑人必须立即举起双手表示没有带任何武器,并且原地立定等白人过去后他们才能走。现在的年轻黑人已不再这样"投降"式地和人打招呼了,但很多黑人在向你打招呼的同时,仍会很自然地向你敬不太标准的法式军礼,弄得你有点莫名其妙。也许这也是殖民时期的规定留下的遗毒吧。

在津巴布韦和别的非洲国家,虽然白人曾经压迫、剥削过非洲黑人,中国人从来没有在非洲殖民,但相比对中国人和对白人的态度,非洲黑人对白人往往仍然要敬畏一些,客气一些,仿佛以前被白人整惯了,整怕了,潜意识里似乎仍然有白种人优于其他人种的感觉,

殖民者当年的炮台

这恐怕是出现这种情况的心理原因和历史原因。至于中国人,在他们看来也是

第七篇 走进非洲历史

有色人种。这种情况即使在某些大的场合都能感觉到，如在哈拉雷国际机场，白人出关比其他人种的人出关常常便捷得多。白种人和中国人开的商店，当地某些人更多的是为难、敲诈中国人开的商店。

寻找建设遗迹

我在担任驻印度孟买总领事期间，一次，出席印度海运集团老板柯达克的宴会。席间，他认真地对我说："印度不能忘记英国有曾经对印度殖民、剥削压迫印度人民的一面，同时又有感谢英国的一面，因为，没有英国对印度的殖民，就没有一个统一的印度，印度很可能现在仍是一个四分五裂、各土邦自行其是的社会，还不是一个统一的国家；没有英国殖民，印度就不可能成为世界上最大的民主国家，就肯定不是世界上最大的英语国家；没有英国殖民，就没有印度现在的现代教育体系、现代企业制度、现代金融体系、现代司法制度，铁路、机场、公路、电信等基础设施建设就不会达到今天这样的水平，甚至连现在的孟买也没有，因为是英国人将孟买几个互不相连的岛屿用土填起来，才成就了孟买这个大都市。没有英国殖民，就没有这么多的印度人到世界各地安家立业，英国殖民地到世界什么地方，印度人也就跟着到什么地方，世界各地的亚洲移民印度人最多，这离不开英国对印度的殖民。"

柯达克的话使我大吃一惊，因在我的脑海里，英国对印度殖民这么多年，印度人肯定非常痛恨英国殖民者，想不到柯达克对英国在印度的殖民还来了个一分为二。

柯达克的话当然也引起了我对这个问题的严肃思考。我联想到，英国殖民者给印度社会造成的破坏是难以估量的，加之印度传统的惯性，英国殖民统治对印度社会生活带来的变化应该说也是非常有限的。但英国对印度的统治确实在一定程度上促进了印度的经济发展和社会的进步，如引进了铁路和电报、开办了西方式学校、法律上认可了寡妇再嫁并废除了诸如杀婴、童婚、寡妇殉葬和人祭之类的陋习等。

殖民者有干坏事的一面，这是不容置疑的，他们也是否干过好事？或者说，他们主观上没有干好事的想法，但在客观效果上他们做的某些事情是否在实际上带来了好的效果？

其实，这一点也是不容置疑的。马克思在谈到英国对印度的殖民统治时写道："英国在印度要完成双重的使命：一个是破坏性的使命，即消灭旧的亚洲式的社会；另一个是建设性的使命，即在亚洲为西方式的社会奠定物质基础。"马克思的这个精辟而科学的结论，既适用于英国对印度的统治，也适用于整个近代资产阶级殖民制度。这里所说的破坏性使命,当然是指对前资本主义的旧社会结构的破坏,是指给殖民地、半殖民地人民带来了空前的灾难。

殖民主义当然在一定程度、一定时期、一定范围内包含着建设性的使命。殖民者的统治和剥削,在客观上为殖民地半殖民地国家由宗法社会向近代社会,由自然经济向经济全球化转轨创造了客观前提,奠定了必要的物质基础。马克思那个时候,还没有经济全球化这个词,马克思用的是"欧洲化"这个词。马克思就此评论说,"打破这种一成不变的原始形态毕竟是欧洲化的必要条件",就是说殖民主义对殖民地半殖民地国家的社会经济发展在客观上起了促进作用。具体到以英国对印度的殖民统治为例,19世纪中期英国殖民者完全征服印度,最终结束了印度封建割据和混乱局面,实现了印度在政治上的统一。马克思认为,这种政治上的统一,"是使印度复兴的首要前提"。

不少人以为,在欧洲人来到以前,由于非洲资源特别丰富,树上有水果,河海有鱼虾,原野有野兽,非洲土著居民不愁吃,不愁穿,过的仿佛是田园诗一般美好的生活。其实,并非如此。黑非洲的社会生产力普遍低下。除个别地区外,还都刚刚处于铁器的普遍使用阶段,多数地区采用原始的烧林耕作法,仅有少数地区采用了作物轮种、施肥等集约耕种法。农民甚至还不会用牛耕田。由于没有成熟的文字,社会组织水平极低,许多地区还没有出现过国家组织。原始公社制度的残余还广泛存在,部族与大家族制仍然是社会生活的基础。

企鹅岛与军港相连

殖民主义在非洲的作为是否也在一定程度、一定时期、一定范围内体现了建设性的使命?非洲人民是否在一定程度上认同殖民主义在非洲的建设性使命?对这个问题,我亲身经历的一件事曾引起我的思考。

在一次记者招待会上,一位津巴布韦记者向我提问:英国在津巴布韦修了铁路、公路、大桥、机场、水库,办起了农场、学校、医院和邮局。中国现在的外汇储备世界第一，中国以前帮助津巴布韦建设了体育馆和医院，现在津巴布韦遭遇经济危机，请问，中国打算帮助津巴布韦再建设点什么？这位记者的提问至少说明，当地黑人不否认英国殖民主义在津巴布韦曾经做了一些对老百姓事实上、客观上有好处的事情，并且，希望中国也帮助他们建设点什么。

确实，只要静下心来认真地观察和思考，就不难发现，非洲在建设方面不少可圈可点的东西许多是在殖民时代由殖民当局完成的。以津巴布韦为例，连接全国城乡的公路基本上还是独立前修的，独立将近30年了，新的公路基本上没有，唯一的明显变化是在殖民当局修的公路上盖了一个个收费站。街区、房子同独立前相比也没有大的变化，只是各家各户从没有围墙变成了加修一个个围墙，不少围墙上面为了防盗还装了通电的铁丝网。

在不少南部非洲国家，大量土地集中在白人手里，占人口多数的黑人却缺地少地。白人建成数千个大农场，凭借大量肥沃的土地，利用黑人廉价的劳动力，借助农业机械化，对农业实行集约化经营，虽有剥削农民的一面，但农业建设是有成就的。以津巴布韦为例，在独立前和独立后的一段时间，津成为南部非洲农业大国，被誉为非洲的粮仓和菜篮子。津巴布韦烟叶成为世界质量最好的烟叶之一，年产量达到近3万吨。数千白人农场的存在是殖民时代的建设遗迹之一，与此相联系的土地分配不公也成为殖民时代留下的最大后遗症。为解决这个后遗症，津巴布韦于2000年左右开始土改，数千农场绝大多数基本无偿转到了黑人手上。土改在道义上是正确的，但土地分配的方式却并非不值得商量。农业部长巩博亲口对我说，有5万户分到了土地。显然，在1300万人口的津巴布韦，在多数人是农业人口的情况下，只有5万户分到了土地，广大农民并没有得到土地，这仍然是不公平的，或者说，土改在某种意义上说只是使黑地主取代了白地主。黑地主缺乏农业集约化经营的能力和经验，加上西方制裁，津巴布韦一下子从农产品出口国变成了缺粮国，从来不缺粮的津国竟然出现多年全国性的大饥荒。

津巴布韦在殖民时代，直至土改之前，一些白人农场主在经营农场的同时，还斥资办学，为黑人孩子上学创造条件。我两次到克罗希尔学校，这所学校原来有400位学生，由白人农场主资助。土改后，农场到了黑人手上，但获得了农场的黑人却不愿意资助学校，土改以来的几年当中，学生减少了一半左右，剩下的学生当中，100多人是孤儿，这些孤儿无家可归，只能住在学校，而学校教室没有门，窗户没有玻璃，几个人共用一张课桌，一个班几十个学生共使几本课本。教师由18人减少到只有3人，这3人既是教师，又是保姆。我亲眼所见，心中充满无限的凄楚，除了使馆和中钢津巴布韦公司一起向学生捐助食品和文具，建议中钢将该校定为中钢定点扶持学校，邀请学生代表和教师到官邸做客外，对如何看待殖民时代的遗迹，有了进一步的思考。

寻找文化遗迹

欧洲殖民者的残酷掠夺对非洲产生了深远的影响。由于黑奴贸易，非洲损失了大量的人力资源，传统的文化艺术被严重破坏。殖民者利用基督教对非洲进行文化侵略，基督教会成为殖民者抢夺非洲人土地和自由的工具。与此同时，也应该看到，基督教的传播也促进了非洲人吸收西方先进文化，教会学校促进了非洲教育的发展。同时，非洲人在接受"平等、自由"等观念后，开始进行非殖民地化的斗争。在殖民统治期间，非洲的婚姻有了变化，一夫多妻的陋习逐渐减少，一夫一妻开始流行。食人等野蛮陋习开始被公认为非法。另外，在其他的社会习俗上也有了一些改变，但总的来说，由于传统的惯性太大，欧洲的生活方式对非洲的影响不太大。

伊丽莎白女王1953年在津巴布韦大学立的石头

西方在非洲的殖民遗迹，最容易发现的我认为是在文化方面。西方殖民的文化遗迹，不仅存留在物质层面，而且更重要的是存留在人们的心里，对非洲的国家和人民，在政治制度、价值选择、发展理念、生活方式等方面产生持续性、根本性的影响。

——血统影响。罗德斯当年建立的帝国使西方与非洲当地人之间有了千丝万缕的联系，在非洲外来常住人口中，西方人最多。跟非洲当地人成婚的外来人中，西方白人最多，非洲混血儿主要是白人与黑人成婚的产物；

——制度影响。西式多党民主选举制度已在非洲绝大多数国家确立，这是殖民者留给被殖民者大地上一个最明显的遗迹。在殖民时代，殖民者当然不会给非洲黑人任何实质上的民主，甚至表面上的民主也没有，更谈不上白人和黑人在多党民主体制下共同生活，相互监督，分享权利。但是，多党民主制度毕竟来自西方，非洲殖民当局内部是按西方的制度运作，议会在南部非洲的出现比中国还早，黑人当中的头面人物不少在西方留学，欧洲的制度文明不可能不对殖民地产生影响。非洲新老国家或先或后都已不同程度地照搬或借鉴了西方的政治制度。如今，任何非洲政权想要站稳脚跟，取得执政的合法性，恐怕都得经过全民投票这一关，哪怕是做手脚。尽管在许多非洲国家"逢选必乱"，但从历史的眼光来看，大多数非洲国家毕竟已步入宪政改革轨道，其趋势恐怕难以逆转。以津巴布韦为例，尽管西方国家制裁穆加贝政府，穆也强烈地反对西方，但津巴布韦也摆脱不了西方制度的影响，如三权分立的政治体制和允许反对党存在等等。在南非、博茨瓦纳、赞比亚、坦桑尼亚等南部非洲国家，西方制度的影响更加明显。如果把这看成是殖民者留下的一个遗迹，那么这个遗迹的影响将具有长期性、全局性。

——语言影响。英语、法语、葡萄牙语等欧洲语言成了非洲的语言，在许多非洲国家至今仍是官方语言，在非洲不少大学是教学语言。英语至今是南非、津巴布韦、赞比亚、坦桑尼亚、马拉维、斯威士兰、莱索托、博茨瓦纳等国的官方语言。我曾当面聆听南非总统姆贝基、津巴布韦总统穆加贝、坦桑尼亚总统基奎特、赞比亚总统班达、斯威士兰国王姆斯瓦蒂三世、博茨瓦纳总统卡马、津巴布韦总理茨万吉拉伊等用英文演讲，而不是用本土语言演讲。津巴布韦本土语言有两种，绍纳族说的绍纳语和恩德贝莱族说的恩德贝莱语，这两个民族的很多人相互之间听不懂对方的话，相互沟通的语言是英语。英语等殖民者的语言实际上在非洲许多地方已本土化了。即使是非洲本土语言，不少已越来越多地直接吸收英语等西语词汇。

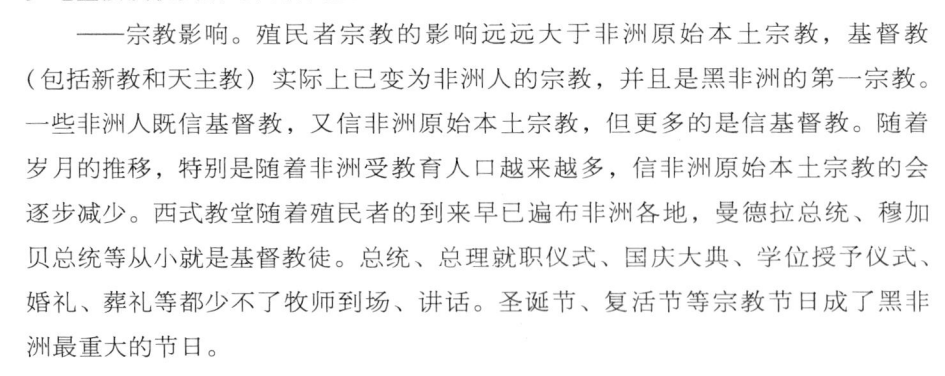

——宗教影响。殖民者宗教的影响远远大于非洲原始本土宗教，基督教（包括新教和天主教）实际上已变为非洲人的宗教，并且是黑非洲的第一宗教。一些非洲人既信基督教，又信非洲原始本土宗教，但更多的是信基督教。随着岁月的推移，特别是随着非洲受教育人口越来越多，信非洲原始本土宗教的会逐步减少。西式教堂随着殖民者的到来早已遍布非洲各地，曼德拉总统、穆加贝总统等从小就是基督教徒。总统、总理就职仪式、国庆大典、学位授予仪式、婚礼、葬礼等都少不了牧师到场、讲话。圣诞节、复活节等宗教节日成了黑非洲最重大的节日。

——文化影响。南部非洲的教育体系、教材完全是英式的，教材仍然主要来自于原宗主国；药典是西方的；建筑、市政等仍沿用西方标准；西式体育运动，如高尔夫球、板球、网球、篮球等仍是非洲许多国家最流行的运动方式；即使是汽车方向盘，在前英国殖民地各国家，目前仍像英国本土一样，安装在汽车右边；西餐仍是最体面的用餐选择，等等。甚至军队的操典也完全是西式的，例如，虽然津巴布韦军队的许多高级将领曾在中国、苏联、印度、南斯拉夫等受训，但有着反殖民主义传统的津军操典至今却仍然是英式的。西方传统节日在非洲大行其道，圣诞节是津巴布韦等国最重大的节日，比庆祝独立日（国庆日）还要重视，复活节、情人节、愚人节完全已成为南部非洲当地人的节日。2008年愚人节到来的前一天，津巴布韦政府机关报《先锋报》报道，美国流行歌曲巨星迈克尔·杰克逊将在愚人节当天来哈拉雷彩虹酒店为联合政府的成立演唱，中国驻津巴布韦使馆几个喜欢流行歌曲的同志按时赶到那里，到那里才发现这是报纸的一个"愚人恶作剧"，第二天，《先锋报》报道有几个中国人前往"观看"演出。

如何看待帝国主义在非洲的殖民遗迹的影响？简单肯定或简单否定都是不对的。我认为，一方面，我们要看到，帝国主义在非洲殖民的负面影响与历史发展成反比，随着岁月的推移，随着亲身遭受殖民压迫和剥削的非洲人越来越少，随着非洲社会自身的不断进步，随着西方也在调整政策，在努力变换策略，或者说改善形象。

例如，援助不一定与人权、民主等挂钩，西方殖民遗迹的负面影响应该说逐步减少（历史上的殖民罪恶是永远存在的）。另一方面，我们也要看到，在各种殖民遗迹的影响中，殖民文化遗迹的影响，特别是西方价值观的影响（包括历史上的影响和现实的影响）是根本性的，由此导致西方霸权主义行径的负面影响总体上来说会低于西方价值观的影响。例如，非洲黑人高官及其子女绝大多数人选择在英美留学就是一个说明。

南部非洲殖民帝国的主要代表罗德斯墓

第七篇　走进非洲历史

第三十二章　感受罗德斯殖民帝国的影响

罗德斯殖民帝国指的是当年南部非洲殖民帝国，谢西尔·罗德斯（1853—1902）是世界著名的大殖民者、大帝国主义者，是南部非洲殖民帝国的主要代表人物。葡萄牙人于1418年达到西非海岸，从此，非洲不再孤独，这个欧洲殖民者竞技舞台的幕布徐徐拉开，上演着屠杀、掠夺与奴隶交易的悲剧。到1914年，除了埃塞俄比亚和利比里亚，整个非洲大陆被欧洲殖民者瓜分完毕，黑人不得不放弃自己从树上下来时就讲的语言，开始讲起了殖民宗主国的语言。罗德斯殖民帝国是西方殖民体系中的一个重要组成部分，随着赞比亚、坦桑尼亚、津巴布韦、纳米比亚、南非等先后摆脱殖民统治，世界殖民体系宣告彻底崩溃。然而，南部非洲殖民帝国虽已不复存在，罗德斯虽早已撒手人寰，但罗德斯殖民帝国的影响却处处可见。我出任中华人民共和国驻津巴布韦共和国特命全权大使期间，常常有机会目睹、感受罗德斯殖民帝国留下的影响。

一座陵墓，见证了当年的威风

北京大学非洲史专家李安山教授在《曼德拉》一书中这样介绍罗德斯："南非早期金矿业的历史是与英国'帝国主义分子'罗德斯的名字连在一起的。'帝国主义分子'一词对谢西尔·罗德斯来说并不是贬义，而是一个光荣的称号。他深信'盎格鲁—撒克逊种族'赋有统治世界的天职，并一直梦想着建立包括非洲、亚洲、欧洲及美洲的大英帝国。经过在金融市场和采矿业一番尔虞我诈的搏击，他从一个一文不名的乡村牧师的儿子一跃成为世界上最有钱最有权势的人物之一，最后成了开普殖民地总理和英国南非公司的董事长。"

在津巴布韦工作期间，我曾经两次参观过位于布拉瓦约市郊区的罗德斯墓地。一次是在2007年初我第一次访问布拉瓦约市时，另一次是在2009年4月底我出席津巴布韦国际贸易博览会期间。第二次参观前，我拜会了布拉瓦约市市长莫约，这是一位黑人，当我说到我准备参观罗德斯墓时，他说："罗德斯是个英雄。"这位黑人市长的话不能不令我大吃一惊。应邀同坐的津巴布韦白人政治家、评论家、民主变革运动（茨派）中央政策书记格罗斯则对我说，如果罗德斯不是葬在津巴布韦，而是运回英国，他很可能被作为最杰出的英国人，同牛顿、达尔文等先贤一样被葬于威斯敏思特大教堂。

罗德斯墓所在地叫"World View"，世界观景的意思。World View 是马托普（Motopos）最高的山峰，可以俯瞰周围连绵的群山。"一览众山小"，可能这才是他选择这里作为自己安息地的原因吧。Motopos 在当地语中的意思其实是"Motombo"，即"许多岩石"。后来，白人殖民者据此将该地命名为"马托普"。整个山峰都是花岗岩，罗德斯墓位于峰顶几块错落的圆形巨石之间。人们在花岗岩的岩体上凿了一个小小的墓穴，上面盖了一块黑色大理石碑，虽然看上去很朴素，然而在当时把他葬在这里却是牵动整个南部非洲的大事。为什么呢？因为罗德斯是白人殖民者在南部非洲的主要代表人物，他在南非开普敦去世，从开普敦运到布拉瓦约即使乘飞机也要三到四个小时，当时把他的遗体用马车运到布拉瓦约谈何容易？！

罗德斯墓

提到罗德斯，就不能不简单说说他传奇的一生。当这个十多岁的小伙子坐船抵达南非金伯利开始探采钻石的时候，谁也没有想到他将在南部非洲的历史上抹上如此浓重的一笔。1853 年 7 月 3 日晚 7 点 30 分，罗德斯生于英格兰。罗德斯从一生下来就体弱多病，他甚至因病没能跟随兄弟们去伊顿公学或温切斯特公学等贵族学校学习，只能师从于当地的一所中学。到了 17 岁，罗德斯向姑姑借了 2000 英镑，前往南非的纳塔耳省，打算跟哥哥赫伯特学习棉花种植。他才到了 2 个月，赫伯特就中了淘钻热的邪，罗德斯只好跟着赫伯特来到了金伯利。在挖掘现场，赫伯特的 3 分钟热乎劲很快就消磨光了，于是他返回了种植园，罗德斯却留了下来，径自买了一块领地。

罗德斯外表不算优雅，他皮肤苍白，面无血色，两条瘦长的胳膊突兀地从校服式的西服袖子里伸出来。矿工们挖掘的时候，他就在现场随便找个提桶，倒扣过来，然后坐在上面阅读维吉尔的《埃涅伊德》，忘我地沉浸在悠扬的诗篇之中。除此之外，他还通读马可·奥里利乌斯的作品。只有在挑选钻石的时候，他才从名著的意境中走出来。到了晚上，他把挖到的钻石分拣到不同的小包里，等到统一收购日，他就带着货物，骑马进城。他的枣红马轻车熟路地载着他一路奔驰，他唯一的伙伴——一条秃尾巴狗——则在一旁紧紧地跟随。凭借钻石，罗德斯在20岁的时候就已经家财万贯，逐步控制了南非金伯利的全部钻石矿，并于后来创立了著名的德比尔斯钻石公司。他积极地利用金钱堆砌自己的政治生命。罗德斯进入开普敦殖民地议会（当时管辖今整个南非），说服当时的英国政府吞并了北部的Bechuanaland（今博茨瓦纳）并极力压制由来自荷兰的另一批白人布尔人建立的德兰士瓦共和国。之后，他获得了马塔贝莱兰地区（今津巴布韦）全部矿物的开采权，担任英国南非公司的首席行政官，控制了津巴布韦、赞比亚的广大地区，并不断北扩。很快，马塔贝莱兰就以他的名字命名为"罗得西亚"。罗德斯雄心勃勃，目标是修建一条从开普敦到开罗的铁路和一个电报网，以控制整个南部非洲，为此，他曾积极支持发动和布尔人的战争。罗德斯一生的大部分时间在开普敦度过，但死后却按照他的遗愿埋葬在马托普。

在罗德斯墓旁不远之处，还为白人殖民者竖立了一个很大的纪念碑。当时交通运输条件肯定很落后，要将建筑材料运到山顶，造这样大的纪念碑极其不易。使我疑惑不解的是津巴布韦独立29年了，罗德斯墓和白人纪念碑却保存得仍然非常好。我的司机巩博两次开车送我到罗德斯墓，他说，因为这一切都是历史，所以不能破坏它，但他不同意布拉瓦约市长莫约将罗德斯称为"英雄"。他指着罗德斯墓气愤地说："他是一个殖民主义者，压迫我们，剥削我们，奴役我们，怎么能说他是'英雄'？"他指着墓旁边的白人纪念碑说："只有穆加贝总统才是英雄，也许应当把那个白

罗德斯在津巴布韦的故居

人纪念碑改成穆加贝纪念碑。"

一片土地，见证了惊天的掠夺

在南部非洲，当年白人殖民帝国最大的遗迹，或者准确地说，留下的最大的问题就是大量土地仍然控制在白人手里。黑人世世代代生活在南部非洲，毫无疑问，黑人是南部非洲土地的主人。但是，尽管南部非洲许多国家先后获得了独立，摆脱了帝国主义的殖民统治，但土地问题始终没有得到解决。以津巴布韦为例，1980年4月18日津巴布韦正式独立。独立之初，4500个白人大农场主占据着全国75%的沃土良田，而700万黑人农民仅占有25%。

白人殖民者掠夺黑人土地，一手靠暴力；一手靠欺诈。白人殖民者在南非站稳脚跟后，北上夺取土地，掠夺矿产，是从津巴布韦开始的。津巴布韦是南部非洲文明的发源地，中世纪时绍纳人建立了莫诺莫塔帕帝国。在19世纪末以前当地军队一直卓有成效地捍卫着津巴布韦国土免遭外部势力的入侵，当时的黑人战士穿一式戎装：黑鸵鸟毛披肩，猴皮短裙，肘部、膝部和踝部都缚着白色牛尾，颈上插带翎毛，手持木柄标枪、圆头棒和牛皮盾。这支军队是林波波河以北赞比西河以南最强大的军队，但是强大的王国在1868年9月在国王姆齐利卡齐病逝后，因王位继承危机引发了一场严重的内乱。

王国的内乱引来了欧洲一些采矿公司如伦敦—林波波公司和南非金矿公司的觊觎，吸引他们的是津巴布韦的丰富的矿产，他们认为津巴布韦蕴藏了丰富的黄金和钻石。19世纪80年代中期，非洲大陆发生的几件大事使津巴布韦的地位突然变得重要。1884—1886年，世界上最大的金矿在兰德开始开采；德国地质学家毛赫证明大津巴布韦的马绍纳兰就是传说中的所罗门王富饶的金矿所在地，可能会是第二个兰德。当时，在南部非洲有两股白人势力：布尔人（来自荷兰）和英国人，他们对津巴布韦的争夺愈演愈烈，英国和布尔殖民者都试图在津巴布韦获得矿产的开采权，于是都积极插手王位继承斗争，同王国各大臣（"英杜纳"）勾结，密谋将他们所中意的王子推上王位，以便从未来国王手中获得利益。由此导致津巴布韦的内乱愈演愈烈，极大地削弱了王国的实力，终于给殖民者的直接入侵创造了机会。当时，白人已经占领了南部非洲沿海的土地，但广大的内陆地区仍控制在黑人手里。受黄金和钻石发现的刺激，殖民者理所当然地认为继续扩张就能找到更多的黄金、钻石和其他矿产。

王位继承纠纷经过一年的血雨腥风，终于在1869年9月以洛本古拉胜利登基而告结束。洛本古拉轻率地给予在夺位斗争中支持他的南非金矿公司以北金山采矿权，给予伦敦—林波波河公司以塔泰采矿权。1887年7月，布尔自治政府的使节终于说服洛本古拉同意与德兰士瓦共和国签订一项友好条约，允许布尔人派遣领事。

1888年始，英国殖民者罗德斯开始以英国南非公司的方式对南部非洲进行殖民计划，针对布尔人的捷足先登，罗德斯怂恿开普敦的英国殖民政府派约翰·莫法特进入马塔贝莱兰同洛本古拉会谈。莫法特采用欺骗的手段于1888年2月11日和马塔贝莱兰签订了一项条约（后称《莫法特条约》），规定未经英国驻南非高级专员事先知悉和准许，洛本古拉不得与外国签订协议或出让土地。1888年10月30日，罗德斯又诱使洛本古拉将其领地内的开矿权让给他；作为交换条件，他给予洛本古拉1000支枪、10万发子弹、1艘汽艇和每月100英镑。洛本古拉根据英国人告诉他的租让书内容，以为他仅仅是颁发采矿权而已，根本未涉及土地的主权。罗德斯一伙却把租让权的给予解释为主权的转让。当租让书公布后，欧洲传教士将其原文全文译给洛本古拉听，他勃然大怒，愤慨地对担任翻译的赫姆说："你见过变色龙捕捉苍蝇吗？变色龙迂回到苍蝇背后，好一阵子趴着不动；然后它又轻又慢地向前爬动，先伸出一条腿，再伸出另一条腿。最后，在挨近的时候，它突然射出舌锋，苍蝇就无影无踪了。英国就是这种变色龙，而我就是那只苍蝇。"

洛本古拉这才认识到英国殖民主义者对马塔贝莱兰王国的野心，于是在1889年2月，他派两个英杜纳（大臣）到伦敦去，向英国维多利亚女王申诉。罗德斯拿到租让书后，立即着手吞并马塔贝莱兰的工作，津巴布韦和今天南部非洲的其他国家如赞比亚等由此开始了被殖民化的进程。

罗德斯在津巴布韦期间使用过的家具

英国当时已是世界头号殖民大国，既要不断拓展殖民利益，版图越大越好，又要装成一个"体面"的国家。当时，明火执仗地烧杀抢掠夺取殖民地很容易招来外界的批评，而英国的纳税人也不喜欢政府乱花他们的钱，不能容忍政府打哪怕一次小小的败仗。所以，英国要扩张，总是面临巨大的压力。虽然它从来不惧怕这种压力，但是当有更明智的办法时他们也乐意遵从。"特许公司"就是这样的明智办法。英女王给某个商人一张特许状，授予他征服和统治某片土地的权力，随便他采取什么方式，反正政府"不参与"。

一方面，维多利亚女王要面对洛本古拉派来的大臣对罗德斯的控告，另一方面，女王对罗德斯的殖民扩张乐见其成，极力玉成其事。1889年10月29日，罗德斯和几个合伙人成立的公司获得了女王的特许状。特许状规定了公司的活动范围为"南非以北"的地区，至于北面的边界是哪儿，特许状没有指明。也就是说，只要罗德斯有本事，他一直扩张到地中海都可以。特许状给予罗德斯以行使任何类型和性质的权力，包括为实行治理和维持治安所需的权力。罗德斯一拿到特许状，便用特许状所赋予的巨大权力武装自己。1890年1月，他迅速组织起以征服津巴布韦为目的的殖民远征军。

第一批远征军打着"先锋纵队"的旗号于1890年6月出发，9月12日到达绍纳人居住的汉普登山以东的一座小山，将它命名为索尔兹伯里（当年英国首相的名字），并升起英国国旗，宣布占领了津巴布韦今天的马绍纳兰地区。殖民者以此为根据地不断扩张，终于占领了今天的津巴布韦、赞比亚、坦桑尼亚、马拉维、博茨瓦纳等广大地区，将其变成了一个庞大的殖民帝国。在非殖民时代，津巴布韦的都城在布拉瓦约，津巴布韦被殖民化后，殖民者加大在索尔兹伯里的建设，将它建成为首都，津巴布韦独立后，索尔兹伯里改名为哈拉雷。殖民者当年首先来到并安营扎寨的那座小山，就在哈拉雷市内，我先后去参观过至少两次。上面有当年殖民者留下的碑文等历史痕迹。2007年，津巴布韦议会决定在那里盖议会大楼，当时，承包这一工程的中国南通工程公司奉命将这一历史遗迹彻底清除。我闻之这一消息，感慨欷歔不已。

1891年，罗德斯以英国南非公司的名义，擅自宣布接收马绍纳兰的土地所有权，尔后分给先锋纵队中每个殖民者3000英亩土地。以后殖民者在从林波波河到索尔兹伯里的沿线上建立若干据点，修筑堡垒，扩大占领地的面积，并陆续建立行政管理机构。洛本古拉向英国殖民者提出严重抗议："我以前以为你们是来挖金子的，看来你们来这里是要从我手里夺走我的人民以至我的国家。"罗德斯对此置之不理，继续加紧向东扩大占领土地的军事殖民活动。

虽然英国的军事移民队伍在殖民早期遇到了大旱的天气，但是对土地、黄金的贪婪支持着最顽固的殖民分子，到1893年殖民队伍已经拥有足够的力量了，并且修建了从贝拉和金伯利通往津巴布韦的两条铁路，这一切都为英国殖民者吞并津巴布韦做好了准备，罗德斯宣布：或者以武装力征服马塔贝莱兰王国，或者离开这块土地。

殖民地总督詹姆森决定以武力征服，1893年8月14日拟定《志愿兵服役条件》，出最高奖赏募集志愿兵。奖赏规定：若侵占津巴布韦成功，每个探险队员有权在津巴布韦的任何地方圈定3000英亩土地和15处金矿开采权，每个警察分得4500英亩土地。这就是白人掠夺津巴布韦土地的开端。凡掠获的财物规定半数归英国南非公司，半数在官兵中平分。在志愿兵的阅兵式后举行的礼拜会上，随军牧师西尔威斯特站在子弹箱上号召志愿部队"要把哈姆的子孙全部消灭掉"。这种劫掠性的殖民政策的野蛮和非法性毋庸置疑。

1893年9月，英国南非公司军队由亚当斯中校任总指挥，配备2门大炮和8挺马克辛机关枪，开始向马塔贝莱兰王国首都布拉瓦约进发。配合他们行动的是索尔兹波里（津巴布韦殖民地首都）纵队。洛本古拉集结主力抵抗殖民者的进攻，虽然津巴布韦战士曾经屡屡攻破敌人的阵地，但是面对划时代的马克辛机关枪火力，黑人战士的勇猛反而使他们遭到更大的伤亡，在机枪和大炮的火网下，黑人发动了一波又一波的进攻，在夕阳下宛如黑色的浪潮，浪潮不断地拍打在礁石上变成红色的粉末。终于当阵亡人数达到2400人的时候，马塔贝莱兰王国的武装力量耗尽了，不得不放弃进攻，鉴于作战双方在武器和军事技术上差距过大，洛本古拉国王下令焚毁首都后向西北撤退。

英国军队于11月3日进入了正在燃烧的布拉瓦约，派福布斯率军追击。12月3日，英国34名前锋部队在尼杨加齐河畔遭洛本古拉袭击，全部被歼，福布斯部队退回布拉瓦约。洛本古拉继续向西北撤退，准备重整旗鼓，收复国土。不幸在他到达莫西图利亚瀑布（维多利亚瀑布）时，身染霍乱，于1894年初去世。

前往罗德斯墓的指示牌，上面写着游人来此必须心怀敬意，禁止喧哗及带走沙石

短短几年时间里，罗德斯的公司占领了包括今天的赞比亚、津巴布韦和马拉维在内的广大地区，1895年，罗德斯将其统治下的地区以自己的名字改称罗得西亚，而赞比亚和津巴布韦还曾经被称作北罗得西亚和南罗得西亚，只是在这两个国家建立黑人多数统治后才改为现在的名称。

罗德斯曾经梦想攫取非洲、太平洋各岛屿、马来群岛、中国、日本的沿海地带，并希望将美利坚重新吞并，使其回归不列颠帝国体系。罗德斯有这样一段话："世界几乎已经被瓜分完毕，余下的部分正在被瓜分、征服和殖民化之中。可惜我们不能到达夜间在我们头顶上闪烁的星星那里。如果可能，我就要并吞那些星星。我经常想到这件事，我看到它们那样亮却又这样远，只觉得心里难过。"

南部非洲殖民帝国留给现代南部非洲国家的最大的历史遗迹，更准确地说，最大的历史包袱是罗德斯当年从黑人手上掠夺来的大片土地，相当大一部分仍然控制在白人手上。为了和平过渡，也为了实现社会的正义，津政府与英国等曾达成协议，土改进程采取赎买政策，由英国出资，津政府负责从白人农场主手中购买土地，然后分配给津无地的退伍军人和农民。但是1999年，英国等西方出资国停止资金援助，布莱尔首相宣称"不愿再承担殖民主义时代的包袱"。津巴布韦退伍老兵和无地农民采取暴力措施，终于在2000年6月开始启动快车道土改，强行征用白人农场，用于安置无地农民和退伍老兵。马拉维总统穆卢齐认为："土地问题事关人民的尊严与政治权力，南共体成员国理解津巴布韦人民在土地问题上的态度。津土改的成败将对南部非洲其他国家的土改提供借鉴经验。"

一个品牌，见证了资本的贪婪

罗德斯是现代世界钻石帝国的奠基人。"金伯利钻石"是著名的珠宝首饰店；"德比尔斯"是全球知名的矿业公司，也是全球知名的钻石品牌；"钻石恒久远，一颗永留传"也是我们耳熟能详的广告词。它们都可以跟一个人联系起来，这个人就是谢西尔·罗德斯。"德比尔斯"这一历史悠久的钻石品牌的确立过程，同南部非洲殖民帝国的建立过程和资本主义在南部非洲的拓展过程是一致的。"德比尔斯"这一钻石品牌的确立史，就是罗德斯的冒险史，发家史，没有这一历史，就没有南部非洲殖民帝国的历史。南部非洲殖民帝国已冰消云散，但"德比尔斯"这一知名品牌仍然存在。感受"德比尔斯"这一知名的钻石品牌，就是感受南部非洲殖民帝国的遗迹。

19世纪60年代，在瓦尔河和奥兰治河汇流处发现了钻石，在赞比西河和林

走进非洲

从罗德斯纪念堂俯瞰开普敦城

波波河的河间地带发现了金矿——这就是所谓的南非的"第二次发现"。很快,想发横财的冒险家从世界各处涌向南非。在钻石矿区,这些冒险家们逐渐聚居成为一个村子,村子很快又发展成城市,城市以当时狂热地想掠夺钻石的英国殖民大臣的名字命名,称"金伯利"。而在黄金产区,铁皮盖的小房子越来越多,形成了淘金者的聚居区——约翰内斯堡。起初,它被称为"黄金城";后来,它被称为"非洲的纽约";今天,它是公认的撒哈拉以南非洲的最大城市。

印度曾是古代的钻石原产国,到了18世纪中期,巴西超过了印度,一跃成为世界上最大的钻石出产国,产自印度和巴西的钻石都来自冲积矿。1836年,一大批原居好望角的荷兰籍农场主不堪忍受英国殖民者的苛政,收拾起家当,驾着马车一路向北艰难跋涉。他们抛下了丰饶的葡萄园和繁华的城镇,挥别了好望角的青山翠谷,一头扎进了荒蛮的非洲大陆。后来,这群跋涉者到达了橙河与瓦尔河的交汇处,于是就在两条河流之间安营扎寨。他们赶跑了当地的格里夸原住民,就此开犁耕种。虽然钻石毛坯就混合在土壤中,仿佛沙砾中混着糖粒,但他们竟然对眼皮底下的宝贝一无所知。南部非洲殖民帝国的发展,罗德斯钻石王国建立同3个格里夸少年先后3次分别发现钻石有内在的联系。

第一次发现钻石是在1859年,一个格里夸少年发现了一颗5克拉的钻石,并把它交给了瓦尔河畔尼尔地区的柏林传教会。亲眼看到了这颗钻石的神父肯定对它的身价略知一二,因为他付给了那个少年5英镑,这在当时可是一笔不小的金钱。这个消息虽然一路传到了好望角,但是却没有了下文。

第二次发现是在1867年,离第一次发现时已过去8年的时光。一个名叫肖克·冯·尼科尔克的年轻农场主为了多赚些钱,开始做宝石生意。他经手的宝石大多是孩子们从瓦尔河上游的浅滩里发现的。一天,尼科尔克和一个农妇谈起这回事,那农妇想起来她儿子有一天带回来一块亮晶晶的石头,正好在玩游戏的时候用。尼科尔克找到了那块一身尘土的石头，他知道钻石能够在玻璃上留下划痕，于是便把它用力地向一块玻璃窗划去，石头所经之处留下了一道清晰的划痕。那玻璃窗现在已经成了博物馆里的文物，因为那块石头竟然是一颗重达 21.25 克拉的钻石。英国驻好望角的总督菲利普·沃德豪斯爵士豪爽地付给尼科尔克的代理人 500 英镑，买下了那块钻石。这块钻石被送到了伦敦的亨特与罗斯克尔公司，打磨之后的成品是重达 10.37 克拉的多面钻，得名"尤里卡"（Eureka，古希腊语中"发现"一词——作者注）。但这件事还是没能挑起人们的淘钻热情。

第三次发现是在 1869 年 3 月，另一名格里夸少年发现了一大块晶莹剔透的石头，第二天，他就带着那块石头找到了尼科尔克。据说尼科尔克只看了一眼，就提出要用一匹骏马、十头壮牛、一马车的各式货物外加 500 只肥尾羊进行交换。那少年欢天喜地地收下了这一大堆好东西，尼科尔克则得到了那块钻石。那块宝贝重达 83.5 克拉，尼科尔克以 10000 英镑的价格转手卖掉了它。这块毛坯的成品是 47.75 克拉的椭圆形多面钻——南非之星。达德利公爵夫人出价 25000 英镑买下了它。早在该钻石被打磨之前，英国的殖民地大臣理查德·萨西爵士就把它带到了开普敦的议会大厅，慷慨陈词道："先生们，这块钻石乃是未来南非腾飞的基石。"

仿佛有人扣动了发令枪的扳机，淘钻热的狂潮瞬间便席卷了整个西方世界。海员们一心寻矿，纷纷把船只丢弃在开普敦和伊丽莎白港；美国、加拿大和澳大利亚的金矿矿主纷至沓来；欧洲的大批寻钻人更是不请自到。很多人刚到开普敦就已经身无分文了。从该海角到产钻地区的直线距离只有 550 英里，但是这条路刚好穿过崎岖的山地。第一批探宝先锋花了好几个月才到达橙河与瓦尔河的交汇处，他们的到来使原本平静祥和的荷兰农场变成了混乱不堪的是非之地。在不到一年的时间里，瓦尔河沿岸被划分出 10000 块领地，50000 多人在各自的领地里拼命地挖掘着。那些营地的名字从"绝望营"到"穷汉丘"应有尽有，生动地描绘出大多数人心中破碎的钻石梦。几家欢乐几家愁，有人砸锅卖铁，有人财源不断，有那么一块领地十分高产，竟然连续出了 100 年的钻石。

发现钻石的消息迅速地传播开来。人们如鱼群一般顺着河流上下求索，不惜风餐露宿、饱经风霜。经济条件差的住在破旧的帐篷里，熬过一个个寒冷的夜晚，稍微好一点的则在小窝棚里铺上地毯，席地而眠，还能请个佣人给他们熨衬衫。在淘钻热的高峰时期，标准银行在克里普德里夫特的分行刚一开业，其保险箱便被钻石和现金塞了个爆满。那是一个纸醉金迷的骚动之地，很快，该地周围的邻居们觉得该有人出面管管这个乱摊子了。

新发现的旱地钻石储备产量大得惊人。南非的崛起完全颠覆了历史上钻石产量的传统概念。印度用了 2000 年产出了总重量 20000000 克拉的各色钻石，巴西在 200 年里就完成了这个产量，而南非只用了区区 15 年就达到了这个目标。如此巨大的钻石产量之所以没有造成钻石价格下跌，只因为有那么一群富豪在其中混淆视听。他们彼此之间干戈不断，一掷千金地建立各种基金会；他们凭借钻石这种美轮美奂的特殊商品开创了一种全新的现代工业。这边，淘钻人扬起的沙土还未尘埃落定，那边，巴尔尼·巴纳多与谢西尔·罗德斯这两大钻石富豪之中的先锋人物就已经摩拳擦掌地准备与对方一决雌雄了。

巴纳多出生于 1852 年 6 月 5 日，比日后的竞争对手罗德斯大了整整一岁。他们两个的老家离得并不远，坐火车也就是几个小时的路程，但是他们的生活环境却存在着天壤之别。罗德斯降生在哈特福德郡境内毕肖普斯多特福德教区。巴纳多则成长于伦敦东区裙子巷拐角科伯大杂院里一间摇摇欲坠的木窝棚里。他的父亲靠买卖故衣维持生计。从小到大，巴纳多都和哥哥哈里挤在一张床上睡觉。巴纳多在贝尔巷的犹太免费学校度过了学生时代，几年以后，刚满 13 岁的巴纳多就揣着老师送他的生日礼物——一枚崭新的 1 便士硬币——一头闯进了充斥着小偷、娼妓和骗子的穷人区。

巴纳多身高不过 5 英尺 3 英寸，短小精悍，大耳招风，皮肤白皙，脸色红润。金发碧眼的巴纳多在黑皱皱的哥哥和表兄弟的衬托下格外出众。他这人眼睛里不容沙子，任何人都别想蔑视他。巴纳多擅长肉搏，出拳又快又狠；同时还风流好色，满嘴的荤段子。为了谋生，他贩卖过领扣、皮筋儿等小玩意儿，也设过牌局和人赌钱。在巴纳多 21 岁的那一年，他毅然辞去了伦敦东区普鲁士国王酒馆里的招待员工作，南下非洲，准备甩开膀子干一番大事业。

为了发财，巴纳多什么都肯干。当他攒够了一定的资本之后，就立刻投入了钻石行业。巴纳多购买了更多的领地，并在几年之内成立了巴纳多矿业公司，总资本达到了 300000 英镑。从他在那个时代留下的照片上我们看到巴纳多身穿格子西装，一只手斜插在衣兜里，翻领的扣眼里插着一朵盛开的鲜花。一眼望去，他正值春风得意的最佳状态，事实上，他必须保持如此旺盛的精力，因为命运即将安排他与罗德斯——钻石帝国中最强硬的寡头之一——展开一场重量级的角逐。

年轻的罗德斯的发家同他拥有水泵分不开，当时不论谁的矿坑渗了水，都会来租罗德斯的水泵救急，一来二去，他竟然借此发迹起来。他用这笔意外之财购买了前文提到的德比尔斯领地上的矿坑。1880 年，罗德斯成立了德比尔斯矿业有限公司。不久，罗德斯的德比尔斯矿业公司与另一个钻石业巨头巴纳多的金伯利中央矿业公司发生了激烈冲突，两个公司都想垄断南部非洲的金刚石。但是，英国最大的财团罗斯柴尔德家族选择了罗德斯。罗德斯拿着罗斯柴尔德勋爵给予的巨款大量收购金伯利的股票，巴纳多被迫与罗德斯合作。1888年，两家公司合并成为"德比尔斯统一矿业公司"。

德比尔斯公司掌握了各大矿脉之后，罗德斯就大干特干起来。首先，他大规模削减了钻石产量，使整个南非的钻石产量下降了40%。曾经一路下跌的钻石毛坯价格开始回升，每克拉的价格从20先令涨到了30先令。到了1900年，德比尔斯公司控制了全世界钻石毛坯供应总量的90%。伦敦的一个钻石购买集团是德比尔斯公司的唯一买家。南非的钻石源源不断地流入伦敦市场，德比尔斯公司正是这个流程中的控制阀。

罗德斯等人垄断了南非的金刚石后，很快又垄断了黄金生产。这就是罗德斯——南部非洲最大的垄断巨头和一个狂热的帝国主义扩张者。殖民国家的国名罗得西亚源于他的名字，德比尔斯钻石品牌源于他创立的公司之名。南部非洲殖民帝国的建立过程，既是土地扩张、经济掠夺的过程，也是文化侵略、宗教渗透的过程。

一个名字，见证了巧妙的渗透

刚到津巴布韦，一天，忽然纳闷儿为什么当地黑人的名字中有那么多熟悉的西方人的姓名。例如，津巴布韦国父恩科莫的名字是乔舒亚·恩科莫（JOSHUA NKOMO），穆加贝总统的名字是罗伯特·穆加贝（ROBERT MUGABE），穆增达副总统的名字是西蒙·穆增达（SIMON MUZENDA），民主变革运动（茨派）领袖、后来的联合政府总理茨万吉拉伊的名字是摩根·理查德·茨万吉拉伊（MORGAN RICHARD TSVANGIRAI），这些名字中的乔舒亚、罗伯特、西蒙、和理查德等都是我们常见的西方人的名字，为

开普敦罗德斯纪念堂雕像

什么津巴布韦人的名字会有西方人的名字呢？

在中国，虽然不是绝对的，但总的来说，不少名字带有地域特征、民族特

征和宗教特征。例如，朴姓、玄姓、金姓，相当多的是朝鲜族，来自东北地区；忻姓来自浙江；马姓不少来自西部地区，不少是穆斯林，等等。非洲也有类似情况，例如，穆罕穆德、艾哈迈德、马哈茂德这些姓氏主要集中在阿拉伯国家和其他穆斯林国家；吉塞塞之类的姓氏主要集中在埃塞俄比亚。在津巴布韦，莫约、恩科莫、塞库赛纳这些是恩德贝莱人的姓氏，巩博、乔姆波、辛巴等是绍纳人的姓氏，这些姓氏还有其本来的意思，例如，巩博在当地语言中是"大腿"的意思，乔姆波是"错误"的意思，辛巴是"狮子"的意思。穆加贝家族来自马拉维，所以，穆加贝这个姓氏在津巴布韦非常少见，主要集中在马拉维。但是，为什么很多非洲人的姓名中都有一个明显看起来是西方人的名字呢？

当地人告诉我，西方人在非洲传播基督教，当地人皈依基督、信仰上帝后，必须在名字中加入一个西方人的姓，在南部非洲，绝大多数人都是天主教徒或新教徒，所以，只要看到当地人的名字中含有西方人的姓，你就可以知道他们是基督教的皈依者。只有来到非洲，才可以亲身感受到西方宗教不仅在当地人取名上留下影响，而且，还影响到政治、社会生活的方方面面。例如，津巴布韦一年一度的独立日庆典、总统、总理的就职仪式、津巴布韦国际贸易博览会开幕式、津巴布韦英雄墓里经常为共和国英雄们举行的国葬仪式，甚至千千万万基督徒的婚礼，都由牧师到场履行职责。津巴布韦总理茨万吉拉伊夫人苏珊的比国葬还要隆重的追思仪式就是在教堂举行的，牧师祈祷，穆加贝总统等所有津巴布韦政要名流，齐集教堂，人们为死者同声高唱宗教歌曲。即使在西方国家制裁津巴布韦，津巴布韦与英国等西方国家矛盾尖锐，津巴布韦甚至退出英联邦的情况下，几乎百分之百的津巴布韦人对上帝的信仰却丝毫没有动摇，这不能不让我对当年南部非洲殖民帝国在文化侵略、宗教渗透方面所下的工夫及所取得的成效由衷地感叹。

如果说南部非洲殖民帝国所留下的遗迹，从物质层面来看是大量的土地仍然掌握在白人手上，白人仍然控制着许多国家的经济命脉，那么，从精神层面来看，就是几乎百分之百的南部非洲人成了上帝的信徒。

2008年，使馆组织馆员参观津巴布韦东部地区尼杨加齐风景区，那里有罗德斯旧居陈列馆，里面陈列了罗用过的一些物品，当我坐在罗曾经坐过的椅子上拍照留念时，心想：如果罗德斯不是在49岁时就因病去世，而是活得久一些，比如说，70岁，他还会留下哪些遗迹？

结　语

为推进中非、中津友好投棋布子

面对象群

非洲城市远眺

非洲的城市

肯尼亚的火烈鸟

赞比亚和津巴布韦分界线——赞比西河

赞比亚议会大楼

中国残疾人艺术团在津巴布韦演出"千手观音"

结语 为推进中非、中津友好投棋布子

2001年，我担任驻埃及大使馆的公使衔参赞，作为使馆二把手，第一次走进了非洲。但是，我们常说的非洲，通常指的是黑非洲。埃及为代表的白非洲与尼日利亚、南非等为代表的黑非洲，我亲身感受到，差别实在是太大了。我既有幸走进了白非洲，更有幸走进了黑非洲。

我走进黑非洲，是通过出任驻非洲国家大使来实现的。我于2006年12月11日抵达哈拉雷，出任第九任中国驻津巴布韦大使，在那里工作了两年多。

走进非洲，当然想留下脚印，得到收获。我在津巴布韦两年多的时间，是津巴布韦独立以来历史上资源最匮乏的年代；特别是粮食最缺乏的年代；是通货膨胀最严重的年代；是朝野矛盾冲突最激烈的年代；是政局最动荡的年代；是西方制裁津巴布韦最严厉的时代；也是津巴布韦政治格局实现转型，朝野联手，

和中国援津医疗队合影

开始共同治理的年代。上任以来，在前任大使们打下的良好基础之上，我和大家一道，为推进中非、中津友好投棋布子，留下了不少难忘的回忆。

一步实棋：落实峰会精神

2006年召开的中非合作论坛北京峰会，为推进中津关系提供了前所未有的动力。峰会是在我出使津巴布韦前夕召开的，两年多来，围绕落实北京峰会精

神,使馆做了大量工作,并取得明显成果。

一是通过反复做工作,在离首都30公里的原津农业专科学校基础上建立了津巴布韦中国农业示范中心。我商务部援外司主要领导带队的检查团实地考察后说,津巴布韦中国农业示范中心的地理位置、水电供应、土壤、交通及津合作方等情况,在所有在非中国农业示范中心里是最好的。

二是中国青年志愿者津巴布韦志愿队受到津方的高度评价,成为中国在非青年志愿者中最好的队伍之一。志愿者15人在津服务1年,使馆安排专人为他们服务。春节、中秋等节日期间我都邀请他们到官邸做客,有几名志愿者在数百公里之外工作,我特意一一去看望他们,给他们送去食品、药品和体育器材等,帮他们改善生活和工作条件,并经常组织他们与使馆人员一起联欢、打球、座谈等。志愿者中涌现了不少先进人物,有的还成了党的十七大代表、全国道德模范。团中央认为由于使馆努力,津是志愿者工作和生活环境最好的国家之一,援津志愿队成效显著,新华社对此作了专门报道。贾庆林主席来访时接见了全体志愿者,我个人被团中央授予"全国志愿者工作先进个人"称号,我是唯一的获得这一荣誉的现任大使。

三是积极选送津巴布韦有关人员去中国参加培训,2007年选送人数在所有选送国家中居非洲第一、全球第二,2008年选送人数达全球第一。

四是为津援建了一家大型医院,这是中津建交以来第二个大型援助项目。援津中国医疗队由部分有偿援助改为全部无偿援助。同时,争取为20年前援建的第一个大项目——津巴布韦国家体育馆提供了7000万人民币维修费,另援建2所学校。中非发展基金最早在津巴布韦启动,基金参与了中钢集团收购津巴布韦铬铁公司项目。

试用为津巴布韦农村投放的无线电话

一步新棋：办好孔子学院

2007年2月，津巴布韦大学和中国人民大学合办的孔子学院隆重举行开学典礼，我和津高教部长穆登盖共同见证了中津文化教育交流史上的这一历史性时刻。黑人学生们用中文演唱的《好一朵茉莉花》使来宾们都觉得津大孔子学院将成为一朵盛开的鲜花。根据办学协议，津大孔子学院将提供各类证书课程、短期汉语培训课程和翻译服务，出版关于中国问题的参考资料和工具书，以促进中津两国在商贸、传统医学、农业技术、美术等领域的交流合作与研究。但是，当时的中文教学还没有与学历教育挂钩。我认为，如果中文没有像法文、德文等那样成为在校生的正式专业，没有与学历教育挂钩，如果只有业余班学习中文，中文教育仍停留在业余教育层次上，那么，中文教学的生命力就难以长久，于是使馆推动津大将中文列入学分制课程，与学历挂钩。津巴布韦成为在南部非洲唯一将孔子学院中文教学与大学学历教育挂钩的国家。

和高教部长穆登盖为津巴布韦大学孔子学院开学剪彩后握手

使馆积极帮助总统夫人格蕾丝和子女学习汉语，格是世界上唯一的学习汉语、成为孔子学院学生的国家元首夫人。使馆安排在孔子学院任教的我国人大一名教师担任格的专职教员，每周上总统府，给她上3次汉语课，每次2小时。使馆建议国家汉语教育办公室为她及其3个孩子分别专门提供了学习语言的教材和DVD播放机等，同时推动人大接受她为函授汉语本科生，安排她访问人大，为她举行了隆重的入学仪式，大大增加她对中国文化的认同感。2008年，中国发生汶川大地震，她亲笔用中文写来慰问信。在第一夫人的带动下，津巴布韦掀起了一股汉语学习热，交通部长姆绍威等努力学习汉语，参议长马宗圭的女儿等高官子女参加孔子学院学生表演，演唱中文歌曲。国家孔子学院董事会副主席、原国务院副秘书长陈进玉来津实地考察后，说津孔子学院是最好的孔子学院之一。中央电视台也报道了学院情况。

一步良棋：发起关爱行动

据津巴布韦官方《先驱报》报道，津目前是世界上艾滋病感染率和死亡率最高的国家之一，有四分之一的成年人患有艾滋病，15%的5岁以下儿童感染上了艾滋病病毒。每天平均因艾滋病死亡500人。2007年，准备前往中国留学的20名津巴布韦留学生候选人在津当地进行体检时，竟有一半人携带艾滋病病毒！2004年6月17日，穆加贝总统在全国艾滋病大会上首次公开承认，他的数名家庭成员感染上了艾滋病病毒。针对津巴布韦艾滋病肆虐的情况，联合国曾派人前往调查。他们发现，10年前，津巴布韦人平均寿命61岁，现在却不到40岁。如今双亲因艾滋病死后留下的"艾滋病孤儿"日益增多，目前在津巴布韦已近百万。2008年8月，我和中钢集团津巴布韦公司总经理邓建访问克罗希尔学校，亲眼所见学校500名学生中就有136个孤儿。津很多艾滋病病人、孤儿和残疾人需要资助，于是，使馆在津发起华商关爱行动，号召华商"献一份爱心，尽一份责任，树一分形象"，有钱出钱，有力出力，有物出物。使馆和华商一起，定点扶持3个对象：一是津巴布韦阿弥陀佛关怀中心（孤儿院）；二是拥有800名残疾人和孤儿的达尼科学校；三是有3500名艾滋病患者的黎明关怀中心，华商轮流、定期向艾滋病中心等提供食品、衣物等，例如，轮到华商谢重辉、李曼娟献爱心时，他们分别捐助了一车面包和2吨大米。关爱行动还有其他举措：一是扶持贫困学校。例如，中钢津巴

津巴布韦总统夫人介绍孤儿院项目

布韦公司、中烟天则公司分别确定了定点扶持的贫困学校。二是认养孤儿。我和夫人认养了3个孤儿，使馆馆员认养了100个孤儿。在使馆推动下，华为公司和中烟天则公司已各自包了一家孤儿院，华商霍文才认养了50名孤儿。三是提供其他力所能及的帮助。例如，晶牛玻璃厂为所有需要玻璃的农村学校免费提供玻璃。我是第一个多次走进艾滋病病人当中，并邀请20名艾滋病患者到家里做客的驻津大使，津总统、总理和议长对此都表示赞赏，当地媒体称华商是第一个在津采取关爱行动的外国人群体。

使馆还推动海峡两岸的中国人共建孤儿院。已入籍南非、反对台独的台湾人慧礼法师将佛教成功传播到非洲后，在津建立了容纳千名孤儿的孤儿院，并计划对孤儿进行汉语、佛教教育，总统夫妇出席了奠基典礼，并捐出自己的部分农场、奶场作为孤儿院粮食、蔬菜和牛奶生产基地。使馆与总统夫人、慧礼法师达成共识，由孔子学院提供汉语教师，从山西请传佛僧人，从少林寺请武僧来孤儿院任教等。总统夫人陪我一起视察孤儿院工程，在使馆的协调下，总统夫人2007年访问了少林寺，出席了山西应县佛塔奠基典礼，落实了大陆僧人到津任教事项。中材集团泰山玻璃纤维公司、中钢集团津巴布韦公司等均捐款用于津孤儿院建设，华为公司等企业为孤儿院提供网络、电讯设施等捐助，使馆也提供部分捐助。使馆还推动有关方面为孤儿院援建一所配套能容纳800名学

到定点扶持学校帮助贫困学生

生的中津友好孤儿学校,进展顺利。总统夫人办公室代表夫人给我专门写来感谢信,说上述举措"开启了第一夫人慈善事业的新的历史时期"。

使馆发起的关爱行动还惠及津巴布韦的妇女和几十万残疾人。全国妇联、残联接受使馆建议,成立了由总统夫人牵头的津中妇女友好合作中心,向中心提供了计算机、缝纫机、编织机等大量物资援助。使馆和华商一起,资助津巴布韦召开了残疾人运动会,帮助修缮残疾人学校,为学校提供服装、体育器材、桌椅等援助。这些举措,扩大了中国在津巴布韦慈善事业中的话语权,提升了中国在当地的形象,有利于把中津友好的种子撒在老百姓的心坎上。

一步难棋:应对种种危机

我到津巴布韦后,正赶上津陷入日益严重的政治危机、经济危机和社会危机。在接踵而来的种种危机中,如何推进中津友好确实是一步难棋。

应对限价和本土化政策危机。2007年和2008年,津政府先后颁布所有商品一律半价的法令和所有企业须由当地人控股51%的法令,不少外资企业因此歇业甚至撤资,这对我国在津中资企业和侨商也带来极大冲击。侨商一度拟集体"请愿",要求使馆出面保护他们的利益。使馆采取了多种办法帮助华商合法地规避风险,同时抓住华商受损的典型事例及时交涉。例如,总统府和中情局2人,假公济私,以本土化名义,强行确定某侨商钢厂总值仅700万美金,用枪迫其签署51%股份出让合同并同意用津元收购,几乎是用一堆废纸把钢厂抢到手中。华商利益不仅严重受损,而且不敢吭声。使馆认为必须对此作出明确反应,不然,几千华商的资产安全将面临直接威胁。于是,支持当事人向警方报案和向法院起诉,同时,使馆及时向津警方通报,使犯罪嫌疑人很快被捕。使馆及时向华商通报这一

在中国出口给津巴布韦的新舟60飞机前留影

案件，使此类情况再未发生。

应对粮食危机。因种种原因，津巴布韦2008年产粮仅47万多吨，缺口达150万吨，350万人陷入饥荒。津巴布韦宣布粮食短缺为国家的灾难，联合国呼吁国际社会对津巴布韦提供紧急粮食援助。然而，如果像以往一样在国内组织粮食海运到津，则至少需要几个月，远水显然解不了近渴。怎么办？使馆建议国内突破传统外援方式，向联合国粮食计划署提供500万美元，请其在津巴布韦邻国赞比亚、马拉维等购买粮食，在粮袋上印上"中国援助"字样，通过联合国援助物资发放渠道，将粮食直接发到饥民手中。这一建议很快得到国内批准。中国此举受到津朝野两党好评，在国际上也产生了广泛影响。

应对金融危机。津巴布韦通货膨胀率创世界之最，10万亿面值的钞票发行时相当于100美元，不几天就贬到只相当于1美元。金融危机使津巴布韦停水停电成了家常便饭，物资奇缺，蔬菜粮食常常无法买到，汽油短缺使车常跑不动；价格极端扭曲，1条黄瓜2个多美金，1把普通锁200美金，这给工作生活带来极大困难。在国内的支持下，使馆及时打井并安装了发电设备；使馆首次自种油菜、大白菜等多种蔬菜，除供应工作餐，先后发菜给馆员80多次，同时用于宴请200多次；定期给馆员做面点，做豆腐，炸油条；通过到南非、莫桑比克、赞比亚采购食品与请中资企业和当地高官帮助等方法缓解了馆员食品、燃油短缺等困难。使馆还组织好舞会、旅游、打牌、摄影、打球等文体活动，丰富大

中国援建的能容纳6万人的津巴布韦国际体育馆

家的生活。对当地黑人雇员也讲以人为本，禁止以"黑工"、"黑鬼"、"鬼佬"等字眼称呼黑人雇员。考虑到津元不断大幅贬值，主动将美金作为支付雇员工资的标准，使他们免受通货膨胀的影响。

应对霍乱危机。由于津巴布韦经济基本崩溃，政府缺少资金投入，导致不少公共服务部门瘫痪，卫生状况持续恶化，许多收垃圾的人都不上班了，自来水供应严重不足，许多人不得不饮用未经卫生处理的生水，以致首都附近发生炭疽、霍乱等严重疫情，并迅速蔓延到全国乃至南非、博茨瓦纳等邻国，津4万余人感染霍乱，2000多人丧生。使馆就馆员和华侨预防霍乱作了紧急动员和部署，请国内为馆员和华侨紧急空运了4000人份的药品并为津应对霍乱危机紧急提供了50万美元的现汇援助。津巴布韦《先驱报》在报道国际社会帮助津应对霍乱危机的国家时，将中国列在第一位。

为推进中津友好而投棋布子，离不开使馆全体馆员的共同努力。使馆全体馆员在困难情况下，对人生事业讲进取心，对国家利益讲奉献心，对个人利益讲平常心，对他人利益讲关爱心，对工作任务讲责任心，为应对各种困难提供了强有力的思想保障、政治保障和作风保障。

我非常怀念在津巴布韦工作的那一段岁月。对我来说，走进非洲，就等于走进了自然，走进了奇观，走近了淳朴，走近了洒脱。我希望再有机会走进非洲，也盼望有更多的国人走进非洲，共同把推进中非友好这盘棋下得更好，下得更活。

作者后记

从印度工作回来，写作出版《感受印度》之后，没想到会有机会出任驻津巴布韦大使。更没想到的是，人还没有到津巴布韦，就不断有人问我："几时能读到你关于非洲的书？"其实，人在非洲时，工作实在太忙，几乎没有时间写什么东西。离开非洲后，利用节假日，才得以完成《走进非洲》一书。本书从写作到出版得到许多同志的帮助，特别是从北京大学国际关系学院王缉思教授、潘国华教授、李安山教授、李保平教授、孔凡君教授、王勇教授，国防大学孙伟教授，中国国际关系研究院李绍先教授，中国社会科学院西亚非洲研究所所长杨光教授，浙江师范大学非洲研究院刘鸿武教授，外交学院苏浩教授，中国国际问题研究所董漫远研究员，人民大学教授刘青建、北大同学秦千里、钱元强、张士义等那里得到启示、灵感和鼓励。本书使用了驻津巴布韦大使馆政务参赞贺萌、武官卓伟大校、商务参赞胡明、副武官王佳和李建党以及刘天明、胡镔、陈发兵、汤沈平、钟兴祥、王绍文、刘明宗、初光、李华、金雷、高立信、蔡菲菲、王军等使馆同事提供的参考资料和大量照片，特此致谢！特别还要提到的是，中国驻约翰内斯堡总领事房利、驻南非大使馆政务参赞陈绪峰、新华社驻津巴布韦首席记者李努尔、中烟津巴布韦天则公司总经理邵岩博士等，特意为本书提供照片、资料或其他支持，没有他们的帮助，本书不可能完成。

袁南生
2010 年 1 月 14 日